Manfred Prenzel · Jürgen Baumert (Hrsg.)

Vertiefende Analysen zu PISA 2006

Zeitschrift für Erziehungswissenschaft
Sonderheft 10 | 2008

Manfred Prenzel
Jürgen Baumert (Hrsg.)

Vertiefende Analysen zu PISA 2006

Zeitschrift für
Erziehungswissenschaft

Sonderheft 10 | 2008

VS VERLAG FÜR SOZIALWISSENSCHAFTEN

Zeitschrift für Erziehungswissenschaft

herausgegeben von:
Jürgen Baumert (Schriftleitung), Hans-Peter Blossfeld, Yvonne Ehrenspeck, Ingrid Gogolin (Schriftleitung), Stephanie Hellekamps, Frieda Heyting (1998–2003), Heinz-Hermann Krüger (Schriftleitung), Dieter Lenzen (Schriftleitung, Geschäftsführung), Meinert A. Meyer, Manfred Prenzel, Thomas Rauschenbach, Hans-Günther Roßbach, Uwe Sander, Annette Scheunpflug, Christoph Wulf

Herausgeber des Sonderheftes Vertiefende Analysen zu PISA 2006:
Manfred Prenzel und Jürgen Baumert

Redaktion:
Friedrich Rost (und Rezensionen), Thorsten Junge

Anschrift der Redaktion:
Zeitschrift für Erziehungswissenschaft
c/o Freie Universität Berlin, Arbeitsbereich Philosophie der Erziehung,
Arnimallee 10, D-14195 Berlin
Tel.: (++49) 030 838-55888; Fax: -55889
E-Mail: zfe@zedat.fu-berlin.de   URL: http://zfe-online.de   Volltexte: http://zfe-digital.de

Beirat:
Neville Alexander (Kapstadt), Jean-Marie Barbier (Paris), Jacky Beillerot † (Paris), Wilfried Bos (Dortmund), Elliot W. Eisner (Stanford/USA), Frieda Heyting (Amsterdam), Axel Honneth (Frankfurt a. M.), Marianne Horstkemper (Potsdam), Ludwig Huber (Bielefeld), Yasuo Imai (Tokyo), Jochen Kade (Frankfurt a. M.), Anastassios Kodakos (Rhodos), Gunther Kress (London), Sverker Lindblad (Uppsala), Christian Lüders (München), Niklas Luhmann † (Bielefeld), Joan-Carles Mèlich (Barcelona), Hans Merkens (Berlin), Klaus Mollenhauer † (Göttingen), Christiane Schiersmann (Heidelberg), Wolfgang Seitter (Marburg), Rudolf Tippelt (München), Gisela Trommsdorff (Konstanz), Philip Wexler (Jerusalem), John White (London), Christopher Winch (Northampton)

VS Verlag für Sozialwissenschaften | GWV Fachverlage GmbH | Abraham-Lincoln-Str. 46 | 65189 Wiesbaden

Geschäftsführer: Dr. Ralf Birkelbach (Vors.)
Albrecht F. Schirmacher

Gesamtleitung Anzeigen: Thomas Werner
Gesamtleitung Produktion: Ingo Eichel
Gesamtleitung Vertrieb: Gabriel Göttlinger

Leserservice: Martin Gneupel, Telefon (0611) 7878-151, Telefax (0611) 7878-423
  E-Mail: Martin.Gneupel@gwv-fachverlage.de
Abonnentenbetreuung: Ursula Müller, Telefon (05241) 801965, Telefax (05241) 809620
  E-Mail: Ursula.Mueller@gwv-fachverlage.de
Marketing: Ronald Schmidt-Serrière M.A., Telefon (0611) 7878-280, Telefax (0611) 7878-440
  E-Mail: Ronald.Schmidt-Serriere@vs-verlag.de
Anzeigenleitung: Yvonne Guderjahn, Telefon (0611) 7878-369, Telefax (0611) 7878-430
  E-Mail: Yvonne.Guderjahn@gwv-fachverlage.de
Anzeigendisposition: Monika Dannenberger, Telefon (0611) 7878-148, Telefax (0611) 7878-443
  E-Mail: Monika.Dannenberger@gwv-fachverlage.de
Produktion/Layout: Frieder Kumm, Telefon (0611) 7878-175, Telefax (0611) 7878-468
  E-Mail: Frieder.Kumm@gwv-fachverlage.de

Bezugsmöglichkeiten 2008: Jährlich erscheinen 4 Hefte. Jahresabonnement / privat (print+online) € 89,–; Jahresabonnement / privat (nur online) € 64,–; Jahresabonnement / Bibliotheken/Institutionen € 139,–; Jahresabonnement / Studenten/Emeritus (print+online) – bei Vorlage einer Studienbescheinigung € 35,–. Alle Print-Preise zuzüglich Versandkosten. Alle Preise und Versandkosten unterliegen der Preisbindung. Die Bezugspreise beinhalten die gültige Mehrwertsteuer. Kündigungen des Abonnements müssen spätestens 6 Wochen vor Ablauf des Bezugszeitraumes schriftlich mit Nennung der Kundennummer erfolgen.
Jährlich können Sonderhefte (Beihefte) erscheinen, die nach Umfang berechnet und den Abonnenten des laufenden Jahrgangs mit einem Nachlass von 25% des jeweiligen Ladenpreises geliefert werden. Bei Nichtgefallen können die Sonderhefte innerhalb einer Frist von drei Wochen zurückgegeben werden.
Zuschriften, die den Vertrieb oder Anzeigen betreffen, bitte nur an den Verlag.

© VS Verlag für Sozialwissenschaften | GWV Fachverlage GmbH, Wiesbaden 2009
VS Verlag für Sozialwissenschaften ist Teil der Fachverlagsgruppe Springer Science+Business Media.

Alle Rechte vorbehalten. Kein Teil dieser Zeitschrift darf ohne schriftliche Genehmigung des Verlages vervielfältigt oder verbreitet werden. Unter dieses Verbot fällt insbesondere die gewerbliche Vervielfältigung per Kopie, die Aufnahme in elektronische Datenbanken und die Vervielfältigung auf CD-ROM und allen anderen elektronischen Datenträgern.

Gedruckt auf säurefreiem und chlorfrei gebleichtem Papier.
Printed in the Netherlands

ISBN 978-3-531-15929-4

Zeitschrift für Erziehungswissenschaft Sonderheft 10/2008

„Vertiefende Analysen zu PISA 2006"
Herausgegeben von Manfred Prenzel und Jürgen Baumert

10. Jahrgang, Sonderheft 10/2008

Inhaltsverzeichnis

Manfred Prenzel und Jürgen Baumert	Editorial: Vertiefende Analysen zu PISA 2006	7
Claus H. Carstensen, Manfred Prenzel und Jürgen Baumert	Trendanalysen in PISA: Wie haben sich die Kompetenzen in Deutschland zwischen PISA 2000 und PISA 2006 entwickelt?	11
Cordula Artelt, Barbara Drechsel, Wilfried Bos und Tobias C. Stubbe	Lesekompetenz in PISA und PIRLS/IGLU – ein Vergleich	35
Katrin Schöps, Martin Senkbeil und Kerstin Schütte	Umweltbezogene Einstellungen von Jugendlichen in Deutschland – Ergebnisse aus PISA 2006	53
Päivi Taskinen, Regine Asseburg und Oliver Walter	Wer möchte später einen naturwissenschaftsbezogenen oder technischen Beruf ergreifen? Berufserwartungen und Schülermerkmale in PISA 2006	79
Martin Senkbeil und Jörg Wittwer	Antezedenzien und Konsequenzen informellen Lernens am Beispiel der Mediennutzung von Jugendlichen	107
Timo Ehmke	Welche Bedeutung haben lernförderliche Prozesse und naturwissenschaftsbezogene Einstellungen im Elternhaus für die Erklärung sozialer Disparitäten in der naturwissenschaftlichen Kompetenz?	129
Oliver Walter	Herkunftsassoziierte Disparitäten im Lesen, der Mathematik und den Naturwissenschaften: ein Vergleich zwischen PISA 2000, PISA 2003 und PISA 2006	149

Oliver Walter	Ethno-linguale Kompositionseffekte in neunten Klassen: Befunde aus der Klassenstichprobe von PISA 2006	169
Oliver Walter und Päivi Taskinen	Naturwissenschaftsbezogene Motivationen und Kompetenzen von Schülerinnen und Schülern mit Migrationshintergrund in Deutschland: der Einfluss der Generation, der Herkunft und des Elternhauses	185
Jörg Wittwer	What Influences the Agreement Among Student Ratings of Science Instruction?	205
Eckhard Klieme und Brigitte Steinert	Schulentwicklung im Längsschnitt. Ein Forschungsprogramm und erste explorative Analysen	221

ZfE Beiheft „Vertiefende Analysen zu PISA 2006"
Manfred Prenzel und Jürgen Baumert

Editorial:
Vertiefende Analysen zu PISA 2006

Die Erhebungswellen von PISA landen mit einiger Verzögerung an, nämlich dann, wenn die ersten Berichte der Untersuchungen veröffentlicht werden. So wurden im Dezember 2007 die Ergebnisse der Erhebungen im Sommer 2006 publiziert, die im Rahmen des „Programme for International Student Assessment" (PISA) in 57 Staaten durchgeführt worden waren.

Alle drei Jahre werden in der von der OECD (Organisation für wirtschaftliche Zusammenarbeit und Entwicklung) koordinierten internationalen Vergleichsstudie Kompetenzen fünfzehnjähriger Schülerinnen und Schüler in den Bereichen Lesen, Mathematik und Naturwissenschaften getestet sowie weitere Schul- und Schülermerkmale mit Fragebögen erfasst. Die OECD verspricht den teilnehmenden Staaten empirisch gestütztes Wissen, das ihnen bei der Steuerung ihrer Bildungssysteme helfen soll. Die Grundanlage der Studie mit umfangreichen repräsentativen Stichproben und ausgezeichneten Testverfahren macht die Untersuchung aber auch aus einer wissenschaftlichen Sicht attraktiv. Für die Forschung interessant wird PISA insbesondere dann, wenn Stichproben ergänzt und zusätzliche Erhebungen durchgeführt werden können, um gezielt weiterführende wissenschaftliche Fragen zu beantworten. Entsprechende zusätzliche Erhebungen und Auswertungen helfen außerdem, die Befunde der internationalen Studie abzusichern und gewissenhaft zu interpretieren. Auch konfrontiert ein Erhebungsprogramm wie PISA immer wieder mit einigen grundlegenden, zum Teil methodischen Fragen, deren Beantwortung nicht nur für die Studie selbst, sondern für die Forschung generell bedeutsam wird. In diesem Sinn haben die in Deutschland für die Durchführung und Auswertung der Studie verantwortlichen Gruppen von Wissenschaftlerinnen und Wissenschaftlern („PISA-Konsortien") bei den bisherigen drei PISA-Runden konsequent die Perspektive der empirischen Bildungsforschung vertreten (Baumert u.a. 2001; Prenzel u.a. 2004). Die zusätzlichen Erhebungen und Analysen der deutschen PISA-Konsortien ergänzten damit die internationale Berichterstattung der OECD. Gelegentlich mussten jedoch auch auf der Basis vertiefter Analysen manche Aussagen und Interpretationen zurechtgerückt werden.

Die PISA-Erhebungswellen konfrontieren die Öffentlichkeit aber auch mit einer zunehmenden Flut an Informationen. Der erste Bericht der OECD umfasste bei PISA 2006 zwei Bände mit jeweils mehr als 400 Seiten (OECD 2007). Dieser „Initial report" erfüllt in bestimmter Hinsicht auch die Aufgabe einer Dokumentation von Ergebnissen, nämlich Mittelwerten, Streuungsmaßen oder Kennzahlen für (meist bivariate) Zusammenhänge zwischen Merkmalen. Internationale thematische Berichte, die nachfolgen, werden stärker inhaltlich und theoretisch orientiert sein. Der Bericht zu PISA 2006, der vom PISA-Konsortium in Deutschland (Prenzel u.a. 2007) zeitgleich mit dem OECD-Report veröffentlicht wurde, berücksichtigte demgegenüber stärker Fragen, die aus der nationalen Perspektive relevant erschienen und bemühte sich von Anfang an darum, diese in einem wissenschaftlichen und theoretisch begründeten Kontext zu beantworten.

Die internationale Datenbasis für die statistischen Analysen und für die nachfolgende Berichterstellung erhalten die nationalen Projektleiter erst vier bis fünf Monate vor dem offiziellen Veröffentlichungstermin. Die Analysen für den ersten Bericht müssen sich deshalb auf Aspekte konzentrieren, die für die Interpretation der internationalen Vergleichsergebnisse vordringlich zu klären sind. Viele Fragen, die aus einer Bildungsforschungsperspektive relevant erscheinen, können zunächst noch nicht aufgegriffen werden. Antworten auf diese Fragen sind aber auch eher für die wissenschaftliche Community interessant und kaum für Schlagzeilen geeignet. Deshalb liegt es auf der Hand, Ergebnisse vertiefender wissenschaftlicher Analysen zu einem späteren Zeitpunkt in einschlägigen wissenschaftlichen Publikationsorganen zu veröffentlichen. In diesem Beiheft stellen wir somit eine Reihe von aktuellen Befunden aus PISA 2006 vor, einer Erhebungsrunde, in der die Naturwissenschaften als Hauptdomäne erstmals den größten Anteil der Testzeit erhielten. Aus diesem Grund stehen in mehreren Beiträgen die Naturwissenschaften im Zentrum. Aber auch die anderen Domänen finden eine angemessene Berücksichtigung.

Der Beitrag von CLAUS CARSTENSEN, MANFRED PRENZEL und JÜRGEN BAUMERT thematisiert einige grundlegende methodische Fragen zur Analyse von Trends über die dreijährlichen Erhebungsrunden. Trendanalysen betreffen die Frage, ob und inwieweit sich die Testleistungen in einem Staat beziehungsweise in allen OECD-Staaten über die Erhebungsrunden verbessert oder verschlechtert haben. Der Beitrag erläutert und diskutiert Voraussetzungen und Möglichkeiten von Trendanalysen in einer internationalen Vergleichsstudie wie PISA.

Über PISA hinaus weist der Artikel von CORDULA ARTELT, BARBARA DRECHSEL, WILFRIED BOS und TOBIAS C. STUBBE. Sie vergleichen die Befunde zur Lesekompetenz in PISA und in PIRLS/IGLU – einer Studie, die Schülerinnen und Schüler am Ende der Grundschule untersuchte. In ihrem Beitrag arbeiten sie Besonderheiten der beiden Erhebungen heraus, die einen systematischen Vergleich einschränken und die bei der gemeinsamen Interpretation von Befunden aus beiden Studien berücksichtigt werden sollten.

Mit dem Schwerpunkt Naturwissenschaften bei PISA 2006 bot es sich an, umweltbezogene Einstellungen von Jugendlichen genauer zu untersuchen. KATRIN SCHÖPS, MARTIN SENKBEIL und KERSTIN SCHÜTTE berichten über Umweltwissen, Wahrnehmung von Umweltproblemen sowie Einstellungen zu Umweltmaßnahmen der Schülerinnen und Schüler in Deutschland und beziehen diese Einstellungen, einem theoretischen Modell folgend, auf weitere Merkmale der Personen und ihrer Umgebungen.

Die Schwerpunktsetzung Naturwissenschaften wird ebenfalls im Beitrag von PÄIVI TASKINEN, REGINE ASSEBURG und OLIVER WALTER genutzt. Auf der Grundlage differenzierter Auswertungen der Berufsvorstellungen von Jugendlichen untersuchen sie, welche Schülermerkmale eine Vorhersage von Präferenzen für einen naturwissenschaftsbezogenen oder technischen Beruf erkennen lassen. Diese Frage gewinnt vor dem Hintergrund aktueller Debatten über die Sicherung des Nachwuchses für die naturwissenschaftlich-technischen Berufsfelder besondere Bedeutung.

Einflüsse informeller Lernprozesse auf die Kompetenzentwicklung untersuchen MARTIN SENKBEIL und JÖRG WITTWER anhand der Daten aus PISA 2006. Sie betrachten hier insbesondere die freizeitbezogenen Medienaktivitäten der Jugendlichen unter dem Aspekt von informellem Lernen und berücksichtigen Einflüsse der sozialen Herkunft auf die Mediennutzung.

Während soziale Herkunft meist unter dem Aspekt vertikaler Ungleichheit betrachtet wird, erweitert TIMO EHMKE diese Sicht, indem er nach horizontalen Disparitäten fragt. In seinem Beitrag analysiert er die Bedeutung lernförderlicher und naturwissenschaftsbezogener Einstellungen und Prozesse im Elternhaus für die Erklärung sozial bedingter Unterschiede in der naturwissenschaftlichen Kompetenz.

Mehrere Beiträge im Sonderheft befassen sich mit dem Herkunftsmerkmal Migrationshintergrund und Zusammenhängen mit der Kompetenzentwicklung. OLIVER WALTER greift auf die Daten früherer PISA-Runden zurück, um Zusammenhänge zwischen Migrationsstatus und ethnischer Herkunft von PISA 2000 bis PISA 2006 für die deutsche Stichprobe zu beschreiben. Seine Analysen zeigen, dass sich die beobachteten Disparitäten zu einem beträchtlichen Teil auf die soziale Herkunft und den Sprachgebrauch in der Familie zurückführen lassen.

In einem weiteren Beitrag nutzt OLIVER WALTER Daten aus einer Stichprobenerweiterung in Deutschland, bei der in PISA 2006 komplette Klassen der neunten Jahrgangsstufe einbezogen wurden. Mit dieser Klassenstichprobe untersucht er Einflüsse der Zusammensetzung der Schulklasse (in Hinsicht auf den Anteil von Schülerinnen und Schülern mit Migrationshintergrund) auf die drei bei PISA untersuchten Kompetenzbereiche.

Zusammen mit PÄIVI TASKINEN analysiert OLIVER WALTER dann naturwissenschaftsbezogene Kompetenzen und Motivationen von Schülerinnen und Schülern mit Migrationshintergrund. Hintergrund der Analysen sind Annahmen über eher optimistische bzw. pessimistische Einstellungen von Zuwanderern in Deutschland. Die Auswertungen berücksichtigen Einflüsse der Generation, der Herkunft und des Elternhauses.

Die erweiterte Stichprobe kompletter Klassen steht ebenfalls im Zentrum der Analysen von JÖRG WITTWER. Er geht der methodisch bedeutsamen Frage nach, inwieweit Einschätzungen des naturwissenschaftlichen Unterrichts innerhalb einer Klasse soweit geteilt werden, dass eine Aggregation der Individualwerte zu einem aussagekräftigen Klassenwert gerechtfertigt erscheint. Seine Analysen liefern Evidenz für diese Annahme, zeigen aber auch, dass das Ausmaß der Übereinstimmung zwischen den Schülereinschätzungen von mehreren Faktoren abhängt.

Der Beitrag von ECKHARD KLIEME und BRIGITTE STEINERT schließlich weist auf eine Besonderheit der PISA-Erhebungen in Deutschland hin: Aufgrund der Stichprobenerweiterungen für Ländervergleiche gibt es eine ganze Reihe von Schulen, die mehrmals bei den PISA-Erhebungsrunden getestet wurden. Die Besonderheit bietet die Chance, Veränderungen der Schulen im Verlauf der Zeit abzubilden und diese auch im Zusammenhang mit möglichen Veränderungen der Kompetenzwerte zu betrachten. Anhand von ersten explorativen Auswertungen weisen die Autoren auf innovative Möglichkeiten hin, theoriegeleitet die Schulentwicklung über längere Zeiträume in diesem besonderen Sample zu untersuchen.

Literatur

BAUMERT u.a. = BAUMERT, J./KLIEME, E./NEUBRAND, M./PRENZEL, M./SCHIEFELE, U./SCHNEIDER, W./ STANAT, P./TILLMANN, J./WEISS, M. (Hrsg.), (2001): PISA 2000. Basiskompetenzen von Schülerinnen und Schülern im internationalen Vergleich. – Opladen: Leske & Budrich.
OECD (2007): PISA 2006. Schulleistungen im internationalen Vergleich. Naturwissenschaftliche Kompetenzen für die Welt von morgen. Paris – OECD.
PRENZEL u.a. 2007 = PRENZEL, M./ARTELT, C./BAUMERT, J./BLUM, W./HAMMANN, M./KLIEME, E./ PEKRUN, R. (Hrsg.), (2007): PISA 2006. Die Ergebnisse der dritten internationalen Vergleichsstudie. – Münster.
PRENZEL u.a. 2004 = PRENZEL, M./BAUMERT, J./BLUM, W./LEHMANN, R./LEUTNER, D./NEUBRAND, M./ PEKRUN, R./ROLFF, H.-G./ROST, J./SCHIEFELE, U. (Hrsg.), (2004): PISA 2003. Der Bildungsstand der Jugendlichen in Deutschland – Ergebnisse des zweiten internationalen Vergleichs. – Münster.

Claus H. Carstensen[1], Manfred Prenzel[1] und Jürgen Baumert[2]

Trendanalysen in PISA: Wie haben sich die Kompetenzen in Deutschland zwischen PISA 2000 und PISA 2006 entwickelt?

Zusammenfassung:
Die Veröffentlichungen von Ergebnissen der letzten PISA-Erhebung geben Anlass, Möglichkeiten und Grenzen von Trendanalysen in internationalen Vergleichsstudien mit komplexen Testdesigns zu untersuchen. Der Beitrag schließt an Trendanalysen an, die in Deutschland bei PISA 2006 durchgeführt wurden. In einem ersten Schritt werden Voraussetzungen für Trendanalysen bei Studien wie PISA benannt, um dann anhand der Daten aus den drei Erhebungen in Deutschland zu prüfen, ob sie erfüllt sind. Im Zentrum des Beitrags steht die Diskussion eines Modells für Trendanalysen innerhalb eines Staates, das auch dann angewendet werden kann, wenn bestimmte Voraussetzungen für Trendanalysen mit den internationalen Kompetenzindikatoren nicht gegeben sind. Die Ergebnisse einer Anwendung dieses Modells auf die deutschen Daten für alle drei Kompetenzbereiche (Lesen, Mathematik, Naturwissenschaften) werden vorgestellt und interpretiert. Dabei werden die Einschränkungen bezüglich einer international vergleichenden Interpretation hervorgehoben. Im Ausblick werden weiterführende Möglichkeiten diskutiert, in einer Studie wie PISA mit denselben Kompetenzindikatoren sowohl querschnittliche Vergleiche als auch tragfähige Trendanalysen durchführen zu können.

Abstract:
The publication of the results of the last PISA study prompts an examination of the possibilities and limitations of trend analyses of international comparative studies with complex test designs. This paper follows up on trend analyses which were carried out in Germany for PISA 2006. In a first step, the requirements for trend analyses of studies such as PISA will be stated in order to then test whether they are fulfilled by using the data from the three PISA cycles in Germany. The discussion of a model for trend analyses within a country which can even be used if certain requirements for trend analyses using the international competency indicators are not fulfilled is at the core of this paper. The results of an application of this model to the German data for all three domains (reading, mathematics, science) will be presented and interpreted. The limitations with regard to an interpretation at the level of an international comparison will thereby be highlighted. With regard to future prospects, further possibilities of using the same competency indicators to carry out both cross-sectional comparisons and also sustainable trend analyses in a study such as PISA will be discussed.

1 Internationale Vergleiche und die Analyse von Trends

Das „Programme for International Student Assessment" (PISA) erhebt im Abstand von drei Jahren grundlegende Kompetenzen fünfzehnjähriger Schülerinnen und Schüler in den Bereichen Lesen, Mathematik und Naturwissenschaften. Die von der OECD koordinierte Studie untersucht, inwieweit es den Bildungssystemen der teilnehmenden Staaten gelingt, Jugendliche auf Herausfor-

---
[1] Leibniz-Institut für die Pädagogik der Naturwissenschaften an der Universität Kiel
[2] Max-Planck-Institut für Bildungsforschung, Berlin

derungen der Wissensgesellschaft vorzubereiten (OECD 1999, 2006). Wichtige Bezugspunkte für die Analysen liefert der *internationale Vergleich*. Die Kompetenzen der getesteten Jugendlichen werden an der Gruppe der OECD-Staaten normiert. Anhand der Berichtsskalen (mit einem Mittelwert von 500 und einer Standardabweichung von 100 Punkten) können die in den Staaten erreichten Leistungen verglichen und auf Kontextindikatoren (z.B. soziale Herkunft) bezogen werden. Die bei PISA verwendete Skala gibt den teilnehmenden Staaten Auskunft über ihre Position im internationalen Vergleich und über ihre relativen Schwächen und Stärken.

Aber PISA verspricht noch mehr Information, denn in allen bisherigen PISA-Runden wurden die drei Kompetenzen auf der Grundlage vergleichbarer Testkonzeptionen erhoben. Zwar wurde jeweils eine Domäne als Schwerpunktgebiet ausführlicher untersucht, doch stand auch für die anderen Gebiete ausreichend Testzeit zur Verfügung, um Vergleiche über die Erhebungsrunden zu ermöglichen (OECD 2001). Um die Vergleichbarkeit zu gewährleisten, wurde in allen Erhebungsrunden eine Menge gleicher (geheim gehaltener) Aufgaben eingesetzt. Die Untersuchung war und ist prinzipiell so angelegt, dass *Kompetenzveränderungen über die Zeit* (Trends) analysiert werden können. Diese Trendinformationen berichten, inwieweit die fünfzehnjährigen Jugendlichen in aufeinander folgenden Erhebungsrunden ein höheres, gleiches oder niedrigeres Kompetenzniveau erreicht haben. Die Leistungen der einzelnen Staaten zu den Erhebungszeitpunkten werden also an einem inhaltlichen Maßstab beurteilt.

Diese besondere Anlage des Erhebungsdesigns wurde bereits bei den Auswertungen zu PISA 2003 ausgeschöpft, als erstmals Trendanalysen möglich waren. Der entsprechende Bericht der OECD (2004) präsentiert Trends für alle drei Domänen: in den Bereichen Lesen und Naturwissenschaften für die Gesamtskalen, in der Mathematik für zwei Subskalen. Im Bericht zu PISA 2006 stellt die OECD (2007a) wiederum Trends dar, jedoch unterscheiden sich die Auswertungsverfahren zwischen den Domänen und zum Teil auch von denen in früheren Berichten erheblich. Nur im Bereich Lesen wird der Trend von PISA 2000 zu PISA 2003 mit den neuen Zahlen von PISA 2006 fortgeschrieben. Für die mathematische Kompetenz wird ein Trend berichtet, der nun mit der Erhebung im Jahr 2003 (als Mathematik Schwerpunktgebiet war) beginnt. Für die Naturwissenschaften wird argumentiert, dass ein Trend erst ab der Erhebung im Jahr 2006 (mit den Naturwissenschaften als Schwerpunkt) analysiert werden kann (OECD 2007a, S. 26). Dessen ungeachtet findet sich im Anhang des Berichtsbandes (OECD 2007a, S. 370) eine Tabelle, die zwei unterschiedliche Trends für die Naturwissenschaften zwischen PISA 2003 und PISA 2006 darstellt. Die Kennwerte dieser Tabelle werden jedoch nicht erläutert oder kommentiert.

Wie unübersichtlich die Lage ist, lässt sich an einigen Beispielen darstellen: Legt man zum Beispiel die Ergebnisberichte für die *Naturwissenschaften* aus den internationalen Berichten der OECD (2001, 2004, 2007a) nebeneinander, dann erhält Deutschland auf der PISA-Skala im Jahr 2000 487 Punkte, im Jahr 2003 502 Punkte und im Jahr 2006 516 Punkte. Folgt man den Angaben der OECD im zweiten Berichtsband (OECD 2004), dann beziehen sich die Kennwerte für PISA 2000 und PISA 2003 auf die gleiche Skala. Der Abstand von 15 Punkten, der für Deutschland zwischen 2000 und 2003 errechnet wird, kann also auch als substantieller Kompetenzzuwachs verstanden werden. Für die bei PISA 2006 gemessenen 516 Punkte ist es laut OECD jedoch nicht möglich, sie auf die früheren Kennwerte zu beziehen, um einen Trend abzulesen. Sie können zunächst nur als Ergebnis des Vergleichs zwischen den Staaten zu diesem Messzeitpunkt verstanden werden. Zu diesem Erhebungszeitpunkt im Jahr 2006 schneidet Deutschland – was die Position im OECD-Vergleich anbetrifft – freilich gegenüber den früheren Erhebungen sehr gut ab, nämlich überdurchschnittlich (für PISA 2003 waren durchschnittliche, für PISA 2000 unterdurchschnittliche Werte berichtet worden). Ähnlich kompliziert ist die Lage in der *Mathematik* für die Erhebungen bei PISA 2000 und PISA 2003. Zwar werden für beide Runden Gesamtleistungen in der Mathematik berichtet (nämlich 490 Punkte bei PISA 2000 und 503 Punkte bei PISA 2003), doch sind diese wiederum nur jeweils für sich innerhalb einer Studie im Sinne eines Staatenvergleichs zu interpretieren. Wenn man etwas über Trends erfahren will, muss man die Ergebnisse auf zwei Teilskalen betrachten.

Diese Unübersichtlichkeit der Befundlage ist keineswegs beabsichtigt. Sie lässt sich vielmehr darauf zurückführen, dass PISA mit einem methodisch komplexen und ambitionierten Erhebungs- und Auswertungsansatz an mehreren Stellen Neuland betreten hat und manchmal mit unvorhergesehenen Problemen konfrontiert wurde. Da PISA als Indikatorenprogramm für längere Zeiträume geplant ist, gilt es diese Probleme zu meistern. Damit stellt sich die Frage, ob es Möglichkeiten und Wege gibt, die Probleme von Trendanalysen bei internationalen Vergleichsstudien besser zu beherrschen, so dass auch im Fall von Komplikationen die vorhandene Information soweit wie möglich genutzt wird, um Aussagen über substantielle Veränderungen treffen zu können.

Die Wissenschaftlerinnen und Wissenschaftler, die in Deutschland (parallel zur OECD) an eigenen Auswertungen arbeiteten (PRENZEL u. a. 2007a), hatten bei PISA 2006 einen Ausweg gesehen, für die Bereiche Naturwissenschaften und Mathematik doch Trendanalysen auf nationaler Ebene durchzuführen. In der Beschreibung dieses Zugangs (CARSTENSEN u. a. 2007; PRENZEL u. a. 2007b) war unterstrichen worden, dass dieser Zugang nur landesspezifisch möglich ist. Aus diesem Grund war für den Bericht über Zuwächse nicht die übliche PISA-Metrik verwendet worden. Die Veränderungen wurden vielmehr in Effektstärken ausgedrückt.

Der vorliegende Beitrag schließt an diese Analysen an. Am Beispiel der in Deutschland erhobenen Daten wird eine Methode zur Analyse von Trends erläutert, mit deren Hilfe Kompetenzveränderungen in einem Staat über alle Erhebungen berichtet werden können, ohne gleichzeitig den Anspruch zu erheben, die Vergleichbarkeit zwischen den Staaten aufrecht zu erhalten. Mit diesem Beitrag wollen wir nicht nur das in Deutschland bei PISA 2006 gewählte Vorgehen darlegen, sondern uns genereller mit den Möglichkeiten von Trendanalysen über die PISA-Erhebungen hinweg befassen. Dazu sollen die Fragerichtungen und Voraussetzungen eines Staatenvergleichs zu einem Erhebungszeitpunkt einerseits und einer Analyse von Veränderungen über Erhebungen andererseits gegenübergestellt werden. Auf dieser Grundlage kann dann geklärt werden, ob sich anhand der in Deutschland mit PISA erhobenen Daten belastbare Trendindikatoren für die drei Domänen Lesen, Mathematik und Naturwissenschaften über alle bisherigen Erhebungsrunden konstruieren lassen.

2   Skalierung und Trendanalyse

Aus den in PISA erhobenen Daten werden Indikatoren für Kompetenzen konstruiert, die zwischen den teilnehmenden Staaten verglichen werden können. Die Konstruktion dieser Indikatoren ist an eine Reihe von Voraussetzungen geknüpft, die im Folgenden benannt werden, um dann zu klären, welche Voraussetzungen für Vergleiche *zwischen* Staaten zu einem Erhebungszeitpunkt und für Trendanalysen *innerhalb* eines Staates gelten.

Die Konstruktion valider Kompetenzindikatoren im Rahmen internationaler Vergleichsstudien beruht auf einigen grundlegenden Annahmen. Die zu untersuchenden Kompetenzen müssen in allen Ländern in vergleichbarer Weise erfassbar sein. Deshalb werden theoretische Rahmenkonzeptionen für die Testentwicklung von internationalen Expertengruppen erarbeitet (OECD 1999, 2003, 2006). Sie strukturieren international vergleichbare Kompetenzbereiche und Felder für die Aufgabenentwicklung. Mit den Aufgaben (und mit dem Testdesign) müssen in allen teilnehmenden Staaten in gleicher Weise die intendierten Kompetenzen erfasst werden können. Die Testaufgaben müssen also in ihrer Gesamtheit in allen Staaten dasselbe Konstrukt messen, das heißt zum Beispiel, keine Aufgabe darf in einzelnen Staaten aufgrund kultureller Unterschiede unterschiedliche Bedeutung erhalten. Andernfalls wäre nicht entscheidbar, ob ein beobachteter Unterschied auf das durchschnittliche Können der Schülerinnen und Schüler oder auf kulturelle Traditionen zurückzuführen ist.

Um die Kompetenzverteilungen in den Staaten auf der Grundlage einer ausreichend großen Zahl von Aufgaben schätzen zu können, wird eine Anzahl von Testheften eingesetzt, welche jeweils unterschiedliche Teilmengen der Testaufgaben enthalten. Der Testaufbau bei PISA folgt einem Multi-Matrix-Design, bei dem jede Schülerin und jeder Schüler jeweils nur einen Teil der gesamten Aufgabenmenge (bei PISA 2006 31%) bearbeitet. Da die Testhefte aus unterschiedlichen (systematisch rotierten) Aufgaben zusammengestellt werden, müssen die Schwierigkeiten der einzelnen Aufgaben bei der Konstruktion der Kompetenzindikatoren berücksichtigt werden. Dazu wird in PISA das so genannte Rasch-Modell (RASCH 1960), eines der grundlegenden Modelle der Item Response-Theorie, als Messmodell verwendet. Sind die mit dem Rasch-Modell verbundenen Annahmen für den Test in der untersuchten Population in einer erhobenen Domäne erfüllt, so kann von einer homogenen, d. h. eindimensionalen Kompetenzskala ausgegangen werden und es lassen sich Messwerte auf dieser Skala errechnen. Die Messwerte sind unter diesen Voraussetzungen zwischen allen Staaten und Subgruppen innerhalb der Staaten vergleichbar.

Zu den Annahmen des Rasch-Modells zählen die Itemhomogenität, die Personenhomogenität und die lokale stochastische Unabhängigkeit (RASCH 1960; ROST 2004). Mit den ersten beiden Annahmen werden Voraussetzungen der Eindimensionalität eines Testes bezüglich der Zielpopulation beschrieben. Für alle Schülerinnen und Schüler muss dasselbe Messmodell gelten, d. h. die Schwierigkeiten der Testaufgaben müssen für alle Schülerinnen und Schüler gleich sein. Umgekehrt muss jede einzelne Aufgabe die gleichen Messeigenschaften aufweisen (die gemessene Kompetenz für alle Personen ist unabhängig von der Auswahl der Aufgaben). Das heißt, bei jeder beliebigen Auswahl von Aufgaben aus dem Test darf sich die Reihenfolge der Personen hinsichtlich ihrer Kompetenz, zum Beispiel gemessen durch den Anteil von richtigen Lösungen, nicht unterscheiden. Aus diesen Annahmen lässt sich die so genannte Suffizienz der Rohwerte ableiten: Wenn die geforderte Eindimensionalität der Testaufgaben vorliegt, lassen sich die Fähigkeitsunterschiede bereits an den Rohwerten, d. h. an der Zahl der richtig gelösten Aufgaben, ablesen.

Weiter wird mit dem Rasch-Modell die so genannte lokale stochastische Unabhängigkeit angenommen: Es wird vorausgesetzt, dass die Schwierigkeit einer Aufgabe nicht von anderen Aufgaben im Test abhängt. So darf zum Beispiel die Lösung einer Aufgabe nicht von der Lösung der vorangehenden Aufgabe abhängen. Bei der Konstruktion der 13 Testhefte in PISA 2003 und PISA 2006 wurden die einzelnen Testhefte jeweils mit vier aus insgesamt dreizehn Aufgabenblöcken gebildet, wobei jeder Aufgabenblock einmal an jeder der vier möglichen Positionen im Testheft angeordnet war. Mit einer solchen Zuordnung ändert sich der Kontext eines Aufgabenblocks durch den jeweils vorangehenden Aufgabenblock. Potentielle Auswirkungen dieses Kontexteffekts auf das Testergebnis sind mit dem gewählten Testdesign nicht kontrollierbar und es muss angenommen werden, dass diese zu vernachlässigen sind. Mögliche Verzerrungen, die sich mit dem Testheftdesign ergeben könnten, werden durch eine zufällige und gleichverteilte Zuordnung von Schülerinnen und Schülern zu den Testheften in jedem teilnehmenden Staat ausgeschlossen. Damit ist die Vergleichbarkeit zwischen den Staaten *innerhalb einer PISA-Erhebung* gegeben.

Will man die Kompetenzergebnisse auch für Trendanalysen heranziehen, muss nachgewiesen werden, dass alle Voraussetzungen für die Anwendung des Rasch-Modells gleichzeitig *über alle Erhebungszyklen* hinweg gegeben sind. Nur dann sind die Messwerte zwischen den Erhebungen vergleichbar. Da mit den Erhebungsrunden die Schwerpunkte wechseln, werden Kompetenzen in den einzelnen Domänen einmal mit einem umfangreichen Test von 84 oder mehr Aufgaben erfasst und in anderen Zyklen lediglich mit etwa 30 Aufgaben. Da nicht alle Aufgaben in den folgenden Erhebungen wieder verwendet werden, ist die Zahl der gemeinsamen Aufgaben zwischen zwei Erhebungen meistens nicht größer als 25. Für Vergleiche über die Erhebungen hinweg ist deshalb sicherzustellen, dass die unterschiedlichen Testformen, gleichgültig ob Lang-

oder Kurzform, dasselbe Konstrukt erfassen. Dieser Gesichtspunkt wird bei der Auswahl der Aufgaben für die folgenden Studien durch die Expertengruppen berücksichtigt. Außerdem lässt sich der Zusammenhang zwischen den kürzeren und längeren Testformen empirisch bestimmen. Schließlich muss gewährleistet sein, dass die Aufgaben und Aufgabenblöcke in den unterschiedlichen Erhebungen unter denselben Bedingungen vorgegeben werden. Ideal wäre es daher, dieselben Testhefte zu verwenden. Da sich jedoch mit den Erhebungen und ihren Schwerpunkten die Zahlen von Aufgaben je Domäne ändern, muss bei der Konstruktion neuer Testhefte sichergestellt werden, dass die Aufgaben unter möglichst vergleichbaren Bedingungen eingesetzt werden. Da die Position der Aufgaben innerhalb der Aufgabenblöcke im Testdesign von PISA nicht variiert wird, ist eine empirische Kontrolle möglicher Auswirkungen von unterschiedlichen Positionen der Aufgaben in den Testheften nicht möglich. Insofern müssen wir annehmen, dass mit dem Testdesign sichergestellt wurde, dass mögliche Positionseffekte von Aufgaben, die zur Schätzung von Trends verwendet werden, über die Erhebungen zu vernachlässigen sind. Auch die bereits erwähnten Kontexteffekte werden mit dem PISA-Testdesign nicht variiert und sind somit nicht empirisch kontrollierbar. Hier muss ebenfalls angenommen werden, dass diese Effekte zwischen den Erhebungen zwar geringfügig zur Fehlervarianz beitragen, aber keine Verzerrung der Ergebnisse zugunsten einer Erhebung mit sich bringen.

Sind die genannten Voraussetzungen nicht erfüllt, können unterschiedliche Kompetenzergebnisse in den Erhebungsrunden nicht allein auf Veränderungen der Kompetenzen der Jugendlichen in den Ländern zurückgeführt werden. Vielmehr können auch andere Faktoren, zum Beispiel eine vermehrte oder verringerte Beschäftigung mit den Themenbereichen bestimmter Aufgaben in einzelnen Staaten zu bestimmten Erhebungszeitpunkten, Unterschiede in den verwendeten Testformen oder Positionseffekte der Aufgaben zu Unterschieden in den Kompetenzergebnissen beitragen.

Faktisch mussten in allen Testdomänen bei Übergängen von einer Haupt- zu einer Nebenkomponente oder von einer Neben- zu einer Hauptkomponente aus inhaltlichen Gründen Aufgabenpositionen in erheblichem Maße verändert werden. Aufgaben wurden zum Teil zu neuen Clustern zusammengestellt, und Cluster erhielten unterschiedliche Positionen im Testablauf. Das OECD-Dokument EDU/PISA/GB(2007)42 (OECD, 2007b) gibt einen Überblick über diese Veränderungen. Welche Auswirkungen die Testmodifikationen auf Trendschätzungen in den einzelnen Domänen haben, lässt sich nicht exakt angeben. Mit nennenswerten Trendverschätzungen ist zu rechnen, wenn Positions- und Kontextänderungen systematisch und über alle Länder hinweg die Schwierigkeiten der gemeinsamen Aufgaben zwischen den Erhebungen beeinflussen und – technisch gesprochen ein „item drift" auftritt, der nicht wirklich korrigierbar ist. An diesem Punkt werden die Grenzen des internationalen Testdesigns sichtbar.

Die hier benannten Annahmen sind komplex und in ihrer Gesamtheit sehr restriktiv. Allerdings kann eine Konstruktion von Kompetenzindikatoren vertretbar sein, auch wenn nicht alle Annahmen vollständig erfüllt sind. Dann muss freilich bei der Konstruktion der Indikatoren und bei der Interpretation der Ergebnisse berücksichtigt werden, inwieweit sich Einschränkungen auf die intendierten Vergleiche auswirken können. Je nach Art der beabsichtigten Vergleiche können sich unterschiedliche Einschränkungen ergeben. Wie durch die Berichterstattung zu PISA 2006 deutlich geworden ist, sind Trendindikatoren nicht so leicht zu konstruieren wie Kompetenzindikatoren für querschnittliche Vergleiche zwischen Staaten zu einem Erhebungszeitpunkt.

Die Voraussetzungen für Vergleiche innerhalb der PISA-Studien sind normalerweise gegeben. Durch die Rahmenkonzeptionen werden international vergleichbare Kompetenzen beschrieben, die durch die von Expertengruppen entwickelten und sorgfältig überprüften Aufgaben erfasst werden können (ADAMS/ WU 2002; OECD 2005, in Vorbereitung). Für die Skalierung werden die für die OECD-Staaten gültigen Aufgabenschwierigkeitsparameter in allen Staaten verwendet. Damit wird das erfasste Konstrukt in jeder Domäne in jedem Staat identisch definiert. Bei der

Auswahl der Aufgaben anhand der Pilotierungsergebnisse und bei der Kontrolle der Ergebnisse nach den Erhebungen wird überprüft, inwieweit einzelne Aufgaben in einzelnen Ländern in ihren relativen Schwierigkeiten vom Muster der mittleren Aufgabenschwierigkeiten in den Staaten der OECD abweichen, die so genannten „Aufgaben-Länder-Interaktionen" der relativen Schwierigkeiten. Aufgaben mit bedeutsamen Aufgaben-Länder-Interaktionen, die sich in der Pilotierung zeigen, werden nicht in den Test aufgenommen. Findet man solche Interaktionen in der Haupterhebung, dann werden diese Aufgaben nicht zur Skalierung herangezogen (vgl. *data adjudication* in den jeweiligen Technical Reports, etwa: ADAMS/WU 2002).

Für Trendanalysen muss zusätzlich zu den Voraussetzungen für Vergleiche innerhalb einer Studie die Vergleichbarkeit der Konstrukte, der Testformen und der Erhebungsdesigns über die Zyklen gegeben sein. In einer Arbeit zu Methoden von Trendanalysen vergleichen GEBHARDT und ADAMS (2007) die Ergebnisse zwischen PISA 2000 und PISA 2003 für 28 Staaten, die an beiden Studien teilgenommen haben. Im Fokus stehen dabei Unterschiede in den Aufgabenschwierigkeiten zwischen den Ländern, Aufgaben-Länder-Interaktionen und deren Auswirkungen auf Trendergebnisse in Abhängigkeit von unterschiedlichen Skalierungs- und Trendanalysemethoden. Die Autoren diskutieren drei Aspekte von Trendskalierungen: erstens Annahmen über die Stabilität von Aufgabenschwierigkeiten zwischen Ländern und Zeitpunkten, zweitens die Verankerung der Aufgabenschwierigkeitsparameter zwischen den Erhebungen und drittens mögliche Veränderungen in der Zusammensetzung der Schülerschaft in der Stichprobe oder in der Grundgesamtheit in den teilnehmenden Staaten. GEBHARDT und ADAMS diskutieren drei alternative Methoden für Trendanalysen mit PISA-Daten, die im Folgenden kurz skizziert werden (GEBHARDT/ADAMS 2007):

– Mit „originalen Trends" (engl.: *original trends*) werden Veränderungen in den Kompetenzindikatoren bezeichnet, die in den PISA-Erhebungszyklen zur querschnittlichen Berichterstattung konstruiert wurden. Eine Interpretation dieser Trendanalysen ist nur dann gerechtfertigt, wenn alle oben angeführten Voraussetzungen erfüllt sind. Bei PISA wurden von der OECD bisher originale Trends für das Lesen über alle drei Erhebungen berichtet, für die Mathematik von PISA 2003 nach PISA 2006 und für die Naturwissenschaften von PISA 2000 nach PISA 2003.
– Als „marginale Trends" (engl.: *marginal trends*) werden Veränderungsmaße bezeichnet, die auf einer eigenen Skalierung der Aufgabenantworten für jeden Staat beruhen. Hier werden jedoch im Unterschied zur Originalskalierung die Aufgabenschwierigkeiten für jedes Land separat geschätzt. Damit wird die gemessene Kompetenz nicht in einer OECD-weit gültigen Kompetenzskala abgebildet, sondern in einer eigenen Kompetenzskala je Staat. Soweit einzelne Aufgaben oder Aufgabengruppen in einem Staat schwerer oder leichter sind als in der OECD, werden diese Unterschiede in den staatenspezifischen Aufgabenschwierigkeitsparametern mit abgebildet und die Bedeutung der Kompetenz erhält eine staatenspezifische Färbung. Anders als bei den originalen Trends führen Schwierigkeitsunterschiede zwischen der OECD und einzelnen Staaten hier nicht zu einer Verzerrung der Trendergebnisse. Ferner verwenden GEBHARDT und ADAMS für die staatenspezifische Skalierung ein kurzes Hintergrundmodell, sodass im Anschluss nur entsprechend eingeschränkte Sekundäranalysen vorgenommen werden können.
– Unter „bedingten Trends" (engl.: *conditional trends*) werden Veränderungsanalysen verstanden, die auf der gleichen Skalierung wie die marginalen Trends beruhen. Allerdings werden die Veränderungen zwischen den Erhebungszyklen zusätzlich um mögliche Unterschiede in den Stichprobenzusammensetzungen korrigiert. So wird als Veränderungsmaß der Effekt des Erhebungszeitpunktes unter gleichzeitiger Berücksichtigung von Alter, Geschlecht, Sozialschicht (HISEI) und Sprache im Elternhaus aus einer multiplen Regressionsanalyse verwendet.

Wie wirken sich die unterschiedlichen Skalierungen aus? Um die Stabilität der Aufgabenschwierigkeiten zu untersuchen, stellen GEBHARDT und ADAMS (2007) die mittleren Schwierigkeiten der gemeinsamen Aufgaben aus den beiden Erhebungen PISA 2000 und PISA 2003 gegenüber. Für die Lesekompetenz lassen sich 28 in den beiden Erhebungen PISA 2000 und PISA 2003 gemeinsam verwendete Leseaufgaben von 101 weiteren Aufgaben unterscheiden, die nur in PISA 2000 verwendet wurden. In den OECD-Staaten sind diese 28 gemeinsamen Aufgaben bei PISA 2000 im Mittel um 0.04 Logits[1] leichter als die zusätzlichen Aufgaben. Schätzt man die Aufgabenschwierigkeiten für jeden teilnehmenden Staat separat, so lässt sich dieser Unterschied in der mittleren Testschwierigkeit für beide Aufgabengruppen für jeden Staat angeben. Nach GEBHARDT und ADAMS variiert der Schwierigkeitsunterschied zwischen etwa 27 Punkten zugunsten der zusätzlichen Aufgaben bei PISA 2000 in Mexiko, d. h. hier sind die gemeinsamen Aufgaben schwerer als die zusätzlichen Aufgaben aus PISA 2000, und 26 Punkten zugunsten der gemeinsamen Aufgaben in Schweden.

Im Unterschied zu den originalen Trends werden mit den marginalen Trends nur Unterschiede in den gemeinsamen Aufgaben zwischen den Erhebungen abgebildet. Die zusätzlichen Leseaufgaben aus PISA 2000 werden zur Skalierung verwendet, tragen aber nicht zum Trend bei. Insofern können sich marginale Trends von originalen Trends unterscheiden. Der in PISA 2003 verwendete Lesetest war zum Beispiel für schwedische Jugendliche in PISA 2000 leichter als für Jugendliche in der OECD. Die Kompetenzschätzung in PISA 2000 beruht neben den 28 gemeinsamen Aufgaben auf 101 weiteren, so dass dieser „Vorteil" der schwedischen Jugendlichen in PISA 2000 nur einen bestimmten Anteil an der Kompetenzschätzung ausmacht. In PISA 2003 hingegen wurde nur der Kurztest aus den 28 gemeinsamen Aufgaben verwendet, in welchem die schwedischen Jugendlichen deutlich besser abschneiden. Die Kompetenz der schwedischen Jugendlichen in PISA 2003 wird mit den originalen Trends im Vergleich zu PISA 2000 deutlich überschätzt. Wie GEBHARDT und ADAMS mit den marginalen Trends zeigen, ergibt sich für die schwedischen Jugendlichen bezogen auf die 28 gemeinsamen Aufgaben ein negativer Trend. Mit den originalen Trends ist hingegen keine Veränderung zu erkennen (Abbildung 2 in GEBHARDT/ADAMS 2007). GEBHARDT und ADAMS zeigen weiter (Abbildung 4 in GEBHARDT/ADAMS 2007), dass die Differenz in der Testschwierigkeit der gemeinsamen Aufgaben zwischen PISA 2000 und PISA 2003 über alle teilnehmenden Staaten hinweg betrachtet eine hohe Vorhersagekraft für Unterschiede in den Trendergebnissen mit entweder internationalen oder national geschätzten Schwierigkeitsparametern aufweist. Aus diesem Befund lässt sich ableiten, dass die Auswahl der Aufgaben, anhand derer Trendanalysen zwischen verschiedenen Erhebungen berechnet werden, einen Einfluss auf das Ergebnis hat. Dieser Einfluss auf die originalen Trends ist bei einem Wechsel von der langen Testform zur kurzen Testform empirisch nicht von Veränderungen in der Population der Fünfzehnjährigen zwischen den Erhebungszeitpunkten trennbar.

Für die Naturwissenschaften müssen GEBHARDT und ADAMS (2007) drei Aufgabengruppen gegenüber stellen, wodurch die Betrachtung komplexer wird. Neben 24 gemeinsamen Aufgaben aus PISA 2000 und PISA 2003 gibt es in PISA 2000 10 zusätzliche Aufgaben und in PISA 2003 8 zusätzliche Aufgaben. Nach der Skalierung aller OECD-Staaten sind die gemeinsamen Naturwissenschaftsaufgaben im PISA 2003-Test um 0.13 Logits[2] schwieriger als im PISA 2000-Test. Aus einer Schätzung der Aufgabenschwierigkeitsparameter für jeden teilnehmenden Staat einzeln lassen sich auch hier die Differenzen für jeden Staat berechnen; sie bewegen sich zwischen 40 Punkten für Mexiko, um welche die gemeinsamen Aufgaben beider Tests in PISA 2003 leichter sind als in PISA 2000, und 33 Punkten in Finnland, wo die gemeinsamen Aufgaben in PISA 2003 schwerer sind als in PISA 2000. Ähnlich wie für das Lesen lassen sich Unterschiede zwischen den Originaltrends und den marginalen Trends finden. Ebenfalls ähnlich wie im Lesen lassen sich diese Unterschiede mit Differenzen in den mittleren Schwierigkeiten der gemeinsamen Aufgaben vorhersagen.

Mit ihren Analysen weisen GEBHARDT und ADAMS auf zwei Ergebnisse hin, die für Berechnungen von Trends bei PISA von großer Bedeutung sind. Zum einen finden sie Unterschiede in den mittleren Schwierigkeiten der Gruppen der gemeinsamen und der zusätzlichen Aufgaben für beide untersuchten Kompetenzen zwischen den teilnehmenden Staaten, also Aufgaben-Länder-Interaktionen. Diese Aufgaben-Länder-Interaktionen können offenbar zu unterschiedlichen mittleren Schwierigkeiten in den Aufgabengruppen zwischen den Staaten führen. Weiter illustrieren die Ergebnisse Interaktionseffekte mit dem Testdesign. Wie am Beispiel Lesen für Schweden gezeigt wurde, haben die Aufgaben-Länder-Interaktionen in Verbindung mit der Verwendung unterschiedlicher Testformen in den aufeinanderfolgenden Erhebungen einen erheblichen Einfluss auf die Ergebnisse von Trendanalysen (Testform-Länder-Interaktionen). Neben Veränderungen in den untersuchten Populationen spielt auch eine maßgebliche Rolle, wie sich die relative Schwierigkeit der gemeinsamen Aufgaben in einem Staat zur Schwierigkeit dieser Aufgaben im Mittel aller OECD-Staaten verhält.

Zusammenfassend können wir somit festhalten, dass bei den PISA-Erhebungsrunden sowohl Aufgaben-Länder-Interaktionen als auch Testform-Länder-Interaktionen auftreten. Damit hängen die Trendergebnisse von der Wahl der Methoden ab. Während marginale Trends Kompetenzänderungen bezogen auf die gemeinsamen Aufgaben abbilden, enthalten die originalen Trends zusätzlich Unterschiede, die nicht auf Unterschiede in den Kompetenzen der untersuchten Jugendlichen, sondern auf länderspezifische Interaktionen der Aufgabenschwierigkeiten mit den unterschiedlichen Testformen zurückgehen. Es ist jedoch zu betonen, dass eine vergleichende Berichterstattung von Trends innerhalb einer internationalen Vergleichsstudie eigentlich originale Trends erfordert. Aber was kann getan werden, wenn bestimmte Voraussetzungen für die Interpretation originaler Trends nicht gegeben sind? Man könnte zum Beispiel eine marginale Trendanalyse durchführen, um einen Trend auf nationaler Ebene zu schätzen. Deshalb erläutern wir im folgenden Abschnitt die Trendskalierung, die bei PISA 2006 nur für Deutschland durchgeführt wurde (Prenzel u. a. 2007a). Selbstverständlich kann diese marginale Trendanalyse nicht den Anspruch erheben, Kompetenzveränderungen auf den von der OECD veröffentlichten Berichtsskalen für Staatenvergleiche zu beschreiben.

3 Trendanalysen in Deutschland: Das Modell und seine Voraussetzungen

Im Folgenden untersuchen wir die Voraussetzungen für marginale Trendanalysen auf der Grundlage der Daten der in Deutschland getesteten Jugendlichen aus den drei Erhebungsrunden, um ein geeignetes Skalierungsmodell für Trendanalysen auf diese Daten anzuwenden (Carstensen u. a. 2007). Eine wichtige Voraussetzung ist zum Beispiel, dass die Kompetenzen über die Erhebungszeitpunkte hinweg konsistent erfasst wurden. Da die Prüfung mehrerer Voraussetzungen an Ergebnissen der Skalierung vorgenommen wird, beginnen wir mit der Darstellung der Skalierung, um dann die Voraussetzungen zu prüfen. Anschließend werden zur Beschreibung der Daten und als Ausgangspunkt der Trendanalysen die Antworthäufigkeiten der Jugendlichen aus allen drei Erhebungen berichtet. Abschließend werden die Modelle zur Trendskalierung jeweils für das Lesen, die Mathematik und die Naturwissenschaften zusammenfassend dargestellt.

3.1 Trendskalierung für Jugendliche in Deutschland

In der Skalierung des PISA-Konsortiums Deutschland (Carstensen u. a. 2007) werden die Aufgabenschwierigkeitsparameter entsprechend der Skalierung für marginale Trends von Gebhardt und Adams (2007) geschätzt. Dabei werden für jede Domäne separat die Aufgabenschwierigkeiten in einer konkurrenten (gleichzeitigen) Schätzung gewonnen (d. h. anhand eines gemeinsamen Datensatzes mit den Aufgabenantworten der Jugendlichen in Deutschland aus allen drei Erhebungen). Die Schätzung der Aufgabenschwierigkeitsparameter für PISA 2000 berücksichtigt zusätzlich die Schwierigkeiten der Testhefte, da diese einen Zusammenhang mit den Schwierigkeitsparametern aufweisen (ADAMS/CARSTENSEN 2002). Im Unterschied zu den marginalen und bedingten Trends von GEBHARDT und ADAMS werden in der nationalen Trendskalierung keine Testheftkorrekturen für PISA 2003 und PISA 2006 angewandt, da das Testheftdesign in beiden Erhebungen weder einen Einfluss auf die Schwierigkeiten der Aufgaben noch auf die Kompetenzmittelwerte hat (OECD 2005, S. 198, 2007a).

Die Trendskalierung für Deutschland setzt innerhalb jeder Domäne alle drei Erhebungen zueinander in Beziehung und erfordert damit die Annahme, dass die Gesamtskalen aller drei Erhebungen eine vergleichbare Kompetenz erfassen. Mit der konkurrenten Kalibrierung aller Aufgaben aus den drei Erhebungen bezieht sich die erfasste Kompetenz gewissermaßen auf das Gemeinsame aus allen drei Tests. Insofern entspricht die im Trend analysierte Kompetenz von der Konzeption her nicht exakt einer der Kompetenzen aus den drei Erhebungen, sondern bezieht alle (in der Skalierung verwendeten) Aufgaben aus den drei Erhebungen ein. Zur Skalierung können dabei auch Aufgaben herangezogen werden, die nur in einer Erhebung verwendet wurden. Unter der Voraussetzung, dass auch diese Aufgaben dasselbe Konstrukt erfassen wie die in allen Erhebungen eingesetzten gemeinsamen Aufgaben, verändert sich damit das im Trend erfasste Konstrukt nicht, jedoch erhöht sich die Zahl der Beobachtungen und damit gewinnt die Schätzung der Kompetenzverteilung an Reliabilität. Die Voraussetzung der Passung der einzelnen Aufgaben zum erfassten Konstrukt und die Passung zwischen den beiden Testteilen (gemeinsame und zusätzliche Aufgaben) kann empirisch überprüft werden (vgl. unten).

Die Schätzung der Kompetenzverteilungen erfolgt in zwei Schritten. Beiden Schritten liegt ein Datensatz zugrunde, der zu allen verwendeten Aufgaben je Domäne die Antworten von allen Jugendlichen aus drei Erhebungen enthält. Im ersten Schritt, der mit *Modell 1* bezeichnet wird, wird ein Schwierigkeitsparameter für jede (dichotome) Aufgabe anhand der Antworten aus den drei Erhebungen geschätzt, soweit die Aufgaben in mehr als einer Erhebung eingesetzt wurden. Für Aufgaben mit mehr als zwei Antwortkategorien wird das Partial Credit-Modell (MASTERS 1982) verwendet und alle Schwellenparameter werden einmal geschätzt. Zusätzlich werden aus den Antworten aus PISA 2000 (entsprechend dem Vorgehen des internationalen Konsortiums) Testheftschwierigkeiten geschätzt, da die Aufgabenschwierigkeiten hier nicht unabhängig von den Testheftschwierigkeiten geschätzt werden können (ADAMS/CARSTENSEN 2002). Im zweiten Schritt, der mit *Modell 2* bezeichnet wird, werden alle Aufgabenschwierigkeitsparameter auf die Werte aus dem ersten Schritt fixiert und Kompetenzverteilungen unter Berücksichtigung von Schularten und Erhebungszeitpunkt als Hintergrundmodell geschätzt. Testheftparameter werden für keine der drei Erhebungen geschätzt. Zur Darstellung und Trendanalyse der Kompetenzverteilungen werden *plausible values* (ADAMS/WU 2002) berechnet und anschließend in die gewählte Berichtsmetrik transformiert.

Dieses Modell unterscheidet sich vom Skalierungsmodell für marginale Trends von GEBHARDT und ADAMS (2007) in zwei Details: Zur Skalierung von marginalen Trends verwenden GEBHARDT und ADAMS ein Hintergrundmodell, welches das Alter und Geschlecht der Schülerinnen und Schüler, einen Indikator für die Sozialschicht der Familie und den Sprachgebrauch zu Hause mit jeweils einem Indikator für fehlende Angaben und die Erhebungsrunde einbezieht. Für die nationale Skalierung für Deutschland werden stattdessen die Schularten und die Erhebungsrunden in das Hintergrundmodell aufgenommen. Die Kompetenzverteilungen werden bei GEBHARDT und ADAMS für marginale Trends dreidimensional geschätzt; im hier vorgestellten Verfahren werden stattdessen je drei eindimensionale Kompetenzverteilungen geschätzt. Zur Charakterisierung der Kompetenzverteilungen werden in diesem Beitrag deren Mittelwerte und Streuungen berichtet.

Für diese Parameter sind durch die unterschiedliche Wahl der Hintergrundmodelle und der mehrdimensionalen Modellierung keine substanziellen Unterschiede zu erwarten; die Ergebnisse werden sich lediglich numerisch geringfügig unterscheiden. Nachdem das Skalierungsmodell für die Analyse marginaler Trends in Deutschland skizziert wurde, sollen in den folgenden Abschnitten wichtige Voraussetzungen für die Interpretierbarkeit der Trendanalysen kontrolliert werden.

3.2 Konsistenz der Testkonzeption und Testkonstruktion

Die Konsistenz der Testkonzeption und -konstruktion muss für die einzelnen Domänen diskutiert werden. Die *Lesekompetenz* stellte den Schwerpunkt der Erhebung von PISA 2000 dar. Dementsprechend war die Erfassung der Lesekompetenz in der Testkonzeption breit angelegt und auf verschiedene Subskalen zugeschnitten. Der Lesetest umfasst bei PISA 2000 insgesamt 129 Aufgaben. In den beiden folgenden Erhebungen wurde ein identischer Kurztest von 28 Aufgaben eingesetzt. Diese 28 Aufgaben wurden von der internationalen Expertengruppe ausgewählt und sollten dieselben Aspekte von Lesekompetenz abbilden, die auch mit dem Test in PISA 2000 erhoben wurden. Da eine dieser 28 Aufgaben in PISA 2000 für Deutschland nicht in die Kompetenzskalierung einbezogen wurde, resultiert für Deutschland ein gemeinsamer Test aus 27 Aufgaben. Inwieweit die Testkonzeption zur Erfassung von Lesekompetenz über die drei Erhebungsrunden vergleichbar ist, hängt letztlich von der empirischen Kontrolle der Dimensionalität ab. Wie die Testkurzform aus 27 gemeinsamen Aufgaben zur Langform des Tests aus PISA 2000 steht, wird im nächsten Abschnitt berichtet. Die Länge des Kurztests von 27 Aufgaben reicht jedenfalls aus, um reliable Trendschätzungen zu erhalten.

Die *mathematische Kompetenz* wurde in PISA 2003 als Schwerpunkt erfasst. Deshalb wurde auch die Testkonzeption mit PISA 2003 vollständig ausdifferenziert vorgelegt. Sie umfasst vier Subskalen, „Quantität", „Raum und Form", „Veränderungen und Beziehungen" und „Unsicherheit". Für PISA 2003 wurde ein Test mit 84 Aufgaben entwickelt, der eine differenzierte Berichterstattung nach den Subskalen genauso zulässt wie die Analyse eines Gesamtwerts. Der Mathematiktest in PISA 2006 wiederum stellt eine Kurzform des Tests aus PISA 2003 mit 48 Aufgaben dar, der dieselbe Kompetenz erfasst und sich aufgrund der kleineren Zahl von Aufgaben nicht nach den Subskalen differenziert auswerten lässt. Der Mathematiktest aus PISA 2000 hingegen stellt nur bedingt einen Test der mathematischen Kompetenz aus PISA 2003 dar. Die Testkonzeption von PISA 2000 umfasst lediglich zwei der vier Teilkompetenzen, nämlich „Raum und Form" und „Veränderungen und Beziehungen" und besteht aus 31 Aufgaben. Zwanzig von diesen Aufgaben wurden in den Test von PISA 2003 übernommen und stellen den gemeinsamen Teil für die ersten beiden PISA-Erhebungen dar. Lediglich 8 Aufgaben aus PISA 2000 wurden auch in PISA 2006 eingesetzt, so dass der Test aus gemeinsamen Aufgaben über alle drei Studien nur mehr diese 8 Aufgaben umfasst. Die Vergleichbarkeit der Tests zwischen den Erhebungen besteht nur mit Einschränkungen, da sich die Tests letztlich auf zwei unterschiedlich breit gefasste Definitionen von mathematischer Kompetenz beziehen. Die OECD berichtete keine Trends in mathematischer Kompetenz über alle drei Erhebungen. Veränderungen zwischen PISA 2000 und PISA 2003 wurden auf den beiden in beiden Studien erhobenen Subskalen berichtet. Der Vergleich zwischen PISA 2003 und PISA 2006 bezieht sich auf die in PISA 2003 etablierte Gesamtskala (OECD 2007a). Mit der hier vorgestellten Trendskalierung für Deutschland werden gleichzeitig zwei Trendskalierungen vorgenommen: ein Vergleich zwischen den ersten beiden Erhebungen auf der gemeinsamen Skala zwischen PISA 2000 und PISA 2003 sowie ein Vergleich auf der Gesamtskala von PISA 2003 zwischen der zweiten und dritten PISA-Erhebung. Inwieweit diese beiden Gesamtskalen dasselbe Konstrukt erfassen und vergleichbar sind, lässt sich an den Daten von PISA 2003 empirisch überprüfen (vgl. den nächsten Abschnitt).

Die Testkonzeption für *naturwissenschaftliche Kompetenz* wurde erst mit der Erhebung als Schwerpunkt in PISA 2006 vollständig ausdifferenziert vorgelegt. Sie wurde gegenüber den vorhergehenden Studien zwar ergänzt und modifiziert, jedoch so, dass eine weitgehende Vergleichbarkeit zwischen den Erhebungen besteht (OECD 2006 S. 25). In PISA 2000 wurde ein Test mit 34 Aufgaben verwendet; der Test aus PISA 2003 enthielt 25 dieser Aufgaben und 9 weitere. Für den Test aus PISA 2006 wurden 81 Aufgaben neu entwickelt, der Test enthält 103 Aufgaben, von denen 14 Aufgaben in beiden vorangegangenen Erhebungen verwendet wurden und weitere 8 Aufgaben aus PISA 2003 stammen. Für die hier vorgestellte nationale Trendskalierung wird angenommen, dass allen drei Testinstrumenten trotz unterschiedlicher Ausdifferenzierungen ein gemeinsam erfassbares Konstrukt von naturwissenschaftlicher Kompetenz zugrunde liegt. Der Zusammenhang der Linktests mit den jeweiligen Gesamtskalen kann in den Daten von PISA 2003 oder von PISA 2006 empirisch untersucht werden; Ergebnisse dazu folgen im nächsten Abschnitt.

Im folgenden Abschnitt sollen die Voraussetzungen einer Trendskalierung für Deutschland auf der Ebene der Aufgaben untersucht werden. Es werden zunächst zur Kontrolle der Konstruktvalidität der Linktests Zusammenhänge zwischen gemeinsamen und zusätzlichen Aufgaben untersucht, um dann die Passung der Aufgaben zum Konstrukt und die Möglichkeit differentieller Schwierigkeitsveränderungen einzelner Aufgaben zwischen den Erhebungen zu überprüfen.

3.3 Voraussetzungen auf Konstrukt-Ebene

Im folgenden Abschnitt prüfen wir, inwieweit sich mit den Aufgaben aus den drei Erhebungen in jeder Domäne ein gemeinsames Konstrukt erheben lässt. Alle Aufgaben wurden in den jeweiligen PISA-Erhebungen eingesetzt und durch das internationale Konsortium auf ihre Tauglichkeit zur Erfassung der jeweiligen Konstrukte aus theoretischer wie empirischer Perspektive hinreichend geprüft. Diese Kontrollen werden hier nicht wiederholt.

Mit den Trendanalysen wird durch die konkurrente Kalibrierung über alle drei Erhebungen ein neuer Test für jede Domäne konstruiert, für Mathematik und Naturwissenschaften werden darüber hinaus neue Konstrukte postuliert, die jeweils die gemeinsame Kompetenz aus allen drei Erhebungen zum Gegenstand haben. Anhand der Daten aus Deutschland wird untersucht, inwieweit sich mit den Tests ein gemeinsames Konstrukt erfassen lässt. Da mit unterschiedlichen Testformen gearbeitet wurde, soll auch überprüft werden, wie eng der Zusammenhang zwischen diesen Testteilen ausfällt.

Im Folgenden werden latente Korrelationen dargestellt, die sich insofern auf die Tests bzw. Konstrukte der Trendanalysen beziehen, als dass sie innerhalb des Test einer Schwerpunkterhebung den gemeinsamen Testteil mit anderen Erhebungen und den spezifischen Testteil des Schwerpunkts kontrastieren. Die latenten Korrelationen beruhen jeweils auf einem zweidimensionalen Modell, welches die zu kontrastierenden Aufgaben unterschiedlichen Dimensionen zuordnet. Das Modell zu den Leseaufgaben aus PISA 2000 wurde der Einfachheit halber ohne Testheftkorrekturen geschätzt, da nicht zu erwarten ist, dass die Analyse der Dimensionalität von den Testhefteffekten beeinflusst ist.

In Tabelle 1 sind fünf latente Korrelationen angegeben, eine für Lesen und je zwei für Mathematik und Naturwissenschaften, die jeweils anhand der Daten der entsprechenden Schwerpunkterhebung berechnet wurden. Diese Korrelationen beziehen sich jeweils auf eine Gruppe von gemeinsamen Aufgaben und die verbleibenden, spezifischen Aufgaben in der Schwerpunkterhebung. Für Lesen gibt es nur eine Kurzform, für Mathematik und Naturwissenschaften sind je zwei Korrelationen dargestellt, die sich auf unterschiedliche Linktests beziehen. Zur Beurteilung der Korrelationen wurde je ein Bootstrap mit 100 Replikationen anhand künstlich erzeugter Daten und Aufgabenschwierigkeitsparameter durchgeführt. Die Zahl von Aufgaben in den beiden verglichenen Testteilen für die Simulationen wurde (unter Berücksichtigung des Multi-Matrix-Designs) an die Zahlen von gemeinsamen und spezifischen Aufgaben angelehnt und es wurde angenommen, dass beide Testteile dasselbe Konstrukt erfassen (d.h. die Korrelation zur Datengenerierung wurde auf $r=1$ gesetzt). Je nach der Zahl der Aufgaben in beiden Testeilen variiert die zu erwartende beobachtete Korrelation unter Berücksichtigung von Messfehlern und der Annahme, dass beide Testteile dasselbe Konstrukt erfassen. In der vorletzten Spalte ist jeweils die kleinste latente Korrelation aus den Replikationen angegeben, in der letzten Spalte die Zahl der Aufgaben in beiden kontrastierten Testteilen. Fällt die kleinste latente Korrelation aus den Replikationen kleiner als die beobachtete Korrelation aus, so lässt sich schließen, dass beide Testteile von Messfehlern abgesehen perfekt korrelieren und dasselbe Konstrukt ansprechen.

Tabelle 1: Latente Korrelationen zwischen Testteilen aus gemeinsamen und Schwerpunkt-spezifischen Aufgaben für Lesen, Mathematik und Naturwissenschaften

Studie	Kontrast	Korrelation	kleinste Korrelation im Bootstrap	Anzahl gemeinsamer / spezifischer Aufgaben
PISA 2000	Lesen Langform vs. Linktest 2000-2003-2006	0.926	0.942	27/101
PISA 2003	Mathematik Langform vs. Linktest 2000-2003	0.944	0.948	20/64
PISA 2003	Mathematik Langform vs. Linktest 2003-2006	0.970	0.970	48/36
PISA 2006	Naturwissenschaften Langform vs. Linktest 2003-2006	0.955	0.934	22/81
PISA 2006	Naturwissenschaften Langform vs. Linktest 2000-2003-2006	0.960	0.908	14/89

In Tabelle 1 ist die Korrelation der Kurzform des Lesetests mit der Langform als $r=0.926$ angegeben, die kleinste Korrelation aus den Resimulationen beträgt $r=0.942$. Da beide Testteile auch unter Berücksichtigung von Messfehlern nicht perfekt korrelieren, lässt sich schließen, dass sie nicht exakt dasselbe Konstrukt erfassen. Anders stellt sich das Ergebnis in der Mathematik dar: die gemeinsamen Aufgaben zwischen PISA 2003 und PISA 2006 erfassen dasselbe Konstrukt wie die anderen Aufgaben des Tests aus PISA 2003. Ganz knapp unter der zu erwartenden Marke bleibt die Korrelation der gemeinsamen Aufgaben zwischen PISA 2000 und PISA 2003 mit den verbleibenden Aufgaben aus PISA 2003. In den Naturwissenschaften erfassen die beiden untersuchten Linktests offenbar genau dasselbe Konstrukt wie die jeweils anderen Aufgaben des Tests aus PISA 2006. Damit fallen diese Ergebnisse insgesamt in Teilen erwartungswidrig aus: Nach der theoretischen Konzeption wäre für Lesen das höchste Maß an Vergleichbarkeit zwischen der Kurz- und der Langform zu vermuten, in der empirischen Analyse zeigt sich jedoch, dass beide Testformen in Deutschland nicht exakt dasselbe Konstrukt zu erfassen scheinen. Dagegen ist in den Naturwissenschaften empirisch die höchste Übereinstimmung zwischen den Testteilen im erfassten Konstrukt zu finden, auch zwischen PISA 2003 und PISA 2006, wo die Testkonzeption ergänzt wurde. In der Mathematik war eine gute Passung zwischen den Tests von PISA 2003 und PISA 2006 zu erwarten; zwischen PISA 2000 und PISA 2003 war dagegen eine eingeschränkte Passung zu erwarten; für beide Vergleiche zeigen sich hohe Übereinstimmungen zwischen den durch die Test erfassten Konstrukten.

Angesichts dieser Ergebnisse für das Lesen werden hier die Trendanalysen auf die Kurzform des Lesetests beschränkt, die in allen drei Studien bearbeitet wurde. In der Mathematik kann auch der Link zwischen PISA 2000 und PISA 2003 als belastbar betrachtet werden, sodass für die folgend dargestellten Trendanalysen alle Aufgaben aus den drei Erhebungen verwendet werden können. Wie die Ergebnisse außerdem zeigen, kann die Trendanalyse für die Naturwissenschaften auf der Grundlage aller Aufgaben aus den drei Erhebungen durchgeführt werden.

Wie bereits angesprochen wird durch die konkurrente Schätzung von Schwierigkeitsparametern für alle Aufgaben aus den drei Erhebungen gewissermaßen ein neuer Test konstruiert und damit ist die Passung der Aufgaben zum Konstrukt empirisch zu überprüfen. Dazu kann der „weighted mean square residual fit index" (WRIGHT/MASTERS 1982) verwendet werden. Dies ist eines der Maße, welches auch das internationale PISA-Konsortium verwendet (ADAMS/WU 2002); es ermöglicht die Analyse der Trennschärfe einer Aufgabe. Eine Inspektion dieser *Itemfit*-Werte für die drei Trendskalierungen anhand der Daten von Jugendlichen aus Deutschland ergibt ein unauffälliges Bild. Im Lesen fallen 2 von 27 Aufgaben durch zu niedrige Trennschärfen auf; in der Skalierung für Mathematik fallen 5 von 95 Aufgaben und in den Naturwissenschaften 3 von 124 Aufgaben durch zu niedrige Trennschärfen auf. Damit deuten die Fitstatistiken für 10 von 246 Aufgaben auf eine Abweichung hin, dies ist unter Anwendung einer üblichen Irrtumswahrscheinlichkeit von 5 Prozent alleine durch den Zufall zu erwarten. Insofern kann eine Passung aller Aufgaben zu den in der Trendskalierung erfassten Kompetenzen angenommen werden.

3.4 Voraussetzungen auf der Aufgaben-Ebene

Eine Trendanalyse bildet ab, inwieweit sich die Schwierigkeiten der Aufgaben zwischen den Erhebungen verändert haben. Verändern sich die Schwierigkeiten aller Aufgaben gleichmäßig, so fällt es leicht, auf eine veränderte Kompetenz der untersuchten Schülerinnen und Schüler zu schließen. Verändern sich dagegen einzelne Aufgaben sehr viel stärker als die Mehrzahl der Aufgaben, liegt eine Interaktion zwischen Aufgaben und Erhebungszeitpunkten vor. Dann lässt sich nicht mehr eindeutig interpretieren, was das Trendergebnis bedeutet: Wurden eventuell bestimmte Aufgaben verstärkt geübt oder hat sich die Bedeutung der Themengebiete verändert? Um einzelne Aufgaben gegebenenfalls ausschließen zu können, müssen vorgefundene Interaktionen empirisch überprüft werden. Dazu werden zwei weitere Skalierungsmodelle für jede Domäne geschätzt (Modell 3 und Modell 4). Das Modell 3 bezieht sich wie Modell 2 auf die Aufgabenschwierigkeiten aus Modell 1, jedoch wird kein Hintergrundmodell spezifiziert. Stattdessen wird der Erhebungszeitpunkt als Gruppenparameter eingeführt, so dass mittlere Unterschiede in den Kompetenzverteilungen zwischen den Erhebungen geschätzt und damit kontrolliert werden. Unter der Annahme, dass sich die relativen Schwierigkeiten der Aufgaben zwischen den Erhebungszeitpunkten nicht unterscheiden, erklärt dieses Modell die Schwierigkeitsunterschiede der Aufgaben aus allen drei Erhebungen perfekt. Geht man stattdessen davon aus, dass es Aufgaben gibt, deren relative Schwierigkeiten sich zwischen den Erhebungen verändert haben, sollte dieses Modell die beobachteten Daten weniger gut erklären können als Modell 4, welches zusätzlich zu den Parametern von Modell 3 für jede wiederholte Verwendung einer Aufgabe einen weiteren (Aufgaben-Zeitpunkt-)Parameter schätzt. Mit Modell 4 lassen sich zum einen die relativen Schwierigkeitsunterschiede der Aufgaben zwischen den Erhebungen quantifizieren und weiterhin kann es mit Modell 3 in Bezug auf die Anpassungsgüte beider Modelle verglichen werden.

In Abbildung 1 sind die Unterschiede in den Aufgabenschwierigkeiten zwischen den Erhebungen deskriptiv dargestellt. Die Metrik der Darstellung sind die Einheiten der Parameter im Rasch-Modell, so genannte Logits. Abweichungen bis etwa 0.3 Logits können als unauffällig gel-

Abbildung 1: Parameter für Unterschiede in den Aufgabenschwierigkeiten zwischen den Erhebungszeitpunkten für Lesen, Mathematik und Naturwissenschaften, für Jugendliche aus Deutschland

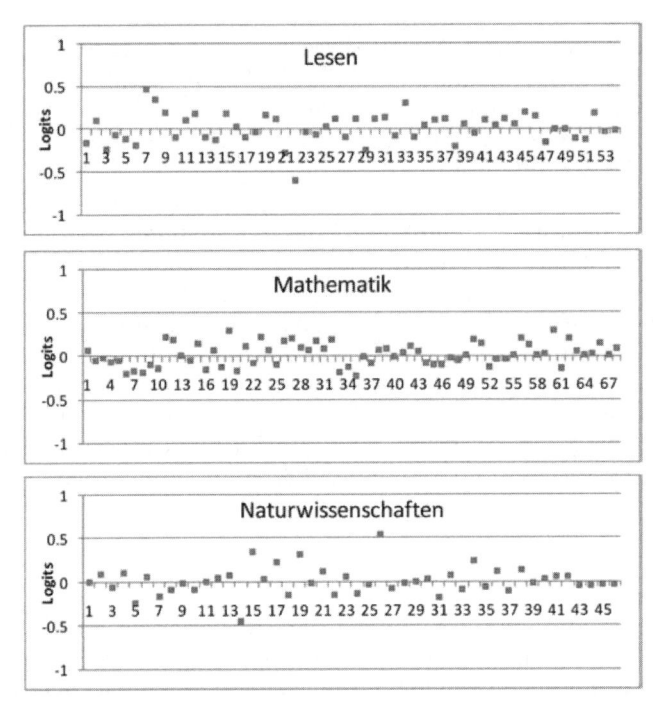

ten. Für die Lesekompetenz liegen diese Parametern mit drei Ausnahmen zwischen 0.3 und –0.3 Logits. Für Mathematik liegen alle Parameter zwischen 0.3 und –0.3 Logits und für die Naturwissenschaften nehmen alle bis auf 7 Parameter Werte zwischen –0.2 und 0.2 an (der größte Unterschied beträgt 0.54 Logits). Insgesamt zeigen sich damit wenige Abweichungen in den relativen Schwierigkeiten, die nicht zu vernachlässigen sind.

In Tabelle 2 sind die Ergebnisse von Modellvergleichen zwischen Modell 3 und Modell 4 dargestellt. Für jede Domäne sind für beide Modelle die Stichprobengröße, die Zahl der Modellparameter, ein aus der Likelihood abgeleitetes Maß, die so genannte Deviance (-2 ln$L$), und der CAIC (Bozdogan 1987) angegeben. Der Modellvergleich wird anhand des CAIC vorgenommen, welcher eine Funktion aus der Likelihood, der Zahl der Modellparameter und der Stichprobengröße darstellt. Je komplexer ein Skalierungsmodell, d. h. je mehr Parameter spezifiziert werden, desto besser gelingt die Anpassung an die beobachteten Daten, was sich in einer höheren Likelihood ausdrückt. Mit dem CAIC wird eine Verbesserung der Likelihood mit der Zahl der dafür aufgewendeten Parameter bei gegebener Stichprobengröße gegengerechnet. Der CAIC wird so berechnet, dass das Modell mit dem kleineren CAIC-Wert die beobachteten Daten nach diesen Kriterien effizienter erklärt als das alternative Modell und damit als besser passendes Modell gewertet werden kann.

In allen drei Domänen werden mit Modell 3 jeweils vier Parameter geschätzt: ein Kompetenzmittelwert, zwei mittlere Kompetenzunterschiede und die Varianz der bedingten Kompetenzverteilung. Die Aufgabenschwierigkeitsparameter sind in diesem Modell auf die Werte aus Modell 1 fixiert und werden daher nicht geschätzt. Für Lesen werden 58 Parameter in Modell 4 geschätzt: das sind die Parameter aus Modell 3 und 54 zusätzliche Parameter, die für die Interaktionen zwischen Schwierigkeit und Erhebung stehen. Der Linktest umfasst in Deutschland 27 Aufgaben und

Tabelle 2: Modellgeltungstest für die gemeinsame Skalierung von drei Kompetenzen (Modell 3 und Modell 4) für Jugendliche aus Deutschland

Lesen

Modell	N	Anzahl Parameter	-2 lnL	CAIC
3	14624	4	322055	322095
4	14624	58	321765	322323

Mathematik

Modell	N	Anzahl Parameter	-2 lnL	CAIC
3	14624	4	259540	259579
4	14624	72	259269	259961

Naturwissenschaften

Modell	N	Anzahl Parameter	-2 lnL	CAIC
3	14624	4	281626	281665
4	14624	50	281442	281922

wurde in beiden nachfolgenden Erhebungen eingesetzt, so dass insgesamt 54 Mal eine Aufgabe wiederholt eingesetzt wurde; damit müssen 54 potentielle Schwierigkeitsunterschiede zwischen den Erhebungen auftreten können. In Mathematik beträgt die Summe an Aufgabenwiederholungen 68 und in den Naturwissenschaften wurde insgesamt 46 Mal eine Aufgabe wiederholt eingesetzt. Für jede der drei Domänen ergibt der Vergleich der beiden Modelle eine bessere Anpassung an die Daten durch Modell 3. Mit dem CAIC lassen sich keine Wahrscheinlichkeitsaussagen über die Gültigkeit des einen oder des anderen Modells treffen, daher lassen sich keine Fehlerwahrscheinlichkeiten für die Entscheidung zugunsten eines Modells angeben. Wie das Ergebnis zeigt, gibt es in den Daten von Jugendlichen aus Deutschland keine Evidenz für statistisch bedeutsame Unterschiede in den Aufgabenschwierigkeiten zwischen den Erhebungen. Zusammen mit den überwiegend gering ausfallenden Unterschiedsparametern wird festgehalten, dass für die Trendanalysen in keiner der drei Domänen eine Aufgabe wegen Aufgaben-Zeitpunkt-Interaktionen ausgeschlossen werden muss.

3.5 Lösungshäufigkeiten

Den Ausgangspunkt für Skalierungen und Analysen der Kompetenzverteilungen stellen die Aufgabenlösungen dar, die auf aggregierter Ebene mit den Lösungshäufigkeiten ausgedrückt werden. In den Tabellen 3, 4 und 5 sind gemittelte Häufigkeiten von korrekt gelösten Aufgaben der Schülerinnen und Schüler in Deutschland wiedergegeben. Die Antworthäufigkeiten sind nach den drei Domänen Mathematik, Lesen und Naturwissenschaften jeweils über verschiedene Aufgabengruppen aus den Erhebungsrunden gemittelt: zum einen für alle Aufgaben aus jeder Erhebung und weiter für die unterschiedlichen Gruppen von gemeinsamen Aufgaben zwischen je zwei und allen drei Erhebungen. In den Tabellen 3, 4 und 5 sind gewichtete Mittelwerte über alle getesteten Jugendlichen dargestellt; ohne Berücksichtigung der Aufgabenschwierigkeiten können diese Angaben als Näherungen für Trends über die Erhebungen verstanden werden.

Tabelle 3: Mittlere Antworthäufigkeiten für Lesekompetenz, Studien und Aufgabengruppen

Mittlere Antworthäufigkeiten für Lesekompetenz in Deutschland

	Alle Aufgaben		Link-Aufgaben 00/03/06	
	MW	Anzahl[1]	MW	Anzahl
PISA 2000	57.6 %	128	59.4 %	27
PISA 2003	58.6 %	27	58.6 %	27
PISA 2006	59.1 %	28	59.1 %	27

[1] In Deutschland wurde für PISA 2000 und PISA 2003 jeweils eine Leseaufgabe aus psychometrischen Gründen aus der Skalierung der Kompetenzverteilungen ausgeschlossen.

Tabelle 4: Mittlere Antworthäufigkeiten für mathematische Kompetenz, Studien und Aufgabengruppen

Mittlere Antworthäufigkeiten für mathematische Kompetenz in Deutschland

	Alle Aufgaben		Link-Aufgaben 00/03		Link-Aufgaben 03/06		Link-Aufgaben 00/03/06	
	MW	Anzahl	MW	Anzahl	MW	Anzahl	MW	Anzahl
PISA 2000	43.4 %	31	44.4 %	20	48.4 %	8	48.4 %	8
PISA 2003	49.4 %	84	48.3 %	20	48.5 %	48	56.2 %	8
PISA 2006	49.8 %	48	52.2 %	8	49.8 %	48	52.2 %	8

Tabelle 5: Mittlere Antworthäufigkeiten für naturwissenschaftliche Kompetenz, Studien und Aufgabengruppen

Mittlere Antworthäufigkeiten für naturwissenschaftliche Kompetenz in Deutschland

	Alle Aufgaben		Link-Aufgaben 00/03		Link-Aufgaben 03/06		Link-Aufgaben 00/03/06	
	MW	Anzahl[1]	MW	Anzahl	MW	Anzahl	MW	Anzahl
PISA 2000	45.9 %	33	47.9 %	24	49.8 %	13	49.8 %	13
PISA 2003	50.9 %	34	49.9 %	24	52.7 %	21	50.9 %	13
PISA 2006	57.4 %	103	56.7 %	13	56.8 %	21	56.7 %	13

[1] In Deutschland wurde für PISA 2000 eine Naturwissenschaftsaufgabe aus psychometrischen Gründen aus der Skalierung der Kompetenzverteilungen ausgeschlossen.

In den Tabellen fällt zunächst auf, dass sich die mittleren Lösungshäufigkeiten der unterschiedlichen Tests (Spalte „Alle Aufgaben") für jede Domäne voneinander unterscheiden. Im Lesen ist der Test aus PISA 2000 etwas schwerer als die Kurzfassung dieses Tests, die in den beiden folgenden Erhebungen verwendet wurde. In Mathematik ist der Test aus PISA 2003 etwas leichter für die Jugendlichen als der aus den anderen beiden Erhebungen. In den Naturwissenschaften ist der Test aus PISA 2006 leichter als die Tests aus früheren Erhebungsrunden. In Mathematik und den Naturwissenschaften lassen sich Veränderungen zwischen den Erhebungen anhand unterschiedlicher Gruppen von Aufgaben, die in mehreren Erhebungen gemeinsam verwendet wurden, den *Linkaufgaben*, darstellen. Für die unterschiedlichen Gruppen von Linkaufgaben zeigen sich ähnliche, aber nicht identische Veränderungen in den Lösungswahrscheinlichkeiten zwischen den Erhebungen.

Betrachtet man die Lösungshäufigkeiten in der Kurzform des Lesetests über die drei Erhebungen, so würde man als Ergebnis der Trendanalyse keinen bedeutsamen Zuwachs erwarten. In der Mathematik würde man einen Zuwachs zwischen den ersten beiden Erhebungen erwarten; in den Naturwissenschaften lässt sich zwischen beiden Paaren von aufeinanderfolgenden Erhebungen ein Zuwachs vermuten. Man beachte jedoch, dass die Häufigkeiten nur als Anhaltspunkte zu verstehen sind und erst eine Analyse von skalierten Antwortdaten belastbare Schätzer für Unterschiede liefert. Solche Ergebnisse werden im folgenden Kapitel dargestellt.

4 Ergebnisse

Wie bereits mehrfach betont beziehen sich die im Folgenden dargestellten Kompetenzverteilungen und Trendergebnisse auf eine eigene Skalierung der in Deutschland erhobenen Daten. Mit dieser Skalierung werden die erfassten Konstrukte als das Gemeinsame aus den Tests der drei Erhebungen neu definiert. Durch eine eigene Schätzung der Aufgabenschwierigkeitsparameter werden auch, falls vorhanden, curriculare und möglicherweise kulturelle Eigenheiten der Aufgaben in Schwierigkeitsparametern abgebildet, die sich von den Schwierigkeitsparametern der Skalierung für Vergleiche zwischen OECD- und Partnerstaaten unterscheiden. Deshalb können die hier berichteten Kompetenzverteilungen nicht mit der Originalskalierung der OECD verglichen werden und folglich wird zur Darstellung der Trendergebnisse auch eine eigene Metrik gewählt. Die Standardabweichung der gemeinsamen Kompetenzverteilung über alle drei Erhebungen wird auf 30 Punkte festgelegt, für Lesen und Naturwissenschaften werden die Mittelwerte aus PISA 2000 und für Mathematik aus PISA 2003 auf einen Mittelwert von 100 festgelegt.

4.1 Lesekompetenz

In Tabelle 6 sind die Kompetenzverteilungen in den drei Erhebungen und der lineare Trend in der Lesekompetenz der Jugendlichen in Deutschland gemäß der Trendskalierung für Deutschland wiedergegeben. Für Deutschland zeigen sich praktisch keine Unterschiede zwischen den Erhebungen: Der Mittelwert aus PISA 2006 liegt 0.1 Punkte unter dem Mittelwert von PISA 2000. Bei einer Streuung von 30 Punkten entspricht dies einer Effektstärke von $d=0.003$ (oder etwa 0.3 Punkten in einer Metrik mit einer Standardabweichung von 100). Der lineare Trend[3] zwischen den drei Erhebungen ist mit 0.3 Punkten Abnahme zwischen zwei aufeinanderfolgenden Studien bei einem Standardfehler von 0.69 nicht signifikant.

In Abbildung 2 sind die Kompetenzmittelwerte im Lesen aus den drei Erhebungen entsprechend der marginalen Trendskalierung für Deutschland und die Mittelwerte nach der Originalskalierung der OECD graphisch dargestellt (letztere wurde hier in eine Metrik mit Mittelwert von 100 für PISA 2000 und einer Streuung über alle Erhebungen von 30 umgerechnet).

Tabelle 6: Kompetenzverteilungen und marginaler Trend für Lesen nach der Trendskalierung für Deutschland

Lesen	Trendskalierung Deutschland		
	MW	SE	SD
PISA 2000	100.0	0.75	26.3
PISA 2003	99.9	1.02	31.9
PISA 2006	99.9	1.32	31.5
Trend	-0.3	0.69	30.0

Abbildung 2: Kompetenzmittelwerte für Lesen nach der marginalen Trendskalierung für Deutschland und nach den Originaltrends der OECD

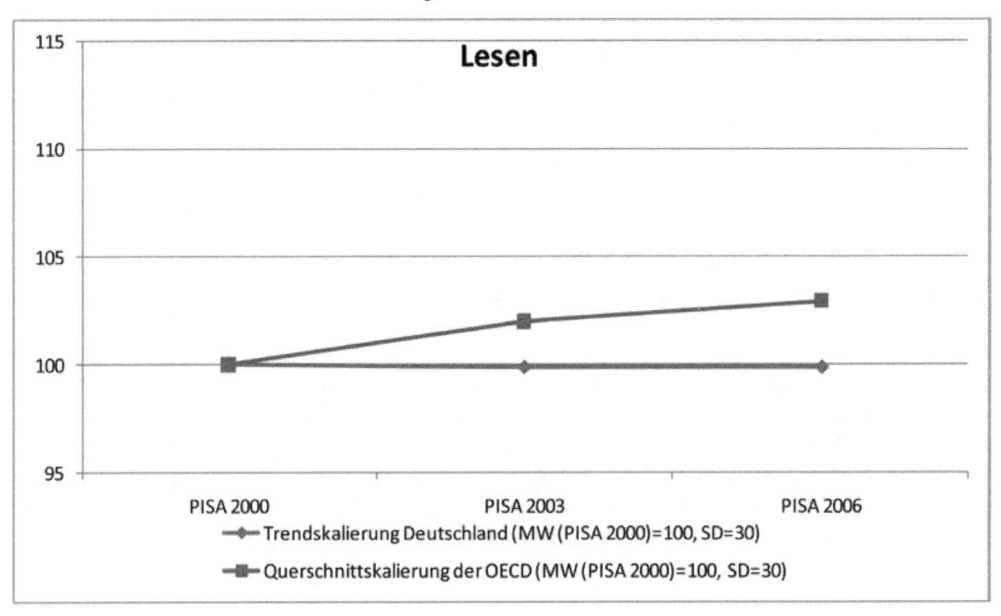

Die Abbildung macht noch einmal den Unterschied zwischen den Skalierungen sichtbar. Der Zuwachs im Lesen in der Originalskala zwischen PISA 2000 und PISA 2006 beträgt in der hier verwendeten Metrik 3 Punkte (11 Punkte in der Metrik der OECD). In der nationalen Trendskalierung hingegen zeigt sich praktisch kein Zuwachs. Damit setzt sich der von GEBHARDT und ADAMS (2007) berichtete Befund zu Trends im Lesen für Deutschland auch mit der Erhebung von 2006 fort. Zu erklären ist dieses diskrepant erscheinende Ergebnis mit den unterschiedlichen Skalierungsverfahren: Die nationale Trendskalierung bezieht sich nur auf die Aufgabenlösungen von Jugendlichen aus Deutschland; daher ist ihr Ergebnis deskriptiv näher an den Lösungshäufigkeiten der Jugendlichen. Die Trendindikatoren sind nicht mit Rücksicht auf Ergebnisse aus anderen Staaten definiert, was die internationale Vergleichbarkeit entsprechend einschränkt. Die originalen Trends, die von der OECD berichtet werden, sind durch die von GEBHARDT und ADAMS (2007) beschriebenen Testform-Länder-Interaktionen beeinträchtigt, mit denen die Lesekompetenz in Deutschland in PISA 2003 und in PISA 2006 im Vergleich zu PISA 2000 überschätzt wird.

4.2 Mathematische Kompetenz

In Tabelle 7 sind die Kompetenzverteilungen in den drei Erhebungen und der marginale Trend in mathematischer Kompetenz aus der nationalen Trendskalierung für die Jugendlichen in Deutschland wiedergegeben. Zwischen PISA 2000 und PISA 2003 zeigt sich ein deutlicher Anstieg in der Kompetenz. Der lineare Trend von 4.4 Punkten zwischen zwei Erhebungen ist signifikant und entspricht einer Effektstärke von etwa $d = 0.15$.

In Abbildung 3 sind die Kompetenzmittelwerte[4] aus den drei Erhebungen dargestellt. Bezogen auf den hier verwendeten Test liegen von Seiten der OECD keine Trendergebnisse für einen direkten Vergleich über alle drei Erhebungen vor. Allerdings lässt sich die Differenz zwischen PISA 2003 und PISA 2006 mit dem originalen Trend der OECD vergleichen, dort wird ein Punkt Zuwachs berichtet. In beiden Trendskalierungen haben die Veränderungen von PISA 2003 zu PISA 2006 ein positives Vorzeichen, sind aber nicht signifikant. Zwischen PISA 2000 und PISA 2003 hat die OECD Trends auf zwei Subskalen berichtet (OECD, 2004). Einer dieser beiden Trends war signifikant positiv, der andere von der Tendenz her positiv; damit zeichnet sich ein ähnliches

Tabelle 7: Kompetenzverteilungen und marginaler Trend für Mathematik nach der Trendskalierung für Deutschland

Mathematik	Trendskalierung Deutschland		
	MW	**SE**	**SD**
PISA 2000	92.5	0.75	26.2
PISA 2003	100.0	0.72	31.8
PISA 2006	101.3	1.17	31.0
Trend	4.4	0.66	30.0

Abbildung 3: Kompetenzmittelwerte für Mathematik nach der Trendskalierung für Deutschland

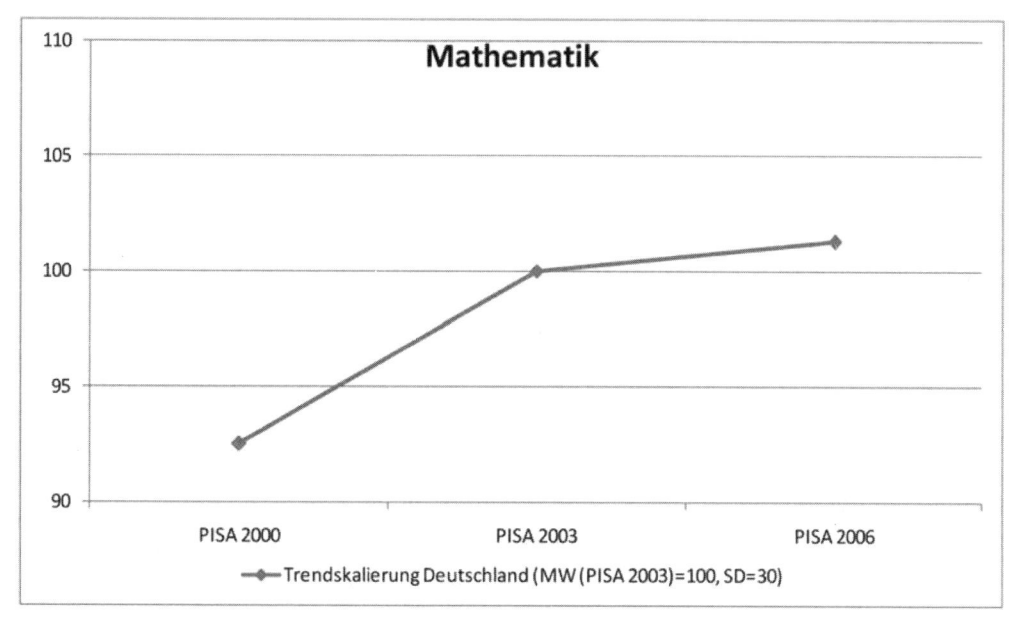

Ergebnis zur deutschen Trendskalierung ab. Die Studie von GEBHARDT und ADAMS (2007) berichtet keine Ergebnisse für Mathematik, so dass hier kein Vergleich möglich ist.

4.3 Naturwissenschaftliche Kompetenz

In Tabelle 8 sind die Kompetenzverteilungen nach der marginalen Trendskalierung für Deutschland in den drei Erhebungen und der lineare Trend in naturwissenschaftlicher Kompetenz für die Jugendlichen in Deutschland skizziert.

In Abbildung 4 sind die Mittelwerte der deutschen Trendskalierung noch einmal graphisch dargestellt. Alle drei Differenzen zwischen je zwei Erhebungen sind signifikant und bedeuten einen Zuwachs an naturwissenschaftlicher Kompetenz in Deutschland über die Erhebungen. Der lineare Trend mit 2.4 Punkten ist ebenfalls signifikant.

Auch bei GEBHARDT und ADAMS (2007) findet sich sowohl im marginalen Trend wie auch im Originaltrend für Deutschland ein Zuwachs zwischen PISA 2000 und PISA 2003. Die OECD

Tabelle 8: Kompetenzverteilungen und marginaler Trend für Naturwissenschaften nach der Trendskalierung für Deutschland

Naturwissenschaften	Trendskalierung Deutschland		
	MW	**SE**	**SD**
PISA 2000	100.0	0.72	26.4
PISA 2003	103.6	1.08	33.4
PISA 2006	106.5	1.14	29.5
Trend	2.4	0.75	30.0

Abbildung 4: Kompetenzmittelwerte für Naturwissenschaften nach der Trendskalierung für Deutschland

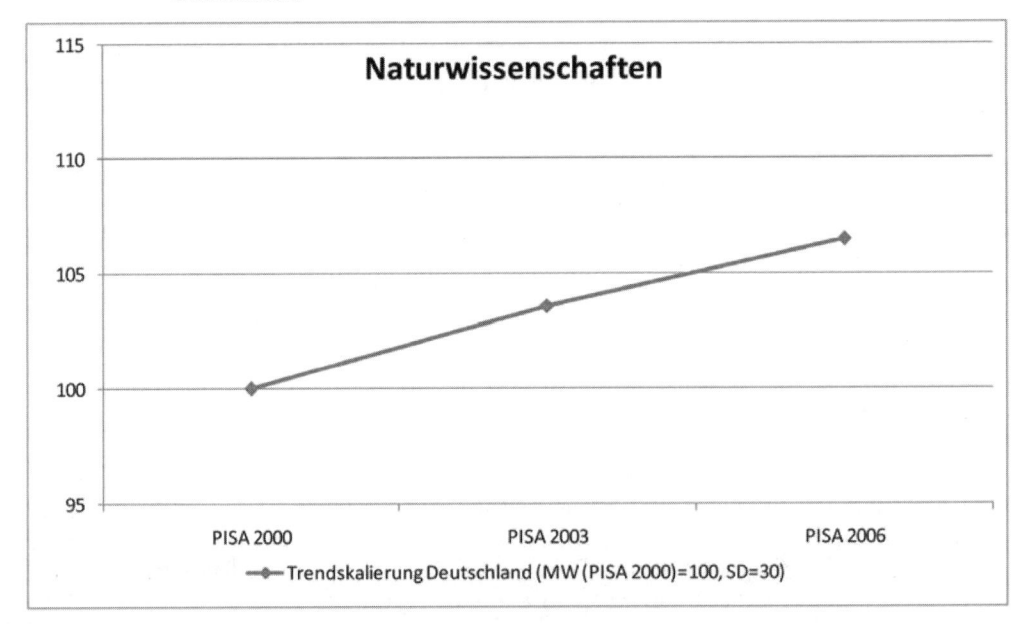

(2004) berichtet für die Naturwissenschaften einen Trend zwischen PISA 2000 und PISA 2003, der für Deutschland einen signifikanten Zuwachs zurückmeldet. In PISA 2006 mit dem erweiterten Naturwissenschaftstest stellt die OECD (2007a) keine Trends zu vorangegangenen Erhebungen dar. Allerdings sind im Anhang zu diesem Bericht Trends auf zwei offensichtlich neu konstruierten Skalen angegeben (OECD 2007a, Tabelle A7.2). Da für beide Trendindikatoren weder im Bericht noch in der Skalendokumentation der OECD (2007b) die notwendigen Konstruktions- und Berechnungsgrundlagen mitgeteilt werden, sind die OECD-Befunde der Tabelle A7.2 bislang nicht replizierbar. Sie können weder zueinander in Beziehung gesetzt noch mit dem Ergebnis der Trendskalierung für Deutschland verglichen werden.

5 Diskussion

Nach der dritten Erhebung des „Programme for International Student Assessment" stellt sich mehr denn je die Frage nach Trends. In unserem Beitrag haben wir wichtige Voraussetzungen im Erhebungsdesign beschrieben, die erfüllt sein müssen, damit Trends analysiert und berichtet werden können. Die Voraussetzungen für Trendanalysen gehen deutlich über diejenigen für querschnittliche Vergleiche innerhalb einer Studie hinaus. Sie können insgesamt als restriktiv bezeichnet werden, denn letztlich muss sichergestellt sein, dass alle Tests, die für Trendanalysen herangezogen werden, zu allen Zeitpunkten in allen Ländern dieselbe Kompetenz erfassen und frei von kulturellen oder sich über die Zeit verändernden Einflüssen sind.

Über die PISA-Zyklen hinweg werden die Schwerpunkte der Erhebungen rotiert, so dass alle 9 Jahre jeder Kompetenzbereich – Lesen, Mathematik oder Naturwissenschaften – wieder detailliert untersucht wird. Deshalb werden bei den Erhebungen Langformen und Kurzformen der Tests für die einzelnen Domänen verwendet. Allerdings haben GEBHARDT und ADAMS (2007) gezeigt, dass die Verwendung unterschiedlicher Testformen zu einer besonderen Interaktion führt: In vielen teilnehmenden Staaten unterscheiden sich die relativen Aufgabenschwierigkeiten geringfügig voneinander, sei es durch kulturelle Einflüsse, oder durch zufällige Prozesse. Werden in zwei aufeinanderfolgenden Erhebungen verschiedene Testformen verwendet, so bilden sich in den beobachteten Differenzen der Kompetenzwerte aus beiden Erhebungen nicht nur Veränderungen in den Kompetenzen der untersuchten Jugendlichen ab. Vielmehr führen auch unterschiedliche mittlere Schwierigkeiten zwischen den Testformen zu systematischen Unterschieden in den Kompetenzergebnissen. GEBHARDT und ADAMS (2007) haben das am Beispiel Lesen für Schweden demonstriert.

GEBHARDT und ADAMS (2007) weisen in ihrem Artikel auf eine so genannte marginale Trendskalierung hin, die gegenüber Unterschieden zwischen den Testformen unempfindlich ist. Jedoch verliert man mit dieser Skalierung die direkte Vergleichbarkeit mit anderen Staaten. In dieser Skalierung werden die Aufgabenschwierigkeiten für jeden Staat separat und gleichzeitig für alle Erhebungen geschätzt. Damit beziehen sich die Ergebnisse direkt auf Veränderungen in den Antworthäufigkeiten in jedem Staat. Allerdings kann das erfasste Konstrukt damit eine spezifische „nationale" Färbung erhalten, obwohl die marginale Trendschätzung auf denselben Aufgaben in jedem Staat beruht. Damit stellt die marginale Trendskalierung eine Alternative dar, die für jeden einzelnen Staat sinnvolle und belastbare Aussagen über die Kompetenzveränderungen zulässt, auch dann, wenn die präferierte Skalierung der OECD im Sinne originaler Trends keine interpretierbaren Aussagen erlaubt.

Bezogen auf die Frage, ob für Deutschland belastbare Trendanalysen über die bisherigen drei PISA-Erhebungen durchgeführt werden können, haben wir die Voraussetzungen geprüft, die sich empirisch untersuchen lassen. Dabei zeigte sich für die in Deutschland erhobenen Daten, dass für jede Kompetenz eine marginale Trendskalierung möglich ist. Entsprechend haben wir ein Trendmodell für jede der Kompetenzen beschrieben. Allerdings müssen für Trendanalysen noch weitere Voraussetzungen erfüllt sein, die nicht an den Daten von Jugendlichen aus Deutschland empirisch überprüft werden können. So könnten zum Beispiel Trendergebnisse von möglichen Positions- und Kontexteffekten in den Testheften abhängen.

Die in diesem Beitrag vorgestellte Trendskalierung schließt an die Trendanalysen im nationalen Bericht zu PISA 2006 (PRENZEL u. a. 2007a) an. Wir konnten für die drei Kompetenzen jeweils die Kompetenzverteilungen aus den drei Erhebungen und einen linearen Trend berichten. Für die mathematische Kompetenz zeigt sich in der Trendanalyse für Deutschland ein signifikanter Zuwachs zwischen den ersten beiden Erhebungen und ein nicht signifikanter Trend zwischen den beiden letzten Erhebungen. Diese Ergebnisse entsprechen den von der OECD berichteten originalen Trends. In den Naturwissenschaften zeigt sich bei der marginalen Skalierung für Deutschland ein Anstieg über beide Erhebungen. Der Anstieg zwischen den ersten beiden Erhebungen gleicht dem von der OECD dargestellten originalen Trend. Was den Trend zwischen PISA 2003 und PISA 2006 anbetrifft, liegen keine vergleichbaren Ergebnisse im OECD-Bericht vor.

Für den Kompetenzbereich Lesen hat sich gezeigt, dass der Kurztest, der in PISA 2003 und PISA 2006 verwendet wurde, in Deutschland nicht exakt das gleiche Konstrukt erfasst, wie in der Schwerpunkterhebung in PISA 2000. Deshalb beruhen unsere Trendergebnisse auf den gemeinsamen Aufgaben des Kurztests. Die OECD wiederum berichtet Trends im Lesen anhand originaler Trends, die auf international vergleichbaren Kompetenzindikatoren beruhen. In Deutschland unterscheidet sich dieses Trendergebnis von den Ergebnissen marginaler Trends. Offenbar überschätzen die originalen Trends den Kompetenzzuwachs der Jugendlichen in Deutschland. Im marginalen Trend hingegen zeigt sich für Deutschland das Bild, das sich auch in den gewichteten Antworthäufigkeiten abzeichnet, nämlich keine Veränderung der mittleren Kompetenzen zwischen den Studien. Die Diskrepanz beider Trendschätzungen könnte auf Aufgaben-Länder-Interaktionen in den Aufgabenschwierigkeiten und insbesondere auf die beschriebene Testform-Länder-Interaktion zurückgeführt werden.

Welche Methode der Trendanalyse ist also bei PISA angemessen? Um diese Frage zu beantworten, müssen die Vor- und Nachteile sowie die Voraussetzungen beider Methoden gegeneinander abgewogen werden. Mit der Entscheidung, die originalen Trendindikatoren für den Kompetenzbereich Lesen zu verwenden, nimmt die OECD zum Beispiel in Kauf, für einzelne Länder verzerrte Trendschätzungen zu berichten. Wie die Ergebnisse von GEBHARDT und ADAMS (2007) zeigen, finden sich bei mehreren Staaten Diskrepanzen zwischen originalen und marginalen Trends, sowohl im Lesen als auch in den Naturwissenschaften. Bei 6 von 28 Staaten führt das zu unterschiedlichen Aussagen über das Vorliegen eines signifikanten Trends in der Lesekompetenz. Bei 2 von 25 Staaten führen die Unterschiede zwischen beiden Trendschätzern zu unterschiedlichen Trendaussagen bezüglich der naturwissenschaftlichen Kompetenz. Wären alle Voraussetzungen für originale Trends erfüllt, müssten beide Verfahren dieselben Ergebnisse liefern. Da (zumindest für Lesen) nicht alle Voraussetzungen gegeben sind, zeigen sich Unterschiede zwischen den Trendschätzungen. Unter diesen Umständen bilden jedoch die marginalen Trends den Kompetenzzuwachs in den einzelnen Staaten präziser ab, wenn auch die Trends damit nicht mehr direkt international verglichen werden können.

Wie lässt sich die Vergleichbarkeit von Kompetenzindikatoren aus unterschiedlichen Erhebungen verbessern? Wie kann das Erhebungsdesign weiter optimiert werden? Lassen sich die Modelle zur Schätzung von Trends aus komplexen Erhebungen für internationale Vergleichsstudien weiterentwickeln und besser auf die dort eingesetzten Erhebungsdesigns abstimmen?

Ein Erhebungsdesign für optimale Vergleichbarkeit würde in aufeinanderfolgenden Studien jeweils dieselben Testhefte verwenden. Damit blieben kulturelle Unterschiede als Quelle von Aufgaben-Land-Interaktionen zwar bestehen, aber konstant. Außerdem könnten sich Aufgabenschwierigkeiten über die Zeit verändern, wenn etwa das Themengebiet des Kontexts einer Aufgabe mehr oder weniger Aufmerksamkeit erhielte. So wurde zum Beispiel in der Vorbereitung von PISA 2006 eine Aufgabeneinheit zu Tsunamis entwickelt, die nach den Ereignissen im Dezember 2004 nicht in den Test übernommen wurde: Die Aufgabe wäre nicht nur als sensationssüchtig erschienen, sondern hätte ihre Schwierigkeit aufgrund der öffentlichen Diskussion über das Thema verloren. Außerdem „altern" Aufgaben. Eine frühere Aufgabe zu Dolly, dem geklonten Schaf, liefert neun Jahre später kaum mehr vergleichbare Anknüpfungspunkte für Schülerinnen und Schüler. Nicht zuletzt muss PISA mit innovativen Aufgaben neue didaktische und fachliche Entwicklungen aufgreifen können und selbst eher unberechenbar sein für Bemühungen, Schülerinnen und Schüler auf PISA-Anforderungen vorzubereiten. Aus all diesen Gründen wird sich ein festes Testheftdesign für PISA nicht über mehrere Erhebungsrunden realisieren lassen. Eine weniger restriktive Alternative zu einem festen Testheftdesign wäre die Fixierung einzelner Testhefte, welche die Link-Aufgaben enthalten und so unverändert als Anker zur Trendschätzung herangezogen werden können. Würden mehrere solcher Trendtesthefte verwendet, ließen sich diese nach zwei oder mehr Erhebungen austauschen.

Einen zentralen Faktor für die Vergleichbarkeit von Kompetenzergebnissen haben wir mit Bezug auf GEBHARDT und ADAMS (2007) mit der Testform-Länder-Interaktion beschrieben. Die Verwendung unterschiedlich langer Testformen erschwert die Vergleichbarkeit der Kompetenzindikatoren. Bei wechselnden Schwerpunkten könnte erwogen werden, Trendaussagen generell auf die Kurzformen der Tests zu stützen, wobei die Kurzformen zur Erhebung von Trends über mehrere Erhebungen konstruiert werden müssten. Daraus resultierte jedoch die Frage, wie eine Gesamtskala für die Kompetenz im Schwerpunkt einer Erhebung gebildet werden sollte: anhand aller Aufgaben oder eventuell auch anhand einer Trend- und Kurzform des Tests? Im zweiten Falle würde die Mehrzahl der Aufgaben nur zur Beschreibung von Subskalen dienen, ohne in eine Gesamtskala einzugehen.

Was geeignete Skalierungsmodelle anbetrifft, könnte erwogen werden, mit einem integrierten Skalierungsmodell die Vorteile von originalen und marginalen Trends zu verbinden. Um das zu erreichen, könnte das Verfahren zur Schätzung der Aufgabenschwierigkeitsparameter nach unterschiedlichen Bestandteilen der Tests differenzieren. Zum Beispiel müsste eine Kurz-/Trendform des Tests von zusätzlichen Aufgaben in einer Schwerpunkterhebung unterschieden werden. Über die OECD-Staaten hinweg geltende Parameter im Sinne von originalen Trends würden dann nur für die Kurz-/Trendform geschätzt, während für die zusätzlichen Aufgaben im Sinne von marginalen Trends in jedem Staat separate Parameter zu schätzen wären. Auf diese Weise ließe sich ein Kompetenzindikator konstruieren, mit dem sich eine hohe Konsistenz von Trend- und Querschnittanalysen erzielen ließe. Für ein solches Verfahren wären die Voraussetzungen weniger restriktiv als für die Skalierung von originalen Trends. Das Verfahren wäre robust gegenüber den beschriebenen Testform-Länder-Interaktionen und gegenüber leichten Voraussetzungsverletzungen bezüglich der zusätzlichen Aufgaben in den Schwerpunkterhebungen.

Diese Überlegungen deuten lediglich einige von vielen Möglichkeiten zur Weitentwicklung der Erhebungsdesigns und Analyseverfahren für internationale Vergleichsstudien wie PISA an. Mit PISA wurde ein sehr anspruchsvolles Programm aufgelegt, das auch nach drei Erhebungszyklen noch mit erheblichen methodischen Herausforderungen konfrontiert. Insofern wird PISA auch in den nächsten Jahren die Methodenforschung zu Trendanalysen stimulieren.

Anmerkungen

1 Das entspricht 4 Punkten auf der PISA-Skala für Lesekompetenz.
2 Das entspricht in etwa 13 Punkten auf der PISA 2000-Skala für Naturwissenschaftskompetenz.
3 Berechnet als Regressionskoeffizient für einen Indikator mit den Werten 0 für PISA 2000, 1 für PISA 2003 und 2 für PISA 2006, über 5 plausible values in einem gemeinsamen Datensatz für die drei Erhebungen.
4 Die hier dargestellte Trendskalierung für Mathematik und Naturwissenschaften beruht auf allen Aufgaben aus jeder der drei Erhebungen, während im Bericht zum internationalen Vergleich von PISA 2006 des deutschen PISA-Konsortiums (PRENZEL u. a. 2007a) lediglich die gemeinsamen Aufgaben zur Skalierung verwendet wurden. Daher weichen beide Ergebnisse geringfügig voneinander ab.

Literatur

ADAMS, R. J./CARSTENSEN, C. H. (2002): Scaling outcomes. In: ADAMS, R. J./WU, M. L. (2002). PISA 2000 Technical Report. – Paris.
ADAMS, R. J./WU, M. L. (2002): PISA 2000 Technical Report. – Paris.
BOZDOGAN, H. (1987): Model selection and Akaikes information criterion (AIC): The general theory and its analytical extensions. In: Psychometrika, Vol. 52, No. 3, pp. 345-370.
CARSTENSEN u.a. 2007 = CARSTENSEN, C. H./FREY, A./WALTER, O./KNOLL, S. (2007): Technische Grundlagen des dritten internationalen Vergleichs. In: PRENZEL, M./ARTELT, C./BAUMERT, J./BLUM, W./HAMMANN, M./KLIEME, E./PEKRUN, R. (Hrsg.): PISA 2006. Die Ergebnisse der dritten internationalen Vergleichsstudie. – Münster, S. 367-390.
GEBHARDT, E./ADAMS, R. J. (2007): The Influence of Equating Methodology on Reported Trends in PISA. In: Journal of Applied Measurement, Vol. 8, No. 3, pp. 305-322.
MASTERS, G. N. (1982): A Rasch model for partial credit scoring. In: Psychometrika, Vol. 47, No. 2, pp. 149-174.
OECD (1999): Measuring student knowledge and skills. A new framework for assessment. – Paris.
OECD (2001): Knowledge and skills for life: First results from PISA 2000. – Paris.
OECD (2003): The PISA 2003 assessment framework – mathematics, reading, science and problem solving knowledge and skills. – Paris.
OECD (2004): Learning for tomorrow's world: First results from PISA 2003. – Paris.
OECD (2005): PISA 2003 Technical Report. – Paris.
OECD (2006): Assessing scientific, reading and mathematical literacy. A framework for PISA 2006. – Paris.
OECD (2007a): PISA 2006: Science competencies for tomorrow's world Vol. 1: Analysis. – Paris.
OECD (2007b): PISA 2006 technical notes: Technical note on comparisons over time on the PISA scales. – Paris. URL: http://www.pisa.oecd.org – Download vom 13.02.2008.
PRENZEL u.a. 2007a = PRENZEL, M./ARTELT, C./BAUMERT, J./BLUM, W./HAMMANN, M./KLIEME, E./PEKRUN, R. (Hrsg.) (2007): PISA 2006. Die Ergebnisse der dritten internationalen Vergleichsstudie. – Münster.
PRENZEL u.a. 2007b = PRENZEL, M./CARSTENSEN, C. H./FREY, A./DRECHSEL, B./RÖNNEBECK, S. (2007): PISA 2006 – Eine Einführung in die Studie. In: PRENZEL, M./ARTELT, C./BAUMERT, J./BLUM, W./HAMMANN, M./KLIEME, E./PEKRUN, R. (Hrsg.): PISA 2006. Die Ergebnisse der dritten internationalen Vergleichsstudie. - Münster, S. 31 - 59.
RASCH, G. (1960): Probabilistic models for some intelligence and attainment tests. – 2nd Ed. – Copenhagen.
ROST, J. (2004): Lehrbuch Testtheorie, Testkonstruktion. – Bern, Göttingen, Toronto, Seattle.
WRIGHT, B. D./MASTERS, G. N. (1982): Rating scale analysis: Rasch measurement. – Chicago.

Cordula Artelt[1], Barbara Drechsel[2], Wilfried Bos[3] und Tobias C. Stubbe[3]

Lesekompetenz in PISA und PIRLS/IGLU – ein Vergleich

Zusammenfassung:
PISA und PIRLS/IGLU sind zwei in Deutschland intensiv diskutierte internationale Vergleichsstudien, die sich mit der Lesekompetenz von Schülerinnen und Schülern am Ende der Sekundarstufe bzw. am Ende der Primarstufe befassen. Mit dem Ziel, die Vergleichsmöglichkeiten der Studien und ihrer bildungspolitischen Konsequenzen auszuloten, werden nach einer kurzen Zusammenfassung der zentralen Befunde zunächst Unterschiede und Gemeinsamkeiten in Bezug auf Anlage und Inhalte beider Studien dargestellt. Nach Darlegung der Gründe, die gegen einen direkten Vergleich der Kennwerte aus beiden Studien sprechen, wird besonders auf die Implikationen des jeweils zugrunde gelegten Lesekompetenzbegriffs eingegangen. Anschließend erfolgt eine Analyse der 13 Staaten, die an beiden Studien in beiden Erhebungsrunden teilgenommen haben. Diese weist einerseits auf deutliche Parallelitäten der Veränderungen in beiden Studien hin. Die Betrachtung über die Zeit macht andererseits deutlich, dass gutes Abschneiden am Ende der Grundschule kein Garant für hohe Lesekompetenz am Ende der Sekundarstufe ist. Abschließend werden einige gängige Interpretationen für das Abschneiden Deutschlands bei PIRLS/IGLU und das schlechte Abschneiden bei PISA kritisch diskutiert.

Schlüsselwörter: Lesekompetenz, internationale Vergleichsstudien, Grundschule, Sekundarstufe I

Abstract:
PISA and PIRLS are two international comparative studies which are the focus of intense discussion in Germany. PISA and PIRLS deal with the reading literacy of students at the end of secondary and primary schooling, respectively. With the aim of finding out if and how the studies can be compared with each other and what their consequences for educational policy are, the differences and similarities in their design and content will be presented after a brief summary of the main results. After demonstrating the reasons which argue against a direct comparison of the results of both studies, the implications of the underlying concepts of reading literacy in both studies will be addressed in detail. An analysis of the 13 countries which participated in both surveys of both studies then follows. On the one hand, this points to clear parallels between the changes that took place between both surveys. On the other hand, it becomes clear that good results at the end of primary school are no guarantee for a high level of reading literacy at the end of compulsory secondary schooling. Finally, some common interpretations of Germany's results in PIRLS and its bad results in PISA will be critically discussed.

Keywords: Reading literacy, International Large Scale Assessments, Elementary School, Secondary School

---

[1] Universität Bamberg
[2] Leibniz-Institut für die Pädagogik der Naturwissenschaften an der Universität Kiel
[3] Institut für Schulentwicklungsforschung Dortmund

1 Einleitung

Bereits seit den ersten Publikationen der Ergebnisse der internationalen Vergleiche zur Lesekompetenz von Kindern und Jugendlichen im Rahmen von PISA und PIRLS/IGLU werden nicht nur die Befunde der Studien einzeln diskutiert, sondern auch Vergleiche zwischen beiden Untersuchungen bzw. deren Ergebnissen vorgenommen. Die IEA-Grundschulstudie PIRLS (*Progress in International Reading Literacy*), die in Deutschland im Jahr 2001 erstmals durchgeführt wurde und unter dem Namen IGLU (Internationale Grundschul-Lese-Untersuchung) bekannt geworden ist (Bos u. a. 2003a; MULLIS u. a. 2003), legt auch in der zweiten Erhebungsrunde 2006 (Bos u. a. 2007b; MULLIS u. a. 2007) nahe, dass die Lesekompetenz von Kindern der vierten Klassenstufe in Deutschland durchaus international konkurrenzfähig und vergleichsweise homogen ist. Das *Programme for International Student Assessment* (PISA) (BAUMERT u. a. 2001; OECD 2001) hingegen, die Studie, mit der die OECD 2000 erstmals die Lesekompetenz fünfzehnjähriger Jugendlicher in den Blick genommen hat, kam im Jahr 2001 zu dem Ergebnis, dass die Lesekompetenz am Ende der Pflichtschulzeit im internationalen Vergleich unterdurchschnittlich ist und durch eine extrem große Streuung auffällt. In PISA 2006 ist die Lesekompetenz der Fünfzehnjährigen nicht mehr vom OECD-Durchschnitt verschieden, jedoch noch immer nicht auf einem hohen Niveau und vergleichsweise inhomogen (DRECHSEL/ARTELT 2007). Neben Deutschland gibt es weitere Staaten, in denen die PIRLS- und die PISA-Ergebnisse deutlich voneinander abweichen. Grundschülerinnen und -schüler in Italien und Ungarn gehören beispielsweise zu den besten Lesern in PIRLS/IGLU, bei PISA hingegen schneiden die Fünfzehnjährigen in diesen Staaten schlecht ab.

Die Frage nach der Vergleichbarkeit der Studien lässt sich einerseits auf der Ebene der inhaltlichen und methodischen Anlage der Studien stellen (vgl. VOSS/SCHWIPPERT/CARSTENSEN 2004), andererseits und nicht unabhängig davon auch auf der Ebene der Interpretationen der teils disparaten Ergebnisse beider Studien (z. B. Bos u. a. 2003c). Beide Möglichkeiten sollen im Rahmen dieses Beitrags ausgelotet werden.

Nach einer kurzen Zusammenfassung der Ergebnisse beider Studien gehen wir zunächst auf Unterschiede und Gemeinsamkeiten hinsichtlich Anlage, Inhalt und Methoden ein. Hierbei vergleichen wir die Konzeptionen und Operationalisierungen der untersuchten Lesekompetenz und die Kennwerte unter Berücksichtigung der jeweiligen Zielpopulationen, Normierungen und gewählten Referenzgruppen. Im nächsten Schritt folgen zwei vergleichende Auswertungen für die Teilgruppe von Staaten, die an beiden Studien teilgenommen haben: (a) Die vergleichende Analyse der als Effektstärken ausgedrückten (standardisierten) Veränderungen auf Staatenebene über die Zeit in PIRLS/IGLU und in PISA und (b) die Betrachtung der Kohorte der Schülerinnen und Schüler, die bei PIRLS/IGLU 2001 als Viertklässler und bei PISA 2006 in der Mehrzahl als Fünfzehnjährige untersucht wurden. Auf dieser Datengrundlage diskutieren wir einige der Erklärungsmuster, die in öffentlichen Debatten angeführt wurden vor dem Hintergrund der konzeptuellen und methodischen Unterschiede sowie der beiden dargestellten Vergleichsperspektiven.

2 Zentrale Ergebnisse zur Lesekompetenz in PISA und IGLU

2.1 Ergebnisse zur Lesekompetenz in PISA

Bei PISA 2000 (BAUMERT u. a. 2001; OECD 2001) wurde die Lesekompetenz fünfzehnjähriger Schülerinnen und Schüler als Hauptdomäne umfassend getestet. Unter Lesekompetenz versteht man die Fähigkeit, in Alltagssituationen aktiv und konstruktiv mit geschriebenen Texten umzugehen (OECD 2006). Schülerinnen und Schüler in Deutschland erreichten damals 484 Punkte auf der am OECD-Durchschnitt (500 Punkte) normierten Skala. Der Wert für Deutschland lag damals statistisch signifikant unter dem OECD-Durchschnitt und mehr als eine halbe Standardabweichung unter den Werten der Spitzenreiter Finnland (546 Punkte) und Kanada (534 Punkte). Zudem war die Streuung der Lesekompetenz mit 111 Punkten in Deutschland die größte im internationalen Vergleich. Der Vorsprung der Mädchen gegenüber den Jungen lag bei 35 Punkten (ARTELT u. a. 2001). Diese Befunde sorgten für Aufregung und waren zudem Anstoß zu einer breit geführten öffentlichen Diskussion über (Grund-)Bildung in Deutschland (vgl. FAHRHOLZ/GABRIEL/MÜLLER 2002).

Nach dem umfassenden Test in PISA 2000 wurde die Lesekompetenz bei PISA 2003 und PISA 2006 als Nebendomäne mit einer kleinen Auswahl geheim gehaltener Aufgaben untersucht. Hierdurch ist es im Prinzip möglich, die Ergebnisse, die zu verschiedenen Zeitpunkten gemessen wurden, direkt miteinander zu vergleichen. Aufgrund der geringeren Aufgabenmenge bezieht sich dieser Vergleich jedoch nur auf die Gesamtskala, nicht auf die im Jahr 2000 ebenfalls berichteten drei Subskalen zur Lesekompetenz (s. u.). Bei PISA 2003 lag der Mittelwert der Lesekompetenz für Deutschland bei 491 Punkten, die Standardabweichung betrug 109 Punkte. Die Lesekompetenz in Deutschland lag damit im Jahr 2003 im Bereich des OECD-Durchschnitts (494 Punkte) (SCHAFFNER u. a. 2004). Bei PISA 2006 erreichten die Schülerinnen und Schüler in Deutschland im Lesetest 495 Punkte, der OECD-Durchschnitt lag bei 492 Punkten. Mädchen sind den Jungen bei PISA 2006 in ihrer Lesekompetenz um 42 Punkte voraus, diese Geschlechterdifferenz hat sich seit PISA 2000 somit leicht vergrößert (DRECHSEL/ARTELT 2007). Seit PISA 2000 hat sich die Lesekompetenz der Fünfzehnjährigen in Deutschland um insgesamt 11 Punkte verbessert. Dieser Anstieg lässt sich jedoch nur auf dem 10 Prozent-Niveau gegen den Zufall absichern (zur Diskussion dieser Befunde vgl. CARSTENSEN/PRENZEL/BAUMERT (IN DIESEM BAND)). Größere Steigerungen der Lesekompetenz in diesem Zeitraum sind international nur für Korea und Polen zu verzeichnen (signifikante Abnahmen dagegen in sieben OECD-Staaten). Die Streuung der Lesekompetenz (SD = 112 Punkte, 99 Punkte im OECD-Durchschnitt) ist in PISA 2006 im internationalen Vergleich nach wie vor sehr groß. Die für Deutschland erkennbare tendenzielle Verbesserung der Lesekompetenz hat zwar vor allem im unteren und mittleren Leistungsbereich stattgefunden. Der Anteil der schwachen Leserinnen und Leser ist jedoch in Deutschland nach wie vor groß.

2.2 Ergebnisse zur Lesekompetenz in PIRLS/IGLU

Erste Befunde aus PIRLS bzw. IGLU 2001 wurden im Jahr 2003 vorgestellt (Bos u. a. 2003a; MULLIS u. a. 2003). Die Viertklässlerinnen und Viertklässler, deren Lesekompetenz im Blickpunkt stand, erreichten in Deutschland 539 Punkte bei einer Standardabweichung von 67 Punkten auf einer am Durchschnitt aller Teilnehmerstaaten (M = 500 Punkte, SD = 100 Punkte) normierten Skala. Die an der Studie teilnehmenden OECD-Staaten erreichten einen Mittelwert von 529 Punkten (SD = 79 Punkte). Lediglich in drei Staaten erzielten Schülerinnen und Schüler in ihrer Lesekompetenz höhere Werte als die Grundschulkinder in Deutschland: in Schweden, in den Niederlanden und in England. Mädchen schnitten um 13 Punkte besser ab als Jungen (Bos u. a. 2003b). Auch PIRLS/IGLU hat in den beiden bisher vorliegenden Erhebungen eine Auswahl identischer Lesetexte und Aufgaben verwendet und ermöglicht damit prinzipiell die Verankerung der Metriken der beiden Erhebungen miteinander (Bos u. a. 2007b). In PIRLS/IGLU 2006 erreichten Viertklässler in Deutschland einen Mittelwert von 548 Punkten bei einer Standardabweichung von 67 Punkten, wobei sich der internationale Durchschnitt (allerdings bei einer unterschiedlich zusammengesetzten Gruppe von Staaten) von 500 Punkten bei PIRLS/IGLU 2001 auf 506 Punkte bei PIRLS/IGLU 2006 verschoben hat. Die Schülerinnen und Schüler in Deutschland gehörten damit einer internationalen Spitzengruppe an, zusammen mit Kindern in Italien, der Slowakei, Slowenien, Singapur, Hongkong und der Russischen Föderation. Auch im Jahr 2006 lasen die Mädchen aus der vierten Klasse um 6 Punkte besser als ihre männlichen Mitschüler (Bos u. a. 2007a). Seit PIRLS/IGLU 2001 hat sich die Lesekompetenz der Viertklässler statistisch signifikant um insgesamt 9 Punkte verbessert.

3 Vergleiche zwischen PISA und PIRLS/IGLU

Die oben dargestellten Ergebnismuster beider Studien unterscheiden sich deutlich. Fragen der Vergleichbarkeit beziehen sich einerseits darauf, ob und in welchem Maße die aus den jeweiligen Untersuchungen stammenden Kennwerte vergleichbar sind. Darüber hinaus lässt sich fragen, inwieweit Erklärungsmodelle für das Zustandekommen der Leistungen über die Studien hinweg vergleichbar sind. Darf man etwa aus den Ergebnissen ableiten, dass die Grundschule ihrem schulischen Auftrag der Vermittlung von Lesekompetenz besser gerecht wird als die Sekundarstufe I? Da die Frage der Vergleichbarkeit der in den Studien ermittelten Kennwerte auch eine Voraussetzung für die Tragfähigkeit der Erklärungsmuster darstellen, betrachten wir zunächst die Faktoren, die in der Anlage und Durchführung der Studien mehr oder weniger bedeutsame Unterschiede zwischen beiden Studien aufweisen.

3.1 Organisatorische Unterschiede zwischen PISA und PIRLS/IGLU und deren Implikationen

Auf der Makroebene unterscheiden sich die Studien in Bezug auf die jeweils durchführenden Organisationen. PISA wird von der *Organisation for Economic Co-operation and Development* (OECD) durchgeführt, PIRLS/IGLU hingegen ist eine Studie der *International Association for the Evaluation of Educational Achievement (IEA)*. Sowohl die OECD als auch die IEA führen regelmäßig internationale Schulleistungsvergleiche zur Lesekompetenz durch. Die Tradition internationaler Vergleichsstudien im Lesen der IEA reicht mit der „Six-Subject-Study" (vgl. THORNDIKE 1973) bis in die 1970er Jahre zurück. Darauf folgte 1990/1991 – erstmals mit deutscher Beteiligung – eine weitere Lesestudie (*Reading Literacy Study*) der IEA, die mit Neun- und Vierzehnjährigen in rund 30 Staaten durchgeführt wurde (vgl. ELLEY 1992; LEHMANN u. a. 1995). Seit PIRLS/IGLU ist das Forschungsprogramm der IEA im Bereich Lesen auf den Primarschulbereich beschränkt (Bos u. a. 2003a, 2004, 2007b; MULLIS u. a. 2003, 2007). PIRLS/IGLU-Erhebungen finden im fünfjährigen Abstand statt. Im Auftrag ihrer Mitgliedsstaaten startete die OECD Mitte der Neunziger Jahre zusammen mit Statistics Canada eine vergleichende Studie zur Lesekompetenz, die jedoch Erwachsene (Fünfzehn- bis Fünfundsechzigjährige) in den Blick nahm (International Adult Literacy Survey, IALS, vgl. OECD/STATISTICS CANADA 1995, 1997, 2000). Mit PISA hat die OECD im Jahr 2000 erstmals Leseleistungen von Schülerinnen und Schülern erhoben. Von Beginn an waren fast alle 30 OECD-Staaten dabei. Die Gruppe der zusätzlich teilnehmenden Partnerstaaten ist über die bisher vorliegenden drei Erhebungen hinweg stetig angewachsen. Ziel der IEA wie auch der OECD ist es, qualitativ hochwertige international vergleichende Daten als Wissensbasis für die politische Steuerung bereitzustellen. Sowohl die Studie der IEA als auch der OECD sollen Bezugspunkte (*Benchmarks*) für die Weiterentwicklung des Bildungssystems liefern und eine fundierte Wissensbasis für die politische Steuerung der Bildungssysteme zur Verfügung zu stellen.

Angesichts der Pluralität internationaler Vergleiche im Allgemeinen und den o. g. unterschiedlichen Ergebnissen der PISA und PIRLS/IGLU-Studie im Besonderen, stellt sich die Frage, inwieweit die auf unterschiedlichen Messinstrumenten, (Schüler-)Populationen und Teilnehmerstaaten beruhenden Ergebnisse sich wechselseitig bestätigen bzw. welchen Ergebnissen im Falle divergenter Befunde vertraut werden kann.

Aus der Tatsache, dass PISA und PIRLS/IGLU von zwei unterschiedlichen Organisationen durchgeführt werden, ergeben sich nicht unmittelbar Konsequenzen für die Vergleichbarkeit. So können beiden Organisationen hohe Standards und Professionalität in Bezug auf Planung, Durchführung und Auswertung unterstellt werden, die in Rahmenkonzeptionen, Ergebnisberichten und vor allen den technischen Berichten dokumentiert sind (ADAMS/WU 2002; MULLIS u. a. 2007). Aus den primären (Forschungs-) Interessen der Organisationen bzw. der Organisationsformen heraus leiten sich jedoch plausible Gründe für Unterschiede in der Anlage der Studien und der Konzeptualisierung von Lesekompetenz ab. Die OECD ist traditionsgemäß eher an *outputs* bzw. *outcomes* von Bildungssystemen interessiert. Entsprechend werden im PISA-Lesetest realitätsnahe Leseanforderungen in vielfältigen Kontexten abgebildet. Die im Test enthaltenen Leseanforderungen und -anlässe sind dabei wesentlich umfassender als in schulischen Lehrplänen definiert. Dieser spezielle Fokus resultiert in einer konsequenten lebensweltlichen und funktionalen Orientierung der zugrunde gelegten Definition von Lesekompetenz. Auch weil PIRLS/IGLU eine andere Altersgruppe betrachtet, setzt diese Studie einen anderen Schwerpunkt bei der Definition von Lesekompetenz. Zwar steht auch hier das angelsächsische *Literacy*-Konzept im Vordergrund (vgl. Bos u. a. 2007a; MULLIS u. a. 2007). Lesekompetenz in PIRLS/IGLU ist jedoch vergleichsweise stärker auf die Beherrschung grundlegender Lesetechniken ausgerichtet. Die Rahmenkonzeptionen beider Studien in Bezug auf die Erfassung von Lesekompetenz werden nachfolgend skizziert.

3.2 Vergleich der Rahmenkonzeptionen der Lesekompetenz bei PISA und PIRLS/IGLU

Sowohl PISA als auch PIRLS/IGLU legen das zugrunde liegende Verständnis von Lesekompetenz einschließlich der spezifischen Vorgaben für die Operationalisierung in Form von Rahmenkonzeptionen dar (MULLIS u. a. 2006; OECD 2006). Leitend für die Konzeption des PISA-Tests zur Lesekompetenz war dabei die Vorstellung, jene Fähigkeiten von Schülerinnen und Schülern zu messen, die für den Eintritt in die Phase des Erwerbslebens bzw. für die Teilhabe am gesellschaftlichen Leben in Industriestaaten als zentral angesehen werden. Entsprechend wird auch Lesekompetenz definiert: Lesekompetenz bedeutet, „geschriebene Texte zu verstehen, zu nutzen und über sie zu reflektieren, um eigene Ziele zu erreichen, das eigene Wissen und Potenzial weiterzuentwickeln und am gesellschaftlichen Leben teilzunehmen" (vgl. ARTELT u. a. 2001, S. 80; OECD 2001).

Tabelle 1: Verteilung der Aufgaben aus dem Lesetest nach Art der Texte

Kontinuierliche Texte		Nicht kontinuierliche Texte	
Art des Textes	**Prozent der Aufgaben**	**Art des Textes**	**Prozent der Aufgaben**
Erzählung	12	Diagramme/Graphen	11
Darlegung	22	Tabellen	11
Beschreibung	9	Schematische Zeichnungen	4
Argumentation	13	Karten	3
Anweisung	6	Formulare	6
Insgesamt	62	Anzeigen	3
		Insgesamt	38

Quelle: ARTELT u. a. (2001, S. 81)

PISA unterscheidet zwei Textsorten: kontinuierlich und nicht-kontinuierlich geschriebene Texte. Diese Unterscheidung geht über die in PIRLS/IGLU getroffene Unterscheidung zwischen literarischen gegenüber informierenden Texten hinaus (s. u.). So beinhalten nicht-kontinuierlich geschriebene Texte z. T. weitere Informationsquellen wie Schaubilder, aus denen Informationen abgelesen und die zusammen mit den darüber hinaus gehenden Textinhalten integriert werden müssen (vgl. SCHNOTZ/DUTKE 2004). Insgesamt ist die Bandbreite der in PISA zugrunde gelegten Textsorten mit fünf verschiedenen kontinuierlich geschriebenen Textsorten und sechs verschiedenen nicht-kontinuierlich geschriebenen Textsorten sehr umfangreich (vgl. auch Tabelle 1).

Außerdem stellen die PISA-Leseaufgaben unterschiedliche Anforderungen an die Leserinnen und Leser. Sie erfordern die Fähigkeiten, Informationen aus einem Text zu extrahieren, eine textbasierte Interpretation zu entwickeln und über den Inhalt und die Form des Textes zu reflektieren. Diese drei in etwa zu gleichen Teilen im Test enthaltenen Verstehensanforderungen spiegeln sich auch in entsprechenden Berichtsdimensionen wider. In den Zyklen, in denen Lesen eine Hauptkomponente darstellt (2000, 2009) wurden bzw. werden die Ergebnisse differenziert für die o. g. drei Subskalen berichtet. Als unterschiedliche Lesesituationen bzw. Lesekontexte berücksichtigt PISA zudem, inwieweit Fünfzehnjährige in der Lage sind, Texte aus verschiedenen alltäglichen Lebenszusammenhängen zu verstehen. Hierzu werden systematisch private Leseanlässe (z. B. Romane), öffentliche Leseanlässe (z. B. Anschreiben), berufsbezogene Texte (z. B. Manuale) und bildungsbezogene Texte (z. B. Lehrbücher) abgebildet. Die konsequente Ausrichtung auf Funktionalität (*Literacy*-Konzeption) sowie die damit verbundene Authentizität der Testitems, die (ausformuliert in einer Rahmenkonzeption) die Konstruktion des Tests leitete, stellen charakteristische Merkmale der PISA-Studie dar (vgl. OECD 1999).

Lesekompetenz in PIRLS/IGLU ist definiert als die Fähigkeit „*to understand and use those written language forms required by society and/or valued by the individual. Young readers can construct meaning from a variety of texts. They read to learn, to participate in communities of readers in school and everyday life, and for enjoyment*" (MARTIN/MULLIS/KENNEDY 2007, S. 3). Die Definition bezieht sich also auf das Verstehen und den Umgang mit gesellschaftlich geforderten und/oder durch das Individuum wertgeschätzten Sprachformen. Hierbei geht es um das Textverständnis der Schülerinnen und Schüler. In PIRLS bzw. IGLU werden international (vgl. MULLIS u. a. 2006, 2007) und national (BOS u. a. 2003a) im Rahmen des Tests zur Messung von Lesekompetenz zwei Verstehensprozesse (*processes of retrieving and straightforward inferencing* und *processes of interpreting, integrating and evaluating*) und zwei Leseintentionen (*reading for literary experiences* und *reading to acquire and use information*) unterschieden. Im aktuellen deutschen Bericht (BOS u. a. 2007b) werden die beiden Leseprozesse als „textimmanente" und als „wissensbasierte Verstehensleistungen" ausgewiesen. Die beiden Leseintentionen lauten im deutschen Bericht kurz „literarische Texte" und „informierende Texte". Die insgesamt 174 Aufgaben des PIRLS/IGLU-Tests bilden je zur Hälfte die beiden Leseintentionen ab. In Bezug auf die Leseprozesse verlangen etwas mehr als die Hälfte (55%) der Aufgaben textimmanente Verstehensleistungen (Heraussuchen explizit angegebener Informationen und einfaches Schlussfolgern) und knapp die Hälfte der Aufgaben wissensbasierte Verstehensleistungen (Interpretieren, Integrieren und Evaluieren) (vgl. MULLIS u. a. 2007).

Unterschiede zwischen PISA und PIRLS/IGLU in der theoretischen Konzeption und in der curricularen Orientierung der Tests
PIRLS/IGLU hat das Ziel, vergleichende Daten über den erfolgreichen Erwerb der Lesekompetenz von Schülerinnen und Schülern am Ende der vierten Klassen zur Verfügung zu stellen. PISA hingegen ist interessiert an den Lesekompetenzanforderungen an Schülerinnen und Schüler, die entweder in das Berufsleben einsteigen oder weiter zur Schule gehen, um einen höheren Bildungsabschluss zu erreichen. Sowohl beim Übergang von der Schule in das Berufsleben als auch für die weitere

Schullaufbahn ist es von großer Bedeutung, dass die bis zu diesem Punkt erreichte Lesekompetenz für das Weiterlernen anschlussfähig ist. Diese unterschiedliche Akzentsetzung geht einher mit einem anderen Stellenwert der Lehrpläne im Rahmen der jeweiligen Konzeption zur Lesekompetenz. Auf internationaler Ebene wurde bei PIRLS/IGLU erheblicher Aufwand betrieben, um die Lehrpläne und Instruktionspraktiken in Bezug auf den Leseunterricht bei Viertklässlern zu berücksichtigen. Bei PISA hingegen sind Lehrpläne von geringerer Bedeutung. Ein wichtiger Grund dafür ist der realitätsorientierte Fokus bei PISA, der eher von einem wohl definierten Output/Standard ausgeht, an dem die Kompetenzen von Fünfzehnjährigen gemessen werden sollen, als von einem Niveau an Fertigkeiten, das laut Curriculum zu diesem Zeitpunkt beherrscht werden sollte. Ob und in welchem Maße Lesekompetenz explizit schulisch vermittelt wird oder aber auch durch außerschulische formelle und informelle Lerngelegenheiten mit geformt ist, ist für PISA kein grundlegendes Kriterium. Vielmehr steht der Erfolg eines gesamten Ensembles unterschiedlicher Bildungsprozesse bis zum Ende der regulären Schulzeit auf dem Prüfstand. Die Lehrpläne sind in Bezug auf das Lesen bzw. den muttersprachlichen Unterricht am Ende der Pflichtschulzeit weitaus differenzierter. Nationale Assessments wie die Überprüfung der Bildungsstandards in Deutschland (vgl. KÖLLER 2007) oder die NAEP Untersuchungen in den USA (NATIONAL ASSESSMENT GOVERNING BOARD/U.S. DEPARTMENT OF EDUCATION 2006) gehen sehr explizit auf die jeweiligen Lehrpläne ein. PIRLS/IGLU berücksichtigt die Lehrpläne zwar explizit; dadurch, dass unterschiedliche Staaten einbezogen werden, bleibt dies aber in Bezug auf einzelne Lehrpläne vergleichsweise unspezifisch (vgl. ARTELT u. a. 2004). Zudem ist ein gemeinsamer Nenner der Lehrpläne kein Garant für Vergleichbarkeit: Staaten unterscheiden sich auch in Bezug auf das jeweils geltende obligatorische Einschulungsalter sowie hinsichtlich der geltenden Klassenwiederholungsregeln (vgl. BAUMERT/ SCHÜMER 2001). Auch PIRLS/IGLU misst also nicht ausschließlich das Ausmaß, in dem Schule in den jeweiligen Staaten ihr in Form von Lehrplänen formuliertes Soll erfüllt. Dennoch ist die Nähe zum Curriculum bei PIRLS/IGLU deutlich größer als bei PISA.

Unterschiede in der Anlage und altersbedingten Ausrichtung der Tests aus PISA und PIRLS/IGLU
Die unterschiedlich berücksichtigten curricularen Anforderungen und die in Abhängigkeit von Alter und Entwicklungsstand variierenden Kenntnisse und Fähigkeiten der Schülerinnen und Schüler führen zu unterschiedlichen Ausrichtungen der Lesekompetenz in den beiden Studien, die bei der Interpretation berücksichtigt werden müssen. Gemeinsam ist beiden Studien jedoch ein umfassendes Verständnis von Lesen im Sinne von *Reading Literacy*. Sowohl PIRLS/IGLU als auch PISA sehen das Lesen als einen interaktiven, konstruktiven Prozess und betonen die Wichtigkeit des reflektierten und verstehenden Lesens sowie die Bedeutung unterschiedlicher Leseanlässe und Zwecke. Die Konzeptionen der beiden Tests tragen dem Entwicklungsstand der jeweiligen Zielgruppe Rechnung: Leseanlässe bzw. Leseintentionen für Viertklässler beschränken sich auf literarische und informierende bzw. Sachtexte, während Fünfzehnjährigen im PISA-Test vielfältigere Leseanlässe gegeben werden. Hierzu zählt das Lesen für private und öffentliche Zwecke, für die Arbeit bzw. für bildungsbezogene Leseanlässe, die jeweils auch durch typische Textsorten vertreten sind (s. o.). Die Studien unterscheiden sich in der Breite des zu erfassenden Kompetenzbereichs. PISA bildet andere und auch vielfältigere Anforderungen ab und nimmt in stärkerem Maße verstehendes Lesen bei einer Vielzahl von Leseanlässen in den Blick.

Während sich die beiden Studien in der Breite der einbezogenen Leseanlässe und Textsorten deutlich unterscheiden, sind die in den Rahmenkonzeptionen beschriebenen Prozesse bzw. Aspekte des Verstehens sehr ähnlich. PIRLS/IGLU differenziert zwischen vier Verstehensprozessen: (1) Erkennen und Wiedergeben explizit angegebener Informationen, (2) Einfache Schlussfolgerungen ziehen, (3) Komplexe Schlussfolgerungen ziehen und begründen; Interpretieren des Gelesenen, und (4) Prüfen und Bewerten von Inhalt und Sprache (vgl. MULLIS u. a. 2006; BOS u. a. 2007b). In PISA werden als primär textbasierte Verstehensaspekte unterschieden: (1) das Ermitteln von Informationen, (2) das textbezogene Interpretieren und (3) das Reflektieren und Bewerten (über Inhalt und Form des Textes) (vgl. ARTELT u. a. 2001; OECD 2001). Die Beschreibungen der Prozesse in den Konzeptionen von PISA und PIRLS sind ähnlich, es bestehen aber deutliche Niveauunterschiede hinsichtlich der Schwierigkeit und der Komplexität der Anforderungen. So besteht „Komplexe Schlussfolgerungen ziehen und Begründungen; Interpretieren des Gelesenen" in PIRLS/IGLU beispielsweise darin, die Emotionen des Protagonisten einer Geschichte zu erschließen, die aufgrund der Geschehnisse eindeutig abzuleiten sind, oder aber die leicht zu schlussfolgernde Hauptaussage einer Geschichte auszuwählen. „Prüfen und Bewerten von Inhalt und Sprache" äußert sich in den PIRLS/IGLU Aufgaben etwa darin, dass sprachliche Mittel, durch die das Tempo der Ereignisse ausgedrückt wird (Adjektive bzw. Verben wie schnell, raste, rennt, wie verrückt, donnerten, flitzenden, keuchte), in einer Geschichte erkannt werden müssen (vgl. Bos u. a. 2007b). Aufgaben zum „textbezogenen Interpretieren" bei Fünfzehnjährigen in PISA sind komplexer: So müssen etwa Informationen aus verschiedenen Teilen des Textes (z. B. zwei Abbildungen und Fußnoten) miteinander verbunden werden, um die notwendigen Inferenzen zu bilden. Oder die Kategorien bezüglich derer ein Text analysiert werden soll, müssen erst mit anderen, im Text verwendeten Kategorien abgeglichen werden. PISA-Anforderungen zum „Reflektieren und Bewerten" umfassen beispielsweise den Umgang mit Konzepten, die der eigenen Erwartung widersprechen oder aber die Analyse komplexerer Stilmittel, wie sie in der Aufgabe „Welcher Brief ist besser geschrieben? Erkläre deine Antwort, indem du dich auf die Art und Weise beziehst, wie einer oder beide Briefe geschrieben sind" zum Ausdruck kommen (vgl. ARTELT u. a. 2001). In beiden Studien werden also Anforderungen der Informationssuche, des Interpretierens und des Reflektierens und Bewertens gestellt, allerdings auf einem Niveau, das der Breite und Komplexität der jeweils verwendeten Leseanforderungen und dem Alter der Lesenden entspricht.

3.3 Warum die Kennwerte aus beiden Studien nicht direkt vergleichbar sind

Neben den beschriebenen inhaltlich-konzeptuellen Unterschieden der beiden Studien sind es vor allem methodische Aspekte, die beim Vergleich berücksichtigt werden müssen. Um Schülerleistungen aus unterschiedlichen Studien direkt miteinander vergleichen zu können, müssen die Populationen beider Studien hinsichtlich der Klassenstufe bzw. der getesteten Altersgruppe vergleichbar sein. Die Skalen, auf denen gemessen wird, müssen auf die gleiche Art normiert sein. Die Tests müssen zudem dasselbe Konstrukt abbilden, was sich nicht nur theoretisch, sondern auch in Dimensionsanalysen zeigen lassen können sollte.

Offensichtlich ist das erste genannte Kriterium nicht erfüllt. In PISA und PIRLS/IGLU wurden unterschiedliche *Definitionen der Zielpopulation* vorgenommen. Diese unterscheiden sich nicht nur in Bezug auf das Alter und den damit verbundenen Entwicklungsstand, sondern auch inhaltlich. PISA definiert die Zielpopulation aufgrund des *Alters* der Schülerinnen und Schüler, in PIRLS/IGLU ist die *Zugehörigkeit zu einer Klassenstufe* das ausschlaggebende Kriterium. Entsprechend finden sich in PIRLS/IGLU Variationen des durchschnittlichen Alters der teilnehmenden Schülerinnen und Schüler pro Land. Die an PIRLS/IGLU teilnehmenden Schülerinnen und Schüler sind im Mittel zwischen 9.7 Jahren in Italien und 11 Jahren in Lettland (MARTIN/MULLIS/KENNEDY 2007). PISA und PIRLS/IGLU unterscheiden sich jedoch auch unabhängig vom deutlichen Altersunterschied allein aufgrund der alters- gegenüber der jahrgangsstufenbasierten Definition der Zielpopulation auch in Bezug auf die Erklärungsfaktoren für Leistungsunterschiede. In Staaten wie Deutschland, in denen es neben Früh- und Späteinschulungen auch Klassenwiederholungen und das Überspringen von Klassen gibt, ist bei einer altersbasierten Stichprobe nur bedingt von homogenen Schulerfahrungen der Schülerinnen und Schüler auszugehen. Die aktuell besuchten Klassenstufen und damit verbunden auch die jeweiligen klassenstufenspezifischen Inhalte unterscheiden sich bei

Fünfzehnjährigen erheblich. Das altersbezogene Stichprobenmodell hat jedoch den Vorteil, dass sich alle Schülerinnen und Schüler auf dem gleichen altersbedingten Entwicklungsniveau befinden und die Erhebung Auskunft darüber gibt, wie Schulsysteme mit der Lebenszeit von jungen Menschen umgehen, was bei einer klassenbasierten Definition der Stichprobe nicht der Fall wäre. Beide Stichprobendefinitionen haben Vor- und Nachteile und besonders im internationalen Vergleich hat sich bisher kein Modell als eindeutig überlegen erwiesen. Über wechselseitige Adjustierungen für Alters- bzw. Klassenstufeneffekte wird man den Problemen jedenfalls nicht gerecht (vgl. Voss, Schwippert/Carstensen 2004). Die Tatsache, dass in PISA und PIRLS/IGLU nicht nur andere Entwicklungsstufen (Ende der Grundschule vs. Ende der Sekundarstufe I) in den Blick genommen werden, sondern zudem auch die Definition der Stichprobe variiert, ist bei der Erklärung des Zustandekommens der jeweiligen Leistungen zu berücksichtigen.

Ein weiterer Grund dafür, keine direkten Vergleiche bestimmter Kennwerte zwischen PISA und PIRLS/IGLU anzustellen, besteht darin, dass jeweils *andere Referenzen bzw. Vergleichsgruppen* verwendet wurden und werden. In PISA wird über die Erhebungsrunden hinweg jeweils der Mittelwert der teilnehmenden 30 OECD-Staaten gebildet, der relativ zu der im Jahr 2000 für diese Gruppe der OECD-Staaten etablierten Metrik abgebildet wird. Die Referenz des Mittelwerts der OECD-Staaten wird nicht davon tangiert, dass über die drei bisherigen Erhebungsrunden die Zahl der zusätzlich teilnehmenden nicht OECD-Staaten (Partnerstaaten) immer größer wurde (vgl. Drechsel/Artelt 2007; OECD 2007). Aufgrund der gemeinsamen Metrik sind Veränderungen von Staaten, die an allen Erhebungen der PISA-Studie teilgenommen haben, genauso interpretierbar wie Veränderungen des OECD-Mittelwerts über die Zeit (siehe aber Carstensen/ Prenzel/Baumert, in diesem Band). Auch PIRLS/IGLU verwendet eine über Methoden des Item-Linking etablierte gemeinsame Metrik für beide Messzeitpunkte der Studie. Auch hier sind für diejenigen Staaten, die an den bisherigen zwei Erhebungen der Studie teilgenommen haben, Veränderungen über die Zeit interpretierbar (die Problematik instabiler Itemparameter wurde allerdings im Rahmen von PIRLS noch nicht aufgegriffen). Bei PIRLS/IGLU verändert sich jedoch die Referenzgruppe: In PIRLS/IGLU wird pro Erhebung jeweils der Staatenmittelwert aller teilnehmenden Staaten gebildet. Da jedoch in den bisherigen Erhebungen die Zahl der Teilnehmerstaaten schwankt (35 im Jahr 2001, 45 im Jahr 2006), ist der Bezugspunkt des internationalen Mittelwerts und damit auch das Kriterium „statistisch signifikant über oder unter dem Durchschnitt" nur pro Messzeitpunkt und nicht über die Messzeitpunkte hinweg zu interpretieren.

Die Lesetests aus PISA und PIRLS/IGLU sind nicht nur für unterschiedliche Altersgruppen konzipiert, sondern unterscheiden sich auch in der Ausrichtung bzw. der Breite der beinhalteten Leseanforderungen und Leseanlässe. In beiden Studien wurden komplett unterschiedliche Aufgaben eingesetzt und da keine gemeinsame Aufgabenmenge über die Studien hinweg verwendet wurde, existiert *keine gemeinsame Metrik* der berichteten Kennwerte. Der empirische Nachweis, dass die in unterschiedlichen Altersgruppen und mit verschiedenen Aufgaben gemessenen Fähigkeiten der Schülerinnen und Schüler ein und dieselbe zugrunde liegende Lesekompetenz repräsentieren, würde die Administrierung gemeinsamer Aufgaben verlangen. Ohne diesen Nachweis ist es nicht möglich, die Testwerte der Schüler beider Untersuchungen auf ein und derselben Metrik abzubilden (vgl. Kolen/Brennan 2004). Die innerhalb von PISA bzw. PIRLS/IGLU etablierten Metriken sind daher ausschließlich für die jeweilige Gruppe von Teilnehmerstaaten gültig. Obwohl beide Studien einen Mittelwert von 500 und eine Standardabweichung von 100 als Referenz verwenden, sind die Kennwerte über die beiden Untersuchungen hinweg nicht vergleichbar.

Die bisher beschriebenen Kennwerte lassen Betrachtungen in Bezug auf eine soziale Vergleichsnorm zu. Zusätzlich werden in PISA wie in PIRLS/IGLU Vergleiche bezüglich inhaltlicher Kriterien gezogen. Die kontinuierliche Fähigkeitsskala wird dazu in einzelne Stufen bzw. Niveaus unterteilt. Basis hierfür ist die Tatsache, dass sich bei einem nach probabilistischer Testtheorie konstruierten Test sowohl Personenfähigkeit als auch Itemschwierigkeit auf einer gemeinsamen Metrik abbilden lassen. Aufgrund dieser Eigenschaft ist es möglich, die gemessene latente Fähigkeit anhand der für die einzelnen Abschnitte charakteristischen Aufgabenanforderungen inhaltlich zu beschreiben. Um die Fähigkeiten der Schülerinnen und Schüler auf diesem Weg kriterial zu beschreiben, unterteilen sowohl PISA als auch PIRLS/IGLU die Skala der Lesekompetenz jeweils in fünf Stufen. Diese Beschreibungen fußen auf der jeweiligen theoretischen Rahmenkonzeption und haben daher nur innerhalb einer Studie Gültigkeit. Auch die *Verteilungen auf die Kompetenzstufen* sind also über die Studien hinweg nicht vergleichbar. Neben den qualitativen Unterschieden in der Definition der Stufen liegt dies auch an den jeweils unterschiedlichen Abständen der Kompetenzstufen: Bei PISA liegen zwischen den cut-off-Werten der Kompetenzstufen jeweils 70 Punkte, bei PIRLS/IGLU 75 Punkte auf der jeweils nur innerhalb der Studien interpretierbaren Metrik. Sowohl PISA als auch PIRLS/IGLU haben pragmatische Varianten der Niveaueinteilung gewählt. Die jeweils auf dem Itempool der Studien basierenden Kompetenzstufen sind jedoch selbst bei gleichem Abstand der cut-off-Werte der Kompetenzstufen ohne Nachweis der Äquivalenz der Kompetenzskalen über die Studien hinweg nicht vergleichbar. Aussagen der Art, dass in PISA 2006 zwanzig Prozent der Schülerinnen und Schüler auf und unter Kompetenzstufe I liegen, wohingegen dieser Anteil bei PIRLS/IGLU 2006 nur 2.6 Prozent beträgt, stellen einen unzulässigen Vergleich dar. Unterschiede in den Verteilungen auf die Kompetenzstufen zwischen den Studien sind also nicht absolut zu interpretieren.

Nicht zuletzt gibt es aufgrund des unterschiedlichen Altersbereichs und der unterschiedlichen Bandbreite der Lese- und Verstehensanforderungen bislang kaum Daten, anhand derer die Dimensionalität der Verfahren überprüft werden können. Ein Versuch wurde im Rahmen der Hamburger KESS-Studie (*Kompetenzen und Einstellungen von Schülerinnen und Schülern*) bei Siebtklässlern unternommen: Einige PIRLS/IGLU-Items wurden gemeinsam mit PISA-Items und einigen weiteren Items administriert (vgl. BONSEN/BOS/GRÖHLICH in Vorbereitung). Skaliert man allein die (leider nur geringe Anzahl) der PISA und PIRLS/IGLU Items (28 PIRLS/IGLU Items und 12 PISA Items), wie wir es für die Zwecke dieses Beitrags getan haben, als ein- bzw. als zweidimensionales Modell, so ergibt sich folgendes Bild: Trotz gewisser Überlappungen unterscheiden sich die Items der beiden Studien deutlich hinsichtlich ihrer Schwierigkeit (mittlere Itemschwierigkeit der PISA-Aufgaben: .77; mittlere Itemschwierigkeit der IGLU-Aufgaben: -.33). Die messfehlerbereinigte Korrelation der im zweidimensionalen Modell ermittelten Faktoren beläuft sich auf $r = .85$. Beim Vergleich eines ein- mit einem zweidimensionalen Modell spricht der globale Modellfit tendenziell für die eindimensionale Lösung. Aufgrund der geringen Itemzahl und des auf Itemebene vergleichsweise geringen Fit sind diese Ergebnisse jedoch mit Vorsicht zu interpretieren. Die Annahme, dass die durch die getroffene Itemauswahl repräsentierten Lesetests dasselbe latente Konstrukt erfassen, muss nach diesen Ergebnissen allerdings nicht verworfen werden. Für die Etablierung einer gemeinsamen Metrik über eine Re-Skalierung der PIRLS/IGLU- bzw. PISA-Daten sind die an Siebtklässlern auf Basis weniger Items ermittelten Itemparameter jedoch keine hinreichend solide Grundlage.

Neben den genannten Unterschieden, die die Aussagekraft von Vergleichen zwischen den Studien einschränken gibt es noch weitere Unterschiede in der Anlage und Auswertung der Studie, die jedoch vermutlich keinen nennenswerten Effekt auf die Vergleichbarkeit haben. Hierzu zählt etwa die für die Kalibierung verwendete Stichprobenauswahl. Bei PISA 2000 wurde die Kalibrierung auf Basis einer Stichprobe von 500 Schülerinnen und Schülern aus 27 Staaten vorgenommen (OECD 2001, ADAMS/WU 2002). Bei PIRLS/IGLU gingen Testdaten aller 35 Teilnehmerstaaten ein (vgl. MARTIN/MULLIS/KENNEDY 2007). Auch die zwischen den Studien unterschiedliche Wahl des Skalierungsmodells (einparametrisch bei PISA und dreiparametrisch bei PIRLS/IGLU) deutet mehr auf unterschiedliche methodische Traditionen im Rahmen der probabilistischen Testtheorie denn auf Einschränkungen der Vergleichbarkeit hin. Die in diesem Zusammenhang durchgeführten Re-Skalierungen von IGLU mit dem einparametrischen (Rasch-)Modell machen deutlich, dass die Befunde relativ robust sind und die zusätzliche Modellierung von Rateparameter und Trennschärfe, wie sie im dreiparametrischen probabilistischen Modell im Rahmen von PIRLS/IGLU erfolgt, kaum zu anderen Befunden führt (Bos u. a. 2007a).

3.4 Mögliche Vergleiche im Längsschnitt

Bereits bei Voss, Schwippert und Carstensen (2004) wurde beschrieben, wie sich die jeweils anderen Normierungen/Referenzgruppen sowie die unterschiedlichen Metriken auf die Möglichkeit, Ergebnisse zwischen PISA und PIRLS/IGLU zu vergleichen, auswirken. Vergleiche zwischen PIRLS/IGLU und PISA hinsichtlich der absoluten und relativen Positionen der Teilnehmerstaaten in beiden Studien sind nicht zulässig. Auch die Streuungen der Lesekompetenz der teilnehmenden Staaten sind über die Studien hinweg nicht vergleichbar. Für die Staaten, die an beiden Studien teilgenommen haben, lassen sich dennoch über die Studien hinweg vergleichende Aussagen treffen. Eine solche Perspektive bieten die relativen Zuwächse der Lesekompetenz über die Zeit. Tabelle 2 gibt einen Überblick über die entsprechenden Werte für jene dreizehn Staaten, die sowohl an PISA 2000 und 2006 als auch an PIRLS 2001 und 2006 teilgenommen haben. Die absoluten Zahlen (Mittelwerte und Standardabweichungen) sind jeweils nur innerhalb der Studien interpretierbar. Hingegen können die Effektstärken der Zuwächse über die Studien hinweg verglichen werden. Innerhalb der Studien sind dabei die Konzeption der Tests und ihre Metrik, die Zielpopulation und die Stichprobenziehung gleich geblieben. Relative Veränderungen über die Zeit sind somit über die Studien hinweg vergleichbar. Die Effektstärken wurden an den jeweiligen Standardabweichungen der Erhebungen im Jahr 2006 standardisiert und als Differenzen dargestellt. Ausgedrückt als Effektstärke d verzeichnet Deutschland von PISA 2000 zu PISA 2006 einen – wenngleich lediglich auf dem 10 Prozent-Niveau signifikanten – Zugewinn von einer zehntel Standardabweichung ($d = .10$), bei PIRLS/IGLU beträgt der – statistisch signifikante – Zuwachs von 2001 zu 2006 eine dreizehntel Standardabweichung ($d = .13$). Vergleicht man die jeweils innerhalb der Studien ermittelten Effektstärken, so ergibt sich ein relativ gleichförmiges Bild. In Staaten, in denen es bei PISA zu einer Leistungsverbesserung kam, zeigt sich öfter auch bei PIRLS/IGLU eine Verbesserung. Dies ist z. B. in Hongkong, Deutschland und Ungarn der Fall. Umgekehrt gehen Verschlechterungen bei PISA über den Zeitraum von sechs Jahren häufig auch mit Verschlechterungen bei PIRLS/IGLU einher, wie dies besonders in Rumänien, z. T. auch in Schweden und Frankreich deutlich wird. Über alle 13 Staaten hinweg besteht ein positiver Zusammenhang zwischen den in beiden Studien ermittelten Effektstärken, der sich auf $r = .28$ beläuft. Ausnahmen von der über beide Studien hinweg zu beobachtenden gleich gerichteten Veränderung über die letzten fünf bzw. sechs Jahre lassen sich besonders in der Russischen Föderation und in Lettland beobachten. Während die Russische Föderation in PIRLS/IGLU starke Zuwächse zu verzeichnen hatte, ließ sich in PISA über den Zeitraum von sechs Jahren eine deutliche Verschlechterung nachweisen. Insgesamt betrachtet ist das Bild der Veränderung für die in Frage kommenden 13 Staaten über die beiden Studien hinweg jedoch sehr ähnlich.

Eine interessante weitere Vergleichsperspektive ergibt sich, wenn man bedenkt, dass die in PIRLS/IGLU 2001 untersuchte Kohorte zum Teil mit der Kohorte identisch ist, die in PISA 2006 getestet wurde: Die Viertklässler, die im Jahr 2001 an PIRLS/IGLU teilnahmen, gingen 2006 in der Regel in die neunte Klassenstufe, die Klassenstufe also, aus der der Großteil der Fünfzehnjährigen der PISA 2006-Stichprobe rekrutiert wurde. Zwar lassen sich die Differenzen der Werte von PIRLS 2001 und PISA 2006 aus den genannten Gründen nicht im Sinne von Zuwächsen interpretieren. Zieht man jedoch nur die relative Position zur jeweiligen Referenzgruppe in Betracht, so sind besonders die deutlichen Abweichungen bemerkenswert: Grundschulkinder aus Bulgarien, die in PIRLS 2001 mit 550 Punkten eine deutlich Spitzenposition belegten, nehmen fünf Jahre

Tabelle 2: Veränderungen der Lesekompetenz (Mittelwerte, Standardabweichungen und Effektstärken *d*) über einen Zeitraum von sechs (PISA) bzw. fünf Jahren (PIRLS/IGLU) für die dreizehn Staaten, die an beiden Studien teilnahmen

	PISA						PIRLS/IGLU					
	PISA 2000		PISA 2006		Differenz		PIRLS 2001		PIRLS 2006		Differenz	
	Mean	SD	Mean	SD		Effektstärke *d*	Mean	SD	Mean	SD		Effektstärke *d*
Bulgarien [2]	430	102	402	118		−0.20	550	83	547	83		−0.04
Deutschland [1]	484	111	495	112		0.10	539	67	548	67		0.13
Frankreich [2]	505	92	488	104		−0.20	525	71	522	71		−0.04
Hongkong	525	84	536	82		0.13	528	63	564	59		0.61
Island [2]	507	92	484	97		−0.20	512	75	511	68		−0.01
Italien	487	91	469	109		−0.20	541	71	551	68		0.15
Lettland [2]	458	102	479	91		0.23	545	62	541	63		−0.06
Neuseeland [1,2]	529	108	521	105		−0.10	529	94	532	87		0.03
Norwegen [2]	505	104	484	105		−0.20	499	81	498	67		−0.01
Rumänien [2]	428	102	397	92		−0.30	512	90	489	91		−0.25
Russ. Föderation	462	92	440	93		−0.20	528	66	565	69		0.54
Schweden [1]	516	92	507	98		−0.10	561	66	549	64		−0.19
Ungarn [1]	480	94	482	94		0.02	543	66	551	70		0.11

[1] Der Unterschied zwischen 2000 und 2006 in PISA ist nicht signifikant
[2] Der Unterschied zwischen 2001 und 2006 in PIRLS/IGLU ist nicht signifikant

später bei PISA 2006 mit 402 Punkten eine weit unterdurchschnittliche Position ein. Überdurchschnittlich und im Mittel ähnlich wie Deutschland (529 Punkte) haben bei PIRLS/IGLU 2001 Hongkong (528 Punkte), die Russische Föderation (528 Punkte), Neuseeland (529 Punkte), Italien (539 Punkte) und Ungarn (543 Punkte) abgeschnitten. Zwei von diesen Staaten – Hongkong und Neuseeland – erzielen mit 536 Punkten bzw. 521 Punkten auch bei PISA 2006 überdurchschnittliche Werte. Vergleicht man jedoch die relativ guten Positionen der Viertklässler aus der Russischen Föderation, Italien, Ungarn und Deutschland aus PIRLS/IGLU 2001 mit denen aus der PISA 2006-Erhebung, so macht sich eher Ernüchterung breit. In PISA 2006 schneiden diese Staaten entweder deutlich unterdurchschnittlich (Russische Förderation: 440 Punkte; Italien: 469 Punkte; Ungarn: 482 Punkte) oder im Bereich des OECD-Durchschnitts (Deutschland: 495 Punkte) ab. Erklärungen für dieses Befundmuster sind nicht einfach. In jedem Fall scheint die PIRLS/IGLU-Erhebung auf Staatenebene kein guter Prädiktor für die Entwicklung der Lesekompetenz in der Sekundarstufe zu sein: Der Zusammenhang zwischen den PIRLS/IGLU 2001-Werten und denen aus PISA 2006 beläuft sich – auf Staatenebene – lediglich auf $r = .07$. Zudem fällt auf, dass die relativ guten Startwerte im Rahmen der PIRLS/IGLU-Erhebung 2001 auf Staatenebene kein Garant für gutes Abschneiden im Rahmen von PISA 2006 sind. Staaten sind mehr oder weniger erfolgreich darin, hohe Lesekompetenzen am Ende der Grundschule in hohe Lesekompetenz am Ende der Sekundarstufe zu überführen. Eine kleinere Auswahl potenzieller Erklärungen hierfür möchten wir im anschließenden Abschnitt genauer betrachten.

3.5 Wie lässt sich das Abschneiden bei PIRLS/IGLU und PISA (nicht) erklären?

In zahlreichen Publikationen, vor allem aber in der öffentlichen Diskussion wurde in den vergangenen Jahren häufig versucht, das Abschneiden der Schülerinnen und Schüler in Deutschland in den beiden Studien zu Lesekompetenz zu erklären. Sowohl PISA als auch PIRLS/IGLU bieten eine hervorragende Datenbasis, mit der sich der Leistungsstand der jeweiligen Zielpopulation beschreiben lässt. In Bezug auf die Erklärung von Leistungsunterschieden bleiben die Studien jedoch – u. a. aufgrund ihres querschnittlichen Charakters – weit hinter den hoch gesteckten Erwartungen zurück (vgl. STANAT/LÜDTKE 2007). In den vorangegangenen Abschnitten haben wir Unterschiede in der Konzeption, der Anlage und der Verankerung der Skalen beider Studien angesprochen. Besonders mit Blick auf die Vergleichbarkeit der Erklärungsmuster beider Studien müssen diese Unterschiede berücksichtigt werden. Im Folgenden wollen wir daher einigen wenigen Erklärungsversuchen für die querschnittlich und in Zeitreihe betrachteten Ergebnisse der beiden Studien nachgehen und dabei vor allen Dingen prüfen, welche Einschränkungen es bei den Erklärungen gibt, vor dem Hintergrund der aufgezeigten Unterschiede.

Das vergleichsweise gute Abschneiden bei PIRLS/IGLU 2001 wurde fast durchgängig als Beleg für den Erfolg der deutschen Grundschule bei der Vermittlung von Lesekompetenz bewertet. Vieles spricht für diese Annahme und die Verbesserung bei PIRLS/IGLU 2006 im Vergleich zu der Erhebung 2001 unterstreicht die Leistungen der Grundschule eindrucksvoll. Dennoch ist nicht auszuschließen, dass andere Faktoren hierbei ebenfalls eine Rolle spielen. Einer von mehreren potenziell weiteren Erklärungsfaktoren ist sprachstruktureller Art. So geht die Regelmäßigkeit bzw. Transparenz der Orthographie einer Sprache, die etwa im Deutschen weitaus größer ist als im Englischen, u. a. damit einher, dass einzelne Phasen des Schriftspracherwerbs in verschiedenen Sprachen unterschiedlich viel Zeit in Anspruch nehmen (vgl. ARTELT u. a. 2005; FRITH 1985; SCHNEIDER 2004). Entsprechend ist nicht auszuschließen, dass die Performanz im Lesekompetenztest am Ende der Primarstufe bei PIRLS/IGLU in bestimmtem Maße auch von dem durch die Regelmäßigkeit der Orthographie und den hierdurch bedingten leichteren bzw. schneller durchlaufenen Erwerbsprozessen abhängt. Die Verbesserung im Laufe der fünf Jahre zwischen den PIRLS/IGLU Erhebungen 2001 und 2006 machen jedoch auf jeden Fall deutlich, dass die Grundschule in Deutschland darüber hinaus erfolgreich Lesekompetenz vermittelt.

Ein für Deutschland, aber auch für andere Staaten (s. o.) erklärungsbedürftiger Befund ist das relative gute Abschneiden bei PIRLS/IGLU und das vergleichsweise schlechte Abschneiden bei PISA, das sich auch im Jahr 2006 wieder zeigt, wenngleich weniger massiv als im Jahr 2001. Nach dem Übergang auf die unterschiedlichen Schulformen geht das im internationalen Vergleich hohe Leseniveau der deutschen Grundschule verloren. Problemlagen, die bereits in der Grundschule identifiziert wurden, scheinen in der Sekundarstufe noch gravierender zu werden: So kommt es zu einer starken Zunahme der Leistungsstreuung, die andere Staaten in dieser Form vermeiden können. Die Risikogruppe bleibt auch bei PISA 2006 – trotz jüngster Verbesserungen – beunruhigend groß. Weiterhin eng ist auch der Zusammenhang zwischen sozialer Herkunft und Kompetenzerwerb sowie der Bildungsbeteiligung und weiterhin groß ist auch der Leistungsabstand zwischen Jugendlichen mit und ohne Migrationshintergrund. Wie die in Abschnitt 3.4 dargestellten Vergleiche zeigen, finden sich zwar in etlichen Staaten sowohl in PIRLS/IGLU als auch in PISA gleich gerichtete Veränderung über die Zeit – hierzu zählen etwa Deutschland, Hongkong und Ungarn mit einer Verbesserung in beiden Studien – was als Indiz für umfassende und erfolgreiche Maßnahmen in beiden Schulstufen in den letzten Jahren gewertet werden kann. Jedoch zählt Deutschland neben Bulgarien, Italien, der Russischen Föderation und Ungarn auch zu den Staaten, in denen ein Verlust der guten Positionen bei PIRLS/IGLU 2001 bei der in etwa dieselbe Kohorte betreffenden Untersuchung im Rahmen von PISA 2006 zu verzeichnen ist.

Betrachtet man die Schulsysteme der zuletzt genannten Staaten, so ergibt sich ein heterogenes Bild. So etwa beim Vergleich von Deutschland und Ungarn als Staaten mit einer frühen Gliederung (ab dem zehnten Lebensjahr) einerseits und Italien und der Russischen Föderation andererseits, wo später in unterschiedliche Schularten oder –zweige differenziert wird (ab dem 14. Lebensjahr). Dieser deskriptive Vergleich auf der Staatenebene lässt zumindest Zweifel an der oft angeführten Erklärung aufkommen, dass das früh gegliederte Schulsystem für das Absinken der Leistungen zwischen den Studien verantwortlich zeichnet. Auch aus der Perspektive derjenigen Staaten, die sich in beiden Studien über die Zeit konsistent verbessert oder verschlechtert haben, zeigt sich auf dieser globalen und notwendigerweise verkürzenden Analyseebene keine eindeutige Rolle der Schulstruktur. Sowohl in Ungarn (Differenzierung mit 11 Jahren) als auch in Hongkong (mit 15) sowie tendenziell auch in Deutschland (in der Regel mit 10) hat es konsistente Verbesserung in beiden Studien gegeben, ein Absinken hingegen in Rumänien (Differenzierung mit 14), Schweden (mit 16) und Frankreich (mit 13). Vergegenwärtigt man sich nicht nur diese heterogene Befundlage auf Staatenebene, sondern auch die Tatsache, dass Schulstrukturveränderungen keine pädagogischen Selbstläufer sind und dass innerhalb von Schulsystemen vielmehr eine hohe Varianz im Erfolg individueller Förderung besteht, wird man zögern, hier monokausale Schlüsse zu ziehen. Ursachen für das unterschiedlich gut ausgeprägte Abschneiden in den beiden *large-scale*-Untersuchungen sind vielfältig und lassen sich mit Analysen auf Staatenebene allein nicht klären. Deutlichere Befunde existieren allerdings zu sozialen Disparitäten, wie HANUSHEK und WÖSSMANN (2005) anhand eines Vergleichs zwischen PISA und PIRLS zeigen konnten: Ein früh selektierendes Schulsystem steigert soziale Ungleichheit. Mit ihrem *differences-in-differences*-Ansatz konnten sie allerdings ebenfalls keine eindeutigen Auswirkungen auf die Leistungsentwicklung in Abhängigkeit vom Schulsystem nachweisen.

Die o. g. Ergebnisse und die Unterschiede in der Konzeption und Breite der zugrunde liegenden Lesekompetenztests legen jedoch die Vermutung nahe, dass Lese(kompetenz)förderung im Anschluss an die Grundschule weniger intensiv, kumulativ und explizit verläuft, als dies vermutlich in der Grundschule der Fall ist. Das Vermittlungsmonopol für den Schriftspracherwerb liegt in der Grundschule beim muttersprachlichen Unterricht. So sind Inhalte des Deutschunterrichts sehr eng mit dem Erwerb früher Lesekompetenz verbunden bzw. darauf ausgerichtet. Verallgemeinernd lässt sich sagen, dass in den meisten Staaten in den ersten Jahren der Primarstufe von expliziter und kumulativer Lese(kompetenz)förderung ausgegangen werden kann. In Deutschland – wie in weiteren Staaten auch – teilt sich die Zuständigkeit der Lesekompetenzförderung mit dem Wechsel in eine weiterführende Schule dem Curriculum und dem Selbstverständnis der weiterführenden Schulen entsprechend stärker auf (vgl. BAUMERT/ARTELT 2003). Die klare Zuständigkeit eines Schulfachs für die Vermittlung von Lesekompetenz löst sich in Deutschland und vermutlich in vielen anderen Staaten auch nach dem Übergang in die Sekundarstufe immer stärker auf. Zumindest in Deutschland wird nach dem erfolgreichen Abschluss des Schriftspracherwerbs die Fähigkeit der Schülerinnen und Schüler in der Regel vorausgesetzt, die Inhalte der jeweiligen Unterrichtsfächer in Form von Texten angemessen verarbeiten zu können (vgl. SPINNER 2004). Der Wechsel vom „Lesenlernen" zum „Lesen, um zu lernen", der sich in den wandelnden Anforderungen der Lesekompetenz zwischen Primar- und Sekundarstufe und auch in dem den Studien zugrunde liegenden Verständnis der Lesekompetenz ausdrückt, geht offenbar oft mit einem weniger expliziten und kumulativen Modell zur Förderung von Lesekompetenz einher. Die Förderung von hierarchiehöheren Verstehensleistungen bei vielfältigen Lese- und Textverstehensanlässen scheint generell noch keine Selbstverständlichkeit im Unterricht (verschiedener Fächer) der Sekundarstufe zu sein. Dieses Problem betrifft zahlreiche Staaten, relativ unabhängig von der jeweiligen Schulstruktur.

4 Zusammenfassung und Fazit

PIRLS/IGLU und PISA sind internationale Vergleichsstudien, die die Lesekompetenz von Schülerinnen und Schülern in den Blick nehmen. Beide Studien haben in Deutschland große öffentliche Aufmerksamkeit erfahren; PIRLS/IGLU mit vergleichsweise guten Ergebnissen der Grundschülerinnen und Grundschüler, PISA mit mittelmäßigen und besonders im unteren Leistungsbereich deutlich verbesserungswürdigen Ergebnissen. Mit dem Ziel, Gemeinsamkeiten und Unterschiede der Studien zu beleuchten, hat dieser Beitrag deutlich gemacht, dass zwar beide Studien eine am angelsächsischen *Literacy*-Begriff (vgl. BAUMERT u. a. 2001) orientierte Definition von Lesekompetenz verwenden. Im Falle von PISA ist diese Definition jedoch stärker funktional und deutlich umfassender ausgerichtet, während PIRLS/IGLU sich eher an den sich unmittelbar an den Schriftspracherwerb anschließenden Lehrplaninhalten orientiert. Damit umfasst die Definition bei PIRLS in stärkerem Maße basale Leseprozesse, die für den Elementarunterricht typisch sind. Hierin ist sicher auch ein Grund für die unterschiedlichen Ergebnisse zur Lesekompetenz bei PIRLS/IGLU und PISA zu sehen. PIRLS/IGLU bildet stark den Erfolg des „Lesenlernens", PISA hingegen den Erfolg des „Lesens, um zu lernen" ab. Der zum Ausdruck kommende funktionale Charakter des elaborierteren Lesens kennzeichnet die Lesekompetenz als Schlüsselkompetenz im eigentlichen Sinne. Entsprechend dieser variierenden Schwerpunktsetzungen der Studien unterscheidet sich auch die Breite der einbezogenen Leseanlässe und Textsorten deutlich. Der Test zur Erfassung der Lesekompetenz für das Grundschulalter ist technischer und weniger verstehensorientiert und wird so dem Entwicklungsstand der Kinder gerecht. Fünfzehnjährige hingegen werden – ob sie in das Berufsleben übertreten oder eine weiterführende Schule besuchen – mit einer immer größer werdenden Anzahl von Leseanlässen und mit einer Vielfalt an verschiedenen Problemsituationen konfrontiert, die durch den zielorientierten Gebrauch von Texten bearbeitet werden können. Diesem Umstand trägt der PISA-Test Rechnung.

In Bezug auf die Vergleichbarkeit der Ergebnisse der Studien kann man sicher mit BOS und STUBBE (2007) argumentieren, dass die Studien zwar Unterschiede aufweisen, in Bezug auf Theorie, Konstrukt und Messeigenschaften jedoch als hinreichend ähnlich gelten können, um „vorsichtige Vergleiche – wie sie in Metaanalysen üblich sind" zu gestatten. Besonders durch die Parallelität in Bezug auf Hintergrundvariablen ist es möglich, Gemeinsamkeiten und Unterschiede in Bezug auf jeweils identifizierte Problembereiche zu ermitteln (soziale Disparitäten, Unterschiede in Abhängigkeit vom Migrationshintergrund etc.). Dennoch ist es wichtig für bestimmte Fragestellungen, die jeweiligen Unterschiede zwischen den Studien im Auge zu behalten. Dies gilt besonders dann, wenn sie die Konsequenzen aus den Befunden betreffen (vgl. HEDGES/OLKIN 1985; COOPER/HEDGES 1994).

Eine Vergleichsperspektive, die die vorhandenen Unterschiedlichkeiten berücksichtigt, bietet die Analyse der jeweiligen relativen Veränderungen über die Zeit. Deutschland wie auch einige weitere Staaten haben sich in den letzten fünf bzw. sechs Jahren sowohl in den PIRLS/IGLU- als auch in PISA-Ergebnissen (wenngleich nur tendenziell) verbessert. Die Gleichförmigkeit der Veränderungen ist als ein Indiz für greifende Maßnahmen im Primar- und im Sekundarschulbereich zu sehen. Für die im Rahmen des Beitrags berichteten „Veränderungen" der 2001-Kohorte, die bei PIRLS/IGLU als Grundschüler und bei PISA 2006 als Fünfzehnjährige untersucht wurden, bleibt für Deutschland – wie für einige andere Staaten auch – allerdings eine Diskrepanz bestehen. Die im Rahmen von PIRLS/IGLU nachgewiesene vergleichsweise gute Ausgangsposition konnte bei PISA nicht bestätigt werden. Die Gründe hierfür sind komplexer als Erklärungen, die etwa die frühe Gliederung im deutschen Schulsystem als ursächlich ansehen. Dies lässt sich schon an den dargestellten deskriptiven Analysen auf Staatenebene ablesen.

Unabhängig von den eingeschränkten Möglichkeiten des Vergleichs beider Studien drückt sich in dem relativ schlechten mittleren Abschneiden der Fünfzehnjährigen bei PISA und besonders in den Befunden zu spezifischen Problemlagen von Jugendlichen mit Migrationshintergrund, aus bildungsfernen Familien und teilweise auch in Abhängigkeit vom Geschlecht zweifelsohne aus, dass die Förderung von Lesekompetenz in der Sekundarstufe noch nicht optimal verläuft. Besonders mit Blick auf den in PISA zugrunde gelegten Lesekompetenzbegriff, bei dem Textsorten, Leseanlässe und Lesesituationen berücksichtigt werden, die weder allein im Deutschunterricht der Sekundarstufe vermittelt noch allein dort gefordert und gefördert werden, wird deutlich, wie sehr Lesekompetenz Voraussetzung für den Unterricht in unterschiedlichen Fächern ist und die Förderung entsprechend auch als gemeinsame Aufgabe verschiedener Fächer verstanden werden muss (vgl. ARTELT u. a. 2005; DRECHSEL/ARTELT 2007; SPINNER 2004). Nach einem erfolgreichen Abschluss des Schriftspracherwerbs in der Primarstufe geht es später in erster Linie darum, die erlangte Lesekompetenz systematisch zu trainieren und auszubauen und dies als fächerübergreifende Aufgabe zu verstehen. Der Erfolg einer solchen, über die Grundschulzeit hinaus gehenden Förderung drückt sich in der in PISA gemessenen Lesekompetenz aus. Hierbei darf jedoch auch nicht vergessen werden, dass auch das Bild, welches die PIRLS/IGLU-Ergebnisse zeichnen, nicht uneingeschränkt positiv ist. So ist für Deutschland aus den Ergebnissen abzuleiten, dass rund 50 Prozent der Kinder am Ende der Grundschulzeit nicht ausreichend in der Lage sind, selbstständig mit Texten zu lernen (vgl. Bos u. a. 2007). Eine systematische weitere Förderung basaler Lesekompetenz in den ersten Jahren der Sekundarstufe ist offensichtlich notwendig.

PIRLS/IGLU und PISA sind parallele Unternehmungen mit inhaltlichen und methodischen Überlappungsbereichen, aber auch spezifischen Schwerpunkten. Aus Sicht der Rezipienten von Studien zum Bildungsmonitoring wäre stärkere Parallelität in Konzeption und Methodik sicher wünschenswert. Zum Teil haben die Parallelitäten zugenommen und sicher sind die Unternehmungen in ihrer Entwicklung nicht unabhängig voneinander zu sehen, sondern haben sich gegenseitig im Laufe der Zeit angenähert. Ein systematischer Vergleich der beiden Studien durch die OECD und die IEA, der sich auf empirische Daten aus der gemeinsamen Vorgabe von PIRLS- und PISA-Aufgaben stützt, steht allerdings noch aus. Sowohl aus wissenschaftlicher wie auch aus bildungspolitischer Sicht wäre eine solche Studie über methodische und inhaltliche Aspekte der Vergleichbarkeit unbedingt wünschenswert und könnte die Interpretation der Befunde auf eine solidere Grundlage stellen.

Literatur

ADAMS, R. J./WU, M. (Hrsg.) (2002): PISA 2000 Technical Report. - Paris.
ARTELT u.a. 2001 = ARTELT, C./STANAT, P./SCHNEIDER, W./SCHIEFELE, U. (2001): Lesekompetenz. Testkonzeption und Ergebnisse. In: BAUMERT, J./KLIEME, E./NEUBRAND, M./PRENZEL, M./SCHIEFELE, U./SCHNEIDER, W./STANAT, P./TILLMANN, K.-J./WEISS, M. (Hrsg.): PISA 2000 Basiskompetenzen von Schülerinnen und Schülern im internationalen Vergleich. - Opladen.
ARELT, C./STANAT, P./SCHNEIDER, W./SCHIEFELE, U./LEHMANN, R. (2004): Die PISA-Studie zur Lesekompetenz: Überblick und weiterführende Analysen. In: SCHIEFELE, U./ARTELT, C./SCHNEIDER, W./STANAT, P. (Hrsg.): Struktur, Entwicklung und Förderung der Lesekompetenz. Vertiefende Analysen im Rahmen von PISA 2000. - Wiesbaden, S. 139-168.
ARTELT u.a. 2005 = ARTELT, C./McELVANY, N./CHRISTMANN, U./GROEBEN, N./KÖSTER, J./SCHNEIDER, W./STANAT, P./OSTERMEIER, C./SCHIEFELE, U./VALTIN, R./RING, K. (2005): Förderung von Lesekompetenz - Eine Expertise. Bonn/Berlin: Bundesministerium für Bildung und Forschung
BAUMERT, J./SCHÜMER, G. (2001): Familiäre Lebensverhältnisse, Bildungsbeteiligung und Kompetenzerwerb. In: BAUMERT, J./KLIEME, E./NEUBRAND, M./PRENZEL, M./SCHIEFELE, U./SCHNEIDER, W./STANAT, P./TILLMANN, K.-J./WEISS, M. (Hrsg.): PISA 2000. Basiskompetenzen von Schülerinnen und Schülern im internationalen Vergleich. - Opladen, S. 323-407.
BAUMERT, J./ARTELT, C. (2003): Bildungsgang und Schulstruktur – Einheitlichkeit und Individualisierung. Pädagogische Führung, Bd. 4, S. 188-192.

BAUMERT u.a. 2001 = BAUMERT, J./KLIEME, E./NEUBRAND, M./PRENZEL, M./SCHIEFELE, U./SCHNEIDER, W./STANAT, P./TILLMANN, K.-J./WEISS, M. (Hrsg.) (2001): PISA 2000. Basiskompetenzen von Schülerinnen und Schülern im internationalen Vergleich. - Opladen.

BONSEN, M./BOS, W./GRÖHLICH, C. (in Vorbereitung): KESS 7. Kompetenzen und Einstellungen von Schülerinnen und Schülern am Ende der siebten Jahrgangsstufe. - Münster.

BOS, W./STUBBE, T. C. (2007): IGLU 2006 und PISA 2006 im Vergleich. In: zwd - Bildungspolitisches Magazin, Bd. 22, H. 12, S. 7-8.

BOS u.a. 2003a = BOS, W./LANKES, E.-M./PRENZEL, M./SCHWIPPERT, K./WALTHER, G./VALTIN, R. (Hrsg.) (2003): Erste Ergebnisse aus IGLU. Schülerleistungen am Ende der vierten Jahrgangsstufe im internationalen Vergleich. - Münster.

BOS u.a. 2004 = BOS, W./LANKES, E.-M./PRENZEL, M./SCHWIPPERT, K./VALTIN, R./WALTHER, G. (Hrsg.) (2004): IGLU. Einige Länder der Bundesrepublik Deutschland im nationalen und internationalen Vergleich. - Münster.

BOS u.a. 2007a = BOS, W./VALTIN, R./HORNBERG, S./BUDDEBERG, I./GOY, M./VOSS, A. (2007): Internationaler Vergleich 2006: Lesekompetenzen von Schülerinnen und Schülern am Ende der vierten Jahrgangsstufe im internationalen Vergleich. In: BOS, W./HORNBERG, S./ARNOLD, K.-H./FAUST, G./FRIED, L./LANKES, E.-M./SCHWIPPERT, K./VALTIN, R. (Hrsg.): IGLU 2006. Lesekompetenzen von Grundschulkindern in Deutschland im internationalen Vergleich. - Münster, S. 109-160.

BOS u.a. 2003b = BOS, W./LANKES, E.-M./SCHWIPPERT, K./VALTIN, R./VOSS, A./BADEL, I./PLASSMEIER, N. (2003): Lesekompetenzen deutscher Grundschülerinnen und Grundschüler am Ende der vierten Jahrgangsstufe im internationalen Vergleich. In: BOS, W./LANKES, E.-M./PRENZEL, M./SCHWIPPERT, K./WALTHER, G./VALTIN, R. (Hrsg.): Erste Ergebnisse aus IGLU. Schülerleistungen am Ende der vierten Jahrgangsstufe im internationalen Vergleich. - Münster, S. 69-142.

BOS u.a. 2003c = BOS, W./LANKES, E.-M./PRENZEL, M./SCHWIPPERT, K./WALTHER, G./VALTIN, R./VOSS, A. (2003): Welche Fragen können aus einer gemeinsamen Interpretation der Befunde aus PISA und IGLU fundiert beantwortet werden? In: Zeitschrift für Pädagogik, Bd. 49, H. 2, S. 198-212.

BOS u.a. 2007b = BOS, W./HORNBERG, S./ARNOLD, K.-H./FAUST, G./FRIED, L./LANKES, E.-M./SCHWIPPERT, K./VALTIN, R. (Hrsg.) (2007): IGLU 2006. Lesekompetenzen von Grundschulkindern in Deutschland im internationalen Vergleich. – Münster.

CARSTENSEN, C. H./BAUMERT, J./PRENZEL, M. (in diesem Band): Veränderungen zwischen PISA 2000 und PISA 2006 in Deutschland. In: Zeitschrift für Erziehungswissenschaft.

COOPER, H./HEDGES, L. V. (Hrsg.) (1994): The Handbook of Research Synthesis. – New York.

DRECHSEL, B./ARTELT, C. (2007): Lesekompetenz. In: PEKRUN, R. (Hrsg.): PISA 2006. Die Ergebnisse der dritten internationalen Vergleichsstudie. – Münster, S. 225-248.

ELLEY, W. (1992): How in the World Do Students Read? - Hamburg.

FAHRHOLZ, B./GABRIEL, S./MÜLLER, P. (2002): Nach dem PISA-Schock. Plädoyers für eine Bildungsreform. – Hamburg.

FRITH, U. (1985): Beneath the surface of developmental dyslexia. In: PATTERSON, K. E./MARSHALL, J. C. / COLTHEART, M. (Hrsg.): Surface dylexia: Neuropsychological and cognitive studies of phonological reading. – London, pp. 301-330.

HANUSHEK, E. A./WÖSSMANN, L. (2005): Does educational tracking affect performance and inequality? Differences-in-differences evidence across countries. In: The Economic Journal, Vol. 116, No. 510, pp. 63-76.

HEDGES, L. V./OLKIN, I. (1985): Statistical Methods for Meta-Analysis. - San Diego.

KOLEN, M. J./BRENNAN, R. L. (2004): Test equating, scaling, and linking. Methods and practices. – 2nd ed. - New York.

KÖLLER, O. (2007): Standards und Qualitätssicherung zur Outputsteuerung im System und in der Einzelinstitution. In: VAN BUER, J. /WAGNER, C. (Hrsg.): Qualität von Schule: Ein kritisches Handbuch. – Frankfurt, S. 3-102.

LEHMANN u.a. 1995 = LEHMANN, R. H./PEEK, R./PIEPER, I./VON STRITZKY, R. (1995): Leseverständnis und Lesegewohnheiten deutscher Schüler und Schülerinnen. - Weinheim und Basel.

MARTIN, M. O./MULLIS, I. V./KENNEDY, A. M. (2007): PIRLS 2006 Technical report. – Chestnut Hill.

MULLIS u.a. 2003 = MULLIS, I. V. S./MARTIN, M. O./GONZALEZ, E. J./KENNEDY, A. M. (Hrsg.) (2003): PIRLS 2001 International Report: IEA's Study of Reading Literacy Achievement in Primary Schools. – Chestnut Hill.
MULLIS u.a. 2006 = MULLIS, I. V. S./KENNEDY, A. M./MARTIN, M. O./SAINSBURY, M. (2006): PIRLS 2006 Assessment Framework and Specifications. – Chestnut Hill.
MULLIS u.a. 2007 = , I. V. S./MARTIN, M. O./KENNEDY, A. M./FOY, P. (Hrsg.) (2007): IEA's Progress in International Reading Literacy Study in Primary School in 40 Countries. – Chestnut Hill.
NATIONAL ASSESSMENT GOVERNING BOARD/U.S. DEPARTMENT OF EDUCATION (2006): Reading Framework for the 2007 National Assessment of Educational Progress. – Washington.
OECD (1999): Measuring student knowledge and skills. A new framework for assessment. – Paris.
OECD (2001): Knowledge and Skills for Life. First results from PISA 2000. – Paris.
OECD (2006): PISA Assessing Scientific, Reading and Mathematical Literacy: A Framework for PISA 2006.
OECD (2007): PISA 2006: Science competencies for tomorrow's world Vol. 1: Analysis. – Paris.
OECD/STATISTICS CANADA (1995): Literacy, economy, and society: Results of the first International Adult Literacy Survey. – Paris.
OECD/STATISTICS CANADA (1997): Literacy skills for the knowledge society. Further results from the International Adult Literacy Survey. – Paris.
OECD/STATISTICS CANADA (Hrsg.) (2000): Literacy in the information age. Final report of the International Adult Literacy Survey. – Paris.
SCHAFFNER u.a. 2004 = SCHAFFNER, E./SCHIEFELE, U./DRECHSEL, B./ARTELT, C. (2004): Lesekompetenz. In: PRENZEL, M./BAUMERT, J./BLUM, W./LEHMANN, R./LEUTNER, D./NEUBRAND, M./PEKRUN, R./ROLFF, H.-G./ROST, J./SCHIEFELE, U. (Hrsg.): PISA 2003. Der Bildungsstand der Jugendlichen in Deutschland – Ergebnisse des zweiten internationalen Vergleichs. – Münster, S. 93-110.
SCHNEIDER, W. (2004): Frühe Entwicklung von Lesekompetenz: Zur Relevanz vorschulischer Sprachkompetenzen. In: SCHIEFELE, U./ARTELT, C./SCHNEIDER, W./STANAT, P. (Hrsg.): Struktur, Entwicklung und Förderung der Lesekompetenz. Vertiefende Analysen im Rahmen von PISA 2000 – Wiesbaden, S. 13-36.
SCHNOTZ, W./DUTKE, S. (2004): Kognitionspsychologische Grundlagen der Lesekompetenz: Mehrebenenverarbeitung anhand multipler Informationsquellen. In: SCHIEFELE, U./ARTELT, C./SCHNEIDER, W./STANAT, P. (Hrsg.): Struktur, Entwicklung und Förderung der Lesekompetenz. Vertiefende Analysen im Rahmen von PISA 2000. – Wiesbaden, S. 61-100.
SPINNER, K. H. (2004): Lesekompetenz in der Schule. In: SCHIEFELE, U./ARTELT, C./SCHNEIDER, W./STANAT, P. (Hrsg.): Struktur, Entwicklung und Förderung der Lesekompetenz. Vertiefende Analysen im Rahmen von PISA 2000. – Wiesbaden, S. 125-138.
STANAT, P./LÜDTKE, O. (2007): Internationale Schulleistungsvergleiche. In: TROMMSDORFF, G./KORNADT, H.-J. (Hrsg.): Enzyklopädie der Psychologie: Kulturvergleichende Psychologie, Bd. 2: Kulturelle Determinanten des Erlebens und Verhaltens. - Göttingen, S. 279-347.
THORNDIKE, R. L. (1973): Reading comprehension education in fifteen countries. International Studies in Evaluation III. – Stockholm.
VOSS, A./SCHWIPPERT, K./CARSTENSEN, C. H. (2004): IGLU und PISA – Überlegungen zur Vergleichbarkeit der deutschen IGLU- und PISA- Ergebnisse. In: BOS, W./LANKES, E.-M./PLASSMEIER, N./SCHWIPPERT, K. (Hrsg.): Heterogenität. Eine Herausforderung an die empirische Bildungsforschung. – Münster, S. 301-310.

Katrin Schöps, Martin Senkbeil, Kerstin Schütte [1]

Umweltbezogene Einstellungen von Jugendlichen in Deutschland – Ergebnisse aus PISA 2006

Zusammenfassung:
Diese Studie untersucht anhand von Daten aus PISA 2006 das selbstberichtete Umweltwissen, die Wahrnehmung von Umweltproblemen und die Einstellung zu Umweltmaßnahmen von 15-jährigen Jugendlichen in Deutschland. Dabei liegt der Schwerpunkt auf der relativen Bedeutung der sozialen Herkunft, bestimmter Schul- und Unterrichtsfaktoren sowie selbstinitiierter Freizeitaktivitäten für die Ausprägung dieser umweltbezogenen Merkmale.
Die Ergebnisse zeigen, dass Jugendliche unterer Sozialschichten gegenüber Jugendlichen aus oberen Sozialschichten deutliche Defizite im Umweltwissen und eine negativere Einstellung zu Umweltmaßnahmen aufweisen. Korrespondierende Befunde ergeben sich für untere und höhere Schularten. In der Freizeit ausgeübte naturwissenschaftsbezogene Medienaktivitäten sind der stärkste Prädiktor für die Einstellung zu Umweltmaßnahmen; für das Umweltwissen spielen schulbezogene Merkmale die größte Rolle. Schulartspezifische Analysen zeigen, dass die Schule für das Umweltwissen von Jugendlichen der Hauptschule und der IGS die wichtigste Rolle spielt. Diese Schülerinnen und Schüler eignen sich anteilig weniger Informationen über Freizeitaktivitäten selbst an als z.B. Gymnasiasten; folglich hat die Schule als Informations- und Lerninstanz über Umweltthemen für diese Jugendlichen eine Schlüsselfunktion.

Keywords: Umwelteinstellungen, Umweltwissen, PISA 2006, Deutschland

Abstract:
Data from PISA 2006 were used to investigate the self-reported environmental knowledge of fifteen year old students, their perception of environmental problems and their attitude towards environmental measures. In this context, the study placed particular emphasis on the importance of social background variables, school variables, teaching practices and leisure activities. Students from socially disadvantaged backgrounds had marked deficits in their environmental knowledge and a less positive attitude towards environmental measures than students from socially more advantaged backgrounds. Corresponding results can be reported for lower and higher school types. However, media activities with a science focus were the strongest predictors for the students' attitude towards environmental measures; for their environmental knowledge, school factors played the most important role. School type-specific analyses revealed that school was the main source of information for the environmental knowledge of students from Hauptschulen (lower-track schools) and Integrierte Gesamtschulen (comprehensive schools). These students acquire less information during leisure time activities than – for example- students that are attending a Gymnasium (higher-track school). Therefore, for these students, school plays a key role in the acquisition of environmental knowledge.

Keywords: Attitude towards the environment, environmental knowledge, PISA 2006, Germany

---

[1] Kontakt: Olshausenstraße 62, 24098 Kiel, Tel.: +49 431 880 4441, E-Mail: schoeps@ipn.uni-kiel.de

1 Einleitung

Globale Erwärmung, Lebensraumzerstörung, Artensterben und Luftverschmutzung, das sind Schlagworte, die uns heutzutage fast täglich in den Medien begegnen. Dabei wird immer wieder deutlich, dass Umweltprobleme sowie die Verschlechterung vieler Lebensräume zu den wichtigsten Herausforderungen gehören, denen sich die Menschheit heute stellen muss (LEISEROWITZ/KATES/ PARRIS 2005). Viele dieser ökologischen Missstände sind durch menschliches Verhalten verursacht worden. Somit erfordert ihre Bewältigung nicht nur innovative naturwissenschaftlich-technische Lösungsansätze, sondern auch ein grundlegendes Umdenken der Menschen, das heißt eine Veränderung ihrer Werte und Einstellungen und letztendlich auch ihres Handelns (MARTENS/ROST 1998; WEIGEL/WEIGEL 2002). Da die Zukunft des Ökosystems Erde maßgeblich von den Entscheidungen und Handlungen zukünftiger Generationen abhängt, ist es von herausragender Bedeutung, Schülerinnen und Schüler zu verantwortungsvollen Akteuren im Umgang mit der Umwelt zu erziehen.

Umweltthemen gehören seit langem zur politischen Agenda in Deutschland, werden regelmäßig in den Medien besprochen (KUCKARTZ 2006) und sind seit über 20 Jahren fester Bestandteil der Curricula aller Schularten (BOLSCHO/HAUENSCHILD 2006). Damit eine Person wohl begründete Einstellungen zu bestimmten Umweltproblemen erlangen kann, muss sie aufgrund der Komplexität der Themen und der Vielfalt an Informationen in der Lage sein, Wissen zu generieren, zu nutzen und zu bewerten sowie über gute Kommunikations- und Interaktionsfähigkeiten verfügen (BORMANN/DE HAAN 2008). Das dafür notwendige Wissen und die entsprechenden Kompetenzen können Jugendliche in verschiedenen Umfeldern (z.B. Schule, Freizeit, Familie) erwerben, welche zumeist auch einen Einfluss auf die umweltbezogenen Einstellungen der Schülerinnen und Schüler haben. Die Schule ist nur eine Komponente, welche auf die umweltbezogenen Einstellungen und das Umweltwissen von Jugendlichen wirkt (RICKINSON 2001; RODE u. a. 2001), wobei beispielsweise schulische Aktivitäten oder auch die Unterrichtspraxis eine Rolle spielen können. Weitere Einflussfaktoren sind das soziale Umfeld und die Freizeitaktivitäten der Schülerinnen und Schüler (vgl. RICKINSON 2001).

Aufgrund der Wichtigkeit des Themas Umweltschutz waren im dritten Erhebungszyklus des *Programme for International Student Assessment* (PISA) Messungen umweltbezogener Konstrukte integriert. Ziel des vorliegenden Beitrags ist, anhand der deutschen PISA 2006-Stichprobe aus dem internationalen Vergleich drei zentrale umweltbezogene Merkmale der 15-jährigen Schülerinnen und Schüler in Deutschland (selbstberichtetes Umweltwissen, Wahrnehmung von Umweltproblemen und Einstellung zu Umweltmaßnahmen) zu untersuchen und Unterschiede zwischen Subgruppen (differenziert nach Schulart, Geschlecht und dem sozioökonomischen Status der Familie) zu betrachten. Für umweltgerechtes Handeln wird eine entsprechende Einstellung als wichtige Voraussetzung angesehen (z. B. KAISER u.a. 1999; ROST u. a. 2001); die Einstellung setzt ihrerseits Umweltwissen und die Wahrnehmung von Umweltproblemen voraus. Daher ist ein Verständnis der Bedingungen und Prozesse, die für die Ausbildung dieser umweltbezogenen Merkmale eine Rolle spielen, zentral wichtig. Mit Hilfe explorativer Analysen gehen wir der Frage nach, in welchem Maße unterschiedliche, in der Literatur diskutierte Gruppen von Einflussfaktoren (Schule, Familie, Freizeit; s. z. B. RICKINSON 2001) mit umweltbezogenen Merkmalen der Jugendlichen in Beziehung stehen. Im Besonderen bietet die Erhebung dieser drei Gruppen von Bedingungsfaktoren im Rahmen von PISA 2006 die Möglichkeit, ihre relative Bedeutung für den Erwerb von Umweltwissen und die Ausprägung umweltbezogener Einstellungen zu ermitteln. Zudem bietet diese Studie die Möglichkeit, zugleich das selbstberichtete Umweltwissen und die naturwissenschaftliche Kompetenz der Schülerinnen und Schüler zu berücksichtigen. Besonderes Augenmerk unserer Analysen liegt auf Schulartunterschieden; wir gehen der Frage nach, ob zwischen Schularten differentielle Zusammenhänge der oben aufgeführten Bedingungsfaktoren mit umweltbezogenen Merkmalen bestehen.

2 Umweltbezogene Merkmale

Als zentrale Faktoren umweltbezogener Einstellungen sind das Umweltwissen und die Wahrnehmung von Umweltproblemen zu nennen. Im folgenden Abschnitt werden zunächst diese drei umweltbezogenen Konstrukte kurz vorgestellt.

Umweltbezogene Einstellungen

Es ist unwahrscheinlich, dass sich Menschen zufällig umweltgerecht verhalten; eine entsprechende Einstellung wird als wichtige Voraussetzung für umweltgerechtes Handeln angesehen (z. B. FIETKAU/KESSEL 1981; ROST u. a. 2001; MEINHOLD/MALKUS 2005). Die umweltbezogene Einstellung ist somit das zentrale Konstrukt, um ökologisch relevante Handlungsweisen zu beeinflussen.

Einstellungen werden als zusammenfassende Bewertungen begriffen, die sich jeweils auf ein bestimmtes Objekt oder eine bestimmte Klasse von Objekten beziehen. Umweltbezogene Einstellungen richten sich etwa auf Ökostrom oder genveränderte Lebensmittel. Drei Komponenten von Einstellungen können unterschieden werden: Affekt, Kognition und Handeln (s. z. B. ROSENBERG/HOVLAND 1960; BRECKLER 1984). Die affektive Komponente beinhaltet die Gefühle, welche mit dem Einstellungsobjekt verknüpft sind, die kognitive Komponente das Einstellungsobjekt betreffende Überzeugungen. Die handlungsbezogene Komponente umfasst durch das Einstellungsobjekt ausgelöste Handlungen und Handlungsabsichten. Eine Person, welche z. B. die Nutzung von Kernenergie negativ bewertet, wird Atomkraftwerke nicht mögen und eher Strom aus erneuerbaren Energien beziehen als Personen mit einer positiven oder indifferenten Auffassung von Kernenergienutzung. Das relative Gewicht der Einstellungskomponenten und einzelner kognitiver und affektiver Reaktionen variiert über Situationen, sodass dieselbe Person in verschiedenen Situationen unterschiedlich handeln kann. Bedingungsfaktoren umweltbezogener Einstellungen wirken differenziell auf die Einstellungskomponenten.

Als zwei Grundvoraussetzungen umweltgerechter Einstellungen werden in der Literatur Umweltwissen sowie die Wahrnehmung von Umweltproblemen diskutiert (vgl. z. B. KOLLMUSS/AGYEMAN 2002). Während das Wissen im Wesentlichen als kognitiver Faktor anzusehen ist, kann die Wahrnehmung von Umweltproblemen – in Abhängigkeit von der Konzeptualisierung – vorrangig als affektiver Faktor betrachtet werden. Insbesondere wenn kognitive und affektive Einstellungskomponente konsistent mit umweltgerechtem Handeln sind, ist es wahrscheinlich, dass diese Handlung tatsächlich realisiert wird. Affekt kann in Abwesenheit von handlungsrelevantem Wissen in keine umweltschützende Handlung münden; ohne Affekt ist eine Person jedoch trotz entsprechender Überzeugungen weniger zu umweltschützendem Handeln motiviert.

Wissen und Kompetenz

Ein gewisses Maß an Wissen ist Grundvoraussetzung für umweltschützende Einstellungen und dafür, dass diese Einstellungen auch in entsprechendem Handeln münden (HOMBURG/MATTHIES 1998; KOLLMUSS/AGYEMAN 2002; RIESS 2003; ROST u. a. 2001; NEUGEBAUER 2004). Eine besondere Rolle spielt dabei handlungsrelevantes Wissen, das im Gegensatz zum trägen (eher faktenbezogenen) Wissen Methodenkenntnisse und ein Verständnis naturwissenschaftlicher Prozesse umfasst (vgl. GRÄSEL 2000). Zum einen kann das Handlungswissen zur kritischen Auseinandersetzung mit Umweltproblemen und zur aktiven Meinungsbildung der Schülerinnen und Schüler beitragen (vgl. LITTLEDYKE 2008). Zum anderen kann nur jemand, der geeignete Handlungsweisen kennt und glaubt, sie umsetzen zu können, überhaupt umweltschützend handeln (vgl. KAISER/FUHRER 2000). Zahlreiche empirische Studien fanden einen mittleren bis geringen Zusammenhang des Umweltwissens mit den umweltbezogenen Einstellungen einer Person (z. B. FIETKAU/KESSEL 1981; ROST u. a. 2001; KOLLMUSS/AGYEMAN 2002).

Naturwissenschaftliche Kompetenz beschreibt nach der Definition von PISA nicht nur das naturwissenschaftliche Wissen einer Person, sondern ihre Fähigkeit, das Wissen anzuwenden, naturwissenschaftliche Fragen zu erkennen und aus Belegen Schlussfolgerungen zu ziehen, um Entscheidungen zu verstehen und zu treffen, welche die natürliche Welt und die durch menschliches Handeln an ihr vorgenommenen Veränderungen betreffen (OECD 2006; BYBEE 1997). Somit sollte gerade naturwissenschaftliche Kompetenz förderlich für die Ausprägung umweltbezogener Merkmale wie Umweltwissen, die Wahrnehmung von Umweltproblemen und schließlich die Einstellung zu Umweltmaßnahmen sein. Denn nur wer über ein gewisses Maß an Faktenwissen verfügt und ökologische Zusammenhänge verstehen und interpretieren kann, wird Umweltprobleme überhaupt als solche wahrnehmen und sich eine fundierte Meinung über die Wirksamkeit bestimmter Umweltmaßnahmen bilden können (LITTLEDYKE 2008). Bisher gibt es jedoch keine Untersuchungen, in denen die Zusammenhänge der naturwissenschaftlichen Kompetenz, wie sie bei PISA definiert ist, mit umweltbezogenen Einstellungen untersucht wurden.

Wahrnehmung von Umweltproblemen

Das Konstrukt „Wahrnehmung von Umweltproblemen" wird in der Literatur mit leicht unterschiedlichen Bezeichnungen und auch unterschiedlichen Konzeptualisierungen gebraucht (z. B. KALS/MONTADA 1994; KAISER/WÖLFING/FUHRER 1999; STERN/DIETZ/ABEL/GUAGNANO/KALOF 1999). Explizit oder eher implizit ist es jedoch zumeist in Untersuchungen zu umweltbezogenen Einstellungen oder Handlungsbereitschaften enthalten. Ein enger Begriff der Wahrnehmung von Umweltproblemen begrenzt sich auf das kognitive Erkennen, dass Probleme drohen oder bereits existieren. Derartige Überzeugungen, inwieweit aus Umweltphänomenen nachteilige Konsequenzen für die eigene Person, andere Personen oder die Biosphäre resultieren, sind offenkundig essentiell für Einstellungen gegenüber diesen Phänomenen. Ein weiter gefasster Begriff schließt die ökologische Verantwortlichkeit mit ein. Zuschreibungen von Verantwortlichkeit liegen Überzeugungen zugrunde, welche Akteure zu der Verursachung von Umweltproblemen beitragen und welche Einflussmöglichkeiten sie zur Bewältigung dieser Probleme haben. Verantwortungsbezogene Urteile sind das zentrale Erklärungskonzept im Modell von KALS/MONTADA (1994). Sie reflektieren auch affektive Komponenten: Wer die Zunahme des Flugverkehrs als problematisch bewertet, mag sich über die Steuerfreiheit von Flugbenzin entrüsten. Angesichts eigener umweltschädigender Handlungsweisen mag man sich schuldig fühlen. Insbesondere solche Personen, die Umweltprobleme auch als persönliche Anliegen wahrnehmen, sind entsprechend emotional involviert.

STERN, DIETZ und KALOF (1993) zeigten, dass sowohl die Wahrnehmung von persönlichen Konsequenzen wie auch die Wahrnehmung von Konsequenzen für andere oder für die Biosphäre (selbstberichtete) Bereitschaften zu umweltrelevanten Aktivitäten vorhersagt (vgl. z. B auch STERN 2000; NORDLUND/GARVILL 2003). Geht es jedoch um die Vorhersage der Bereitschaft, höhere Steuern zu zahlen, sind nahezu ausschließlich die wahrgenommenen Konsequenzen für die eigene Person von Bedeutung. Auch für Kinder und Jugendliche konnte die zentrale Bedeutung der Verantwortlichkeit demonstriert werden (KALS/BECKER/RIEDER 1999; s. KALS 1996 für einen Überblick über die Befunden für Erwachsene).

3 Mögliche Einflussfaktoren für umweltbezogene Konstrukte

Lernen über die Umwelt findet in unterschiedlichsten Kontexten und durch verschiedenste Quellen und Institutionen statt (LITTLEDYKE 2008). Nachfolgend werden Faktoren vorgestellt, welche die Ausprägungen der umweltbezogenen Konstrukte beeinflussen können. Schulische Faktoren werden von außerschulischen unterschieden, letztere werden zudem in familienbezogene Faktoren und freizeitbezogene Faktoren untergliedert.

Sozialer Hintergrund (Familie)

Die soziale Lage einer Familie hat einen maßgeblichen Einfluss darauf, ob und inwieweit Kinder in ihrer Freizeit vielfältige, anregende Lerngelegenheiten erhalten (VAN LIERE/DUNLOP 1980; ATTEWELL 2001; RAUSCHENBACH u. a. 2004; TIEN/FU 2008). Eltern können für ihre Kinder stimulierende Lernumgebungen bereitstellen, sie durch direkte Instruktionen unterstützen, motivationale Unterstützung leisten und auch Modellfunktionen übernehmen (HELMKE/WEINERT 1997). Somit kann die familiäre Umgebung auch auf das Umweltwissen von Kindern und Jugendlichen und ihre umweltbezogene Einstellungen einen Einfluss haben (VAN LIERE/DUNLOP 1980).

Die familiäre Umgebung von Kindern und Jugendlichen kann anhand struktureller und prozessorientierter Merkmale charakterisiert werden (vgl. HELMKE/WEINERT 1997). Strukturelle Merkmale beschreiben Rahmenbedingungen wie den Bildungsabschluss der Eltern, den ausgeübten Beruf sowie die ökonomischen Verhältnisse der Familie, wozu auch familiäre Besitztümer wie Bücher, Internetanschluss, Fernsehen o. ä. gehören, durch die sich den Schülerinnen und Schülern zu Hause informelle Lerngelegenheiten bieten. Die Ergebnisse zahlreicher Studien belegen einen positiven Zusammenhang von Bildung und Umweltwissen sowie umweltbezogenen Einstellungen (z. B. SCOTT/WILLITS 1994; DIETZ u. a. 1998; DIEKMANN/PREISENDÖRFER 1998). GAMBRO/SWITZKY (1999) fanden auch einen positiven Zusammenhang zwischen dem Bildungsabschluss der Eltern und dem Umweltwissen ihrer Kinder (vgl. auch LEHMANN 1999). Laut MASLOWS (1970) Theorie der Hierarchie von Bedürfnissen treten für eine Person positive umweltbezogene Einstellungen erst nach der Befriedigung ihrer materiellen Grundbedürfnisse in den Vordergrund. Studien, die sich mit der Beziehung des ökonomischen Status einer Person und ihrem Umweltwissen oder umweltbezogenen Einstellungen beschäftigten, lieferten jedoch widersprüchliche Ergebnisse (z.B. ROPER STARCH WORLDWIDE 1994; LEHMANN 1999; PREISENDÖRFER 1999).

Prozessorientierte Merkmale beziehen sich auf die lernförderlichen Aktivitäten innerhalb der Familien (z. B. Gespräche, gemeinsam verbrachte Zeit, Qualität der innerfamiliären Beziehungen, Hilfe bei den Hausaufgaben, Museumsbesuche) und können mehr oder weniger unabhängig von den strukturellen Merkmalen sein (s. a. MAURISCHAT u. a. 2007). Familiäre Prozessmerkmale spielen eine vermittelnde Rolle für den Aufbau von bildungsrelevanten Kompetenzen und den Erwerb von Einstellungen (vgl. BAUMERT/SCHÜMER 2001; BAUMERT/WATERMANN/SCHÜMER 2003; WILD 2004). Dennoch werden sie in entsprechenden Analysen oft ausgeklammert (LANGE/LÜSCHER 1996; GRUNERT 2005). Eine Studie zeigte jedoch beispielsweise, dass familiäre Gespräche zur Wissenserweiterung und zur Änderung umweltbezogener Einstellungen der Familienmitglieder beitragen können (HOPKINS 2005).

Schule und Unterricht

Kinder und Jugendliche beziehen nach eigenen Angaben ihre Informationen über Umweltthemen hauptsächlich aus den Medien und aus der Schule (z. B. RICKINSON 2001) Zahlreiche Studien haben gezeigt, dass durch Schulunterricht durchaus Einfluss auf das ökologische beziehungsweise umweltbezogene Wissen von Schülerinnen und Schülern genommen werden kann (z. B. LANGEHEINE/LEHMANN 1986; LEEMING u. a. 1997; RICKINSON 2001). Wissensvermittlung über Umweltthemen in Kombination mit den angemessenen affektiven Aspekten kann auch eine Beziehung zur Umwelt und zu Umweltproblemen verstärken, umweltschützende Einstellungen fördern und somit den Grundstein für umweltgerechtes Handeln legen (CONNELL u. a. 1998; GAMBRO/SWITZKY 1999; KUHLEMEIER u. a. 1999; BORMANN/DE HAAN 2008; LITTLEDYKE 2008). Schulische Prozessmerkmale wie die naturwissenschaftliche Unterrichtspraxis könnten dabei eine vermittelnde Rolle übernehmen (SEIDEL u. a. 2007). Doch gibt es bisher nur wenige Studien, die in diesem Zusammenhang unterschiedliche Arten der Unterrichtsgestaltung untersuchen und sich an Lerntheorien der Unterrichtsforschung anlehnen (DILLON 2003; RICKINSON 2006). Untersuchungen, die die Prozessmerkmale des umweltbezogenen Unterrichts außer Acht ließen, konnten schwache Wirkungen des Unterrichts im Bereich der Einstellungsänderung von Kindern und Jugendlichen nachweisen (z. B. LANGEHEINE/LEHMANN 1986; RICKINSON 2001; RODE u. a. 2001).

Freizeitaktivitäten

Mediennutzung und vor allem das Fernsehen stehen als informelle Lernaktivitäten (vgl. OVERWIEN 2001) bei Kindern und Jugendlichen an erster Stelle; sie sind neben der Schule die wichtigsten Quellen für Umweltinformationen (z. B. ROPER STARCH WORLDWIDE 1994; BONNETT/WILLIAMS 1998; KUCKARTZ u. a. 2006). Informelles Lernen zeichnet sich dadurch aus, dass es in der Freizeit stattfindet und meist interessengesteuert, vor allem aber ungeplant, implizit und beiläufig geschieht (vgl. RESNICK 1987; JOHNSON 1997; MARSICK/WATKINS 2001). Somit bieten nicht nur die Medien Möglichkeiten für informelles Lernens (vgl. GROSS 1997; HOLBERT u. a. 2003; RAUSCHENBACH u. a. 2004; STECHER 2005) sondern beispielsweise auch Besuche von Nationalparks, Aquarien und Tierparks (BALLANTYNE/PACKER 2002; FALK 2005). Zahlreiche Untersuchungen zu informellen Lernaktivitäten konnten zeigen, dass sie einen wichtigen Einfluss auf das Umweltwissen und die umweltbezogenen Einstellungen haben können (z.B. HOLBERT u. a. 2003; HOOPER-GREENHILL 2003; BALLANTYNE/PACKER 2005; BÖGEHOLZ 2006).

Wenn Jugendliche in ihrer Freizeit umweltbezogenen Lernaktivitäten nachgehen, ist Wissenszuwachs ein wichtiges Nebenprodukt, doch auch affektive Aspekte spielen eine große Rolle. Zum einen ist Affekt von Bedeutung, weil er im positiven Fall lernförderlich wirkt (vgl. HOLBERT u. a. 2003; BALLANTYNE/PACKER 2005; FALK 2005), zum anderen, weil die Lernaktivitäten mit großer Wahrscheinlichkeit eingestellt werden, wenn sie nicht mit positivem Affekt verknüpft sind. Auch bei der Auswahl der Aktivitäten spielt der Affekt eine zentrale Rolle. So nutzen Jugendliche, die sich für etwas besonders interessieren, in diesem Kontext häufiger anspruchsvolle Lerngelegenheiten und verzeichnen eher positive Einstellungsänderungen und Kompetenzzuwächse als Gleichaltrige, die sich dafür weniger interessieren (z. B. HOLBERT u.a. 2003; ARTELT/SCHIEFELE/SCHNEIDER/STANAT 2002; SENKBEIL/WITTWER 2006).

4 Forschungsfragen und Hypothesen

Ausgehend von den dargestellten Zusammenhängen zwischen umweltbezogenen Merkmalen 15-jähriger Jugendlicher in Deutschland und ihren möglichen Bedingungsfaktoren stehen folgende Fragestellungen im Mittelpunkt dieses Artikels:

Anhand deskriptiver Analysen werden die Ausprägungen der umweltbezogenen Merkmale: a) Einstellungen zu Umweltmaßnahmen, b) selbstberichtetes Umweltwissen und c) Wahrnehmung von Umweltproblemen untersucht, wobei die Einstellung zu Umweltmaßnahmen die Kernvariable darstellt, da sie das handlungsnaheste Konstrukt ist. Das Umweltwissen und die Wahrnehmung von Umweltproblemen sind als kognitive (Wissen) und affektive (Wahrnehmung) Voraussetzungen der Einstellungen zu Umweltmaßnahmen aufzufassen. Hierbei wird überprüft, inwieweit sich spezifische Subpopulationen in ihren umweltbezogenen Merkmalen unterscheiden. Aufgrund der Befunde internationaler Studien ist anzunehmen, dass Jugendliche mit ungünstigem sozialen Hintergrund eine vergleichsweise negative Einstellung zu Umweltmaßnahmen und geringes Umweltwissen aufweisen (vgl. z. B. LYONS/BREAKWELL 1994; RICKINSON 2001).

Zweitens wird anhand explorativer Analysen der bislang wenig untersuchten Frage nachgegangen, welche Einflussfaktoren sich im Hinblick auf die umweltbezogenen Merkmale identifizieren lassen. Berücksichtigt werden hierbei (a) Merkmale der sozialen Herkunft, (b) Freizeitaktivitäten der Jugendlichen und (c) schulische Faktoren. Die Analysen sollen zudem Aufschluss über die mögliche Bedeutung der einzelnen Einflussfaktoren (Familie, selbstständige Freizeitaktivitäten, Schule) beim Erwerb von Umwelteinstellungen und -kenntnissen geben. Von besonderem Interesse sind hierbei schulbezogene Prozesse. Naturwissenschaftliche Kompetenz bildet das Verständnis von naturwissenschaftlichen Prozessen ab, die vielen Umweltproblemen zugrunde liegen. LITTLEDYKE (2008) unterstreicht ihre Bedeutung für den Erwerb von Handlungswissen und somit für die Ausprägung von Einstellungen. Entsprechend nehmen wir an, dass naturwissenschaftliche Kompetenz in einem positiven Zusammenhang mit dem Umweltwissen und den umweltbezogenen Einstellungen der Jugendlichen steht. Analoge positive Zusammenhänge erwarten wir auch für anwendungsbezogenen Unterricht. Hinsichtlich der Freizeitaktivitäten gehen wir davon aus, dass Jugendliche, die in ihrer Freizeit aus eigenem Antrieb naturwissenschaftsbezogene Lerngelegenheiten wahrnehmen, ein größeres Umweltwissen und positivere umweltbezogene Einstellungen haben als Gleichaltrige, die das nicht tun (z. B. HOLBERT u. a. 2003).

Drittens werden die Analysen auch schulartspezifisch durchgeführt. Da Forschungsbefunde auf herkunftsbedingte Unterschiede in umweltbezogenen Merkmalen hinweisen (vgl. z. B. RICKINSON 2001) und in Deutschland eine starke Kopplung zwischen sozialer Herkunft und Bildungsbeteiligung besteht (z. B. BAUMERT/SCHÜMER 2001), kann auf diese Weise explorativ untersucht werden, inwieweit durch die Schule mögliche häusliche Defizite beim Erwerb von umweltbezogenen Merkmalen abgemildert werden kann.

5 Datengrundlage, Instrumente und methodisches Vorgehen

Stichprobe

Die Analysen basieren auf der deutschen Teilstichprobe des internationalen Bildungsmonitoring PISA 2006. Diese Stichprobe umfasst $N = 4891$ Schülerinnen und Schüler aller Schularten und ist aufgrund einer stratifizierten Zufallsziehung repräsentativ für die 15-Jährigen in Deutschland. Für die nachfolgend berichteten Analysen konnten insgesamt die Angaben von $N = 4233$ Schülerinnen und Schüler berücksichtigt werden, da die Jugendlichen aus den Sonder- und Förderschulen aufgrund nicht vorgegebener Fragebögen und die Jugendlichen mit fehlenden Daten in den berücksichtigten Merkmalen ausgeschlossen werden mussten.

Instrumente

An zwei aufeinander folgenden Testtagen bearbeiteten die Schülerinnen und Schüler mehrere Tests und Fragebögen. Die umweltbezogenen Konstrukte wurden im internationalen Schülerfragebogen erhoben und bezogen sich explizit auf spezifische Umweltthemen. Zunächst wurde erfasst, wie die Schülerinnen und Schüler ihr Wissen über fünf spezifische Umweltthemen, nachfolgend kurz *Umweltwissen*, einschätzten (z. B. „Anstieg von Treibhausgasen in der Atmosphäre"). Die Antwortmöglichkeiten reichten von: *Ich habe noch nie davon gehört* und *Ich habe davon gehört, aber ich könnte nicht erklären, worum es dabei wirklich geht* über *Ich weiß etwas darüber und könnte das in groben Zügen erklären* bis zu *Ich bin damit vertraut und könnte das gut erklären*. Darüber hinaus wurde erfasst, als wie ernst sechs spezifische Umweltprobleme wahrgenommen wurden (z. B. „Luftverschmutzung"). Die angesprochenen Themenbereiche waren zum Teil aber nicht vollständig identisch mit denen der Skala zum Umweltwissen. Die vier Antwortmöglichkeiten für die Skala zur Wahrnehmung von Umweltproblemen reichten von: *Das ist ein ernstes Anliegen für mich persönlich wie auch für andere* über *Das ist ein ernstes Anliegen für andere Leute in Deutschland, aber nicht für mich* und *Das ist nur für Leute in anderen Ländern ein ernstes Anliegen* bis zu *Das ist für niemanden ein ernstes Anliegen*. Die EAP/PV-Reliabilitäten dieser beiden Umweltskalen sind mit *Rel* = .72 für Umweltwissen und *Rel* = .68 für die Wahrnehmung von Umweltproblemen zufriedenstellend. Die Einstellungen zu Umweltmaßnahmen wurden mit sieben Items erfasst. Die Schülerinnen und Schüler zeigten auf einer vierstufigen Skala von *stimme ganz zu* bis *stimme gar nicht zu* an, wie sehr sie mit den getroffenen Aussagen übereinstimmen. Eine solche Aussage lautete: „Es stört mich, wenn Energie durch den unnötigen Gebrauch von elektrischen Geräten verschwendet wird." Die gemessenen umweltbezogenen Einstellungen haben zum Teil normativen Charakter. Die Reliabilität dieser Skala ist mit *Rel* = .70 ebenfalls zufriedenstellend.

Die strukturellen Merkmale der familiären Lebensverhältnisse wurden durch einen integrierten Index erhoben, den von GANZEBOOM u. a. (1992) entwickelte International Socio-Economic Index of Occupational Status (ISEI). Der ISEI ordnet Berufe gemäß der erforderlichen Bildung und des zu erzielenden Einkommens in eine Rangskala ein. Ein niedriger ISEI zeigt einen niedrigen sozioökonomischen Status an, ein hoher ISEI einen hohen sozioökonomischen Status. In PISA wird der jeweils höchste Sozialstatus in einer Familie verwendet. Der Berechnung dieses höchsten Sozialstatus liegen Angaben zum ausgeübten Beruf aus dem internationalen Elternfragebogen zugrunde.

Als familiäre Prozessmerkmale wurden drei Indikatoren berücksichtigt. Im internationalen Schülerfragebogen gaben die Jugendlichen mittels eines dichotomen Antwortformats (*ja* oder *nein*) an, ob die Familie über kulturelle Ressourcen wie klassische Literatur verfügt. Die Skala setzte sich aus drei Items zusammen und weist eine niedrige Reliabilität von *Rel* = .55 auf. Die kommunikative Praxis in der Familie wurde anhand von fünf Fragen im nationalen Schülerfragebogen erfasst. Die Schülerinnen und Schüler gaben zum Beispiel an, wie oft ihre Eltern mit ihnen über Bücher, Filme oder Fernsehsendungen diskutierten. Die fünfstufige Skala gab die Antwortmöglichkeiten *mehrmals in der Woche, mehrmals im Monat, etwa einmal im Monat, ein paar Mal im Jahr* und *nie oder fast nie* vor. Die Reliabilität dieser Skala fällt mit *Rel* = .61 ebenfalls niedrig aus. Im internationalen Elternfragebogen wurde zudem die Wahrnehmung von Umweltproblemen durch die Eltern erfasst. Die Skala ist mit jener des internationalen Schülerfragebogens identisch. Ihre Reliabilität ist mit *Rel* = .43 als sehr gering anzusehen.

Die naturwissenschaftsbezogenen Medienaktivitäten der Schülerinnen und Schüler wurden mittels sechs unterschiedlicher Aktivitäten (z. B. „Internetseiten zu naturwissenschaftlichen Themen besuchen" oder „naturwissenschaftliche Zeitschriften oder Artikel in Zeitungen lesen") erfasst. Die Jugendlichen gaben an, wie oft sie die genannten Aktivitäten ausüben. Die vierstufige Antwortskala reichte von *sehr oft* über *regelmäßig* und *manchmal* bis hin zu *nie oder fast nie*. Mit *Rel* = .72 ist die Reliabilität dieser Skala zufriedenstellend. Als weitere freizeitbezogene Aktivität berücksichtigen wir die Art der Mediennutzung. Die dichotome Variable anspruchsvolle Mediennutzung basiert auf einer Typologie von SENKBEIL und WITTWER (in diesem Heft). Anhand von sechzehn Medienaktivitäten (7 Items zu Leseaktivitäten, 6 Items zu computerbezogenen Aktivitäten und 3 Items zum Fernsehkonsum) konnten sechs unterschiedliche Typen identifiziert werden, die sich wiederum in Typen eher anspruchsvoller Mediennutzung gegenüber eher unterhaltungsbezogener Mediennutzung zusammenfassen lassen. Anzumerken ist, dass auch die Personen, welche als anspruchsvolle Mediennutzer klassifiziert werden, unterhaltungsbezogenen Medienaktivitäten nachgehen; anders als die unterhaltsbezogenen Mediennutzer geben sie aber insbesondere auch ausgeprägte Leseaktivitäten sowie eine vergleichsweise häufige Anwendung anspruchsvoller Computerprogramme (z. B. Lexika, Grafikprogramme) an.

Die naturwissenschaftliche Kompetenz wurde als Schwerpunkt in PISA 2006 anhand von insgesamt 103 Testaufgaben erhoben, wobei jeder Jugendliche aufgrund des verwendeten Multi-Matrix-Designs nur einen Teil der Aufgaben bearbeitete (vgl. PRENZEL u. a. 2007). Die Vergleichbarkeit der Ergebnisse wurde damit erreicht, dass die Kompetenzwerte mit Hilfe des so genannten Mixed-Coefficients Multinomial Logit-Modells (vgl. ADAMS/WU 2007) bestimmt wurden[1] (zu Details siehe z. B. CARSTENSEN u. a. 2007). Die Aufgaben wurden situiert und kontextualisiert dargeboten, das heißt, sie bezogen sich auf die Beschreibung einer Situation, welche jeweils am Anfang eines Aufgabenblocks stand. Eine systematische Differenzierung von Kontexten und Gegenstandsbereichen ermöglichte, die naturwissenschaftliche Kompetenz im Sinne eines flexiblen Anwendens bestehenden Wissens auf lebensnahe Problemsituationen zu erfassen (vgl. PRENZEL u. a. 2007).

Zwei schulbezogene Merkmale wurden erfasst, eines hinsichtlich der umweltbezogenen Aktivitäten der Schule, eines mit Bezug auf die Unterrichtsgestaltung. Als umweltbezogene Aktivität der Schule wird die Angabe aus dem internationalen Schulleiterfragebogen genutzt, ob die Schule Exkursionen und Ausflüge anbietet, um das Engagement der Schülerinnen und Schüler der neunten Klassenstufe in den Naturwissenschaften zu fördern. Diese Frage wies ein dichotomes Antwortformat auf (*ja* oder *nein*). Der Indikator zur Häufigkeit, wie oft im naturwissenschaftlichen Unterricht Konzepte und Prinzipien auf alltägliche Phänomene angewendet werden, beruht auf Angaben aus dem internationalen Schülerfragebogen. In vier Aussagen (z. B. „Der Lehrer/die Lehrerin verwendet den naturwissenschaftlichen Unterricht, um den Schülerinnen und Schülern die Welt außerhalb der Schule verständlich zu machen.") gaben die Jugendlichen an, wie oft die genannte Aktivität vorkommt. Die Antwortkategorien der vierstufigen Skala reichten von *in allen Stunden* über *in den meisten Stunden* und *in manchen Stunden* bis *nie oder fast nie*. Die Reliabilität der Skala beträgt *Rel* = .66.

6 Ergebnisse

6.1 Umweltwissen, Wahrnehmung von Umweltproblemen und Einstellung zu Umweltmaßnahmen von Jugendlichen in Deutschland unter Berücksichtigung herkunftsbedingter Unterschiede

Tabelle 1 zeigt deskriptive Statistiken für die umweltbezogenen Merkmale *Einstellung zu Umweltmaßnahmen*, *Umweltwissen* und *Wahrnehmung von Umweltproblemen* der Jugendlichen in Deutschland. Der Anschaulichkeit halber sind anstelle von Mittelwerten und Standardabweichungen prozentuale Anteile für die einzelnen Items und die Skalenwerte (Gesamt) dargestellt. Die Prozentwerte geben an, welcher Anteil der Jugendlichen den vorgegebenen Aussagen zustimmt. Zur besseren Einschätzung der Ergebnisse sind zusätzlich die entsprechenden Durchschnittswerte auf OECD-Ebene aufgeführt.

Die Kennwerte in Tabelle 1 zeigen, dass der überwiegende Teil der 15-Jährigen in Deutschland Umweltfragen als wichtig erachtet und umweltschützende Maßnahmen positiv bewertet. Durchschnittlich etwa drei Viertel der Jugendlichen befürworten Maßnahmen zum Schutz von Natur und Umwelt und mehr als die Hälfte der Schülerinnen und Schüler fühlt sich nicht nur gut informiert über bedeutsame Umweltthemen, sondern betrachtet sie auch als persönliches Anliegen. Die Ergebnisse decken sich damit weitgehend mit Befunden früherer Studien zu umweltbezogenen Einstellungen Jugendlicher in Deutschland oder in anderen europäischen Staaten. Danach weisen Jugendliche deutlich positive umweltbezogene Einstellungen auf (vgl. z. B. LANGEHEINE/LEH-

Tabelle 1: Kennwerte der Jugendlichen in Deutschland und in der OECD für umweltbezogene Merkmale (in Prozent)

Umweltskalen/Umweltitems	Deutschland %	(S.E.)	OECD %	(S.E.)
Einstellungen zu Umweltmaßnahmen („Ich stimme den Aussagen ganz/eher zu")				
regelmäßig Abgase von Autos kontrollieren	89.4	(0.5)	91.3	(0.2)
Energie nicht durch unnötigen Gebrauch elektischer Geräte verschwenden	63.4	(0.9)	72.5	(0.3)
Gesetze zur Regulation von Emissionen selbst bei Preiserhöhungen von Produkten	52.9	(0.8)	68.0	(0.4)
Kunststoffverpackungen minimieren, um Müll zu reduzieren	79.5	(0.7)	83.3	(0.2)
Nachweis von Industrie verlangen, dass Abfallstoffe sicher entsorgt werden	90.7	(0.7)	91.5	(0.2)
Gesetze zum Schutz des Lebensraums gefährdeter Arten	90.8	(0.6)	92.4	(0.2)
Strom durch erneuerbare Energieträger erzeugen selbst bei Preiserhöhungen	66.3	(0.7)	79.6	(0.3)
Gesamt	72.2	(0.5)	82.6	(0.2)
Wissen/Informiertheit über Umweltprobleme („Dieses Thema könnte ich gut/in groben Zügen erklären")				
Anstieg von Treibhausgasen in der Atmosphäre	60.1	(1.0)	54.3	(0.4)
Verwendung von genetisch veränderten Organismen	38.3	(0.8)	37.3	(0.4)
Saurer Regen	65.1	(1.1)	58.9	(0.3)
Atommüll	61.4	(0.8)	49.8	(0.3)
Konsequenzen der Abholzung von Wald	79.7	(1.0)	72.9	(0.3)
Gesamt	60.9	(0.7)	54.6	(0.2)
Wahrnehmung Umweltprobleme („Dieses Thema ist ein ernstes Anliegen für mich")				
Luftverschmutzung	76.0	(0.7)	73.2	(0.3)
Energieknappheit	57.2	(0.8)	53.7	(0.3)
Aussterben von Pflanzen- und Tierarten	62.6	(0.7)	58.1	(0.3)
Abholzung von Wald	59.4	(0.8)	57.4	(0.3)
Wasserknappheit	56.2	(0.7)	63.3	(0.3)
Atommüll	51.5	(0.8)	48.7	(0.3)
Gesamt	60.5	(0.5)	59.0	(0.2)

MANN 1986; LEHMANN 1999; GRUNENBERG/ KUCKARTZ 2003; HURRELMANN/ALBERT 2006; KUCKARTZ/RÄDIGER/RHEINGANS-HEINTZE 2006; KUHLEMEIER u. a. 1999; LYONS/BREAKWELL 1994).

Im OECD-Durchschnitt sind positive Einstellungen zu Umweltmaßnahmen sogar noch etwas höher ausgeprägt als in Deutschland; 83 Prozent der Jugendlichen stimmen den vorgegebenen Maßnahmen zum Schutz von Umwelt und Natur zu. Mit einer Effektstärke von $d = -0.29$ fällt dieser Unterschied gegenüber Deutschland jedoch recht gering aus und entspricht einem schwachen Effekt (vgl. COHEN 1988). Dieser Unterschied zeigt sich relativ gleichförmig und mit nur geringen Abweichungen über alle erfragten Umweltthemen.

Im Hinblick auf das Umweltwissen und die Wahrnehmung von Umweltproblemen liegen die Werte der Jugendlichen in Deutschland leicht über dem OECD-Durchschnitt. Die Unterschiede sind wiederum vergleichsweise gering ($d = 0.20$ für das Wissen; $d = 0.04$ für die Wahrnehmung). Zusammengefasst ergibt sich damit für die Jugendlichen in Deutschland im Hinblick auf die umweltbezogenen Merkmale ein recht positives wie im internationalen Vergleich unauffälliges Bild.

In Tabelle 2 sind die umweltbezogenen Merkmale der 15-Jährigen in Deutschland differenziert nach ihrer sozialen Herkunft (erfasst über den höchsten Sozialstatus in ihrer Familie) dargestellt. Hierbei zeigt sich erwartungsgemäß, dass Jugendliche aus höheren Sozialschichten höhere Ausprägungen der betrachteten Umweltmerkmale aufweisen als Schülerinnen und Schüler, die niedrigeren Sozialschichten angehören. Die Differenzen variieren jedoch in Abhängigkeit des betrachteten Merkmals beträchtlich. Danach unterscheiden sich die Schülerinnen und Schüler in den in Tabelle 2 dargestellten Sozialschichtquartilen hinsichtlich ihrer Einstellung zu Umweltmaßnahmen ($F(3.78) = 10.88$, $p < .01$) und im Umweltwissen ($F(3.78) = 67.74$, $p < .01$) statistisch signifikant, jedoch nicht in der Wahrnehmung von Umweltproblemen ($F(3.78) = 0.95$, $p = .42$).[2] Ausgeprägte Unterschiede zeigen sich im Umweltwissen (z. B. $d = 0.63$ zwischen oberstem und unterstem Quartil), während die Differenzen der Einstellung zu Umweltmaßnahmen deutlich geringer ausfallen (z. B. $d = 0.23$ zwischen oberstem und untersten Quartil). Damit ergeben sich für Deutschland weitgehend ähnliche Zusammenhänge zwischen umweltbezogenen Merkmalen und sozialer Herkunft, wie sie auch für andere Länder ermittelt wurden (ROPER STARCH WORLDWIDE 1994; RIECHARD/PETERSON 1998; KUHLEMEIER u. a. 1999).

Tabelle 2: Kennwerte der Jugendlichen in Deutschland für umweltbezogene Merkmale nach sozialer Herkunft (in Prozent)

	Einstellungen zu Umweltmaßnahmen		Wissen/Informiertheit Umweltprobleme		Wahrnehmung Umweltprobleme	
	%	(S.E.)	%	(S.E.)	%	(S.E.)
HISEI 4. Quartil	79.1	(0.8)	69.9	(0.8)	61.6	(1.0)
HISEI 3. Quartil	76.5	(0.8)	64.7	(0.9)	59.6	(0.9)
HISEI 2. Quartil	74.9	(0.9)	58.1	(1.1)	60.2	(1.0)
HISEI 1. Quartil	73.9	(0.8)	50.1	(1.4)	60.6	(0.9)

6.2 Einfluss außerschulischer und schulischer Faktoren auf die Ausprägung von umweltbezogenen Einstellungen und Umweltwissen

Die bisher dargestellten Ergebnisse deuten zumindest teilweise auf einen deutlichen Einfluss der sozialen Herkunft auf die Ausprägung umweltbezogener Merkmale hin. Aufgrund der starken Kopplung von sozialer Herkunft und Bildungsbeteiligung in Deutschland sollten jedoch auch schulische Prozesse (z. B. Kompetenzunterschiede zwischen den Schularten) in den Analysen berücksichtigt werden (vgl. hierzu z. B. KUHLEMEIER u. a. 1999; BAUMERT/SCHÜMER/WATERMANN 2003). Da weitgehend unbekannt ist, welche relative Bedeutung schulische und außerschulische Faktoren für die Ausprägung umweltbezogener Merkmale haben, wird dieser Frage nachfolgend anhand explorativer Regressionsanalysen nachgegangen. Die Ergebnisse der Analysen sind in den Tabellen 3 (für Einstellung zu Umweltmaßnahmen) und 4 (für Wissen und Wahrnehmung) anhand der standardisierten Regressionskoeffizienten (β) und deren Standardfehler (*S.E.*) dargestellt. Weiterhin sind die bivariaten Korrelationen zwischen den berücksichtigten Prädiktoren und dem jeweiligen Kriterium angegeben.

Modell 1 in Tabelle 3 gibt den Zusammenhang zwischen den simultan einbezogenen Merkmalsblöcken (familiäre Struktur- und Prozessmerkmale, freizeitbezogene Aktivitäten und schulbezogene Merkmale) und der Einstellung zu Umweltmaßnahmen wieder. Insgesamt können anhand der schulischen und außerschulischen Faktoren 18.2 Prozent der Varianz in der Einstellung zu Umweltmaßnahmen vorhergesagt werden. Zerlegt man die aufgeklärte Varianz, die durch die einzelnen Merkmalsblöcke gebunden wird (Berechnung der Varianzanteile nach HAYS 1988, S. 630ff.), so stellen die freizeitbezogenen Aktivitäten den bedeutsamsten Prädiktorblock dar. Insgesamt können 54 Prozent (9.8 von 18.2 Prozent) der aufgeklärten Varianz auf diese zurückgeführt werden, wobei die naturwissenschaftsbezogenen Medienaktivitäten den bedeutsamsten Prädiktor darstellen. Schulbezogene Merkmale besitzen mit einem Anteil von 33 Prozent der aufgeklärten Varianz (6.0 von 18.2 Prozent) eine deutlich geringere Vorhersagekraft, sind jedoch keineswegs bedeutungslos, wie die ausnahmslos signifikanten Regressionskoeffizienten der einzelnen Merkmale zeigen. Dabei scheint neben der naturwissenschaftlichen Kompetenz auch ein praxis- und anwendungsorientierter Unterricht für die Ausprägung von umweltbezogenen Einstellungen von Bedeutung zu sein. Klassische Umweltaktivitäten auf Schulebene wie Exkursionen in die Natur haben hingegen nur eine geringe Bedeutung.

Die familiären Struktur-und Prozessmerkmale sind bei einem aufgeklärten Varianzanteil von 10 Prozent (1.8 von18.2 Prozent) für die Vorhersage der Einstellung zu Umweltmaßnahmen von untergeordneter Bedeutung. Trotz substanzieller bivariater Korrelationen (siehe Spalte 2 in Tabelle 3) leisten die familiären Merkmale mit Ausnahme der elterlichen Wahrnehmung von Umweltproblemen keinen statistisch signifikanten Beitrag zur Varianzaufklärung. Eine mögliche Erklärung für diesen Befund ist, dass der Einfluss der familiären Struktur- und Prozessmerkmale durch die freizeitbezogenen Aktivitäten der Jugendlichen und die berücksichtigten schulbezogenen Merkmale vermittelt wird (vgl. hierzu z. B. BAUMERT/SCHÜMER/WATERMANN 2003).

Modell 2 beschreibt die Bedeutung der Merkmale Umweltwissen und Wahrnehmung von Umweltproblemen für die Einstellung zu Umweltmaßnahmen. Mit einer Varianzaufklärung von 17.7 Prozent fällt der Vorhersagebeitrag geringfügig niedriger aus als in anderen internationalen Studien (z. B. DIETZ u. a. 1998). Im vollständigen Modell 3 (Berücksichtigung aller Prädiktoren mit 23.6 Prozent Varianzaufklärung) sinken die Regressionskoeffizienten der umweltbezogenen Merkmale – insbesondere der des Umweltwissens – im Vergleich zu Modell 2, während die Regressionskoeffizienten der anderen Merkmalsblöcke (familiäre Merkmale, Freizeitaktivitäten, Schulmerkmale) weitgehend konstant bleiben. Dies weist darauf hin, dass der Einfluss des Umweltwissens und der Wahrnehmung von Umweltproblemen auf die Einstellung zu Umweltmaßnahmen zu einem Teil durch die außerschulischen und schulischen Faktoren mediiert wird. Da

Tabelle 3: Regressionsmodelle zur Vorhersage von Einstellung zu Umweltmaßnahmen anhand schulischer und außerschulischer Faktoren sowie umweltbezogener Merkmale (Wissen, Wahrnehmung)

Modellelemente	Einfach-korrelation	Modell 1 β	(S.E.) von β	Modell 2 β	(S.E.) von β	Modell 3 β	(S.E.) von β
Familiäre Struktur- und Prozessmerkmale							
Sozialschichtindex	**0.09**	–0.02	(0.02)			–0.01	(0.02)
Kulturelle Ressourcen	**0.18**	0.03	(0.02)			0.01	(0.02)
Kommunikative Praxis	**0.18**	0.05	(0.02)			0.02	(0.02)
Wahrnehmung Umweltprobleme (Eltern)	**0.08**	**0.07**	(0.02)			**0.04**	(0.02)
Freizeitbezogene Aktivitäten							
Naturwissenschaftsbezogene Medienaktivitäten	**0.33**	**0.24**	(0.02)			**0.20**	(0.01)
Anspruchsvolle Mediennutzung	**0.21**	**0.09**	(0.01)			**0.08**	(0.01)
Schulbezogene Merkmale							
Naturwissenschaftliche Kompetenz	**0.24**	**0.14**	(0.02)			**0.09**	(0.02)
Umweltaktivitäten: Exkursionen in die Natur	**0.06**	**0.04**	(0.02)			**0.04**	(0.02)
Unterricht: Naturwissenschaftliches Anwenden	**0.20**	**0.12**	(0.02)			**0.10**	(0.01)
Umweltbezogene Merkmale							
Umweltwissen	**0.27**			**0.23**	(0.02)	**0.08**	(0.02)
Wahrnehmung Umweltprobleme	**0.36**			**0.33**	(0.02)	**0.28**	(0.02)
R^2 Familiäre Merkmale		.02					
R^2 Freizeitaktivitäten		.10					
R^2 Schulbezogene Merkmale		.06					
R^2		.18		.18		.24	

Mit $p < .05$ signifikante Werte sind fett gedruckt.

die naturwissenschaftliche Kompetenz der Schülerinnen und Schüler im vollständigen Modell enthalten ist, verwundert es nicht, dass der Regressionskoeffizient des Umweltwissens gegenüber dem Modell 2 deutlich geringer ausfällt. Mit zwei weiteren Regressionsmodellen wurde genauer analysiert, wie stark die betrachteten schulischen und außerschulischen Faktoren mit Umweltwissen und Wahrnehmung von Umweltproblemen in Beziehung stehen. Die Ergebnisse hierzu sind in Tabelle 4 aufgeführt. Danach erweisen sich im Hinblick auf das Umweltwissen die schulbezogenen Merkmale als wichtigster Prädiktorblock, ihr Anteil an der aufgeklärten Varianz des Umweltwissens beträgt 67 Prozent. Erwartungsgemäß ist dieser Anteil nahezu vollständig auf die naturwissenschaftliche Kompetenz zurückzuführen. Freizeitaktivitäten tragen immerhin noch knapp ein Viertel (23 Prozent) der aufgeklärten Varianz bei, im Speziellen sind es die naturwissenschaftsbezogenen Medienaktivitäten der Jugendlichen, die zur Vorhersage ihres Umweltwissens statistisch signifikant beitragen. Den familiären Merkmalen kommt mit einem Anteil von 9 Prozent der aufgeklärten Varianz wiederum nur eine untergeordnete Bedeutung zu.

Während das Umweltwissen durch die berücksichtigten Merkmale vergleichsweise gut vorhergesagt werden kann, ist die Varianzaufklärung der Wahrnehmung von Umweltproblemen mit insgesamt 6.2 Prozent erheblich geringer. Am ehesten sind für die familiären Merkmale und für die Freizeitaktivitäten der 15-Jährigen bedeutsame Varianzanteile zu verzeichnen (Anteil von 40 bzw. 34 Prozent an der aufgeklärten Varianz). Insgesamt ist die Varianzaufklärung der Wahrneh-

Tabelle 4: Regressionsmodelle zur Vorhersage von Umweltwissen und Wahrnehmung von Umweltproblemen anhand schulischer und außerschulischer Faktoren

Modellelemente	Umweltwissen			Wahrnehmung		
		Regressions-modell			Regressions-modell	
	Einfach-korre-lation	β	(S.E.) von β	Einfach-korre-lation	β	(S.E.) von β
Familiäre Struktur- und Prozessmerkmale						
Sozialschichtindex	**0.21**	0.02	(0.01)	0.00	**−0.07**	(0.02)
Kulturelle Ressourcen	**0.21**	0.02	(0.02)	**0.13**	**0.07**	(0.01)
Kommunikative Praxis	**0.21**	**0.09**	(0.02)	**0.13**	**0.06**	(0.02)
Wahrnehmung Umweltprobleme (Eltern)	0.04	0.01	(0.02)	**0.09**	**0.09**	(0.02)
Freizeitbezogene Aktivitäten						
Naturwissenschaftsbezogene Medienaktivitäten	**0.34**	**0.20**	(0.02)	**0.15**	**0.10**	(0.02)
Anspruchsvolle Mediennutzung	**0.19**	0.01	(0.01)	**0.11**	**0.05**	(0.02)
Schulbezogene Merkmale						
Naturwissenschaftliche Kompetenz	**0.47**	**0.40**	(0.02)	**0.10**	**0.06**	(0.02)
Umweltaktivitäten: Exkursionen in die Natur	0.03	0.00	(0.02)	0.02	0.01	(0.02)
Unterricht: Naturwissenschaftliches Anwenden	**0.14**	**0.08**	(0.01)	**0.09**	**0.06**	(0.02)
R^2 Familiäre Merkmale		.03			.03	
R^2 Freizeitaktivitäten		.07			.02	
R^2 Schulbezogene Merkmale		.20			.01	
R^2		.30			.06	

Mit $p < .05$ signifikante Werte sind fett gedruckt.

mung von Umweltproblemen durch die berücksichtigten Merkmale aber so gering, dass auf eine schulartspezifische Analyse im Folgenden verzichtet wird.

6.3 Schulartspezifische Analysen

Die bis hierhin dargestellten Befunde zeigen, dass neben selbstinitiierten, freizeitbezogenen Aktivitäten auch schulischen Merkmalen eine wichtige Bedeutung für die Ausprägung umweltbezogener Merkmale (insbesondere Einstellung zu Umweltmaßnahmen und Umweltwissen) zukommt. Die nachfolgend berichteten schulartspezifischen Analysen sollen darüber hinaus klären, inwieweit die Bedeutung der schulbezogenen Merkmale auf Schulartunterschiede zurückzuführen beziehungsweise auch innerhalb der Schularten nachweisbar ist. Somit kann beispielsweise überprüft werden, ob herkunftsbezogene Defizite im Umweltwissen oder in Bezug auf die Einstellungen zu Umweltmaßnahmen (vgl. Tabelle 2) durch schulbezogene Prozesse zumindest abgemildert werden können.

Tabelle 5 gibt zunächst Auskunft über die schulartspezifischen Ausprägungen der einzelnen umweltbezogenen Merkmale. Die Unterschiede zwischen den Schularten sind weitgehend identisch mit den Ergebnissen zur sozialen Herkunft (vgl. Tabelle 2). Für die Einstellung zu Umweltmaßnahmen und für Umweltwissen werden signifikante Unterschiede zwischen den Schularten beobachtet (Einstellung: $F(4.77) = 16.01$, $p < .01$; Wissen: $F(4.77) = 50.68$, $p < .01$), jedoch nicht

Tabelle 5: Umweltbezogene Merkmale (in Prozent) und mittlerer Sozialschichtindex (HISEI) der Jugendlichen in Deutschland nach Schularten

	Einstellungen zu Umweltmaßnahmen		Wissen/ Informiertheit Umweltprobleme		Wahrnehmung Umweltprobleme		HISEI	
	%	(S.E.)	%	(S.E.)	%	(S.E.)	M	(S.E.)
Hauptschule	73.0	(1.6)	48.6	(1.4)	60.1	(1.4)	42.0	(0.4)
Integrierte Gesamtschule	72.9	(1.9)	53.0	(2.4)	57.6	(1.7)	50.0	(1.5)
Schule mit mehreren Bildungsgängen	74.9	(1.5)	62.2	(2.0)	58.4	(1.0)	45.3	(0.9)
Realschule	75.3	(0.9)	61.5	(1.1)	61.1	(1.1)	49.5	(0.5)
Gymnasium	80.2	(0.5)	71.0	(0.6)	61.4	(0.7)	58.2	(0.5)

in der Wahrnehmung von Umweltproblemen $(F(4.77) = 1.44, p = .23)$. Wie bei der sozialen Herkunft ist der Effekt des Umweltwissens stark (z. B. $d = 0.72$ zwischen Gymnasium und Hauptschule) und hinsichtlich der Einstellung zu Umweltmaßnahmen deutlich geringer (z. B. $d = 0.31$ zwischen Gymnasium und Hauptschule). Wie erwartet ist entsprechend diesen Befunden die Kopplung zwischen Bildungsbeteiligung und sozialer Herkunft sehr hoch, wie die vorletzte Spalte in Tabelle 5 ausweist. Danach beträgt der Unterschied im Sozialschichtindex (HISEI) zwischen Gymnasium und Hauptschule mehr als eine Standardabweichung ($d = 1.11$).

Die in Tabelle 6 dargestellten schulartspezifischen Regressionsmodelle für die Einstellung zu Umweltmaßnahmen besitzen übereinstimmend eine ähnliche Vorhersagegüte wie die Analysen für die Gesamtgruppe (vgl. Tabelle 3). Auch bei der Zerlegung der aufgeklärten Varianz in die Anteile, die durch die einzelnen Merkmalsblöcke vorhergesagt werden, zeigen sich zwischen den Schularten nur geringfügige Unterschiede. Die schulartspezifischen Analysen replizieren somit im Wesentlichen die Befunde der Gesamtgruppe ohne Berücksichtigung der Schularten (vgl. Modell 1 in Tabelle 3). Bei Betrachtung der Einzelprädiktoren fällt jedoch auf, dass sich vor allem in den unteren Schularten (Hauptschule, Integrierte Gesamtschule, Schule mit mehreren Bildungsgängen) ein praxis- und anwendungsorientierter Unterricht positiv auf die Einstellung zu Umweltmaßnahmen auszuwirken scheint. In der Realschule und im Gymnasium ist hingegen die naturwissenschaftliche Kompetenz der wichtigste schulbezogene Prädiktor. Zudem erweist sich für die Gymnasiasten eine anspruchsvolle Mediennutzung für die Einstellung zu Umweltmaßnahmen als statistisch signifikant, während sich für die Jugendlichen anderer Schularten nur unbedeutende Zusammenhänge mit diesem Prädiktor ergeben. In den übrigen Prädiktoren lassen sich hingegen keine systematischen Unterschiede in den Regressionskoeffizienten zwischen den Schularten ermitteln.

Differenzielle Effekte treten hingegen für die Regressionsmodelle zur Vorhersage des Umweltwissens auf, wie Tabelle 7 ausweist. Dabei zeigt sich, dass den schulbezogenen Merkmalen für die Jugendlichen in der Hauptschule und in der Integrierten Gesamtschule die mit Abstand größte Bedeutung zukommt. Mehr als zwei Drittel der aufgeklärten Varianz im Umweltwissen kann in beiden Schularten (Hauptschule: 73 Prozent; Integrierte Gesamtschule: 67 Prozent) durch schulbezogene Merkmale vorhergesagt werden. Als bedeutsamstes Merkmal innerhalb dieses Prädiktorenblocks erweist sich die naturwissenschaftliche Kompetenz. Erheblich geringere, aber immer noch statistisch signifikante Regressionskoeffizienten ergeben sich für einen anwendungsorientierten Unterricht. Freizeitbezogene Aktivitäten und familiäre Merkmale spielen für die 15-Jährigen in diesen beiden Schularten im Hinblick auf den Erwerb von Umweltwissen hingegen nur eine untergeordnete Rolle.

Tabelle 6: Schulartspezifische Regressionsmodelle zur Vorhersage der Einstellung zu Umweltmaßnahmen anhand schulischer und außerschulischer Faktoren

Modellelemente	Hauptschule		Integrierte Gesamtschule		Schule mit mehreren Bildungsgängen		Realschule		Gymnasium	
	β	Anteil Varianzaufklärung	β	Anteil Varianzaufklärung	β	Anteil Varianzaufklärung	β	Anteil Varianzaufklärung	β	Anteil Varianzaufklärung
Familiäre Struktur- und Prozessmerkmale										
Sozialschichtindex	**-0.07**		0.00		-0.05		-0.01		0.02	
Kulturelle Ressourcen	0.05		-0.06		-0.04		0.05		**0.06**	
Kommunikative Praxis	0.08		0.07		-0.07		0.06		0.05	
Wahrnehmung Umweltprobleme (Eltern)	0.07		0.00		**0.10**		**0.09**		**0.06**	
Freizeitbezogene Aktivitäten										
Naturwissenschaftsbezogene Medienaktivitäten	**0.27**		**0.26**		**0.27**		**0.28**		**0.19**	
Anspruchsvolle Mediennutzung	0.03		0.06		0.08		**0.05**		**0.17**	
Schulbezogene Merkmale										
Naturwissenschaftliche Kompetenz	**0.14**		0.12		0.05		**0.13**		**0.19**	
Umweltaktivitäten: Exkursionen in die Natur	**0.06**		0.02		**0.15**		0.00		0.00	
Unterricht: Naturwissenschaftliches Anwenden	**0.14**		**0.16**		**0.21**		**0.10**		**0.08**	
R^2 Familiäre Merkmale	.03	16%	.01	3%	.01	4%	.03	15%	.03	13%
R^2 Freizeitaktivitäten	.10	48%	.09	55%	.09	51%	.11	59%	.10	53%
R^2 Schulbezogene Merkmale	.07	33%	.06	39%	.07	43%	.05	27%	.06	33%
R^2	.20		.16		.17		.18		.20	

Mit $p < .05$ signifikante Werte sind fett gedruckt.

Tabelle 7: Schulartspezifische Regressionsmodelle zur Vorhersage vom Umweltwissen anhand schulischer und außerschulischer Faktoren

Modellelemente	Hauptschule		Integrierte Gesamtschule		Schule mit mehreren Bildungsgängen		Realschule		Gymnasium	
	β	Anteil Varianzaufklärung	β	Anteil Varianzaufklärung	β	Anteil Varianzaufklärung	β	Anteil Varianzaufklärung	β	Anteil Varianzaufklärung
Familiäre Struktur- und Prozessmerkmale										
Sozialschichtindex	0.07		**0.10**		0.00		0.01		0.04	
Kulturelle Ressourcen	0.00		0.03		0.05		**0.08**		0.03	
Kommunikative Praxis	**0.11**		**0.12**		**0.16**		0.03		**0.11**	
Wahrnehmung Umweltprobleme (Eltern)	0.02		0.05		−0.01		−0.01		0.00	
Freizeitbezogene Aktivitäten										
Naturwissenschaftsbezogene Medienaktivitäten	**0.12**		**0.13**		**0.16**		**0.28**		**0.25**	
Anspruchsvolle Mediennutzung	0.03		−0.03		0.01		0.02		0.03	
Schulbezogene Merkmale										
Naturwissenschaftliche Kompetenz	**0.41**		**0.41**		**0.35**		**0.36**		**0.29**	
Umweltaktivitäten: Exkursionen in die Natur	−0.05		−0.04		0.01		**0.06**		−0.03	
Unterricht: Naturwissenschaftliches Anwenden	**0.07**		**0.20**		0.07		**0.07**		**0.08**	
R^2 Familiäre Merkmale	.03	11%	.06	16%	.05	21%	.02	7%	.03	13%
R^2 Freizeitaktivitäten	.03	12%	.04	10%	.05	19%	.11	35%	.10	37%
R^2 Schulbezogene Merkmale	.17	73%	.24	67%	.15	57%	.17	54%	.12	46%
R^2	.24		.37		.26		.30		.26	

Mit $p < .05$ signifikante Werte sind fett gedruckt.

Für die Jugendlichen höherer Schularten, insbesondere der Realschule und des Gymnasiums, zeigt sich ein erheblich ausgewogeneres Bild hinsichtlich der Bedeutung der einzelnen Prädiktoren, auch wenn schulbezogene Merkmale dominieren (Anteile zwischen 46 und 57 Prozent der aufgeklärten Varianz). Freizeitaktivitäten nehmen bei diesen Schülerinnen und Schülern jedoch eine deutlich wichtigere Stellung ein als bei Jugendlichen anderer Schularten, insbesondere naturwissenschaftsbezogene Medienaktivitäten (Unterschiede in den Regressionskoeffizienten lassen sich für die Realschule und das Gymnasium im Vergleich mit der Hauptschule und der Integrierten Gesamtschule statistisch absichern). Die Bedeutung familiärer Merkmale ist auch bei Jugendlichen höherer Schularten im Vergleich mit den anderen Prädiktorblöcken eher zu vernachlässigen.

Die Ergebnisse dieses Abschnitts zusammenfassend kann demnach festgehalten werden, dass sich die herkunftsbedingten Unterschiede zwischen Jugendlichen in den berücksichtigten umweltbezogenen Merkmalen in nahezu identischer Weise in den Schularten abbilden. Dennoch weisen die Ergebnisse zumindest in Bezug auf das Umweltwissen auf differenzielle Effekte der Schularten hin, wonach schulbezogene Merkmale vor allem für Jugendliche unterer Schularten und damit unterer Sozialschichten eine wichtige Bedeutung zu haben scheinen. Jugendliche höherer Schularten hingegen scheinen sich in stärkerem Maße als z.B. Hauptschüler oder Gesamtschüler Umweltwissen über freizeitbezogene Aktivitäten, insbesondere Medien, anzueignen. Den familiären Merkmalen kommt insgesamt vergleichsweise wenig Bedeutung zu.

7 Zusammenfassung und Diskussion

Im Rahmen von PISA 2006 bot sich die Möglichkeit, zum ersten Mal Aussagen über das Umweltwissen, die Wahrnehmung von Umweltproblemen und umweltbezogene Einstellungen 15-jähriger Jugendlicher in Deutschland zu treffen und gleichzeitig die relative Bedeutung von Merkmalen der familiären Herkunft sowie schulischer und außerschulischer Faktoren für deren Ausprägung zu ermitteln. Im Mittelpunkt dieses Artikels standen zwei Fragestellungen. Zum einen wurde die Ausprägung umweltbezogener Merkmale von Jugendlichen in Deutschland unter Berücksichtigung spezifischer Subpopulationen untersucht. Drei Merkmale wurden erfasst: Die Einstellung zu spezifischen Umweltmaßnahmen, das Umweltwissen und die Wahrnehmung von Umweltproblemen. Zum anderen wurde anhand explorativer Analysen der bislang ungeklärten Frage nachgegangen, welche Faktoren für die Ausprägung von umweltbezogenen Merkmalen eine bedeutsame Rolle einnehmen. Als potenziell bedeutsam wurden die Familie, selbstinitiierte Freizeitaktivitäten und bestimmte Schul- und Unterrichtsfaktoren berücksichtigt. Um zu überprüfen, inwieweit die relative Bedeutung der Bedingungsfaktoren für die Ausprägung von Umweltwissen und Einstellungen zu Umweltmaßnahmen in Abhängigkeit von der sozialen Herkunft der Jugendlichen variiert, wurden zudem schulartspezifische Modelle berechnet.

In Hinblick auf die betrachteten umweltbezogenen Merkmale von 15-jährigen Jugendlichen in Deutschland lässt sich ein insgesamt positives Fazit ziehen. Die durchgeführten Analysen zeigen, dass etwa 75 Prozent dieser Jugendlichen ausgewählte Maßnahmen zum Schutz von Natur und Umwelt befürworten. Weiterhin fühlen sich circa 60 Prozent über bedeutsame Umweltprobleme gut informiert und betrachten diese auch als ein persönliches Anliegen. Diese Werte für die Schülerinnen und Schüler in Deutschland weichen nur unbedeutend von den Durchschnittswerten ab, die in PISA 2006 für die OECD-Staaten ermittelt wurden.

Damit decken sich diese Ergebnisse weitgehend mit Befunden früherer und aktueller Studien zu umweltbezogenen Einstellungen in Deutschland (vgl. z. B. GRUNENBERG 2002; KUCKARTZ u. a. 2006) oder auch in anderen Staaten (z. B. KUHLEMEIER 1999; vgl. RICKINSON 2001). Diese belegen, dass Kinder und Jugendliche in der Regel Umweltprobleme als solche wahrnehmen, sich um die Umwelt sorgen und auch gegenüber Umweltmaßnahmen positiv eingestellt sind (z. B. PREISENDÖRFER/FRANZEN 1996). Vergleiche der in unserer Studie erhobenen Konstrukte mit denen anderer Untersuchungen sind jedoch nur bedingt möglich, da es in der Literatur keine einheitliche Nutzung von Begriffen (Umweltbewusstsein, umweltrelevante Einstellungen u. ä.) und den damit verbundenen Erfassungsmethoden gibt (vgl. LANGEHEINE/LEHMANN 1986; NEUGEBAUER 2004).

Erwartungsgemäß zeigen sich Unterschiede in den umweltbezogenen Merkmalen der Jugendlichen in Abhängigkeit von ihrer sozialen Herkunft und ihrer Bildungsbeteiligung. Jugendliche unterer Sozialschichten beziehungsweise unterer Schularten weisen gegenüber Jugendlichen aus oberen Sozialschichten beziehungsweise höheren Schularten deutliche Defizite im (selbstberichteten) Umweltwissen auf, was mit den Befunden anderer Studien korrespondiert (z. B. DIEKMANN/ PREISENDÖRFER 1998; DIETZ u. a. 1998). Erheblich geringere Unterschiede existieren zwischen den Gruppen in ihrer Einstellung zu Umweltmaßnahmen, keine Unterschiede bestehen in ihrer Wahrnehmung von Umweltproblemen. Andere Studien, die bei Personen unterer Sozialschichten ebenfalls keine geringere Wahrnehmung von Umweltproblemen fanden, begründen diese Befunde damit, dass diese Menschen von Umweltproblemen häufiger unmittelbarer betroffen sind und sie somit direkt wahrnehmen (wie verschmutzte Straßen oder Luftverschmutzung) (vgl. VAN LIERE/ DUNLOP 1980). Bei Personen aus bessergestellten Sozialschichten basiert die Problemwahrnehmung hingegen zumeist auf Informationen aus zweiter Hand, sie sind weniger direkt physisch betroffen.

Die Analysen zu potenziellen Bedingungsfaktoren von umweltbezogenen Merkmalen weisen auf die hohe Bedeutung von Freizeitaktivitäten hin, die vermutlich vor allem durch das Interesse an naturwissenschaftlichen Themen angeregt werden. Wer sich für ein Thema interessiert, wird sich eher aus eigenem Antrieb auch in seiner Freizeit damit beschäftigen (vgl. JOHNSON 1997; MARSICK/WATKINS 2001). Jugendliche eignen sich umweltbezogene Einstellungen und Wissensbestände offenbar in einem hohen Maße selbstständig an. Dabei nehmen naturwissenschaftsbezogene Medienaktivitäten (z. B. Fernsehsendungen, Internet) eine exponierte Stellung ein (vgl. hierzu z. B. RICKINSON, 2001).

Den berücksichtigten familiären Struktur- und Prozessmerkmalen kommt hingegen nur eine geringe Bedeutung für die umweltbezogenen Merkmale der 15-jährigen Jugendlichen zu. Dies könnte daran liegen, dass der Einfluss der sozialen Herkunft auf den Erwerb von umweltbezogenen Merkmalen durch die medialen Freizeitaktivitäten der Jugendlichen vermittelt wird. Das würde demnach aber auch bedeuten, dass die Mediennutzung der Jugendlichen zumindest zum Teil von familiären Merkmalen beeinflusst wird. So sind Jugendliche aus höheren Sozialschichten offenbar eher in der Lage, sich selbstständig Wissen und Informationen über Umweltthemen anzueignen (vgl. hierzu auch SENKBEIL/WITTWER in diesem Heft), z. B. anhand der ihnen in größerer Anzahl zur Verfügung stehenden Kulturgüter (z. B. Bücher, Medien, Internetanschluss).

Auch schulbezogene Merkmale beziehungsweise Merkmale des naturwissenschaftlichen Unterrichts können die Ausprägung von umweltbezogenen Merkmalen positiv beeinflussen. Für das selbstberichtete Umweltwissen stellen die schulbezogenen Merkmale sogar den mit Abstand wichtigsten Prädiktorblock dar. Der höchste Stellenwert kommt dabei der naturwissenschaftlichen Kompetenz zu. Anhand des naturwissenschaftlichen Unterrichts erwerben Schülerinnen und Schüler naturwissenschaftliche Wissensbestände und Erkenntnismethoden, die vielen Umweltproblemen zugrunde liegen (z. B. GRÄSEL 2000). Dabei stützen unsere Ergebnisse die Annahme von LITTLEDYKE (2008), wonach insbesondere ein praxisorientierter Unterricht mit Bezug zu Alltagsphänomenen den Erwerb umweltbezogener Einstellungen begünstigt. Die ermittelten Effekte sind zwar gering, erweisen sich aber im Hinblick auf alle berücksichtigten umweltbezogenen Merkmale als signifikant. Klassische Umweltaktivitäten auf Schulebene (z. B. Exkursionen in die Natur) scheinen für die Ausbildung umweltbezogener Merkmale hingegen weniger Bedeutung zu haben. Auch wenn Jugendliche ihre Einstellungen zu umweltbezogenen Maßnahmen offenbar vornehmlich durch eigenständige Aktivitäten außerhalb der Schule erwerben, ist der Einfluss der Schule also nicht zu unterschätzen. Dies zeigt sich vor allem in Bezug auf (selbstberichtetes) Wissen über Umweltprobleme, welches eine notwendige Voraussetzung für eine angemessene Bewertung möglicher Umweltrisiken und verantwortungsvolles Umwelthandeln darstellt (vgl. z. B. Rost 1992, 1997; Rost/Gresele/Martens 2001).

Schulartspezifische Analysen deuten darüber hinaus darauf hin, dass die Schule auch in gewissem Umfang herkunftsbedingte Defizite in umweltbezogenen Einstellungen – insbesondere beim Umweltwissen – zumindest abmildern kann. Das bedeutet einerseits, dass aufgrund der starken Kopplung zwischen Bildungsbeteiligung und sozialer Herkunft in den Schularten nahezu die identischen Niveauunterschiede in den betrachteten Umweltmerkmalen festzustellen sind wie bei Berücksichtigung der sozialen Herkunft. Andererseits zeigt sich jedoch in Übereinstimmung mit anderen Studien (vgl. Rickinson 2001), dass schulische Prozesse für Jugendliche unterer Schularten (Hauptschule, Integrierte Gesamtschule) eine deutlich höhere Bedeutung im Hinblick auf den Erwerb von Umweltwissen besitzen als für Schülerinnen und Schüler im Gymnasium und in der Realschule. Jugendliche unterer Schularten scheinen vor allem auf eine fundierte Wissensvermittlung in der Schule angewiesen zu sein, während sich Jugendliche höherer Schularten (Gymnasium, Realschule) in deutlich stärkerem Maße ihr Umweltwissen selbstständig über Medien aneignen. In abgeschwächter Form kann dieser Effekt aber auch für die Einstellung zu Umweltmaßnahmen festgestellt werden. Darüber hinaus scheint ein praxis- und anwendungsorientierter Naturwissenschaftsunterricht das Umweltwissen und die Einstellung zu Umweltmaßnahmen insbesondere bei den Jugendlichen unterer Schularten zu begünstigen.

Der explorative Charakter der Analysen weist aber auch auf Restriktionen dieser Studie hin, die nicht unerwähnt bleiben sollen. So konnte die Bedeutung der berücksichtigten Einflussfaktoren nur anhand vergleichsweise distaler Indikatoren operationalisiert werden. Die erhobenen Merkmale (z. B. familiäre Prozessmerkmale, Medienaktivitäten oder anwendungsorientierter Unterricht) sind nicht umweltspezifisch (d. h. auf Umweltthemen bezogen) erhoben worden, sodass Über- oder Unterschätzungen hinsichtlich der Bedeutung einzelner Prädiktoren oder auch der aggregierten Merkmalsblöcke nicht auszuschließen sind. Entsprechend sollten Indikatoren mit explizitem Bezug zu Umweltthemen oder -problemen (z. B. umweltbezogene Aktivitäten der Eltern, Medienaktivitäten mit Umweltbezug, Umweltbildung in der Schule) zu deutlich genaueren Schätzungen führen. Zudem konnten auch Aktivitäten mit Umweltbezug (z. B. Exkursionen in die Natur) nur relativ undifferenziert erfasst werden (z. B. keine Angaben über die Häufigkeit dieser Aktivitäten).

Das in diesem Beitrag verwendete Regressionsmodell kann zwar eine Vielzahl von Prädiktoren berücksichtigen, gibt aber keinen Aufschluss über Interaktionen oder gar reziproke Prozesse zwischen den Modellelementen. Denkbar ist jedoch, dass zum Beispiel ein vornehmlich anwendungsorientierter Naturwissenschaftsunterricht freizeitbezogene Medienaktivitäten mit Bezug zu Umweltthemen anregt, die wiederum den schulischen Wissenserwerb der Jugendlichen positiv beeinflussen können. Im nächsten Schritt sollten daher theoretische Modelle zur Entwicklung von Umwelteinstellungen ausgearbeitet und getestet werden, die eine Überprüfung solcher Prozesse beispielsweise anhand von Strukturgleichungsmodellen erlauben. Des Weiteren wären die Mediationsprozesse, auf die die Analysen hinweisen, mit spezifischeren Modellen zu untersuchen. Als generelle Einschränkung ist schließlich zu berücksichtigen, dass die querschnittliche Anlage der PISA-Studien keine kausalen Interpretationen erlaubt.

Insofern sind die in dieser Studie berichteten Befunde nicht als abschließendes Ergebnis der aufgeworfenen Fragestellungen zu betrachten, sondern vielmehr als Anregung zu verstehen, theoretische Modelle zum Erwerb von Umwelteinstellungen bei Kindern und Jugendlichen unter Berücksichtigung bedeutsamer Einflussfaktoren zu entwickeln. Insbesondere die Befunde zur Bedeutung schulbezogener Merkmale sollten dazu anregen, den Stellenwert der Schule genauer aufzuklären. Solche Modelle sollten die Grundlage weiterer Forschungstätigkeiten zu dieser Fragestellung bilden. Die hier berichteten Befunde können hierfür einen ersten Orientierungspunkt bilden.

Anmerkung

1 Ein mehrdimensionales Antwortmodell wurde gewählt, um die drei Kompetenzbereiche Naturwissenschaften, Mathematik und Lesen gemeinsam zu skalieren.
2 Die Anzahl der Freiheitsgrade beruht auf den replicate weights.

Literatur

ADAMS, R. J./WU, M. (2007): The mixed-coefficients multinomial logit model. In: VON DAVIER, M./CARSTENSEN, C. H. (Eds.): Multivariate and mixture distribution Rasch models – Extensions and applications. – New York, pp. 57-75.
ARTELT, C./SCHIEFELE, U./SCHNEIDER, W./STANAT, P. (2002): Leseleistungen deutscher Schülerinnen und Schüler im internationalen Vergleich (PISA). Ergebnisse und Erklärungsansätze. In: *Zeitschrift für Erziehungswissenschaft*, Bd. 5, S. 6-27.
ATTEWELL, P. (2001): The first and second digital divide. In: Sociology of Education, Vol. 74, pp. 252-259.
BALLANTYNE, R./PACKER, J. (2002): Nature-based excursions: School students' perceptions of learning in natural environments. In: International Research in Geographical and Environmental Education, Vol. 11, pp. 218-236.
BALLANTYNE, R./PACKER, J. (2005): Promoting environmentally sustainable attitudes and behaviour through free-choice learning experiences: what is the state of the game? In: Environmental Education Research, Vol. 11, pp. 281-295.
BAMBERG, S. (2003): How does environmental concern influence specific environmentally related behaviors? A new answer to an old question. In: Journal of Environmental Psychology, Vol. 23, pp. 21-32.
BAUMERT, J./SCHÜMER, G. (2001): Familiäre Lebensverhältnisse, Bildungsbeteiligung und Kompetenzerwerb. In: BAUMERT,J./KLIEME, E./NEUBRAND, M./PRENZEL, M./SCHIEFELE, U./SCHNEIDER, W./STANAT, P./TILLMANN, K.-J./WEISS, M. (Hrsg.): PISA 2000. Basiskompetenzen von Schülerinnen und Schülern im internationalen Vergleich. – Opladen, S. 323-407.
BAUMERT, J./WATERMANN, R./SCHÜMER, G. (2003): Disparitäten der Bildungsbeteiligung und des Kompetenzerwerbs. Ein institutionelles und individuelles Mediationsmodell. In: Zeitschrift für Erziehungswissenschaft, Bd. 6, S. 46-72.
BETZ, T. (2007): Zur Bildungsbedeutsamkeit von Familie: Informelle Bildung und Schulerfolg Arbeitspapier II – 19, Zentrum für sozialpädagogische Forschung der Universität Trier (Forschungsstelle des Fachbereichs I – Pädagogik).
BÖGEHOLZ, S. (2006): Nature experience and its importance for environmental knowledge, values and action: recent German empirical contributions. In: Environmental Education Research, Vol. 12, pp. 65-84.
BOLSCHO, D./HAUENSCHILD, K. (2006): From environmental education to education for sustainable development in Germany. In: Environmental Education Research, Vol. 12, pp. 7-18.
BONNETT, M./WILLIAMS, J. (1998): Environmental education and primary children's attitudes towards nature and the environment. In: Cambridge Journal of Education, Vol. 28, pp. 159-174.
BORMANN, I./DE HAAN, G. (2008): Kompetenzen der Bildung für nachhaltige Entwicklung. Operationalisierung, Messung, Rahmenbedingungen, Befunde. – Wiesbaden.
BRECKLER, S. J. (1984): Empirical validation of affect, behavior, and cognition as distinct components of attitude. In: Journal of Personality and Social Psychology, Vol. 47, pp. 1191-1205.

BYBEE, R. W. (1997): Towards an understanding of scientific literacy. In: GRÄBER, W./BOLTE, C. (Eds.): Scientific literacy – An international symposium. – Kiel, pp. 37-68.

CARSTENSEN u. a. 2007 = CARSTENSEN, C. H./FREY, A./WALTER, O./KNOLL, S. (2007): Technische Grundlagen des dritten internationalen Vergleichs. In: PRENZEL, M./ARTELT, C./BAUMERT, J./BLUM, W./HAMMANN, M./KLIEME. E./PEKRUN, R. (Hrsg.): PISA 2006. Die Ergebnisse der dritten internationalen Vergleichsstudie. – Münster, S. 367-390.

COHEN, J. (1988): Statistical power analysis for the behavioral sciences. – 2nd ed. – Hillsdale.

CONNELL u. a. 1998 = CONNELL, S./FIEN, J./SYKES, H./YENCKEN, D. (1998): Young people and the environment in Australia: beliefs, knowledge, commitment and educational implications. In: Australian Journal of Environmental Education, Vol. 14, pp. 39-48.

DE HAAN, G. (2006): The BLK '21' programme in Germany: a 'Gestaltungskompetenz'-based model for Education for Sustainable Development. In: Environmental Education Research, Vol. 12, pp. 19-32.

DIEKMANN, A./PREISENDÖRFER, P. (1998): Environmental behavior – Discrepancies between aspirations and reality. In: Rationality and Society, Vol. 10, pp. 79-102.

DIETZ, T./STERN, P. C./GUAGNANO, G. A. (1998): Social structural and social psychological bases of environmental concern. In: Environment and Behavior, Vol. 30, pp. 450-471.

DILLON, J. (2003): On learners and learning in environmental education: missing theories, ignored communities. In: Environmental Education Research, Vol. 9, pp. 215-226.

FALK, J. H. (2005): Free-choice environmental learning: framing the discussion. In: Environmental Education Research, Vol. 11, pp. 265-280.

FALK, J. H./DIERKING, L. D. (2002): Lessons without limits: how free-choice learning is transforming education. – Walnut Creek.

FIETKAU, H.-J./KESSEL, H. (1981) (Hrsg.): Umweltlernen. Veränderungsmöglichkeiten des Umweltbewußtseins. Modelle – Erfahrungen. – Königstein/Ts.

FUHRER, U. (1995): Sozialpsychologisch fundierter Theorierahmen für eine Umweltbewusstseinsforschung. In: Psychologische Rundschau, Bd. 46, S. 93-103.

GAMBRO, J. S./SWITZKY, H. N. (1999): Variables associated with American high schools students' knowledge of environmental issues related to energy and pollution. In: Journal of Environmental Education, Vol. 30, No. 2, pp. 15-22.

GANZEBOOM u. a. 1992 = GANZEBOOM, H. B. G./DE GRAAF P. M./TREIMAN, D. J./DE LEEUW, J. (1992): A standard international socio-economic index of occupational status. In: Social Science Research, Vol. 21, pp. 1-56.

GRÄSEL, C. (2000): Closing the gap between knowledge and action. Some considerations for environmental education. In: BAYRHUBER, H./MAYER, J. (Eds.): Empirical research on environmental education in Europe. – Münster, S. 111-120.

GROSS, L. (1997): The impact of television on modern life and attitudes. Paper presented at the International Conference on the Public Understanding of Science and Technology, Chicago.

GRUNENBERG, H./KUCKARTZ, U. (2003): Umweltbewusstsein im Wandel. Ergebnisse der UBA-Studie Umweltbewusstsein in Deutschland 2002. – Opladen.

GRUNERT, C. (2005): Kompetenzerwerb von Kindern und Jugendlichen in außerunterrichtlichen Sozialisationsfeldern. In: GRUNERT, C./HELSPER, W./HUMMRICH, M./THEUNERT, H./GOGOLIN, I. (Hrsg.): Kompetenzerwerb von Kindern und Jugendlichen im Schulalter. – München, S. 9-94.

HAYS, W. L. (1988): Statistics. – 4th ed. – New York.

HELMKE, A./WEINERT, F. E. (1997): Bedingungsfaktoren schulischer Leistungen. In: WEINERT, F. E. (Hrsg.): Enzyklopädie der Psychologie: Pädagogische Psychologie, Band 3. Psychologie des Unterrichts und der Schule. – Göttingen, S. 71-176.

HOLBERT, R. L./KWAK, N./SHAH, D. V. (2003): Environmental concern, patterns of television viewing, and pro-environmental behaviors: Integrating models of media consumption and effects. In: Journal of Broadcasting and Electronic Media, Vol. 47, pp. 177-196.

HOMBURG, A./MATTHIES, E. (1998): Umweltpsychologie. – Weinheim und München.

HOOPER-GREENHILL, E. (2003): Museums and Social Value: Measuring the Impact of Learning in Museums, Paper presented at ICOM-CECA Annual Conference, Oaxaca.

HOPKINS, K. (2005): Family communication: A catalyst for socially desired behaviours. In: Prism, Vol. 3, pp.1-15.
JOHNSON, S. C. (1997): Learning technological concepts and developing intellectual skills. In: International Journal of Technology and Design Education, Vol. 7, pp. 161-180.
JONES, R. E./DUNLAP, R. E. (1992): The social bases of environmental concern: Have they changed over time? In: Rural Sociology, Vol. 57, pp. 28-47.
KAISER, F. G./FUHRER, U. (2000): Wissen für ökologisches Handeln. In: MANDL, H./GERSTENMAIER, J. (Hrsg.): Die Kluft zwischen Wissen und Handeln: empirische und theoretische Lösungsansätze. – Göttingen, S. 52-71.
KAISER, F. G./WÖLFING, S./FUHRER, U. (1999): Environmental attitude and ecological behaviour. In: Journal of Environmental Psychology, Vol. 19, pp. 1-19.
KALS, E. (1996): Verantwortliches Umweltverhalten. – Weinheim.
KALS, E./MONTADA, L. (1994): Umweltschutz und die Verantwortung der Bürger. In: Zeitschrift für Sozialpsychologie, Bd. 25, S. 326-337.
KALS, E./BECKER, R./RIEDER, D. (1999): Förderung umwelt- und naturschützenden Handelns bei Kindern und Jugendlichen. In: LINNEWEBER, V./KALS, E. (Hrsg.): Umweltgerechtes Handeln: Barrieren und Brücken. – Heidelberg, S.191-209.
KOLLMUSS, A./AGYEMAN, V. (2002): Mind the Gap: why do people act environmentally and what are the barriers to pro-environmental behavior? In: Environmental Education Research, Vol. 8, pp. 239-260.
KUCKARTZ, U./GRUNENBERG, H. (2002): Umweltbewusstsein in Deutschland 2002. Ergebnisse einer repräsentativen Bevölkerungsumfrage. Im Auftrag des Umweltbundesamtes. – Berlin.
KUCKARTZ, U./RÄDIKER, S./RHEINGANS-HEINTZE, A. (2006): Umweltbewusstsein in Deutschland 2002. Ergebnisse einer repräsentativen Bevölkerungsumfrage. Im Auftrag des Umweltbundesamtes. – Berlin.
KUHLEMEIER, H./VAN DEN BERGH, H./LAGERWEIJ, N. (1999): Environmental knowledge, attitudes, and behavior in Dutch secondary education. In: Journal of Environmental Education, Vol. 30, pp. 4-14.
LANGE, A./LÜSCHER, K. (1996): Von der Form zum Prozess? Ein konzeptueller Beitrag zur Frage nach der Bedeutung veränderter familialer Strukturen für das Aufwachsen von Kindern. In: Zeitschrift für Soziologie der Erziehung und Sozialisation, Bd. 16, S. 229-245.
LANGEHEINE, R./LEHMANN, J. (1986): Die Bedeutung der Erziehung für das Umweltbewusstsein. –Kiel.
LEEMING u. a. 1997 = LEEMING, F. C./PORTER, B. E./DWYER, W. O./COBERN, M. K./OLIVER, D. P. (1997): Effects of participation in class activities on children's environmental attitudes and knowledge. In: Journal of Environmental Education, Vol. 28, No. 2, pp. 33-42.
LEHMANN, J. (1999): Befunde empirischer Forschung zu Umweltbildung und Umweltbewusstsein. – Opladen.
LEISEROWITZ, A. A./KATES, R. W./PARRIS, T.M. (2005): Do global attitudes and behaviors support sustainable develoment? In: Environment, Vol. 47, No. 9, pp. 23-38.
LITTLEDYKE, M. (1997): Science education for environmental education? Primary teacher perspectives and practices. In: British Educational Research Journal, Vol. 23, pp. 641-59.
LITTLEDYKE, M. (2008): Science education for environmental awareness: approaches to integrating cognitive and affective domains. In: Environmental Education Research, Vol. 14, pp. 1-17.
LYONS, E./BREAKWELL, G. M. (1994): Factors predicting environmental concern and indifference in 13- to 16-year-olds. In: Environment and Behavior, Vol. 26, pp. 223-238.
MANDL, H./GERSTENMAYER, J. (2000): Die Kluft zwischen Wissen und Handeln. Empirische und theoretische Lösungsansätze. – Göttingen.
MARSICK, V. J./WATKINS, K. E. (2001): Informal and incidental learning. In: New Directions for Adult and Continuing Education, Vol. 89, pp. 25-34.
MARTENS, T./ROST, J. (1998): Der Zusammenhang von wahrgenommener Bedrohung durch Umweltgefahren und der Ausbildung von Handlungsintentionen. In: Zeitschrift für Experimentelle Psychologie, Bd. 45, S. 345 - 364.
MASLOW, A. (1970): *Motivation and Personality.* – New York.
MAURISCHAT, C./TASKINEN, P./EHMKE, T. (2007): Naturwissenschaften im Elternhaus. In: PRENZEL, M./ARTELT, C./BAUMERT, J./BLUM, W./HAMMANN, M./KLIEME. E./PEKRUN, R. (Hrsg.): PISA 2006. Die Ergebnisse der dritten internationalen Vergleichsstudie. – Münster, S. 203-223.

MEINHOLD, J. L./MALKUS, A. J. (2005): Adolescent environmental behaviors: Can knowledge, attitudes, and self-efficacy make a difference? In: Environment and Behavior, Vol. 37, pp. 511-532.
NEUGEBAUER, B. (2004): Die Erfassung von Umweltbewusstsein und Umweltverhalten. ZUMA-Methodenbericht Nr. 2004/07.
NORDLUND, A. M./GARVILL, J. (2003): Effects of values, problem awareness, and personal norm on willingness to reduce personal car use. In: Journal of Environmental Psychology, Vol. 23, pp. 339-347.
OECD (2006): Assessing scientific, reading and mathematical literacy. A framework for PISA 2006. – Paris.
OVERWIEN, B. (2005): Stichwort: Informelles Lernen. In: Zeitschrift für Erziehungswissenschaft, Bd. 83, S. 339-355.
PRENZEL, M./SCHÖPS, K./RÖNNEBECK, S./SENKBEIL, M./WALTER, O./CARSTENSEN, C. H./HAMMAN, M. (2007): Naturwissenschaftliche Kompetenz im internationalen Vergleich. In: PRENZEL, M./ARTELT, C./BAUMERT, J./BLUM, W./HAMMANN, M./KLIEME. E./PEKRUN, R. (Hrsg.): PISA 2006. Die Ergebnisse der dritten internationalen Vergleichsstudie. – Münster, S. 63-105.
PREISENDÖRFER, P. (1999): Umwelteinstellungen und Umweltverhalten in Deutschland. – Opladen.
PREISENDÖRFER, P./FRANZEN,A . (1996): Der schöne Schein des Umweltbewusstseins. In:
DIEKMANN, A./JÄGER, C. (Hrsg.): Umweltsoziologie, Sonderheft 36, Kölner Zeitschrift für Soziologie und Sozialpsychologie. – Opladen, S. 219-244.
RAUSCHENBACH u. a. 2004 = RAUSCHENBACH, T./LEU, H. R./LINGENAUBER, S./MACK, W./SCHILLING, M./SCHNEIDER, K./ZÜCHNER, I. (2004): Non-formale und informelle Bildung im Kindes- und Jugendalter. Konzeptionelle Grundlagen für einen Nationalen Bildungsbericht. – Berlin.
RESNICK, L. B. (1987): Learning in and out school. In: Educational Researcher, Vol. 19, pp. 13-20.
RIECHARD, D. E./PETERSON, S. J. (1998): Perception of environmental risk related to gender, community socio-economic setting, age, and locus of control. In: Journal of Environmental Education, Vol. 30, pp. 11-19.
RICKINSON, M. (2001): Learners and learning in environmental education: a critical review of the evidence. In: Environmental Education Research, Vol. 7, No. 3, pp. 207-320.
RICKINSON, M. (2006): Researching and understanding environmental learning: hopes for the next 10 years. In: Environmental Education Research, Vol. 12, pp. 445-457.
RIESS, W. (2003): Die Kluft zwischen Umweltwissen und Umwelthandeln als pädagogische Herausforderung – Entwicklung und Erprobung eines Prozessmodels zum „Umwelthandeln in alltäglichen Anforderungssituationen". In: Zeitschrift für Didaktik der Naturwissenschaften, Bd. 9, S. 147-159.
RODE u. a. 2001 = RODE, H./BOLSCHO, D./DEMPSEY, R./ROST, J. (2001): Umwelterziehung in der Schule – Zwischen Anspruch und Wirksamkeit. – Opladen.
ROPER STARCH WORLDWIDE (1994): Environmental Attitudes and Behaviors of American Youth with an Emphasis on Youth from Disadvantaged Areas (ED 381 599). – Washington.
ROSENBERG, M. J./HOVLAND, C. I. (1960): Cognitive, affective, and behavioral components of attitudes. In: ROSENBERG, M. J./HOVLAND, C. I./MCGUIRE, W. J./ABELSON, R. P./BREHM, J. W. (Eds.): Attitude organization and change. – New Haven, pp. 1-14.
ROSS, K./LAKIN, L./BURCH, G./LITTLEDYKE, M. (2005): Science issues and the National Curriculum. – Cheltenham.
ROST, J. (1992): Das Verhältnis von Wissen und Handeln aus kognitionstheoretischer Sicht. In P. Häußler (Hrsg.), Physikunterricht und Menschenbildung (S. 141-154). Kiel: IPN.
ROST, J. (1997): Theorien menschlichen Umwelthandelns. In G. Michelsen (Hrsg.), Umweltberatung. Grundlagen und Praxis (S. 55-62). Heidelberg: Economica Verlag.
ROST, J./GRESELE, C./MARTENS, T. (2001): Handeln für die Umwelt – Anwendung einer Theorie. – Münster.
SCHEUNPFLUG, A./ASBRAND, B. (2006): Global education and education for sustainability. In: Environmental Education Research, Vol. 12, pp. 33-46.
SCOTT, D./WILLITS, F. K. (1994): Environmental attitudes and behavior – A Pennsylvania survey. In: Environment and Behavior. Vol. 26, pp. 239-260.
SEIDEL u. a. 2007 = SEIDEL, T./PRENZEL, M./WITTWER, J./SCHWINDT, K. (2007): Unterricht in den Naturwissenschaften. In: PRENZEL, M./ARTELT, C./BAUMERT, J./BLUM, W./HAMMANN, M./KLIEME. E./PEKRUN, R. (Hrsg.): PISA 2006. Die Ergebnisse der dritten internationalen Vergleichsstudie. – Münster, S. 147-179.

SENKBEIL, M./WITTWER, J. (2006): Beeinflusst der Computer die Entwicklung mathematischer Kompetenz? In: PRENZEL, M./BAUMERT, J./BLUM, W./LEHMANN, R./LEUTNER, D./NEUBRAND, M./PEKRUN, R./ROST, J./SCHIEFELE, U. (Hrsg.): PISA 2003. Untersuchungen zur Kompetenzentwicklung im Verlauf eines Schuljahres. – Münster, S. 139-160.

SENKBEIL, M./WITTWER, J. (2008): Antezedenzien und Konsequenzen informellen Lernens am Beispiel der Mediennutzung von Jugendlichen In: Zeitschrift für Erziehungswissenschaft (in Press).

STECHER, L. (2005): Informelles Lernen bei Kindern und Jugendlichen und die Reproduktion sozialer Ungleichheit. In: Zeitschrift für Erziehungswissenschaft, Bd. 8, S. 374-393.

STERN, P. C. (2000): New Environmental Theories: Toward a Coherent Theory of Environmentally Significant Behavior. In: Journal of Social Issues, Vol. 56, pp. 407–424.

STERN, P. C./DIETZ, T./KALOF, L. (1993): Value orientations, gender, and environmental concern. In: Environment and Behavior, Vol. 25, pp. 322-348.

STERN, P. C./DIETZ, T./GUAGNANO, G. A. (1995): The new ecological paradigm in social-psychological context. In: Environment and Behavior, Vol. 27, pp. 723-743.

STERN, P. C./DIETZ, T./ABEL, T./GUAGNANO, G. A./KALOF, L. (1999): A value-belief-norm theory of support for social movements: The case of environmentalism. In: Human Ecology Review, Vol. 6, No. 2, pp. 81-97.

TIEN, F. F./FU, T.-T. (2008): The correlates of the digital divide and their impact on college student learning. In: Computers & Education, Vol. 50, pp. 421-436.

VAN LIERE, K. D./DUNLAP, R. E. (1980): The social bases of environmental concern: A review of hypotheses, explanations and empirical evidence. In: Public Opinion Quarterly, Vol. 44, pp. 181-197.

WEIGEL, R./WEIGEL, J. (1978): Environmental concern – The development of a measure. In: Environment and Behavior, Vol. 10, pp. 3-15.

WILD, E. (2004): Häusliches Lernen: Forschungsdesiderate und Forschungsperspektiven. Zeitschrift für Erziehungswissenschaft (Beiheft 3/2004), 7, pp. 37-64.

Päivi Taskinen, Regine Asseburg, Oliver Walter [1]

Wer möchte später einen naturwissenschaftsbezogenen oder technischen Beruf ergreifen? Kompetenzen, Selbstkonzept und Motivationen als Prädiktoren der Berufserwartungen in PISA 2006

Zusammenfassung:
Im Rahmen von PISA 2006 wurden Jugendliche danach gefragt, welchen Beruf sie im Alter von 30 Jahren ihrer Meinung nach ausüben werden. Die Antworten können wichtige Informationen zu zwei Fragen liefern. Zum einen kann gezeigt werden, wie hoch der Anteil von Jugendlichen ist, die sich vorstellen können, einem auf dem Arbeitsmarkt stark nachgefragten MINT-Beruf (**M**athematik, **I**nformatik, **N**aturwissenschaften und **T**echnik) nachzugehen. Zum anderen können Zusammenhänge untersucht werden, die einen Hinweis darauf liefern können, welche in PISA untersuchten Schülermerkmale (Kompetenzen, Fähigkeitsselbstkonzept in Naturwissenschaften, instrumentelle Lernmotivation, Interesse an Naturwissenschaften) für die Erwartung wichtig sind, einem solchen Beruf nachzugehen.
Die Berufsangaben von ca. 7000 Neuntklässlerinnen und Neuntklässlern standen für die Analysen zur Verfügung. Jugendliche mit der Erwartung, später einem MINT-Beruf nachzugehen, weisen durchschnittlich günstigere Ausprägungen in den untersuchten Schülermerkmalen auf als andere Jugendliche. In den Zusammenhangsanalysen haben die Schülermerkmale jedoch nur teilweise Erklärungskraft für die Berufserwartung. Dabei spielt die instrumentelle Motivation eine wichtigere Rolle als die anderen untersuchten Schülermerkmale. Mädchen können sich deutlich seltener vorstellen, im Erwachsenenalter einem technischen Beruf nachzugehen, als Jungen, auch wenn sie über gleich hohe Kompetenzen und Motivationen sowie über ein genauso stark ausgeprägtes Fähigkeitsselbstkonzept in den Naturwissenschaften verfügen.

Schlüsselwörter: PISA, Berufswahl, MINT-Beruf, Naturwissenschaften und Technik, Kompetenz, Motivation

Abstract:
Within the context of the 2006 Programme for International Student Assessment students were asked what kind of job they expected to have at age 30. The answers can help address two issues. First, the proportion of students who expect to have a job in the fields of **M**athematics, **I**nformatics (Computer Science), **N**atural Sciences or **T**echnologies will be examined. These occupations are represented by the acronym MINT; in Germany, MINT occupations suffer from a shortage of employees. Second, science-related student characteristics and motivations (scientific and mathematical literacy, self-concept in science, instrumental motivation and interest in studying science) will be investigated with regard to the role they play in students' expectation of having a MINT job at the age of 30.
Analyses are based on a sample of about 7000 grade 9 students. Students who expect to have a MINT job reported higher levels of student engagement than students who do not expect to have a MINT job. However, students' science-related characteristics explain their job expectations to a moderate extent only. Among these, instrumental motivation was found to have the strongest association with MINT job expectation. Separate analy-

---
[1] Leibniz-Institut für die Pädagogik der Naturwissenschaften an der Universität Kiel

ses of boys and girls illustrate that lower proportions of girls than boys expect to have a technical or engineering job at the age of 30 despite equal levels of literacy and motivation and a positive self-concept in science.

Key words: PISA, career expectation, MINT job, Science and technology, literacy, motivation

1 Einleitung

Die mathematisch-naturwissenschaftliche Grundbildung gewinnt in einer von Naturwissenschaften und Technik geprägten Gesellschaft für die kulturelle Teilhabe für alle an Bedeutung. Zugleich wächst der Bedarf an qualifiziertem Nachwuchs, der in den letzten Jahren für viele Berufe in den Bereichen Mathematik, Informatik, Naturwissenschaften und Technik festzustellen ist. Bereits jetzt berichten viele Unternehmen in Deutschland über Schwierigkeiten, qualifiziertes Personal in diesen Bereichen zu finden, und der absehbare demographische Wandel wird den Bedarf an Nachwuchs verstärken. Auch das aktuelle Arbeitspapier der Bundesregierung zur Qualifizierungsinitiative (DIE BUNDESREGIERUNG 2008) weist darauf hin, dass insbesondere Akademikerinnen und Akademiker mit Abschlüssen in Natur- sowie Technikwissenschaften, Mathematik oder Informatik und Facharbeiterinnen und Facharbeiter mit Abschlüssen in technischen Bereichen auf dem Arbeitsmarkt sehr gefragt sind. Nach Prognosen des Zentrums für Europäische Wirtschaftsforschung (ZEW) zeichnet sich ein deutlicher Mangel an naturwissenschaftlichem Nachwuchs für die nächsten Jahre ab (DIE BUNDESREGIERUNG 2008). Vor diesem Hintergrund kann es als eine Herausforderung des Bildungssystems angesehen werden, die Entwicklung von mathematischen und naturwissenschaftlichen Kompetenzen und des Interesses von Schülerinnen und Schülern an mathematisch-naturwissenschaftlich-technischen Themen zu unterstützen. Eine erfolgreiche Bewältigung dieser Aufgabe sollte nicht nur das Interesse und Verständnis von Schülerinnen und Schülern vergrößern, sondern auch ihre Einstellung gegenüber der Wahl eines mathematisch-naturwissenschaftlichen Berufs günstig beeinflussen. Inwieweit dies in Deutschland tatsächlich gelingt, soll in diesem Beitrag auf der Grundlage der bei PISA 2006 erfassten Angaben von Neuntklässlerinnen und Neuntklässlern zu ihrer Berufserwartung untersucht werden. Dabei zeigen wir, welche Bedingungsfaktoren bei der Wahl eines technischen oder mathematisch-naturwissenschaftlichen Berufs eine bedeutsame Rolle spielen dürften.

2 Berufsvorstellungen und Berufswahltendenzen

Wenn Jugendliche – wie in PISA 2006 – in der neunten Klasse nach ihrer Erwartung gefragt werden, welchem Beruf sie mit 30 Jahren nachgehen werden, lassen sich diese Antworten in verschiedener Hinsicht interpretieren. Im Alter von ca. fünfzehn Jahren nimmt die Auseinandersetzung mit dem späteren möglichen Beruf bereits einen hohen Stellenwert ein (FOBE/MINX 1996; SCHOBER/GAWOREK 1996). Dies ist nicht nur vor dem Hintergrund zu verstehen, dass viele Schülerinnen und Schüler in Schulen, die zum Haupt- oder Realschulabschluss führen, kurz vor dem Übergang in eine berufliche Ausbildung stehen. Für Gymnasiastinnen und Gymnasiasten naht die Entscheidung für Leistungskurse oder Oberstufenprofile, die für ein späteres Studium eine wichtige Rolle spielen kann (EGELN/HEINE 2005; TAI u. a. 2006).

Freilich fangen Überlegungen zum Beruf sehr viel früher an. So nehmen Kinder im Alter von 3 bis 5 Jahren die Berufe ihrer Eltern wahr und beginnen allmählich Berufsvorstellungen und eigene Berufswünsche zu entwickeln. Diese Berufswünsche sind oft durch aktuelle Anlässe sowie männliche und weibliche Rollenvorbilder geprägt und selten realistisch. Im Alter von 9 bis 13

Jahren werden die Berufsvorstellungen durch die gesellschaftliche Anerkennung der einzelnen Berufe beeinflusst. Danach rücken die eigenen wahrgenommenen Persönlichkeitsmerkmale und Wünsche in den Vordergrund der beruflichen Überlegungen (TODT 2000; GOTTFREDSON 1981; SUPER 1994; SUPER/SAVICKAS/SUPER 1996). Insgesamt verläuft die Entwicklung beruflicher Vorstellungen jedoch interindividuell sehr unterschiedlich; Mädchen entwickeln beispielsweise früher realistische Berufsvorstellungen als Jungen (HARTUNG/PORFELI/VONDRACEK 2005; MCGEE/ STOCKARD 1991; DORR/LESSER 1980). Dem Forschungsstand zufolge sind Jugendliche in der neunten Jahrgangsstufe im Allgemeinen noch nicht so sehr in ihren beruflichen Vorstellungen festgelegt, dass ihre Berufserwartungen einen sicheren Schluss auf den später tatsächlich ausgeübten Beruf zulassen würden. Hinzu kommt, dass einmal erfolgte Berufswahlentscheidungen auch noch im Erwachsenenalter revidiert werden können (SUPER/SAVICKAS/SUPER 1996; TODT/ SCHREIBER 1996). Die Berufserwartungen, die Jugendliche im Alter von fünfzehn Jahren bzw. auf der neunten Jahrgangsstufe äußern, können jedoch als Visionen oder als Tendenzen zu bestimmten Berufsfeldern verstanden werden. Im Folgenden wollen wir Faktoren untersuchen, die mit den Berufserwartungen von Neuntklässlerinnen und Neuntklässlern zusammenhängen.

3 Kompetenzen, Selbstkonzept und Motivationen als Einflussfaktoren auf die Berufswahl

Fragt man nach möglichen Bedingungen von Berufserwartungen im Jugendalter, so können Theorien zur Berufswahl eine Antwort geben. Viele theoretische Ansätze versuchen die Berufswahl auf individuelle Bedingungsfaktoren zurückzuführen (vgl. z. B. HOLLAND 1996; SUPER 1994; ALLEHOFF 1985). Häufig werden hier individuelle Einschätzungen der eigenen Kompetenz sowie das berufliche Interesse und andere motivationale Merkmale als Einflussfaktoren auf die Berufswahl genannt. Auch wenn Jugendliche in der neunten Klasse noch keine Berufswahlentscheidung getroffen haben, kann man annehmen, dass sie bereits Präferenzen für bestimmte Berufe ausgebildet haben. Wie hängen also Berufswahltendenzen von Neuntklässlerinnen und Neuntklässler mit den angesprochenen Einflussfaktoren zusammen?

Es liegt auf der Hand, dass fachliche Kompetenzen für Berufswahlentscheidungen bedeutsam sind. Eine Passung zwischen individuell vorhandenen und im Beruf geforderten Kompetenzen wird als Voraussetzung für Erfolg und Zufriedenheit im Beruf betrachtet (ALLEHOFF 1985; SCHALLBERGER 2000). Zudem ist ein Mindestmaß an fachbezogenen Kompetenzen für die berufliche Ausbildung notwendig. Da Jugendliche eine – wenn auch vielleicht nicht immer zutreffende – Vorstellung von den Kompetenzen haben, die für die erfolgreiche Ausübung eines Berufs notwendig sind, können Kompetenzen in berufsrelevanten Bereichen als Aspekte betrachtet werden, die Jugendliche in ihre berufsbezogenen Überlegungen miteinbeziehen.

Eine ausschlaggebende Information über das Niveau ihrer Kompetenzen stellen die Leistungsrückmeldungen dar, die Jugendliche in der Schule erhalten. Auf der Basis von Schulnoten in den einzelnen Schulfächern und durch soziale Vergleiche mit den Klassenkameraden bilden sie subjektive Einschätzungen des eigenen Könnens, die durch das Fähigkeitsselbstkonzept erfasst werden können (MARSH 2005). Das Fähigkeitsselbstkonzept wird als domänenspezifisch betrachtet (z. B. MARSH 1993). Je nach individuellem Zutrauen in die eigenen Fähigkeiten wird einem bestimmten zukünftigen Handeln eine unterschiedlich hohe Erfolgschance zugeschrieben, was die Berufserwartung beeinflussen kann. So werden Berufe, deren Anforderungen mit dem eigenen Fähigkeitsselbstkonzept übereinstimmen, als persönlich geeignet wahrgenommen. Solche Einschätzungen können bereits bei der Überlegung, einem Beruf nachzugehen, zu einer Selbstselektion führen (vgl. Gravitationshypothese von SCHALLBERGER 2000). Empirisch konnte diese Auffassung zum

Beispiel durch die Ergebnisse aus der Längsschnittstudie TALENT (AUSTIN/HANISCH 1990) bestätigt werden: Jugendliche beschrieben die eigenen wahrgenommenen Kompetenzen als einen bestimmenden Faktor für die Berufswahl beim Übergang von der Schule zur Berufsausbildung. Auch SANDBERGER (1981) führt die selbst wahrgenommene Begabung bei Abiturienten als einen Entscheidungsgrund für einen bestimmten Beruf an. Bei SCHÜTTE u. a. (2007) konnte hingegen zwischen dem naturwissenschaftsbezogenen Fähigkeitsselbstkonzept und der Erwartung, im Erwachsenenalter einem naturwissenschaftsbezogenen Beruf nachzugehen, kein Zusammenhang gefunden werden.

Neben berufsbezogenen Kompetenzen und Kompetenzeinschätzungen gelten Interessen als gute Prädiktoren für Berufswahlentscheidungen (BEINKE 2006; EGELN/HEINE 2005; LEWIN 2001; HOLLAND 1985). Berufliche Interessen entwickeln sich relativ unabhängig von konkreten Handlungserfahrungen und sind eng verbunden mit allgemeinen Bewertungen und Orientierungen (TODT 1985). TODT und SCHREIBER (1996) weisen darauf hin, dass die beruflichen Interessen schon im Alter von 15 Jahren ausdifferenziert sind und die Ausprägungen immer stabiler werden. Personen, die ein hohes Interesse an dem Tätigkeitsfeld eines bestimmten Berufs haben und somit stark intrinsisch motiviert sind, fühlen sich ihrer Arbeit verbundener und sind in ihrem Tätigkeitsfeld flexibler. TODT (1985) bestätigt in einer empirischen Studie, dass das Interesse an einem Stoff bzw. Fachgebiet von Studierenden als die wichtigste Bedingung für das Lernen eingestuft wurde. So kann die Bedeutung der Interessen für die Berufserwartung herausgestellt werden: Wählen Jugendliche Berufe, an deren Inhalten sie interessiert sind, fällt ihnen das Lernen leichter und ihre Berufszufriedenheit wird wahrscheinlich höher sein.

Die Wahl eines Berufs kann außerdem durch extrinsische Motivation beeinflusst sein (vgl. VROOM 1964). Der extrinsischen Motivation kommt beispielsweise dann Bedeutung für die Berufswahl zu, wenn in die Berufsentscheidung Überlegungen darüber eingehen, später einen sicheren, gut bezahlten Arbeitsplatz zu erhalten und einen als erstrebenswert angesehenen sozioökonomischen Status einzunehmen. In diese Erwägungen können Informationen oder Vorstellungen über einen Nachwuchsmangel in bestimmten Branchen und die damit verbundenen guten Beschäftigungsaussichten einbezogen werden, die bestimmte Berufsziele in dieser Hinsicht als besonders attraktiv und erstrebenswert erscheinen lassen. In den Analysen von SCHÜTTE u. a. (2007) stellte die instrumentelle Lernmotivation in den Naturwissenschaften als ein Maß für extrinsische Motivation einen signifikanten Prädiktor für eine naturwissenschaftsbezogene Berufserwartung dar.

4 Die Berufsfelder Mathematik, Informatik, Naturwissenschaften und Technik

4.1 MINT-Berufe in Deutschland

Häufig werden Berufe aus den Bereichen *M*athematik, *I*nformatik, *N*aturwissenschaften und *T*echnik als MINT-Berufe bezeichnet. Akademische MINT-Berufe sind in verschiedenen Fachbereichen angesiedelt und erfordern sehr unterschiedliche und teilweise auch fachübergreifende Kompetenzen, wie z. B. die Berufe Geophysikerin bzw. Geophysiker oder Biochemikerin bzw. Biochemiker. Nicht-akademische MINT-Berufe sind vor allem gewerbliche und technische Berufe sowie medizinische Fachberufe. (Die in diesem Beitrag berücksichtigten MINT-Berufe sind im Abschnitt „Stichprobe und Operationalisierungen" genauer definiert.) So umfassen MINT-Berufe sehr unterschiedliche Disziplinen und Qualifikationsniveaus, und sie unterscheiden sich in ihren Kompetenzanforderungen teilweise erheblich. Die Schule kann durch den naturwissenschaftlichen und mathematischen Unterricht dazu beitragen, dass junge Menschen über gute Voraussetzungen zum Erlernen eines MINT-Berufs verfügen. So werden z. B. im Physik- und Mathematikunterricht Grundkenntnisse vermittelt, die für MINT-Berufe wie dem Ingenieursberuf oder technische Berufe wichtig sind. Auch werden im Biologie- und Chemieunterricht Themen behandelt, die später beim Erlernen eines medizinischen Berufs oder beispielsweise im Studium der Biologie oder Chemie nützlich sein können.

Gegenwärtig arbeiten in Deutschland ca. 47 Prozent der sozialversicherungspflichtig Beschäftigten in MINT-Berufen. (Die prozentualen Angaben in diesem Abschnitt basieren auf der in diesem Beitrag verwendeten Definition von MINT-Berufen und auf eigenen Berechnungen anhand der Daten der STATISTIK DER BUNDESAGENTUR FÜR ARBEIT 2007.) Unter den Akademikerinnen und Akademikern nehmen die Personen mit MINT-Berufen relativ betrachtet einen etwas größeren Anteil ein (55 Prozent) als unter den Personen, die Ausbildungsberufe ausüben (46 Prozent). In absoluten Zahlen gesehen gehen aktuell jedoch deutlich mehr Beschäftigte einem nicht-akademischen MINT-Beruf nach als einem akademischen MINT-Beruf, da insgesamt nur ca. 12 Prozent aller Beschäftigten in akademischen Berufen tätig sind.

Innerhalb der MINT-Berufe können zurzeit insbesondere die Informatikerinnen bzw. Informatiker, Ingenieurinnen bzw. Ingenieure, Ärztinnen bzw. Ärzte und Technikerinnen bzw. Techniker von der günstigen Arbeitsmarktsituation profitieren (EGELN/HEINE 2005; KOPPEL 2008; BUNDESAGENTUR FÜR ARBEIT 2007). Darüberhinaus erfahren die akademischen MINT-Berufe im Allgemeinen eine hohe gesellschaftliche Anerkennung. Der Beruf Ärztin bzw. Arzt liegt auf der Allensbach Berufsprestige-Skala 2008 auf der ersten Stelle, weit vor dem Beruf der Pfarrerin bzw. des Pfarrers oder der Hochschullehrerin bzw. des Hochschullehrers. Auch der Ingenieursberuf ist gesellschaftlich eher hoch angesehen (INSTITUT FÜR DEMOSKOPIE ALLENSBACH 2008; ASSEBURG 2005).

4.2 Frauen und Männer in MINT-Berufen

In Deutschland ist der Anteil der Mädchen an der Schülerschaft in Schularten, die zu höheren Schulabschlüssen führen, wie dem Gymnasium, in den vergangenen Jahren deutlich gestiegen. So besuchen heutzutage im Gegensatz zu Anfang der 1990er Jahre deutlich mehr Mädchen als Jungen das Gymnasium und deutlich weniger Mädchen als Jungen die Hauptschule (BUNDESMINISTERIUM FÜR BILDUNG UND FORSCHUNG 2007, 2001). Diese Entwicklung setzt sich in den Studienanfängerquoten fort: Während bis 1995 noch deutlich mehr Männer als Frauen ein Studium aufnahmen, kann man seitdem von einem ausgeglichenen Geschlechterverhältnis unter den Erstsemestern sprechen (BUNDESMINISTERIUM FÜR BILDUNG UND FORSCHUNG 2007).

Diese Entwicklung spiegelt sich noch nicht im gleichen Umfang auf dem beruflichen Sektor wider. So sind Frauen zurzeit vorwiegend in den niedrig vergüteten und mit niedrigeren Qualifikationen verbundenen Bereichen Fürsorge, Dienstleistung und Pflege tätig. Die technischen oder mathematisch-naturwissenschaftlichen Berufsfelder, die gegenwärtig bessere berufliche Aussichten versprechen, sind nach wie vor hauptsächlich von Männern besetzt (STATISTIK DER BUNDESAGENTUR FÜR ARBEIT 2007). Insbesondere die Besetzung der nicht-akademischen MINT-Berufe ist stark von der Geschlechterstereotypisierung geprägt, da viele dieser Berufe im technischen und gewerblichen Bereich angesiedelt sind und damit traditionell typische Arbeitsfelder der Männer darstellen. Die akademischen MINT-Berufe werden vor allem im naturwissenschaftlichen Bereich von vielen Frauen angestrebt, was an den Studierendenzahlen zu erkennen ist. Ein Blick auf die Studienfächer Informatik und Ingenieurwissenschaften zeigt jedoch, dass Frauen in diesen beiden Fächern mit einem Anteil von nur jeweils knapp 22 Prozent unterrepräsentiert sind (STATISTISCHES BUNDESAMT 2007). Können die für die Berufswahl wichtigen Motivationen und Kompetenzen einen Hinweis darauf geben, wie diese Unterschiede zu erklären sind?

Einige der für die Berufswahl wichtigen Merkmale sind bei Mädchen und Jungen im Durchschnitt unterschiedlich stark ausgeprägt. So lassen in Deutschland Jungen am Übergang zur Sekundarstufe II im Durchschnitt eine höhere mathematische Kompetenz erkennen als Mädchen (Frey u. a. 2007). Dies kann bedeuten, dass Jungen für technische und mathematische Berufe bessere Voraussetzungen mitbringen. Weiterhin wurde in verschiedenen empirischen Studien festgestellt, dass Mädchen im Allgemeinen ein weniger stark ausgeprägtes naturwissenschaftsbezogenes Selbstkonzept aufweisen als Jungen (Baumert u. a. 1997; Häußler/Hoffmann 2000; Reis/Park 2001; Schütte u. a. 2007), obwohl sich die Geschlechter in ihrer allgemeinen naturwissenschaftlichen Kompetenz nicht unterscheiden (Prenzel u. a. 2007b). Dies kann einen geschlechterspezifischen Effekt bei der Berufswahl bewirken, wenn Mädchen aufgrund ihres schwächer ausgeprägten Selbstkonzepts naturwissenschaftsbezogene Berufe als weniger erfolgsversprechend einstufen. In Hinblick auf die Sicherung des Nachwuchses für naturwissenschaftsbezogene und mathematisch-technische Berufe in Deutschland bedeuten diese Befunde eine pädagogische Herausforderung.

Nissen, Keddi und Pfeil (2003) stellen darüber hinaus fest, dass Mädchen im Durchschnitt öfter Deutsch, Englisch und Biologie als Leistungskurse wählen, während Jungen Mathematik, Englisch und Physik bevorzugen. Die Wahl der Leistungskurse kann als Ausdruck motivationaler Präferenzen interpretiert werden. Egeln und Heine (2005) bestätigen, dass Schülerinnen ein geringeres Interesse für mathematisch-technische Fächer(gruppen) zeigen (s. auch Hoffmann/Häußler/Lehrke 1998). Somit ist es wahrscheinlich, dass die Mädchen seltener als die Jungen mathematisch-technische Berufserwartungen entwickeln.

Mehrere Studien unterstützen die Annahme, dass die Wahl eines Berufs bei Mädchen und Jungen nach unterschiedlichen Kriterien erfolgt. Empirische Befunde aus dem DFG-Schwerpunktprogramm Bildungsqualität von Schule (BIQUA, vgl. Prenzel 2008) zeigen, dass auch andere Faktoren als geringe Kompetenz oder mangelndes Interesse dazu führen können, dass Mädchen keinen Beruf im mathematisch-naturwissenschaftlichen oder technischen Bereich anstreben. So meiden Mädchen auch bei starkem Interesse an Mathematik und Naturwissenschaften und hoher mathematischer und naturwissenschaftlicher Kompetenz von Männern dominierte Berufsfelder, um einer sozialen Stigmatisierung durch die Peer-Group zu entgehen (Kessels/Hannover 2007). Im Zusammenhang mit der berufsbedingten, extrinsischen Motivation weisen Saterdag und Stegmann (1980) darauf hin, dass in der neunten Klasse die Themen „Geld" und „Karriere" für Jungen eine größere berufliche Rolle spielen als für Mädchen. Mädchen legen dagegen mehr Wert auf Arbeitsplatzsicherheit als Jungen.

5 Fragestellungen und Hypothesen

Die vorliegende Studie untersucht die Erwartungen der Neuntklässlerinnen und Neuntklässler, im Erwachsenenalter einem MINT-Beruf nachzugehen. Neben der Frage, inwieweit die MINT-Berufe von Mädchen und Jungen als zukünftiger Beruf angegeben werden, wird der Frage nachgegangen, inwiefern berufswahlrelevante Kompetenzen und Motivationen in einem Zusammenhang mit der Berufserwartung stehen. Dazu werden die von den Jugendlichen genannten Berufserwartungen zunächst generell betrachtet:

a) Wie groß ist der Anteil der Jugendlichen, die erwarten, mit 30 Jahren einem MINT-Beruf nachzugehen?
MINT-Berufe bieten sehr unterschiedliche berufliche Möglichkeiten. Einige der akademischen MINT-Berufe erfahren zudem eine hohe gesellschaftliche Anerkennung (z. B. Medizinerin bzw. Mediziner oder Ingenieurin bzw. Ingenieur) und viele MINT-Berufsgruppen bieten gute

berufliche Aussichten. Somit wäre im Allgemeinen zu erwarten, dass sich ein relativ hoher Anteil an Jugendlichen vorstellen kann, später MINT-Berufen nachzugehen, und daher viele Jugendliche diese Berufe als ihre Berufserwartung nennen.

b) Wie groß sind die relativen Anteile von Jungen und Mädchen, die erwarten, mit 30 Jahren einem MINT-Beruf nachzugehen?
In der Literatur wird oft von einer nach wie vor starken Geschlechterstereotypisierung der Berufswahl gesprochen. Deshalb ist zu erwarten, dass insbesondere im Bereich der nicht-akademischen Berufe, wo der Großteil der MINT-Berufe traditionell von Männern ausgeübt wird, weniger Mädchen als Jungen erwarten, MINT-Berufen nachzugehen. Dieser Umstand ist vermutlich auch bei den akademischen MINT-Berufen Ingenieurin bzw. Ingenieur und Informatikerin bzw. Informatiker zu finden, da das Bild dieser Berufe in der Gesellschaft ebenfalls stark von Geschlechterstereotypen geprägt ist.

Der Blick auf Jugendliche, die im Erwachsenenalter einem MINT-Beruf nachzugehen erwarten, kann wichtige Hinweise liefern, ob generelle Unterschiede im Vergleich zu anderen Schülerinnen und Schülern in den für die MINT-Berufe wichtigen Schülermerkmalen vorhanden sind. In diesem Zusammenhang soll geklärt werden:

c) Sind mathematische sowie naturwissenschaftliche Kompetenz, naturwissenschaftsbezogenes Fähigkeitsselbstkonzept, instrumentelle Lernmotivation in den Naturwissenschaften und allgemeines Interesse an Naturwissenschaften bei Jugendlichen, die einen MINT-Beruf auszuüben erwarten, höher ausgeprägt als bei Jugendlichen, die eine andere Berufserwartung äußern?
Berufsspezifische kognitive und motivationale Faktoren spielen im Allgemeinen eine bedeutsame Rolle für die Berufswahl. Deshalb wird angenommen, dass Jugendliche, die erwarten, einem MINT-Beruf nachzugehen, höhere Ausprägungen in den genannten, für die MINT-Berufe relevanten Merkmalen aufweisen. Dabei wird auch untersucht, ob geschlechtsspezifische Unterschiede bestehen.

Die Betrachtung der einzelnen MINT-Berufsgruppen kann zeigen, inwieweit die in der Fragestellung c) beschriebenen Unterschiede in den einzelnen Berufsgruppen vorhanden sind. Darüber hinaus ist es sinnvoll, die Schülermerkmale mit den Berufserwartungen in Beziehung zu setzen, um Zusammenhänge innerhalb der einzelnen Berufsgruppen identifizieren zu können. Dabei werden folgende Fragen verfolgt:

d) Stehen die motivationalen Schülermerkmale und die Kompetenzen mit der Erwartung der Schülerinnen und Schüler, einem MINT-Beruf nachzugehen, in Zusammenhang? Lassen sich dabei Unterschiede in Abhängigkeit der einzelnen Berufsgruppen feststellen?
Generell wird angenommen, dass die mathematische und die naturwissenschaftliche Kompetenz, die instrumentelle Lernmotivation und das Interesse an den Naturwissenschaften mit der Erwartung, einem MINT-Beruf nachzugehen, in einem positiven Zusammenhang stehen. Die Bedeutung des Fähigkeitsselbstkonzepts für die Berufserwartung soll zudem untersucht werden.
Es ist zu erwarten, dass die Zusammenhänge zwischen den genannten Schülermerkmalen, den Kompetenzen und der Berufserwartung in den Berufsgruppen unterschiedlich stark ausgeprägt sind, weil die untersuchten Berufe einen unterschiedlich engen Bezug zu den Naturwissenschaften in der Schule, also zu Physik, Biologie und Chemie aufweisen. Dies könnte bedeuten, dass die naturwissenschaftliche Kompetenz und die naturwissenschaftsbezogenen Schülermerkmale für die einzelnen Berufserwartungen unterschiedlich wichtig sind. Da die Berufsfelder Mathematik, Informatik und Ingenieurwissenschaften einen starken inhaltlichen Bezug zur Mathematik haben, wird angenommen, dass die mathematische Kompetenz in diesen Be-

rufsgruppen in einem stärkeren Zusammenhang zur Berufserwartung steht als in den anderen untersuchten Berufsgruppen.

6 Stichprobe, Operationalisierungen und statistische Analysen

6.1 Stichprobe und Operationalisierungen

Im Rahmen von PISA 2006 wurden an jeder für den internationalen Vergleich ausgewählten Schule zusätzlich Schülerinnen und Schüler der neunten Klassenstufe getestet. Für Deutschland liegen Daten von 450 vollständigen neunten Klassen vor (N = 9577). Diese Daten bilden den Ausgangspunkt der hier berichteten Untersuchungen.

Das mittlere Alter in der Untersuchungsstichprobe beträgt 15.7 Jahre (SD = 0.63). Insgesamt haben 6952 Schülerinnen und Schüler die Frage nach der Berufserwartung mit der Nennung eines konkreten Berufs beantwortet; dies entspricht einem Anteil von 72.6 Prozent an der Gesamtstichprobe. Im Folgenden werden die Analysen für die akademischen Berufe und die nicht-akademischen Berufe getrennt durchgeführt. Die akademischen und nicht-akademischen Berufe haben unterschiedliche Anforderungsniveaus und setzen unterschiedlich hohe Qualifikationen voraus. Es ist sinnvoll diese Berufsgruppen einzeln zu betrachten, um über sie differenzierte Aussagen machen zu können. Von den 6952 Jugendlichen nennen 2210 Personen (31.8 Prozent) ein Berufsziel, das an ein Universitäts- oder Fachhochschulstudium gebunden ist (Mädchenanteil: 54.1 Prozent). Die übrigen 4742 Jugendlichen (68.2 Prozent) erwarten, einem Ausbildungsberuf nachzugehen (Mädchenanteil: 51.0 Prozent).

Alle Schülerinnen und Schüler, für die in mindestens einer der Analysevariablen ein Wert fehlt, werden aus den Analysen ausgeschlossen (listwise missing analysis). Die endgültigen Stichprobengrößen weichen daher geringfügig von den oben genannten Werten ab und können aus den Tabellen im Ergebnisteil entnommen werden.

Die abhängige Variable, die *Berufserwartung* der Neuntklässlerinnen und Neuntklässler, wurde im internationalen Schülerfragebogen von PISA 2006 über die Frage „Was meinst du, welchen Beruf du mit ca. 30 Jahren haben wirst?" erfasst. Obwohl viele Berufswahlentscheidungen erst nach der neunten Klasse erfolgen, wird angenommen, dass die Schülerinnen und Schüler bereits in der Lage sind, Berufswahlpräferenzen zu nennen, und dass die Angaben der Jugendlichen mit der späteren tatsächlichen Berufswahl tendenziell übereinstimmen (vgl. EGELN/HEINE 2005, TAI u. a. 2006; SUPER/SAVICKAS/SUPER 1996; TODT/SCHREIBER 1996).

Die Neuntklässlerinnen und Neuntklässler konnten die Berufserwartung frei angeben, ohne dass bestimmte Antwortmöglichkeiten vorgegeben wurden. Den genannten Berufen wurden anschließend gemäß der internationalen Berufsklassifikation ISCO-88 (INTERNATIONAL LABOUR OFFICE 1990) vierstellige Kodierungen zugewiesen. Auf Basis dieser Kodierungen wurden alle Berufsangaben der Schülerinnen und Schüler den akademischen Berufen (ISCO-Code < 3000) bzw. den nicht-akademischen Berufen (ISCO-Code ≥ 3000) zugeordnet und als MINT-Beruf oder anderer Beruf klassifiziert.

Als MINT-Berufe werden im vorliegenden Beitrag akademische und nicht-akademische Berufsgruppen mit einem Bezug zu Mathematik, Informatik, Naturwissenschaften und/oder Technik verstanden. Als Berufe mit einem Bezug zu Mathematik können Mathematikerinnen bzw. Mathematiker und Angestellte im Statistik-, Rechnungs- und Finanzwesen identifiziert werden. Allerdings werden diese Berufe von den Neuntklässlerinnen und Neuntklässlern so selten als Berufserwartung angegeben, dass eigenständige Analysen für diese Gruppen nicht möglich sind. Im Bereich der Informatik werden Informatikerinnen bzw. Informatiker und Datenverarbeitungsfachkräfte untersucht, wobei für die letztgenannte Berufsgruppe wegen zu geringer Fallzahlen ebenfalls auf separate Analysen verzichtet werden muss. Die naturwissenschaftsbezogenen und technischen Berufe werden in mehrere Berufsgruppen aufgeteilt. Im akademischen Bereich werden die Berufsgruppen Ingenieurin bzw. Ingenieur, Medizinerin bzw. Mediziner und sonstige akademische MINT-Berufe (z. B. Physikerin bzw. Physiker, Botanikerin bzw. Botaniker, Architektin bzw. Architekt) betrachtet. In Analogie dazu werden im Ausbildungsbereich die Berufsgruppen Technikerin bzw. Techniker, medizinische Fachkräfte und sonstige nicht-akademische MINT-Berufe (z. B. Handwerkerin bzw. Handwerker, Mechanikerin bzw. Mechaniker, Fachkräfte in der Landwirtschaft) analysiert. Die mathematikbezogenen Berufe und die Datenverarbeitungsfachkräfte werden zu den sonstigen akademischen bzw. nicht-akademischen MINT-Berufen zugeordnet. Eine vollständige Liste der den Analysen zu Grunde liegenden MINT-Berufe kann bei den Autoren angefordert werden. Da es in der Scientific Community bislang keine einheitliche Definition des Begriffs „MINT-Beruf" gibt, ist die Kategorisierung der Berufsangaben zwangsläufig mit einer gewissen Entscheidungsfreiheit verbunden. Dies sollte bei der Interpretation der Ergebnisse berücksichtigt werden.

Der Stichprobenumfang ist für jede Kategorie insgesamt und für die Mädchen und Jungen getrennt in Tabelle 1 angegeben. Die größten separierbaren Berufsgruppen unter den MINT-Berufen sind die medizinischen Fachkräfte ($N = 319$), die Medizinerinnen und Mediziner ($N = 291$) sowie die Technikerinnen und Techniker ($N = 204$). Auch die Gruppen sonstige akademische MINT-Berufe ($N = 467$) bzw. sonstige nicht-akademische MINT-Berufe ($N = 981$) sind gut besetzt. Bemerkenswert ist, dass nahezu gleich viele Mädchen wie Jungen erwarten, akademische MINT-Berufe zu ergreifen, während im nicht-akademischen Bereich deutlich mehr Jungen als Mädchen eine MINT-Berufserwartung zeigen. Hier spiegelt sich wider, dass die sonstigen MINT-Berufe im nicht-akademischen Bereich mehrheitlich Berufe darstellen, die als männerdominiert gelten (vgl. KESSELS/HANNOVER 2007).

Im Umgang mit den Angaben der Jugendlichen zu ihren Berufserwartungen sind zweierlei Aspekte einschränkend zu berücksichtigen: Auch wenn die ISCO-Codes eine hoch differenzierte Kodierung der Berufserwartungen erlauben, erfahren diese Angaben dadurch eine Begrenzung, dass die Jugendlichen selbstverständlich nur Berufe nennen können, deren Existenz ihnen bekannt ist. Die Belastbarkeit der genannten Berufserwartungen mag ferner dadurch eingeschränkt sein, dass die Vorstellungen der Jugendlichen über die Anforderungen einzelner Berufe nicht mit den tatsächlichen Anforderungen übereinstimmen müssen.

Tabelle 1. Stichprobenumfang der einzelnen Berufsgruppen auf Basis der Berufserwartungen der Neuntklässlerinnen und Neuntklässler

		Insgesamt	**Mädchen**	**Jungen**
MINT-Berufe	akademisch	1027	490	537
	Ingenieur/in	136	13	123
	Informatiker/in	133	13	120
	Mediziner/in	291	204	87
	Sonstiger MINT-Beruf	467	260	207
	nicht-akademisch	1504	483	1021
	Techniker/in	204	50	154
	Medizinische Fachkraft	319	283	36
	Sonstiger MINT-Beruf	981	150	831
Andere Berufe	akademisch	1183	706	477
	nicht-akademisch	3238	1936	1302

Tabelle 2. Überblick über die in die Analysen einbezogenen Skalen

Merkmal	Anzahl der Items	Beispielitem	Skalenwerte	Reliabilität
Naturwissenschaftliche Kompetenz	103	Regelmäßige, aber mäßige körperliche Aktivität ist gut für die Gesundheit. Warum muss man bei körperlicher Aktivität stärker atmen als bei körperlicher Ruhe?	PVs	0.92
Mathematische Kompetenz	48	Die Raumstation Mir blieb 15 Jahre in der Umlaufbahn im All und umkreiste während ihrer Zeit im Weltraum die Erde etwa 86 500 Mal. Der längste Aufenthalt eines Kosmonauten in der Mir betrug ungefähr 680 Tage. Wir oft umkreiste dieser Kosmonaut ungefähr die Erde?	PVs	0.91
Naturwissenschaftsbezogenes Fähigkeitsselbstkonzept	6	Ich lerne neuen Stoff im naturwissenschaftlichen Unterricht schnell.	WLEs	0.88
Instrumentelle Lernmotivation in Naturwissenschaften	5	Sich in Biologie, Chemie, Physik (oder im Fach Naturwissenschaften) anzustrengen, zahlt sich aus, weil mir das bei der Arbeit, die ich später machen möchte, helfen wird.	WLEs	0.86
Allgemeines Interesse an Naturwissenschaften	8	Wie hoch ist dein Interesse, etwas über die folgenden naturwissenschaftlichen Themenbereiche zu lernen? [Themenbereiche in der Physik]	WLEs	0.78

Als unabhängige Variablen werden fünf Konstrukte[1] untersucht, deren Eigenschaften und Beispielitems Tabelle 2 zeigt. Die Reliabilitäten für die einzelnen Skalen, die auf der in Deutschland erhobenen Klassenstichprobe beruhen, sind als gut bis sehr gut zu beurteilen. Alle hier verwendeten Daten gehen auf Skalierungen der PISA-2006-Daten zurück, die unter Verwendung von Modellen der Item-Response-Theorie (IRT) mit Hilfe der Software ConQuest (WU u. a. 2007) vorgenommen wurden. Für die naturwissenschaftliche und die mathematische Kompetenz wurden Plausible Values (PVs) berechnet. Für alle anderen hier betrachteten Skalen liegen Weighted Likelihood Estimates (WLEs) vor.

Naturwissenschaftliche Kompetenz und *Naturwissenschaftsbezogenes Fähigkeitsselbstkonzept* geben Anhaltspunkte für einen Zusammenhang zwischen der objektiven bzw. subjektiv wahrgenommenen Kompetenz und der Erwartung, später einen MINT-Beruf auszuüben. Die naturwissenschaftliche Kompetenz wurde mit dem internationalen Naturwissenschaftstest erfasst, der aus 103 Items besteht. Gemäß einem Multi-Matrix-Design wurde jeder Schülerin bzw. jedem Schüler nur ein Teil der Aufgaben zur Bearbeitung vorgelegt. Die Konzeption des Tests und seine psychometrischen Eigenschaften sind in anderen Veröffentlichungen beschrieben worden (z. B. OECD im Druck; PRENZEL u. a. 2007a). In Bezug auf die Berufswahlüberlegungen am Ende der Sekundarstufe I zeigen MAURISCHAT, TASKINEN und EHMKE (2007), dass die naturwissenschaftliche Kompetenz in der internationalen PISA-Stichprobe in einem positiven Zusammenhang zur naturwissenschaftsbezogenen Berufserwartung steht. So kann angenommen werden, dass die in PISA gemessene naturwissenschaftliche Kompetenz auch für die MINT-Berufserwartung wichtig ist. Das *Naturwissenschaftsbezogene Fähigkeitsselbstkonzept* wird als Indikator für die subjektive, naturwissenschaftsbezogene Fähigkeitsüberzeugung verwendet. Das Fähigkeitsselbstkonzept erfasst eine Einschätzung der eigenen Fähigkeiten in den Naturwissenschaften und wird in der Regel als domänenspezifisch betrachtet (z. B. MARSH 1993). Das Fähigkeitsselbstkonzept wurde anhand von sechs Fragen im Rahmen des internationalen Schülerfragebogens erhoben.

Die *mathematische Kompetenz* ist eine zentrale Fähigkeit für einige MINT-Berufe. Vor allem Mathematikerinnen bzw. Mathematiker, Ingenieurinnen bzw. Ingenieure, Informatikerinnen bzw. Informatiker und Technikerinnen bzw. Techniker benötigen mathematische Kompetenzen. Die mathematische Kompetenz wurde im internationalen Mathematiktest durch 48 Aufgaben erfasst, wobei die Aufgaben ebenfalls gemäß einem Multi-Matrix-Design vorgegeben wurden.

Die *naturwissenschaftsbezogene instrumentelle Lernmotivation* gilt als ein Maß für die extrinsische Motivation der Schülerinnen und Schüler. Die instrumentelle Lernmotivation erfasst hier die Lernmotivation der Jugendlichen, die für die spätere Berufstätigkeit von Bedeutung ist. Diese Skala umfasst fünf Aufgaben und stammt ebenfalls aus dem internationalen Schülerfragebogen.

Das naturwissenschaftsbezogene Interesse wird über die Skala *Allgemeines Interesse an Naturwissenschaften* operationalisiert, die aus acht Fragen besteht und ein Teil des internationalen Schülerfragebogens ist. Ein hohes Maß an Interesse an Naturwissenschaften impliziert Neugier an naturwissenschaftlichen Themen. Die Skala erfasst die Bereitschaft, etwas über naturwissenschaftliche Themen zu lernen.

6.2 Statistische Analysen

Bei den Analysen werden grundsätzlich zwei Substichproben unterschieden, die auf Basis des Bildungsniveaus der Berufserwartung gebildet werden: Jugendliche mit akademischer Berufserwartung (Voraussetzung Hochschul- oder Fachhochschulabschluss) und Jugendliche mit einer Erwartung, im Erwachsenenalter einem nicht-akademischen Beruf nachzugehen. Um Aussagen auf Basis einer repräsentativen Datengrundlage machen zu können, werden alle Analysen in diesem Beitrag unter Verwendung von Stichprobengewichten vorgenommen (vgl. CARSTENSEN u. a. 2007).

Die Angaben zur prozentualen Verteilung der Neuntklässlerinnen und Neuntklässler auf die einzelnen MINT-Berufe basieren auf der in diesem Beitrag festgelegten Definition von MINT-Berufen (siehe Abschnitt „Stichprobe und Operationalisierungen"). Als Vergleichszahlen werden stets eigene Berechnungen anhand der Zahlen der STATISTIK DER BUNDESAGENTUR FÜR ARBEIT 2007 herangezogen. Diese Zahlen beziehen sich auf die Gesamtgruppe der Beschäftigten und sind somit nicht direkt mit der Generation vergleichbar, die in dieser Untersuchung betrachtet wird oder aktuell in das Beschäftigungssystem eintritt. Außerdem sind die Angaben von Jugendlichen zur Berufserwartung als Berufswahltendenzen zu verstehen, die nicht mit der tatsächlichen späteren Berufswahl übereinstimmen müssen. Daher sollte der Vergleich dieser Prozentangaben mit Vorsicht interpretiert werden.

Die allgemeine Beschreibung der Kompetenzen und der naturwissenschaftsbezogenen Schülermerkmale erfolgt anhand deskriptiver Analysen. Dabei wird unterschieden, ob die Jugendlichen erwarten, später einem MINT-Beruf nachzugehen oder nicht. Auch werden Auswertungen separat für Mädchen sowie Jungen und für die einzelnen Berufsgruppen durchgeführt. Bei den *t*-Tests sind Werte zwischen -1.96 und 1.96 auf dem α-Niveau von .05 signifikant. Die Effektstärken werden als Cohens *d* angegeben. Dabei gilt ein Wert zwischen .20 und .40 als kleiner Effekt, ein Wert zwischen .40 und .60 als mittlerer Effekt und ein Wert über .60 als großer Effekt (COHEN 1988).

Für die Zusammenhangsanalysen werden binäre logistische Regressionen gerechnet. Dazu werden zunächst die Messwerte zu den Schülermerkmalen innerhalb der Vergleichsgruppe (akademische Berufe bzw. nicht-akademische Berufe) *z*-standardisiert. Die einzelnen Berufsgruppen bilden die Grundlage für die Regressionsanalysen, sodass berufsgruppenspezifische Aussagen getroffen werden können. Als Gütemaße zur Beurteilung des Modellfits werden Nagelkerkes R^2 und McFaddens R^2 angegeben. Nagelkerkes R^2 gibt den Anteil der durch die unabhängigen Variablen erklärten Varianz der abhängigen Variable an. McFaddens R^2 ist ein Maß zur Quantifizierung der Trennkraft der unabhängigen Variablen. Akzeptable Werte dieser beiden Maße liegen im Bereich von über .20. Von guten Werten kann gesprochen werden, wenn die Werte über .40 liegen. Bei Nagelkerkes R^2 liegt bereits bei Werten über .50 eine sehr gute Varianzaufklärung vor (Backhaus u. a. 2003).

Die statistischen Analysen werden unter Verwendung der Statistiksoftware WesVar 4.3 (Westat 2006) und SPSS 15.0 durchgeführt.

7 Ergebnisse

7.1 Die MINT-Berufe als Berufserwartungen der Jugendlichen

Insgesamt erwarten 36.6 Prozent aller Jugendlichen, die die Frage nach der Berufserwartung beantwortet haben, mit 30 Jahren einem MINT-Beruf nachzugehen. Im Vergleich zu den aktuellen Beschäftigtenzahlen der Statistik der Bundesagentur für Arbeit (2007), nach denen ca. 47 Prozent der sozialversicherungspflichtig Beschäftigten in Deutschland in MINT-Berufen tätig sind, ist dies relativ wenig. Abbildung 1 zeigt die prozentuale Verteilung der Neuntklässlerinnen und Neuntklässler auf die zu einzelnen Berufsgruppen zusammengefassten Berufserwartungen. (Alle Vergleichszahlen in diesem Abschnitt basieren auf der in diesem Beitrag verwendeten Definition von MINT-Berufen; eigene Berechnungen nach Statistik der Bundesagentur für Arbeit 2007, vgl. auch Abschnitt „Statistische Analysen".)

Von den Schülerinnen und Schülern, die eine Berufserwartung im akademischen Bereich äußern, erwartet fast die Hälfte (46.0 Prozent), mit 30 Jahren einen MINT-Beruf zu haben. Dieser Anteil ist geringer als der Anteil der gegenwärtig in Deutschland in akademischen MINT-Berufen beschäftigten Personen (54.6 Prozent, Statistik der Bundesagentur für Arbeit 2007). Da der Anteil der Jugendlichen mit einer akademischen Berufserwartung jedoch insgesamt deutlich über dem Niveau der aktuell in akademischen Berufen Beschäftigten liegt (Differenz: 18.1 Prozent, Statistik der Bundesagentur für Arbeit 2007), ist dieser Befund zunächst positiv zu bewerten: Zum einen kann eine voraussichtliche Zunahme der Bildungsbeteiligung im tertiären Bereich festgestellt werden und zum anderen ist diese Entwicklung auch im Bereich der akademischen MINT-Berufe zu erwarten. Wie sehen die Anteile in den einzelnen Berufsgruppen aus?

Als „Mediziner/in" zu arbeiten, erwarten 13.1 Prozent der Schülerinnen und Schüler mit einer akademischen Berufserwartung. Aktuell sind demgegenüber 5.8 Prozent der Akademikerinnen und Akademiker in Deutschland im Arztberuf tätig. Deutlich weniger Schülerinnen und Schüler äußern die Berufserwartung „Ingenieur/in" (6.0 Prozent) oder „Informatiker/in" (6.4 Prozent). Der Anteil der gegenwärtig als Ingenieurin bzw. Ingenieur oder Informatikerin bzw. Informatiker tätigen Personen an der Gesamtzahl aller akademisch Beschäftigten beträgt 20.2 Prozent (Statistik der Bundesagentur für Arbeit 2007). Relativ viele Jugendliche (20.6 Prozent) mit akademischer Berufserwartung können sich vorstellen, in einem „Sonstigen akademischen MINT-Beruf" zu arbeiten.

Bei den nicht-akademischen Berufen ist der Anteil an Jugendlichen, die einen MINT-Beruf anstreben, mit 32.5 Prozent kleiner als bei den akademischen Berufen. Außerdem erwarten anteilig deutlich weniger Jugendliche im Erwachsenenalter einem nicht-akademischen MINT-Beruf nachzugehen als aktuell Personen in solchen Berufen beschäftigt sind (Differenz: 13.5 Prozent). Die Gruppe „Sonstiger nicht-akademischer MINT-Beruf" ist mit 22.0 Prozent am stärksten besetzt. Die Anteile der Berufsgruppen „Medizinische Fachkraft" und „Techniker/in" betragen

Abbildung 1. Prozentuale Verteilung der Neuntklässlerinnen und Neuntklässler auf die untersuchten MINT-Berufsgruppen im akademischen und nicht-akademischen Bereich

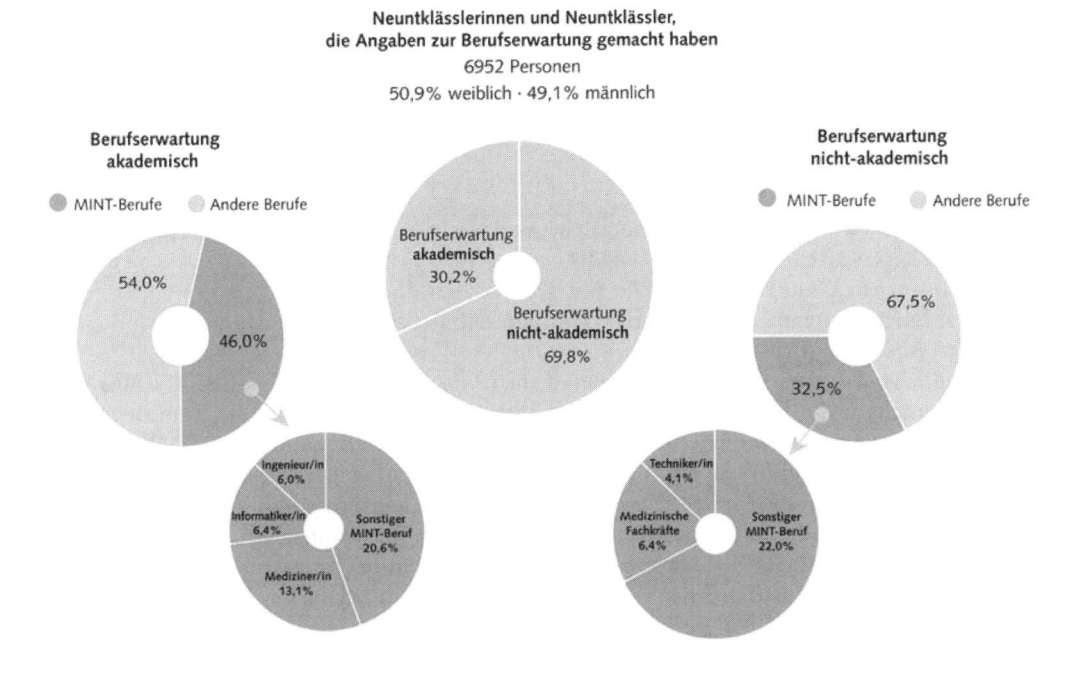

Neuntklässlerinnen und Neuntklässler, die Angaben zur Berufserwartung gemacht haben
6952 Personen
50,9% weiblich · 49,1% männlich

Berufserwartung akademisch
- MINT-Berufe: 46,0%
- Andere Berufe: 54,0%

Berufserwartung akademisch: 30,2%
Berufserwartung nicht-akademisch: 69,8%

Berufserwartung nicht-akademisch
- MINT-Berufe: 32,5%
- Andere Berufe: 67,5%

Ingenieur/in 6,0%
Informatiker/in 6,4%
Mediziner/in 13,1%
Sonstiger MINT-Beruf 20,6%

Techniker/in 4,1%
Medizinische Fachkräfte 6,4%
Sonstiger MINT-Beruf 22,0%

6.4 Prozent und 4.1 Prozent (Vergleichszahlen der aktuell in diesen Berufen Beschäftigten anteilig an allen nicht-akademisch Beschäftigten: 7.4 Prozent medizinische Fachkräfte, 4.7 Prozent Technikerinnen und Techniker; STATISTIK DER BUNDESAGENTUR FÜR ARBEIT 2007, eigene Berechnungen).

Insgesamt fällt auf, dass einige MINT-Berufsgruppen eher von den Jungen, andere eher von den Mädchen als Berufserwartung genannt werden. Die Berufsgruppen „Mediziner/in" und „Medizinische Fachkraft" werden überwiegend von Mädchen genannt (Mädchenanteil 69.0 Prozent und 87.6 Prozent). „Techniker/in" und „Sonstiger nicht-akademischer MINT-Beruf" werden eher von Jungen als Berufserwartung erwähnt (Jungenanteil: 76.1 Prozent und 85.5 Prozent), was zu erwarten gewesen ist: Nicht nur der Beruf „Techniker/in", sondern auch der Großteil der sonstigen nicht-akademischen MINT-Berufe gilt als „männerdominiert" (vgl. Abschnitte „Frauen und Männer in MINT-Berufen" und „Statistische Analysen"). Auch nennen deutlich mehr Jungen als Mädchen das Berufsziel „Ingenieur/in" und „Informatiker/in" (Mädchenanteil: 9.6 Prozent bzw. 8.8 Prozent). Da nur jeweils 13 Mädchen die Berufserwartungen Ingenieurin und Informatikerin geäußert haben, beschränken sich die Analysen zu diesen beiden Berufsgruppen im Folgenden auf die Jungen. Die Fallzahlen bei den übrigen Berufszielen erlauben Analysen für beide Geschlechter.

Die Verteilung der Berufserwartungen der Neuntklässlerinnen und Neuntklässler auf die einzelnen MINT-Berufe unterscheidet sich zum Teil von den aktuellen, auf dem Arbeitsmarkt zu beobachtenden Anteilen der einzelnen Berufsgruppen. Insgesamt zeigt sich erwartungsgemäß, dass insbesondere die akademischen MINT-Berufe oft als Berufserwartung genannt werden. Auffällig ist dagegen der niedrige Anteil von MINT-Berufserwartungen unter den nicht-akademischen Berufen. Wenn gleichzeitig insgesamt deutlich weniger nicht-akademische Berufe angestrebt werden, könnte dies zu einer Verknappung der Arbeitskräfte vor allem in der Industrie und im Gewerbe führen. Dem muss allerdings entgegengehalten werden, dass sich der Arbeitsmarkt in hoch entwickelten Ländern insgesamt immer stärker zugunsten hoch qualifizierter Tätigkeiten verschieben wird (DIE BUNDESREGIERUNG 2008).

7.2 Ausprägungen der Schülermerkmale von Jugendlichen mit einer MINT-Berufserwartung im Vergleich zu den Jugendlichen mit anderen Berufserwartungen

In Tabelle 3 sind die mittleren Ausprägungen der untersuchten Schülermerkmale der Jugendlichen angeführt, die erwarten, im Erwachsenenalter einen akademischen MINT-Beruf oder einen anderen akademischen Beruf auszuüben. Die Werte werden für die Gesamtstichprobe und für Mädchen und Jungen getrennt dargestellt. Eine genauere Aufschlüsselung nach den einzelnen Berufen erfolgt im Abschnitt „Berufsgruppenspezifische Analysen", vgl. Tabelle 5.

Jugendliche, die einen akademischen Beruf anstreben, verfügen im Durchschnitt über eine naturwissenschaftliche Kompetenz von 565 Punkten und eine mathematische Kompetenz von 549 Punkten auf der PISA-Skala. Die Kompetenzen der Jugendlichen, die einen MINT-Beruf anstreben, sind dabei signifikant höher als die Kompetenzen der Jugendlichen mit anderen Berufszielen (t_{80nat} = 2.34 bzw. t_{80mat} = 3.14, $p < .05$). Das Fähigkeitsselbstkonzept ist ebenfalls in der erstgenannten Gruppe signifikant höher ausgeprägt als in der zweiten Gruppe ($t_{80selbst}$ = 7.70, $p < .05$). Ähnliches gilt für die instrumentelle Lernmotivation in Naturwissenschaften und das Interesse an naturwissenschaftlichen Themen: Bei beiden Konstrukten zeigen die Schülerinnen und Schüler, die einen MINT-Beruf anstreben, deutlich höhere Werte als die anderen Jugendlichen ($t_{80instmot}$ = 15.45; t_{80intr} = 6.16, $p < .05$).

Der Vergleich von Mädchen und Jungen zeigt geschlechtsspezifische Unterschiede in den Ausprägungen der Kompetenzen und der anderen Schülermerkmale. Jungen, die einen akademischen MINT-Beruf anstreben, weisen eine höhere mathematische Kompetenz (t_{80mat} = 4.09, $p < .05$), ein höheres Fähigkeitsselbstkonzept ($t_{80selbst}$ = 6.54, $p < .05$) und ein höheres Interesse an den Naturwissenschaften (t_{80intr} = 3.89, $p < .05$) gegenüber Mädchen auf, die ebenfalls einen solchen Beruf anstreben (vgl. Tab. 3). Darüber hinaus verfügen die Jungen mit dem Berufsziel MINT-Beruf über eine signifikant höhere naturwissenschaftliche Kompetenz (t_{80nat} = 2.10, $p < .05$). Nur in der instrumentellen Lernmotivation unterscheiden sich Jungen und Mädchen mit akademischer MINT-Berufserwartung im Durchschnitt nicht (t_{80inst} = 0.41, n.s.).

Die Schülermerkmale und Kompetenzen der Jugendlichen, die erwarten, mit 30 Jahren einem nicht-akademischen Beruf nachzugehen, werden in Tabelle 4 beschrieben. Diese Mädchen und Jungen verfügen durchschnittlich über eine naturwissenschaftliche Kompetenz von 504 Punkten und eine mathematische Kompetenz von 491 Punkten auf der PISA-Skala. Die mathematischen und naturwissenschaftlichen Kompetenzen der Jugendlichen, die erwarten, einem nicht-akademischen MINT-Beruf nachzugehen, unterscheiden sich nicht von den Kompetenzen der anderen Jugendlichen (t_{80nat} = 1.14; t_{80mat} = 0.76, $p < .05$). Ein signifikanter Unterschied ist bei den anderen Schülermerkmalen zu finden. So heben sich die Jugendlichen, die einen MINT-Beruf als Berufserwartung geäußert haben, durch ein stärkeres Fähigkeitsselbstkonzept ($t_{80selbst}$ = 6.60, $p < .05$), eine höhere instrumentelle Motivation ($t_{80instmot}$ = 12.63, $p < .05$) und ein stärkeres Interesse (t_{80intr} = 4.71, $p < .05$) von den anderen Schülerinnen und Schülern ab. Bei einer Differenzierung nach den Geschlechtern finden sich signifikante Unterschiede zwischen Jungen und Mädchen, die einen nicht-akademischen MINT-Beruf anstreben. Bei den Jungen ist das naturwissenschaftsbezogene Fähigkeitsselbstkonzept im Mittel signifikant höher ausgeprägt als bei den Mädchen ($t_{80selbst}$ = 3.83, $p < .05$). Andererseits weisen die Mädchen in dieser Gruppe eine im Mittel signifikant höhere in-

Tabelle 3. Mittlere Ausprägungen der untersuchten Schülermerkmale für Jugendliche, die erwarten, mit 30 Jahren einem akademischen Beruf nachzugehen

	Jugendliche, die erwarten, mit 30 Jahren einen akademischen Beruf auszuüben			Jugendliche …						Jugendliche mit der Berufserwartung MINT-Beruf					
				… mit der Berufserwartung MINT-Beruf			… mit einer anderen Berufserwartung			Mädchen			Jungen		
	M	(SE)	SD	M	(SE)	SD	M	(SE)	SD	M	(SE)	SD	M	(SE)	SD
Naturwissenschaftliche Kompetenz	565	(3.29)	81	572	(4.22)	83	558	(3.67)	78	564	(4.37)	76	579	(5.84)	87
Mathematische Kompetenz	549	(3.26)	78	559	(4.08)	79	541	(3.70)	76	544	(3.90)	72	571	(5.45)	82
Naturwissenschaftsbezogenes Fähigkeitsselbstkonzept	0.48	(0.03)	1.00	0.68	(0.04)	0.95	0.32	(0.03)	1.01	0.45	(0.05)	0.92	0.88	(0.05)	0.94
Instrumentelle Lernmotivation in Naturwissenschaften	0.08	(0.03)	1.10	0.52	(0.04)	1.03	−0.30	(0.04)	1.00	0.54	(0.06)	1.02	0.51	(0.05)	1.04
Allgemeines Interesse an Naturwissenschaften	0.39	(0.02)	0.82	0.52	(0.03)	0.76	0.27	(0.03)	0.86	0.42	(0.04)	0.71	0.61	(0.03)	0.79
N (ungewichtet)	2197			1022			1175			488			534		

Tabelle 4. Mittlere Ausprägungen der untersuchten Schülermerkmale für Jugendliche, die erwarten, mit 30 Jahren einem nicht-akademischen Beruf nachzugehen

	Jugendliche, die erwarten, mit 30 Jahren einen nicht-akademischen Beruf auszuüben			Jugendliche ... mit der Berufserwartung MINT-Beruf			... mit einer anderen Berufserwartung			Jugendliche mit der Berufserwartung MINT-Beruf — Mädchen			Jugendliche mit der Berufserwartung MINT-Beruf — Jungen		
	M	(SE)	SD	M	(SE)	SD	M	(SE)	SD	M	(SE)	SD	M	(SE)	SD
Naturwissenschaftliche Kompetenz	504	(3.05)	82	501	(3.25)	78	506	(3.33)	84	501	(4.58)	78	500.7	(3.81)	78
Mathematische Kompetenz	491	(2.93)	79	489	(3.45)	75	493	(3.12)	81	481	(4.71)	76	492	(3.92)	75
Naturwissenschaftsbezogenes Fähigkeitsselbstkonzept	0.20	(0.02)	0.96	0.35	(0.03)	0.97	0.12	(0.02)	0.95	0.21	(0.04)	0.87	0.42	(0.03)	1.01
Instrumentelle Lernmotivation in Naturwissenschaften	−0.16	(0.02)	1.00	0.16	(0.03)	1.02	−0.31	(0.02)	0.96	0.27	(0.05)	0.98	0.11	(0.04)	1.03
Allgemeines Interesse an Naturwissenschaften	0.10	(0.02)	0.89	0.21	(0.03)	0.90	0.04	(0.02)	0.88	0.16	(0.04)	0.83	0.23	(0.04)	0.93
N (ungewichtet)	4674			1481			3193			480			1001		

strumentelle Lernmotivation in den Naturwissenschaften auf ($t_{80instmot}$ = 2.49, $p < .05$). Eine differenzierte Betrachtung nach Berufsgruppen erfolgt im Abschnitt „Berufsgruppenspezifische Analysen: Schülermerkmale und deren Zusammenhänge zur Berufserwartung".

Insgesamt zeigt sich wie angenommen, dass die Jugendlichen, die erwarten, im Erwachsenenalter MINT-Berufen nachzugehen, durch ein stärkeres naturwissenschaftsbezogenes Fähigkeitsselbstkonzept, eine höhere instrumentelle Lernmotivation in den Naturwissenschaften und ein höheres Interesse an Naturwissenschaften beschrieben werden können. Die erwarteten höheren Ausprägungen der mathematischen und naturwissenschaftlichen Kompetenzen der Jugendlichen mit MINT-Berufserwartung können hingegen nur in der Teilstichprobe mit akademischer Berufserwartung gefunden werden. Der in vielen empirischen Studien beschriebene Befund, dass Mädchen ein niedriger ausgeprägtes Fähigkeitsselbstkonzept haben als Jungen, wird in dieser Untersuchung bestätigt. Mädchen mit einer akademischen MINT-Berufserwartung sind außerdem durch eine niedrigere mathematische Kompetenz und ein geringeres Interesse an Naturwissenschaften gekennzeichnet, was Befunde aus anderen Studien ebenfalls stützt. Darüberhinaus zeigen diese Mädchen eine niedrigere naturwissenschaftliche Kompetenz als die Jungen. Die instrumentelle Lernmotivation der Mädchen mit nicht-akademischer MINT-Berufserwartung ist signifikant höher ausgeprägt als die der Jungen.

7.3 Berufsgruppenspezifische Analysen: Schülermerkmale und deren Zusammenhänge zur Berufserwartung

Die Analysen im vorherigen Abschnitt zeigen, dass die mathematischen und naturwissenschaftlichen Kompetenzen und die naturwissenschaftsbezogenen Schülermerkmale bei Jugendlichen mit MINT-Berufserwartung fast durchgehend höher ausgeprägt sind als bei den anderen Jugendlichen. Im Folgenden wird überprüft, ob die Berufserwartung anhand von logistischen Regressionsmodellen vorhergesagt werden kann und ob die betrachteten Konstrukte je nach Berufserwartung eine differentielle Prädiktionskraft haben. Die Analysen werden daher für die einzelnen Berufsgruppen getrennt durchgeführt. Die Erwartung, einen bestimmten MINT-Beruf zu ergreifen, wird dabei jeweils auf die genannten Schülermerkmale zurückgeführt.

Die Analysen werden getrennt für akademische und nicht-akademische Berufserwartungen durchgeführt. Die Berufserwartung wird für die Regressionen in Bezug auf die in der jeweiligen Fragestellung genannte Berufsgruppe dichotomisiert. Als Vergleichsgruppe dienen jeweils die Jugendlichen, die keinen MINT-Beruf anstreben. Die Jugendlichen, die einen anderen MINT-Beruf anstreben als den in der Fragestellung genannten, gehen in die jeweilige Analyse nicht ein. Im Falle der Medizinerinnen bzw. Mediziner lauten die dichotomisierten Ausprägungen beispielsweise: *Berufserwartung: Mediziner/in* oder *Berufserwartung: kein/e Mediziner/in und auch kein anderer akademischer MINT-Beruf*. Da nur sehr wenige Mädchen die Berufsziele Ingenieurin oder Informatikerin geäußert haben, beziehen sich die Regressionsanalysen zu diesen Berufserwartungen nur auf die Jungen.

Tabelle 5 zeigt die Mittelwerte der untersuchten Schülermerkmale in den einzelnen akademischen Berufsgruppen. Zwischen den Berufsgruppen sind nur wenige, aber z. T. deutliche Unterschiede vorhanden. Die größten Kompetenzunterschiede können zwischen den Gruppen „Ingenieur" und „Medizinerin" gefunden werden (d_{nat} = .34, d_{mat} = .50). Der größte Unterschied beim Fähigkeitsselbstkonzept kann zwischen den Mädchen der Gruppe „Sonstiger akademischer MINT-Beruf" und „Mediziner" gefunden werden (d_{selbst} = .53). Der größte Unterschied in der instrumentellen Lernmotivation besteht zwischen den Gruppen „Mediziner" und „Informatiker" ($d_{instmot}$ = .77). Die Höhe des allgemeinen Interesses an Naturwissenschaften unterscheidet sich am stärksten zwischen den Jungen aus der Gruppe „Sonstiger akademischer MINT-Beruf" und „Informatiker" (d_{intr} = .35).

Tabelle 5. Mittelwerte der untersuchten Skalen in den akademischen MINT-Berufsgruppen

	Berufserwartung															
	Ingenieur[1]				Informatiker[1]				Mediziner/in				Sonstiger akademischer MINT-Beruf			
	Jungen				Jungen				Mädchen		Jungen		Mädchen		Jungen	
	M	(SE)	SD		M	(SE)	SD		M	(SE)	SD	M	(SE)	SD	M	(SE)	SD	M	(SE)	SD
Naturwissenschaftliche Kompetenz	592	(8.66)	82		556	(13.43)	101		552	(6.91)	82	576	(11.02)	90	569	(5.31)	70	587	(7.15)	79
Mathematische Kompetenz	586	(8.30)	76		553	(11.93)	90		532	(6.47)	77	569	(10.77)	81	549	(4.74)	66	576	(7.34)	78
Naturwissenschaftsbezogenes Fähigkeitsselbstkonzept	1.02	(0.09)	0.90		0.52	(0.12)	0.99		0.47	(0.05)	0.92	1.05	(0.08)	0.81	0.40	(0.06)	0.92	0.94	(0.07)	0.93
Instrumentelle Lernmotivation in Naturwissenschaften	0.60	(0.10)	0.97		−0.06	(0.10)	1.05		0.85	(0.07)	0.91	0.98	(0.10)	0.84	0.29	(0.07)	1.05	0.62	(0.07)	1.00
Allgemeines Interesse an Naturwissenschaften	0.70	(0.07)	0.77		0.34	(0.09)	0.83		0.42	(0.06)	0.72	0.61	(0.07)	0.60	0.40	(0.04)	0.68	0.74	(0.05)	0.80
N (ungewichtet)	122				120				202			86			260			206		

[1] Aufgrund zu geringer Stichprobengröße bei Mädchen werden in dieser Gruppe nur die Jungen für die Mittelwertsberechnung berücksichtigt.

In Tabelle 6 ist ein Regressionsmodell zur Vorhersage der Berufserwartung der Schülerinnen und Schüler in den einzelnen akademischen MINT-Berufsgruppen dargestellt. Es werden b-Koeffizienten und *Odds Ratios (OR)* berichtet. Die *OR* geben jeweils die relative Chance einer Schülerin bzw. eines Schülers an, einen MINT-Beruf anzustreben. Die Referenzgruppe (d. h. *OR* = 1.00) bilden dabei stets die Schülerinnen und Schüler, die keinen MINT-Beruf angegeben haben. Ein berichtetes *Odds Ratio* von 2.0 sagt beispielsweise aus, dass die Chance, einen MINT-Beruf zu äußern, für die Personen zweimal höher ist, bei denen das betrachtete Merkmal eine Standardabweichung höher liegt als der Durchschnitt.

Die Ergebnisse in Tabelle 6 zeigen, dass die naturwissenschaftliche Kompetenz und das naturwissenschaftsbezogene Fähigkeitsselbstkonzept in keiner der untersuchten akademischen MINT-Berufsgruppen statistisch signifikant zur Vorhersage der Berufserwartung beitragen. Alle anderen betrachteten Konstrukte weisen zumindest für die Vorhersage einzelner MINT-Berufe Relevanz auf.

Die mathematische Kompetenz ist wie erwartet in der Berufsgruppe „Ingenieur" (*OR* = 1.66) für die Vorhersage der Berufserwartung bedeutsam, in der Berufsgruppe „Informatiker" hingegen unerwarteterweise nicht. Die instrumentelle Lernmotivation in den Naturwissenschaften sagt bei den meisten Berufsgruppen die Erwartung vorher, im Erwachsenenalter einem MINT-Beruf nachzugehen. Die *Odds Ratios* liegen zwischen 1.89 in der Berufsgruppe „Ingenieur" und 4.81 in der Berufsgruppe „Mediziner/in", in welcher die Lernmotivation auch insgesamt am höchsten ausgeprägt ist (vgl. Tabelle 5). In der Gruppe „Informatiker" zeigt sich kein signifikanter Zusammenhang zwischen der Berufserwartung und der instrumentellen Lernmotivation in den Naturwissenschaften. Das allgemeine Interesse an Naturwissenschaften stellt sich als wenig bedeutsam für eine akademische MINT-Berufserwartung heraus: Nur in der Berufsgruppe „Mediziner/in" ist ein Zusammenhang zu finden, der allerdings negativ ist (*OR* = 0.73).

Der Einfluss des Geschlechts kann nur bei den Berufserwartungen „Mediziner/in" und „Sonstiger akademischer MINT-Beruf" analysiert werden, da die anderen Berufserwartungen zu selten von Mädchen genannt wurden. In der Berufsgruppe „Mediziner/in" ist ein signifikanter Zusammenhang festzustellen: Mädchen streben bei gleichen Ausprägungen in den einbezogenen Skalen den Arztberuf signifikant häufiger an als Jungen (*OR* = 0.44).

Im Folgenden werden die Angaben der Jugendlichen mit einer nicht-akademischen Berufserwartung analysiert. Die Mittelwerte der in die Regression eingehenden Skalen sind in Tabelle 7 dargestellt. Hier werden bei den Kompetenzen weit deutlichere Unterschiede zwischen den Berufsgruppen sichtbar als bei den akademischen Berufsgruppen. Es fällt auf, dass die Kompetenzen der Berufsgruppe „Techniker/in" sowohl bei Mädchen als auch bei Jungen deutlich höher sind als in den anderen Berufsgruppen (d_{nat} = .27-.55, d_{mat} = .23-.65). Beim Fähigkeitsselbstkonzept ist der Unterschied zwischen der Gruppe „Techniker" und „Sonstiger nicht-akademischer MINT-Beruf: Mädchen" am größten (d_{selbst} = .57). Die motivationalen Schülermerkmale sind in der Berufsgruppe „Sonstiger nicht-akademischer MINT-Beruf" im Allgemeinen sehr niedrig ausgeprägt, sodass hier auch die höchsten Effektstärken beim Vergleich mit anderen Gruppen („Technikerin") aufgezeigt werden können ($d_{instmot}$ = .63, d_{intr} = .55).

Tabelle 8 zeigt die Ergebnisse der Regressionsanalysen zur Vorhersage der Berufserwartung der Schülerinnen und Schüler in den untersuchten Ausbildungsberufen. Auch bei den Ausbildungsberufen stehen die naturwissenschaftliche Kompetenz und das naturwissenschaftsbezogene Fähigkeitsselbstkonzept in keinem Zusammenhang zur Berufserwartung. Alle anderen betrachteten Schülermerkmale tragen zumindest bei einzelnen MINT-Berufen statistisch signifikant zur Vorhersage des Berufsziels bei. Die mathematische Kompetenz steht wie erwartet in der Berufsgruppe „Techniker/in" (*OR* = 1.45) in einem positiven Zusammenhang zur Berufserwartung, in der Berufsgruppe „Sonstiger MINT-Ausbildungsberuf" zeigt sich dagegen ein negativer Zusammenhang (*OR* = 0.74).

Tabelle 6. Regressionsmodelle zur Vorhersage der Erwartung, mit 30 Jahren einem akademischen MINT-Beruf nachzugehen

	Berufserwartung											
	Ingenieur[3]			Informatiker[3]			Mediziner/in			Sonstiger akademischer MINT-Beruf		
	b	(SE)	OR	b	(SE)	OR	b	(SE)	OR	b	(SE)	OR
Konstante	**−1.63**	(0.15)	1.00	**−1.34**	(0.13)	1.00	**−1.44**	(0.10)	1.00	**−0.91**	(0.08)	1.00
Naturwissenschaftliche Kompetenz[1]	−0.19	(0.21)	0.82	−0.21	(0.24)	0.81	−0.21	(0.17)	0.81	0.09	(0.14)	1.09
Mathematische Kompetenz[1]	**0.50**	(0.19)	**1.66**	0.25	(0.22)	1.28	0.27	(0.17)	1.32	0.14	(0.13)	1.15
Naturwissenschaftsbezogenes Fähigkeitsselbstkonzept[1]	0.15	(0.13)	1.16	−0.04	(0.13)	0.96	−0.11	(0.09)	0.90	−0.06	(0.08)	0.94
Naturwissenschaftsbezogene instrumentelle Lernmotivation[1]	**0.65**	(0.14)	**1.91**	0.13	(0.13)	1.14	**1.57**	(0.11)	**4.81**	**0.79**	(0.08)	**2.21**
Allgemeines Interesse an Naturwissenschaften[1]	−0.05	(0.11)	0.95	−0.05	(0.10)	0.95	**−0.32**	(0.10)	**0.72**	−0.04	(0.07)	0.96
Geschlecht[2]							**−0.81**	(0.21)	**0.44**	−0.11	(0.12)	0.90
N (ungewichtet)	593			591			1463			1641		
Nagelkerkes R^2	0.14			0.01			0.33			0.15		
Mc Fadden R^2	0.09			0.00			0.24			0.09		

Fettgedruckte Regressionskoeffizienten sind signifikant ($p < .05$)
[1] z-standardisierte Skalenwerte
[2] Referenzgruppe Mädchen
[3] Aufgrund zu geringer Stichprobengröße bei Mädchen werden in dieser Berufsgruppe nur die Jungen berücksichtigt.

Tabelle 7: Mittelwerte der untersuchten Skalen in den nicht-akademischen MINT-Berufsgruppen

	Berufserwartung																
	Techniker/in								Medizinische Fachkraft								
	Mädchen				Jungen				Mädchen				Jungen				
	M	(SE)	SD		M	(SE)	SD		M	(SE)	SD		M	(SE)	SD		
Naturwissenschaftliche Kompetenz	535	(10.60)	66		548	(7.78)	76		497	(5.75)	81		507	(13.18)	73		
Mathematische Kompetenz	516	(10.29)	65		541	(7.79)	74		478	(5.75)	76		493	(14.33)	69		
Naturwissenschaftsbezogenes Fähigkeitsselbstkonzept	0.70	(0.11)	0.84		0.75	(0.09)	0.98		0.20	(0.05)	0.86		0.70	(0.18)	0.98		
Instrumentelle Lernmotivation in Naturwissenschaften	0.85	(0.17)	0.98		0.50	(0.09)	1.00		0.32	(0.06)	0.95		0.60	(0.19)	1.03		
Allgemeines Interesse an Naturwissenschaften	0.64	(0.11)	0.82		0.60	(0.07)	0.80		0.20	(0.05)	0.67		0.14	(0.17)	0.98		
N (ungewichtet)	50				154				281				35				

	Sonstiger nicht-akademischer MINT-Beruf						
	Mädchen				Jungen		
	M	(SE)	SD		M	(SE)	SD
Naturwissenschaftliche Kompetenz	497	(7.92)	74		492	(3.86)	76
Mathematische Kompetenz	477	(7.58)	74		484	(3.94)	72
Naturwissenschaftsbezogenes Fähigkeitsselbstkonzept	0.07	(0.08)	0.84		0.35	(0.04)	1.01
Instrumentelle Lernmotivation in Naturwissenschaften	−0.01	(0.08)	0.93		0.02	(0.04)	1.01
Allgemeines Interesse an Naturwissenschaften	−0.07	(0.09)	1.00		0.18	(0.04)	0.95
N (ungewichtet)	149				812		

Tabelle 8. Regressionsmodelle zur Vorhersage der Erwartung, mit 30 Jahren einem nicht-akademischen MINT-Beruf nachzugehen

	Berufserwartung								
	Techniker/in			Medizinische Fachkraft			Sonstiger nicht-akademischer MINT-Beruf		
	b	(SE)	OR	b	(SE)	OR	b	(SE)	OR
Konstante	**−3.91**	(0.14)	1.00	**−2.07**	(0.07)	1.00	**−2.64**	(0.10)	1.00
Naturwissenschaftliche Kompetenz[1]	−0.10	(0.15)	0.90	0.02	(0.13)	1.02	−0.04	(0.08)	0.96
Mathematische Kompetenz[1]	**0.37**	(0.16)	**1.45**	−0.02	(0.13)	0.98	**−0.30**	(0.09)	**0.74**
Naturwissenschaftsbezogenes Fähigkeitsselbstkonzept[1]	0.02	(0.09)	1.02	0.01	(0.07)	1.01	−0.04	(0.05)	0.96
Naturwissenschaftsbezogene instrumentelle Lernmotivation[1]	**0.78**	(0.11)	**2.19**	**0.75**	(0.07)	**2.11**	**0.31**	(0.05)	**1.36**
Allgemeines Interesse an Naturwissenschaften[1]	**0.24**	(0.10)	**1.27**	−0.10	(0.08)	0.90	0.01	(0.06)	1.01
Geschlecht[2]	**1.28**	0.20	**3.61**	**−1.66**	0.18	**0.19**	**2.26**	(0.12)	**9.55**
N (ungewichtet)			3397			3509			4154
Nagelkerkes R^2			0.20			0.15			0.26
Mc Fadden R^2			0.17			0.12			0.17

Fettgedruckte Regressionskoeffizienten sind signifikant ($p < .05$)
[1] z-standardisierte Skalenwerte
[2] Referenzgruppe Mädchen

Die instrumentelle Lernmotivation in den Naturwissenschaften steht in allen drei nicht-akademischen Berufsgruppen in einem positiven Zusammenhang zur Erwartung, im Erwachsenenalter einem MINT-Beruf nachzugehen. Die Odds Ratios liegen zwischen 2.19 der „Techniker/in" und 1.36 der „Sonstigen nicht-akademischen MINT-Berufe". Das allgemeine Interesse an Naturwissenschaften zeigt sich nur für die Berufserwartung der „Techniker/in" als bedeutsam (OR = 1.27).

Auch bei der Vorhersage einer nicht-akademischen MINT-Berufserwartung können geschlechtsspezifische Unterschiede erkannt werden, die die oben formulierten Annahmen bestätigen: Die Mädchen äußern bei gleichen Ausprägungen der untersuchten Schülermerkmale signifikant öfter die Berufserwartung „Medizinische Fachkraft" als Jungen (OR = 0.19). Die Jungen geben dagegen die Berufserwartungen „Techniker/in" (OR = 3.61) und „Sonstiger MINT-Ausbildungsberuf" (OR = 9.55) deutlich öfter an als Mädchen.

Insgesamt zeigt sich überraschenderweise, dass die naturwissenschaftliche Kompetenz und das naturwissenschaftsbezogene Selbstkonzept in keinem signifikanten Zusammenhang zu einer Berufserwartung im MINT-Bereich stehen. Die übrigen untersuchten Merkmale weisen jedoch wie erwartet Zusammenhänge auf, die berufsgruppenspezifisch unterschiedlich ausfallen. So ist die mathematische Kompetenz bei Jugendlichen mit den Berufstendenzen „Ingenieur" und „Techniker/in" am höchsten ausgeprägt und erweist sich als statistisch bedeutsam für die Vorhersage der

Berufserwartungen. Die instrumentelle Lernmotivation zeigt sich außer für die „Informatiker" in allen Berufsgruppen als wichtiger Einflussfaktor auf die Berufserwartung. Bei den Jugendlichen, die einen nicht-akademischen sonstigen MINT-Beruf erwarten, ist diese Motivation allerdings recht niedrig ausgeprägt. Das naturwissenschaftsbezogene Interesse steht mit der Berufserwartung „Techniker/in" in einem bedeutsamen positiven Zusammenhang.

In den Ergebnissen wird ein geschlechtsspezifisches Muster der Berufserwartungen sichtbar, wenn die Höhe der Kompetenzen und der anderen Schülermerkmale kontrolliert wird. Die Mädchen meiden die Berufe „Technikerin" sowie andere nicht-akademische MINT-Berufe, was darauf zurückgeführt werden kann, dass diese Berufe als typische Männerberufe gelten.

Die Gütemaße zur Beurteilung des Modellfits zeigen, dass die Berufserwartungen durch die ausgewählten Skalen teilweise nur unzureichend erklärt werden. So haben bei den akademischen Berufen die berücksichtigten Schülermerkmale nur bei der Berufsgruppe „Mediziner/in" eine akzeptable Erklärungskraft für die Berufserwartung (Nagelkerkes $R^2 > .20$). In den nicht-akademischen MINT-Berufsgruppen können die Schülermerkmale die Berufserwartung besser erklären, lediglich in der Gruppe „Medizinische Fachkraft" liegt die Varianzaufklärung im nicht-zufriedenstellenden Bereich (Nagelkerkes $R^2 < .20$).

8 Zusammenfassung und Diskussion der Ergebnisse

Die Berufswahl ist insgesamt als ein wechselseitiges Spiel von vielen Faktoren zu betrachten, das zusätzlich geschlechterspezifischen Mechanismen unterlegen ist. Zwischen den untersuchten Schülermerkmalen (Kompetenzen, Fähigkeitsselbstkonzept, instrumentelle Lernmotivation und Interesse) bestehen dabei wechselseitige Beziehungen (vgl. WILD/HOFER/PEKRUN 2006 für einen Überblick).

MINT-Berufe werden von etwa jeder bzw. jedem dritten Jugendlichen als Berufserwartung genannt. Dies ist im Vergleich zu den aktuellen Beschäftigtenzahlen in diesen Berufen eher wenig (STATISTIK DER DER BUNDESAGENTUR FÜR ARBEIT 2007). Betrachtet man lediglich die Jugendlichen, die eine akademische Berufserwartung äußern, ist der Anteil der Personen mit MINT-Berufserwartung jedoch relativ hoch. Aufgrund des zunehmenden Mangels an hoch qualifizierten Arbeitskräften in den MINT-Berufen (DIE BUNDESREGIERUNG 2008) ist dieses Ergebnis positiv zu bewerten. Es wird aber zugleich sichtbar, dass die Berufe Ingenieurin bzw. Ingenieur, Informatikerin bzw. Informatiker, Mathematikerin bzw. Mathematiker und Technikerin bzw. Techniker unter den Jugendlichen, insbesondere unter den Mädchen, keine große Beliebtheit genießen. So lässt sich die Annahme, dass die Jugendlichen insbesondere solche MINT-Berufe als Berufserwartung nennen, die gegenwärtig besonders gute berufliche Aussichten bieten, nicht bestätigen. Man kann vermuten, dass den Jugendlichen erst eine Teilmenge aller existierenden Berufe bekannt ist, und dass sie noch eine unklare Vorstellung von den Tätigkeiten in den einzelnen Berufen haben. So können sich die Berufsziele der Jugendlichen noch ändern, weshalb die Angaben zur Berufserwartung als Berufswahltendenzen interpretiert werden sollten.

Die Ergebnisse der vorgestellten Analysen zeigen, dass die Berufserwartung der Jugendlichen durch die theoretisch abgeleiteten Einflussfaktoren der Berufswahl nur teilweise erklärt werden kann. Dabei ist der Zusammenhang zu den einzelnen Faktoren je nach der untersuchten Berufsgruppe unterschiedlich. In einigen Berufsgruppen ist kein Zusammenhang der untersuchten Schülermerkmale zur Berufserwartung der Schülerinnen und Schüler zu beobachten. Eine allgemeine Erklärung für diesen Befund wäre die Tatsache, dass Jugendliche die Merkmale, die in den Analysen berücksichtigt wurden, entweder generell oder im Bezug auf die einzelnen Berufe für nicht wichtig halten. Nach dieser Interpretation wären andere Faktoren eher für die Erwartung von Belang, im Erwachsenenalter einem bestimmten MINT-Beruf nachzugehen. In weiteren Studien wäre es sinnvoll, in Zusammenhangsanalysen die Beziehungen zwischen den einzelnen Schülermerkmalen zu berücksichtigen. Weitere mögliche Erklärungsansätze für den teilweise fehlenden Zusammenhang werden im Folgenden für die einzelnen untersuchten Konstrukte diskutiert.

Die instrumentelle Lernmotivation in den Naturwissenschaften zeigt sich über die Berufsgruppen hinweg als wichtigster Prädiktor für die Berufserwartung (vgl. auch SCHÜTTE u. a. 2007; MAURISCHAT/TASKINEN/EHMKE 2007). Aus der Wichtigkeit der instrumentellen Lernmotivation für die Berufswahltendenzen der Neuntklässlerinnen und Neuntklässler lässt sich ableiten, dass den Jugendlichen, die später einem MINT-Beruf nachgehen möchten, bereits in der Schule deutlich ist, dass das Lernen in den naturwissenschaftlichen Fächern für ihr Berufsziel wichtig ist. Vor allem in der Berufsgruppe Medizinerin bzw. Mediziner ist der Zusammenhang zwischen der instrumentellen Motivation und der Berufserwartung stark. Dies könnte ein Indiz für eine frühe Festlegung auf dieses Berufsziel sein.

Die naturwissenschaftliche Kompetenz und das Selbstkonzept tragen in dieser Untersuchung nicht zur Erklärung der Berufserwartung der Jugendlichen in den MINT-Berufsgruppen bei. Dies ist auffällig, denn naturwissenschaftliche Kompetenzen stellen für viele MINT-Berufe eine Grundvoraussetzung dar. Ein niedriges Fähigkeitsselbstkonzept kann die Motivation, für einen Beruf zu lernen oder in einem Beruf zu arbeiten, senken. Andererseits weist der fehlende Zusammenhang darauf hin, dass die Tendenz, einem MINT-Beruf nachzugehen, nicht bei Jugendlichen öfter vorkommt, die höhere naturwissenschaftliche Kompetenzen aufweisen. Dies könnte teilweise dadurch erklärt werden, dass die in PISA gemessene naturwissenschaftliche Kompetenz „broad science" erfasst. Dabei setzen die einzelnen MINT-Berufe überwiegend spezielle Kenntnisse in Physik, Chemie oder Biologie voraus. Für diese Hypothese spricht auch der gezeigte Zusammenhang zwischen der mathematischen Kompetenz und der Berufserwartung in den Berufsgruppen, für die mathematische Fähigkeiten von elementarer Bedeutung sind (Ingenieur und Technikerin bzw. Techniker).

Eine der wichtigsten Einflussvariablen in diversen Berufswahlstudien, das Interesse (z. B. HOLLAND 1996), steht in den vorliegenden Analysen nur in der Berufsgruppe „Techniker/in" im positiven Zusammenhang zur Berufserwartung. Eine Erklärung kann die Zusammensetzung der untersuchten Skala liefern. Analog zur Erhebung der naturwissenschaftlichen Kompetenz wurde hier eine allgemeine, viele Facetten der Naturwissenschaften erfassende Skala eingesetzt, die möglicherweise die Besonderheiten der einzelnen Berufsgruppen nicht genügend berücksichtigt. Vor diesem Hintergrund wäre in weiteren Studien zu überprüfen, ob positive Zusammenhänge auftreten, wenn die Operationalisierung des Interesses die Anforderungen der einzelnen Berufsgruppen stärker berücksichtigen würde.

Im Allgemeinen streben Mädchen seltener MINT-Berufe an als Jungen. Insbesondere können die meisten Mädchen sich nicht vorstellen, mathematisch-technisch orientierten Berufen wie Ingenieurin oder Informatikerin nachzugehen, obwohl insbesondere diese Berufe derzeit mit günstigen Arbeitsmarktbedingungen und guten finanziellen Rahmenbedingungen verbunden sind. Verschiedene Studien verweisen auf fehlendes Interesse und geringere fachliche Kompetenzen von Mädchen als Ursache für die Abneigung, mathematisch-technische Berufe zu ergreifen (z. B. EGELN/HEINE 2005). Doch die Ergebnisse aus den hier berichteten Analysen zeigen, dass Mädchen den Beruf Technikerin oder andere nicht-akademische MINT-Berufe, die als männerdominiert gelten, auch dann meiden, wenn sie über gleich hohe mathematische und naturwissenschaftliche Kompetenzen sowie über gleich hohe Motivationen verfügen wie Jungen. Die Berufswahlüberlegungen scheinen also nicht nur mit den individuellen Kompetenzen und Motivationen zusammenzuhängen, sondern lassen sich möglicherweise auch auf Geschlechterstereotype zurückführen (vgl. auch KESSELS/HANNOVER 2007). Für den Wirtschaftsstandort Deutschland kann dieser Befund bedeuten, dass das Potential der weiblichen Arbeitskräfte immer noch nicht voll ausgeschöpft wird.

Insgesamt ist unklar, inwieweit den Schülerinnen und Schülern die Bedeutung einzelner Schulfächer und Qualifikationen für das spätere Berufsleben bewusst ist. Insbesondere die Betrachtung der Gruppe der zukünftigen Informatiker wirft die Frage auf, warum die für die Ausübung dieses Berufs wichtige mathematische Kompetenz in keinem Zusammenhang zur Berufserwartung steht. Dies könnte auf unrealistische Vorstellungen der Jugendlichen über die berufliche Tätigkeit von Informatikern hindeuten. Auch könnte die Tatsache, dass Jugendliche aus allen Schularten Berufserwartungen äußern, die ein Studium voraussetzen, darauf hindeuten, dass mehr Aufklärungsarbeit in der Berufsberatung nötig ist. Diese Vermutung wird durch einen Befund aus PISA 2006 unterstützt: Die 15-jährigen Jugendlichen in Deutschland haben im internationalen Vergleich nach eigenen Angaben nur durchschnittliche Kenntnisse über naturwissenschaftsbezogene Berufe (vgl. Senkbeil/Drechsel/Schöps 2007). Eine intensivere Berufsberatung könnte nicht nur wichtige Informationen über Inhalte und Voraussetzungen einzelner Berufe und über die aktuelle Arbeitsmarktlage liefern, sondern möglicherweise auch dazu beitragen, dass die in dieser Untersuchung beobachtete geschlechterstereotype Segmentierung des Arbeitsmarktes zukünftig verringert wird. Die Ergebnisse weisen auch darauf hin, wie wichtig der Erhalt der Durchlässigkeit des Schulsystems ist. So sollten realistische Berufserwartungen mit dem Ziel gefördert werden, spätere Unter- oder Überforderung zu vermeiden.

Der Großteil der Jugendlichen in der neunten Klasse ist in der Lage, Angaben zur Berufserwartung zu machen. Etwa 27 Prozent der Neuntklässlerinnen und Neuntklässler hat sich zu diesem Aspekt jedoch nicht geäußert. Dies kann bedeuten, dass sich diese Jugendlichen noch nicht entschieden haben, welchen Beruf sie ergreifen möchten. Insgesamt ist die Berufswahl ein lang andauernder Prozess, und inwieweit Jugendliche sich in der neunten Klasse für einen Beruf fest entschieden haben, kann anhand dieser Daten nicht überprüft werden. Ob die genannte Berufserwartung tatsächlich realisiert wird, könnte nur in einer Längsschnittstudie festgestellt werden.

Anmerkung

1 Die soziale Herkunft der Jugendlichen wird durch das spezielle Design der Untersuchung berücksichtigt. Damit wird eine relative Homogenität der Untersuchungsgruppen bezüglich der sozialen Herkunft erreicht, sodass dieses Merkmal in den vorgestellten Analysen nicht gesondert berücksichtigt wird.

Literatur

Allehoff, W. H. (1985): Berufswahl und berufliche Interessen. – Göttingen, Toronto, Zürich.
Asseburg, R. (2005): Untersuchungen zur Fairness des IST 2000 R und des CFT 3. – Unveröffentlichte Diplomarbeit, Ruprecht-Karls-Universität Heidelberg.
Austin, J. T./Hanisch, K. A. (1990): Occupational attainment as a function of abilities and interests: A longitudinal analysis using project TALENT Data. In: Journal of Applied Psychology, Vol. 75, pp. 77-86.
Backhaus u.a. 2003 = Backhaus, K./Erichson, B./Plinke, W./Weiber, R. (2003): Multivariate Analysemethoden. – Heidelberg.
Baumert u.a. 1997 = Baumert, J./Lehmann, R./Lehrke, M./Schmitz, B./Clausen, M./Hosenfeld, I./Köller, O./Neubrand, J. (1997): TIMSS – Mathematisch-naturwissenschaftlicher Unterricht im internationalen Vergleich. Deskriptive Befunde. – Opladen.
Beinke, L. (2006): Berufswahl und ihre Rahmenbedingungen. Entscheidungen im Netzwerk der Interessen. In: Bundesagentur für Arbeit (Hrsg.): Berufe im Spiegel der Statistik. Beschäftigten- und Arbeitslosenstatistik der BA. IAB Forschungsbereich 7. – Frankfurt am Main.
Bundesagentur für Arbeit (2007): Arbeitsmarkt Kompakt 2007. URL: http://www.arbeitsagentur.de
Bundesministerium für Bildung und Forschung (2001): Gutachten zur Bildung in Deutschland. URL: http://www.bmbf.de

Bundesministerium für Bildung und Forschung (2007): Berufsbildungsbericht 2007. URL: http://www.bmbf.de
Carstensen u.a. 2007 = Carstensen, C. H./Frey, A./Walter, O./Knoll, S. (2007): Technische Grundlagen des dritten internationalen Vergleichs. In: Prenzel, M./Artelt, C./Baumert, J./Blum, W./Hammann, M./Klieme, E./Pekrun, R. (Hrsg.): PISA 2006. Die Ergebnisse der dritten internationalen Vergleichsstudie. – Münster, S. 367-390.
Cohen, Jacob (1988): Statistical Power Analysis for the Behavioral Sciences, 2. Aufl. – Hillsdale.
Die Bundesregierung (2008): Aufstieg durch Bildung – Qualifizierungsinitiative der Bundesregierung. URL: http://www.bmbf.de
Dorr, A./Lesser, G. S. (1980): Career awareness in young children. Communication Research and Broadcasting, Vol. 1, No. 3, pp. 36-75.
Egeln, J./Heine, C. (2005): Indikatoren zur Ausbildung im Hochschulbereich. In: Bundesministerium für Bildung und Forschung (Hrsg.): Studien zum deutschen Innovationssystem, Nr. 4. – Berlin.
Frey u.a. 2007 = Frey, A./Asseburg, R/Carstensen, C./Ehmke, T./Blum, W.(2007): Mathematische Kompetenz. In: Prenzel, M./Artelt, C./Baumert, J./Blum, W./Hammann, M./Klieme, E./Pekrun, R. (Hrsg.): PISA 2006. Die Ergebnisse der dritten internationalen Vergleichsstudie. – Münster, S. 249-276.
Fobe, K./Minx, B. (1996): Berufswahlprozesse im persönlichen Lebenszusammenhang. Jugendliche in Ost und West an der Schwelle von der schulischen in die berufliche Ausbildung. In: Beiträge zur Arbeitsmarkt- und Berufsforschung, Bd. 196. – Nürnberg.
Gottfredson (1981): Circumscription and Compromise: A developmental theory of occupational aspirations. In: Journal of counseling psychology monographs, 28, 6.
Häußler, P./Hoffmann, L. (2000): A Curricular Frame for Physics Education: Development, Comparison with Students' Interests, and Impact on Students' Achievement and Self-Concept. In: Science education, Vol. 84, pp. 689-705.
Hartung, P. J./Porfeli, E. J./Vondracek, F. W. (2005): Child vocational development: A review and reconsideration. In: Journal of vocational behavior, Vol. 66, pp. 385-419.
Hoffmann, L./Häußler, P./Lehrke, M. (1998): Die IPN-Interessenstudie Physik. – Kiel.
Holland, J. L. (1985): Making vocational Choices. A theory of vocational personalities and work environments. – Englewood Cliffs.
Holland, J. L. (1996): Exploring careers with a typology. What have we learned and some new directions. In: American Psychologist, Vol. 51, pp. 397-406.
Institut für Demoskopie Allensbach (Hrsg.) (2008): Ärzte weiterhin vorn – Grundschullehrer und Hochschulprofessoren haben an Berufsansehen gewonnen. Die Allensbacher Berufsprestige-Skala 2008. In: Allensbacher Berichte, Nr. 2.
International Labour Office (1990): International standard classification of occupations: ISCO-88. International Labour Organization. – Geneva.
Kessels, U./Hannover, B. (2007): How the image of maths and science affects the development of academic interests. In: Prenzel, M. (Hrsg.): Studies on the educational quality of schools. – Münster, pp. 283-297.
Koppel, O. (2008): Ingenieurlücke in Deutschland – Ausmaß, Wertschöpfungsverluste und Strategien. Institut der deutschen Wirtschaft Köln.
Lewin, K. (2001): Studienmotive und -erwartungen der Studienanfänger/innen. In: Lischka, I./Wolter, A. (Hrsg.): Hochschulzugang im Wandel? – Weinheim, Basel.
Marsh, H. W. (1993): Academic self-concept: Theory measurement and research. In: Suls, J. (Ed.): Psychological perspectives on the self, Vol. 4, pp. 59-98.
Marsh, H. W. (2005): Big-fish-little-pond effect on academic self-concept. In: Zeitschrift für Pädagogische Psychologie 19, S. 119-127
Maurischat, C./Taskinen, P./Ehmke, T. (2007): Naturwissenschaften im Elternhaus. In: Prenzel, M./Artelt, C./Baumert, J./Blum, W./Hammann, M./Klieme, E./Pekrun, R. (Hrsg.): PISA 2006. Die Ergebnisse der dritten internationalen Vergleichsstudie. – Münster, S. 203-224.
McGee, J./Stockard, J. (1991): From a child's view: Children's occupational knowledge and perceptions of occupational characteristics. In: Cahill, S. (Ed.): Sociological studies of child development: Perspectives on and of children, Vol. 4, pp. 113-136.

NISSEN, U./KEDDI, B./PFEIL, P. (2003): Berufsfindungsprozesse von Mädchen und jungen Frauen. Erklärungsansätze und empirische Befunde. – Opladen.
OECD (im Druck): PISA 2006. Technical Report. – Paris.
PRENZEL u.a. 2007a = PRENZEL, M./ARTELT, C./BAUMERT, J./BLUM, W./HAMMANN, M./KLIEME, E./ PEKRUN, R.(2007)(Hrsg.): PISA 2006. Die Ergebnisse der dritten internationalen Vergleichsstudie. – Münster.
PRENZEL u.a. 2007b = PRENZEL, M./SCHÖPS, K./RÖNNEBECK, S./SENKBEIL, M./WALTER, O./CARSTENSEN, C. H./HAMMANN, M. (2007): Naturwissenschaftliche Kompetenz im internationalen Vergleich. In: PRENZEL, M./ARTELT, C./BAUMERT, J./BLUM, W./HAMMANN, M./KLIEME, E./PEKRUN, R (Hrsg.): PISA 2006. Die Ergebnisse der dritten internationalen Vergleichsstudie. – Münster, S. 63-102.
PRENZEL, M. (Hrsg.) (2008): Studies on the educational quality of schools. The final report on the DFG Priority Programme. – Münster.
REIS, S./PARK, S. (2001): Gender differences in high-achieving students in math and science. In: Journal for the Education of the Gifted, Vol. 25, pp. 52-73.
SANDBERGER, J. V. (1981): Motive der Ausbildungsentscheidung. In: PEISERT, H. (Hrsg.): Abiturienten und Ausbildungswahl. – Weinheim, S. 103-120.
SATERDAG, H./STEGMANN, H. (1980): Jugendliche beim Übergang vom Bildungs- in das Beschäftigungssystem. – Nürnberg.
SCHALLBERGER, U. (2000): Berufliche Tätigkeit als „Determinante" interindividueller Differenzen. In: BIRBAUMER, N./FREY, D./KUHL, J./PRINZ, W./SCHNEIDER (Hrsg.): Enzyklopädie der Psychologie, Bd. 4, S. 407-442.
SCHOBER, K./GAWOREK, M. (Hrsg.) (1996): Berufswahl: Sozialisations- und Selektionsprozesse an der ersten Schwelle. In: Beiträge zur Arbeitsmarkt- und Berufsforschung, Bd. 202. – Nürnberg.
SCHÜTTE u.a. 2007 = SCHÜTTE, K./FRENZEL, A. C./ASSEBURG, R./PEKRUN, R. (2007): Schülermerkmale, naturwissenschaftliche Kompetenz und Berufserwartung. In: PRENZEL, M./ARTELT, C./BAUMERT, J./ BLUM, W./HAMMANN, M./KLIEME, E./PEKRUN, R. (Hrsg.): PISA 2006. Die Ergebnisse der dritten internationalen Vergleichsstudie. – Münster, S. 125-146.
SENKBEIL, M./DRECHSEL, B./SCHÖPS, B. (2007): Schulische Rahmenbedingungen und Lerngelegenheiten für die Naturwissenschaften. In: PRENZEL, M./ARTELT, C./BAUMERT, J./BLUM, W./HAMMANN, M./ KLIEME, E./PEKRUN, R (Hrsg.): PISA 2006. Die Ergebnisse der dritten internationalen Vergleichsstudie. – Münster, S. 181-199.
STATISTISCHES BUNDESAMT (2007): Hochschulen auf einem Blick. Ausgabe 2007. URL: http://www.destatis.de
STATISTIK DER BUNDESAGENTUR FÜR ARBEIT (2007): Statistik der Bundesagentur für Arbeit. Sozialversicherungspflichtig Beschäftigte nach Berufsordnungen in Deutschland, Stichtag 30.09.2007. URL:http:// www.pub.arbeitsamt.de
SUPER, D. E. (1994): Der Lebenszeit-, Lebensraumansatz der Laufbahnentwicklung. In: BROWN, D./ BROOKS, L (Hrsg.): Karriere-Entwicklung. – Stuttgart.
SUPER, D. E./SAVICKAS, M. L./SUPER, C. M. (1996): The life-span, life-space approach to careers. In: BROWN, D./BROOKS, L. (Eds.): Career Choice and Development, pp.121-78.
TAI u.a. 2006 = TAI, R. H./LIU, C. Q./MALTESE, A. V./FAN, X. (2006): Planning early for careers in science. Science, Vol. 312, pp. 1143-1144.
TODT (1985): Die Bedeutung der Schule für die Entwicklung der Interessen von Kindern und Jugendlichen. In: Unterrichtswissenschaft, 13, S. 362-376.
TODT, E. (2000): Geschlechtsspezifische Interessen – Entwicklung und Möglichkeiten der Modifikation. In: Empirische Pädagogik 14 (3), S. 215-254.
TODT, E./SCHREIBER, S. (1996): Development of interests. Paper presented at Seeon-Conference on interest and gender. – Seeon, Germany.
VROOM (1964): Work and Motivation. – New York.
WESTAT (2006): WesVar. – Rockville.
WILD, E./HOFER, M./PEKRUN, R. (2006): Psychologie des Lernens. In: KRAPP, A./WEIDENMANN, B. (Hrsg.): Pädagogische Psychologie. – 5. Aufl., S. 203-267.
WU u.a. 2007 = WU, M. L./ADAMS, R. J./WILSON, M. R./HALDANE, S. (2007): ACER – ConQuest 2.0 – Generalised item response modeling software. – Camberwell.

Martin Senkbeil und Jörg Wittwer [1]

Antezedenzien und Konsequenzen informellen Lernens am Beispiel der Mediennutzung von Jugendlichen

Zusammenfassung:
Während die Bedeutung informeller Lernprozesse für den Kompetenzerwerb unbestritten ist, liegen bislang wenige empirische Untersuchungen hierzu vor. Deshalb werden in diesem Artikel die Bedingungen und Konsequenzen informeller Lernprozesse am Beispiel der freizeitbezogenen Medienaktivitäten von Jugendlichen in den Blick genommen. Auf der Grundlage der PISA 2006-Stichprobe aus Deutschland wurde untersucht, in welcher Weise die Art der Mediennutzung durch die soziale Herkunft beeinflusst ist und sich differentiell auf die schulische Kompetenz auswirkt. Die Ergebnisse zeigten, dass sich Jugendliche in der Art ihrer Mediennutzung voneinander unterschieden, was zu einem erheblichen Anteil durch familiäre Struktur- und Prozessmerkmale zu erklären war. Zudem schienen Jugendliche, die vor allem anspruchsvollen Medienaktivitäten nachgingen, infolge informeller Lernprozesse höhere Kompetenzen in den Bereichen Naturwissenschaften und Lesen aufzuweisen. Die Befunde verdeutlichen die Wichtigkeit informeller Lernprozesse für die schulische Kompetenz und lassen vermuten, dass soziale Ungleichheiten bei der Kompetenzentwicklung aufgrund einer unterschiedlichen Nutzung von Medien und damit einhergehenden informellen Lerngelegenheiten reproduziert oder gar vergrößert werden.

Keywords: Informelles Lernen, Mediennutzung, Schulische Kompetenzen, Soziale Disparitäten

Abstract:
Although it is recognized that informal learning plays an important role in academic achievement, little is known about the antecedents and consequences of informal learning activities. In this article, we take a step towards filling this gap and investigate students' media use as a practice of informal learning. On the basis of the German sample of PISA 2006, the extent to which students' media use is related to their socioeconomic background and how this affects their academic achievement was examined. Results showed that students greatly differed in their media use and that this was partly attributable to aspects of family structure and processes. In addition, students who spent more time using cognitively challenging media seemed to possess higher scientific and reading competencies. Overall, the findings suggest that social inequalities can provide distinctive opportunities for informal learning processes which, in turn, can be closely related to differences in academic achievement.

Keywords: academic achievement, informal learning, media usage, social inequalities

---

[1] Leibniz-Institut für die Pädagogik der Naturwissenschaften an der Universität Kiel

1 Informelle Lernprozesse und Kompetenzerwerb

In den vergangenen Jahren ist ein vermehrtes Interesse der Pädagogischen Psychologie an der Bedeutung informeller Lernprozesse für den Kompetenzerwerb von Jugendlichen festzustellen (vgl. z.B. DÜX/SASS 2005; OVERWIEN 2001, 2005). Vor allem aufgrund der Anforderungen der Wissensgesellschaft und eines Lernens über die gesamte Lebensspanne kommt informellen Lernprozessen eine wichtige Rolle für das berufliche und private Leben zu (OVERWIEN 1999; LEMPERT/ ACHTENHAGEN 2000; BLK 2001). Außerschulische Lernorte und Lerngelegenheiten finden derzeit aber auch verstärkt Beachtung, um die Bildungspotenziale von Kindern und Jugendlichen besser auszuschöpfen (z.B. WAHLER/TULLY/PREISS 2004).

Generell kann unter *informellem Lernen* nach OVERWIEN (2001) Lernen außerhalb der Schule verstanden werden, welches im Alltag, in der Familie oder in der Freizeit stattfindet. Es ist in Bezug auf Lernziele oder Lernzeit meist weniger strukturiert und führt im Gegensatz zum schulischen Lernen nur ausnahmsweise zu einer formalen Zertifizierung. Informelles Lernen kann intentional sein, ist in den meisten Fällen jedoch inzidentell (vgl. hierzu auch SANDHAAS 1986; MARSICK/WATKINS 2001). Vor allem zeichnen sich informelle Lernprozesse dadurch aus, dass sie in der Regel intrinsisch motiviert, kontextualisiert, zielorientiert und selbstinitiiert erfolgen (vgl. z.B. RESNICK 1987; JOHNSON 1997; MARSICK/WATKINS 2001). Deshalb stehen bei Untersuchungen zu informellen Lernprozessen meist Freizeitaktivitäten von Jugendlichen wie ehrenamtliche Tätigkeiten oder die Nutzung von Medien im Mittelpunkt (vgl. z.B. TULLY 1994, 2004; KORPAN u. a. 1997; RAUSCHENBACH u. a. 2004; WAHLER/TULLY/PREISS 2004).

Empirische Befunde zeigen, dass informelle Lernprozesse vor allem selbstregulative Fähigkeiten und Problemlösekompetenzen zu fördern scheinen, die für die schulische Kompetenzentwicklung und das weitere Berufsleben von grundlegender Bedeutung sind (FAURE 1973; DELORS 1996; OVERWIEN 1999, 2005). Beispielsweise belegten GERBER, CAVALLO und MAREK (2001), dass eine aktive Auseinandersetzung mit alltäglichen Problemstellungen im Rahmen von Freizeitaktivitäten (z.B. ehrenamtliche und bezahlte Tätigkeiten) das schlussfolgernde Denken in den Naturwissenschaften förderte. In der längsschnittlichen Ergänzungsstudie zu PISA 2003 (SENKBEIL/WITTWER 2006) wurde eine unterstützende Wirkung der heimischen Computernutzung auf die Entwicklung der Mathematikkompetenz nachgewiesen, und zwar dann, wenn der Computereinsatz intrinsisch motiviert und selbstgesteuert erfolgte. Problemlösekompetenzen und selbstregulative Fähigkeiten spielten hierbei als vermittelnde Einflussfaktoren eine zentrale Rolle (vgl. auch MARTIN 2004; HSI 2007; OSBORNE/DILLON 2007).

Bei der Untersuchung von informellen Lernprozessen ist zu berücksichtigen, in welcher Weise Jugendliche die Möglichkeit haben, kognitiv anregenden Aktivitäten nachzugehen. Neben Gleichaltrigen stellen vor allem Familien wichtige Bildungsorte und Lerngelegenheiten für die Heranwachsenden dar (z.B. FURTNER-KALLMÜNZER u. a. 2002). Deshalb kommt der sozialen Herkunft der Familie eine entscheidende Rolle zu. Sie bestimmt maßgeblich, inwieweit Kinder vielfältige und anregungsreiche Lerngelegenheiten erhalten (RAUSCHENBACH u. a. 2004). Entsprechend weisen empirische Untersuchungen auf eine enge Kopplung der Art, Ausrichtung und Qualität von informellen Lernprozessen mit Merkmalen der sozialen Herkunft hin (z.B. BÜCHNER/KRÜGER 1996; STECHER 2005).

Vor diesem Hintergrund widmet sich die vorliegende Studie den Bedingungen und Konsequenzen informeller Lernprozesse am Beispiel der freizeitbezogenen Mediennutzung von Jugendlichen. Es wird untersucht, inwieweit die Art der Mediennutzung von Jugendlichen durch ihre soziale Herkunft geprägt ist und infolgedessen unterschiedliche Auswirkungen auf ihre schulische Kompetenz hat. Sind Unterschiede in der Mediennutzung und in den damit einhergehenden informellen Lernprozessen durch soziale Einflüsse der Familie bedingt, ist zu vermuten, dass bereits bestehende soziale Ungleichheiten beim Kompetenzerwerb der Jugendlichen aufgrund unterschiedlicher Gelegenheiten zum informellen Lernen reproduziert oder gar vergrößert werden (vgl. z.B. BÜCHNER 2003; GRUNDMANN u. a. 2004; BÜCHNER/WAHL 2005; STECHER 2005). In den beiden folgenden Abschnitten wird auf die Bedeutung von Medien für informelle Lernprozesse und auf soziale Disparitäten in der Mediennutzung näher eingegangen.

2 Mediennutzung als Bestandteil informellen Lernens

Die Nutzung von Medien, etwa Fernsehen, Verwendung von Computer und Internet oder Lesen, gehört zu den am häufigsten ausgeübten Freizeitaktivitäten von Jugendlichen und stellt einen zentralen Bestandteil ihrer Lebenswelt dar (vgl. z.B. GRUNERT 2005; MEDIENPÄDAGOGISCHER FORSCHUNGSVERBAND SÜDWEST 2007). Für das informelle Lernen spielen Medien eine zentrale Rolle, da sie soziale und kommunikative Bedürfnisse befriedigen und im Prozess der Ablösung von der Familie die Möglichkeit der persönlichen Selbstdefinition und Identitätsfindung bieten (vgl. z. B. OTTO/KUTSCHER 2004; WAHLER 2004; STECHER 2005). Im Hinblick auf Bildungsprozesse sind vor allem kognitive Funktionen der Mediennutzung von Bedeutung, die sich sowohl auf die aktive Rezeption und Verarbeitung von Medieninhalten beziehen (z. B. WITTWER/BROMME/ JUCKS 2004) als auch die eigenständige Produktion medialer Erzeugnisse beinhalten (z.B. Erstellen einer Homepage; RAUSCHENBACH u. a. 2004). Entsprechend können Medienaktivitäten als situierte Lernformen betrachtet werden, die den Erwerb schulischer Kompetenzen beeinflussen (z.B. JOHNSON 1997; SEFTON-GREEN 2004).

Beispielsweise zeigen neuere Forschungsergebnisse, dass ein moderater und auf Informationssendungen ausgerichteter Fernsehkonsum die schulische Kompetenzentwicklung unterstützt (vgl. z.B. ANDERSON u. a. 2001; LINEBARGER 2001; ENNEMOSER/SCHNEIDER 2007). Ein häufiger und vornehmlich unterhaltungsbezogener Fernsehkonsum beeinflusst in der Regel die schulische Kompetenzentwicklung hingegen negativ (vgl. z.B. BEENTJES/VAN DER VOORT 1988; KOOLSTRA/ VAN DER VOORT/VAN DER KAMP 1997). Für die häusliche Computernutzung zeigt sich, dass die reine Nutzungshäufigkeit offenbar keinen Einfluss auf den schulischen Kompetenzerwerb besitzt (WITTWER/SENKBEIL 2008). Vielmehr scheint eine intrinsisch motivierte und selbstgesteuerte Auseinandersetzung mit anspruchsvollen Computeranwendungen eine positive Wirkung auf die Kompetenzentwicklung zu haben (SENKBEIL/WITTWER 2006). Untersuchungen zu freizeitbezogenen Leseaktivitäten belegen, dass das Leseinteresse mit deutlich höheren Kompetenzwerten im Leseverständnis einhergeht (z.B. ARTELT u. a. 2001, 2002; BAUMERT/WATERMANN/SCHÜMER 2003; OECD 2004a). Dabei wird der Zusammenhang zwischen Leseinteresse und Lesekompetenz maßgeblich über die selbstregulativen Fähigkeiten der Jugendlichen vermittelt (SCHAFFNER/ SCHIEFELE/SCHNEIDER 2004). Freizeitbezogene Leseaktivitäten scheinen sich auch auf die Kompetenzentwicklung in anderen Schulfächern (z. B. Mathematik) förderlich auszuwirken (z. B. BOFINGER 2001; GRUNERT 2005).

Die Befunde unterstreichen, dass Medienaktivitäten den schulischen Kompetenzerwerb positiv wie negativ beeinflussen können. Von größerer Bedeutung als die Intensität und Dauer der Medienkonsums scheint dabei die Art der Mediennutzung zu sein (vgl. hierzu die Unterscheidung zwischen anspruchsvollen und unterhaltungsbezogenen Medienaktivitäten von STECHER 2005). Die dargestellten Untersuchungen betrachten allerdings in der Regel ausschließlich einzelne Medienaktivitäten und erlauben deshalb keine Aussagen darüber, ob und inwieweit Jugendliche die vielfältigen Medienangebote in unterschiedlicher Weise nutzen und Präferenzen bei der Mediennutzung entwickeln, die sich auf ihr informelles Lernen und – darüber vermittelt – auf ihre schulische Kompetenzen auswirken können.

3 Soziale Disparitäten in der Mediennutzung

Familiäre Bedingungen spielen für die intellektuelle und soziale Entwicklung der Kinder eine große Rolle (z.B. BORNSTEIN/SIGMAN 1986). Aus soziologischer Perspektive ist die Familie eine wichtige Ressource. Das ökonomische, soziale und kulturelle Kapital der Familie beeinflusst in hohem Maße Bildungsmöglichkeiten und -prozesse (z.B. BOURDIEU 1983; COLEMAN 1996), wobei von besonderer Bedeutung für den Aufbau von bildungsrelevanten Kompetenzen das soziale und kulturelle Kapital zu sein scheint (vgl. hierzu auch z.B. BAUMERT/SCHÜMER 2001). Beide Kapitalarten können unter strukturellen und funktionalen Aspekten differenzierter betrachtet werden (vgl. BAUMERT/WATERMANN/SCHÜMER 2003). Im Hinblick auf das soziale Kapital spielen die Verfügbarkeit sozialer Netzwerke (strukturell) oder die Art und Intensität der Kommunikation innerhalb der Familie (funktional) eine wichtige Rolle. Beim kulturellen Kapital sind formale Bildungsabschlüsse (strukturell) oder Werthaltungen und Kompetenzen als Grundlage für die Teilnahme an der Kultur (funktional) von besonderer Bedeutung. Die Wichtigkeit von strukturellen und funktionalen Merkmalen wurde eindrücklich für die Lesekompetenz von Jugendlichen bei PISA 2000 nachgewiesen. Vor allem Unterschiede in der durch Strukturmerkmale (z. B. Sozialschichtzugehörigkeit, Bildungsniveau) bedingten kulturellen Praxis in der Familie wirkten sich auf die Disparitäten aus, während soziale Prozessmerkmale eine vergleichsweise geringe Rolle spielten. Allerdings ließ sich die Wirkung familiärer Struktur- und Prozessmerkmale fast ausschließlich über individuelle Fähigkeits- und Motivationsunterschiede (z.B. kognitive Grundfähigkeiten) und institutionelle Übergangsentscheidungen (z.B. Schulartzugehörigkeit) als vermittelnde Variablen erklären (BAUMERT/WATERMANN/SCHÜMER 2003).

In ähnlicher Weise scheinen auch informelle Lernprozesse dem Einfluss sozialer Schichtungsfaktoren zu unterliegen (vgl. z. B. DIERKING/FALK 1994; BÜCHNER/KRÜGER 1996; GRUNDMANN u. a. 2004; RAUSCHENBACH u. a. 2004; STECHER 2005). Beispielsweise belegen Studien, dass sich Kinder bereits vor Schuleintritt darin unterscheiden, welche Lernerfahrungen sie aufgrund gemeinsamer Aktivitäten mit ihren Eltern gemacht (z. B. Fernsehsendungen, Zoo- und Museumsbesuche) und welche Kompetenzen sie dabei aufgebaut haben (vgl. z. B. KORPAN u. a. 1997; CUMMING 2003). Familiäre Einflüsse spielen auch für die Nutzung von Medien eine bedeutsame Rolle (vgl. z. B. OTTO/KUTSCHER 2004; HERON/SLIGO 2005; STECHER 2005). So ist der Fernsehkonsum von Kindern in Familien mit einem niedrigen sozioökonomischen Status häufig sehr hoch und beschränkt sich fast ausschließlich auf unterhaltungsbezogene Programme (vgl. z. B. ENNEMOSER u. a. 2003; THOMPSON/AUSTIN 2003; ENNEMOSER/SCHNEIDER 2007). Weiterhin zeigen Untersuchungen, dass Leseaktivitäten von Jugendlichen in hohem Maße von ihrer Sozialschichtzugehörigkeit abhängen, wobei familiäre Prozessvariablen (z. B. Buchbesitz der Familie, Gespräche zwischen Eltern und Kindern über Bücher) als vermittelnde Variablen eine wichtige Rolle spielen (vgl. z. B. BONFADELLI/FRITZ 1993; HURRELMANN 2004). Jugendliche mit höherer Bildung benutzen zudem häufiger digitale Medien für bildungsbezogene Zwecke (z. B. Internet für Hausaufgaben), während Jugendliche mit niedrigerer Bildung den Computer vornehmlich für freizeitbezogene Aktivitäten verwenden (vgl. z. B. OTTO u.a. 2004; OTTO/KUTSCHER 2004). Unterschiede ergeben sich dabei auch hinsichtlich der Verfügbarkeit technologischer Ressourcen in der Familie (z. B. ATTEWELL 2001; TIEN/FU 2008).

Die Befunde weisen darauf hin, dass die Mediennutzung (ähnlich wie der schulische Bildungserfolg) durch soziale Schichtungsfaktoren beeinflusst wird, wobei dem kulturellen Kapital in der Familie als vermittelnder Variable zwischen Sozialschichtzugehörigkeit und Kompetenz eine Schlüsselrolle zuzukommen scheint (z. B. BAUMERT/WATERMANN/SCHÜMER 2003; WATERMANN/BAUMERT 2006). Unklar ist bislang allerdings, ob sich die Wirkung informeller Lernprozesse bei der Nutzung von Medien auf die Kompetenzentwicklung vollständig auf familiäre Struktur- und Prozessmerkmale zurückführen lässt oder informelle Lernprozesse einen eigenständigen Beitrag zur Erklärung von schulischen Kompetenzunterschieden leisten. Ein von familiären Merkmalen mehr oder minder unabhängiger Effekt informeller Lernprozesse ist insofern denkbar, als sich Jugendliche mit zunehmendem Alter vom Elternhaus lösen, ihre Selbständigkeit entdecken, und die Gleichaltrigengruppe (peer-group) zunehmend an Bedeutung gewinnt. In dieser Phase entstehen neue Freizeitinteressen (z. B. FRITZSCHE 2000), die sich auch auf die Nutzung von Medien niederschlagen können (RAUSCHENBACH u. a. 2004). Vor diesem Hintergrund kann vermutet werden, dass die Familie zwar grundsätzlich einen Einfluss auf die Mediennutzung der Jugendlichen ausübt (vgl. z. B. STECHER 2005), die konkrete Ausgestaltung der Mediennutzung (z. B. Computeranwendungen oder Leseaktivitäten) allerdings stärker durch die selbstbestimmte Interessenentwicklung und die Zugehörigkeit zur Gleichaltrigengruppe geprägt wird.

4 Forschungsfragen und Hypothesen

Ausgehend von den dargestellten Zusammenhängen zwischen informellen Lernprozessen, sozialem Hintergrund und schulischer Kompetenz stehen folgende Fragestellungen im Mittelpunkt dieses Artikels.

Erstens wird untersucht, ob sich in Hinblick auf die Medienaktivitäten von Jugendlichen unterschiedliche Nutzungsmuster identifizieren lassen. Beispielsweise ist es denkbar, dass sich Unterschiede aufgrund einer anspruchsvollen oder unterhaltungsbezogenen Mediennutzung ergeben, die sich auch in der Präferierung bestimmter Medienaktivitäten widerspiegeln (vgl. STECHER 2005).

Zweitens wird geprüft, inwieweit die Art der Mediennutzung durch die Familie der Jugendlichen bestimmt wird. Eine anspruchsvolle oder unterhaltungsbezogene Mediennutzung sollte von familiären Struktur- und Prozessmerkmalen zwar beeinflusst, aber nicht vollständig determiniert sein. In Anlehnung an bereits vorliegende Studien (BAUMERT/WATERMANN/SCHÜMER 2003) erwarten wir, dass familiäre Prozessmerkmale (z. B. kulturelles Kapital) die Art der Mediennutzung stärker beeinflussen als Strukturmerkmale (z. B. Sozialschichtzugehörigkeit).

Drittens wird die Frage beantwortet, ob sich eine anspruchsvolle Mediennutzung aufgrund informeller Lernprozesse auf die schulische Kompetenz förderlich auswirkt. Bei der Untersuchung dieser Frage werden in Anlehnung an BAUMERT/WATERMANN/SCHÜMER (2003) neben familiären Struktur- und Prozessmerkmalen psychologische und institutionelle Merkmale der Jugendlichen als vermittelnde Variablen berücksichtigt.

5 Datengrundlage, Instrumente und methodisches Vorgehen

5.1 Stichprobe und Design

Die empirische Grundlage unserer Untersuchung bilden $N = 4891$ Schülerinnen und Schüler in Deutschland, die an der internationalen Studie von PISA 2006 teilgenommen haben und repräsentativ und zufällig aus der Grundgesamtheit der 15-Jährigen in Deutschland gezogen worden sind. Bei PISA 2006 stand als bereichsspezifische Kompetenz die naturwissenschaftliche Grundbildung im Mittelpunkt. Anhand von Fragebogeninstrumenten wurden zusätzlich Bedingungsfaktoren schulischer Leistung erhoben, etwa die kognitiven Grundfähigkeiten der Jugendlichen oder familiäre Struktur- und Prozessmerkmale. Aufgrund der stratifizierten Zufallsziehung der 15-Jährigen in PISA sind bei der Berechnung von Standardfehlern entsprechende Korrekturen vorzunehmen, so dass die statistischen Analysen in der vorliegenden Studie mit Hilfe des Programms *WesVar 4.2* (Westat, 2000) durchgeführt wurden. Für die nachfolgend berichteten Analysen konnten aufgrund fehlender Daten oder nicht vorgegebener Fragebögen (z. B. in den Förder- und Sonderschulen) insgesamt $N = 3865$ Schülerinnen und Schüler berücksichtigt werden.

5.2 Instrumente

Die Schülerinnen und Schüler bearbeiteten an zwei Testtagen mehrere Tests und Fragebögen (vgl. PRENZEL u. a. 2007). Berücksichtigt werden in diesem Artikel ausschließlich diejenigen Merkmale, die für die nachfolgend berichteten Analysen von Bedeutung sind:

Die *naturwissenschaftliche Kompetenz* wurde als Schwerpunkt in PISA 2006 anhand von insgesamt 103 Testaufgaben erfasst, wobei jeder Jugendliche aufgrund des verwendeten Multi-Matrix-Designs nur einen Teil der Aufgaben bearbeitete (PRENZEL u. a. 2007). Die Kompetenzwerte wurden auf der Grundlage von Item-Response-Modellen mit Hilfe des so genannten *Mixed Coefficients Multinomial Logit Model* (vgl. WU/ADAMS/WILSON 1997) bestimmt (siehe z. B. CARSTENSEN u. a. 2007).

Die *Strukturmerkmale der familiären Lebensverhältnisse* wurden durch folgende vier Kennwerte erhoben: Der *sozioökonomische Status* wird anhand des von GANZEBOOM, DE GRAAF und TREIMANN (1992) entwickelten *Internationalen Sozioökonomischen Index* (ISEI) ermittelt, wobei in PISA der jeweils höchste Sozialstatus in einer Familie (HISEI) verwendet wird. Das *Bildungsniveau* wird durch den höchsten Bildungsabschluss in der Familie erfasst und auf der Grundlage der Internationalen Standardklassifikation des Bildungswesens (ISCED 1997, vgl. OECD 1999) in Schuljahre umgewandelt (vgl. OECD 2004b). Der *Migrationsstatus* des Jugendlichen spiegelt sich darin wider, ob mindestens ein Elternteil im Ausland geboren wurde. Als weiterer Kennwert wurde das *Geschlecht* der Jugendlichen berücksichtigt.

Für die Erfassung der *familialen Prozessmerkmale* wurden folgende Indikatoren berücksichtigt: Die konsumptiven Möglichkeiten der Familie wurden durch die getätigten *Wohlstandsinvestitionen* (z. B. Anzahl der Computer oder Autos im Haushalt) erfasst. Die hierzu gebildete Skala umfasst 12 Items und hat eine Reliabilität von .63. Die kulturellen Ressourcen wurden über die *Familiensprache* (deutsch gegenüber nicht-deutsch) als Indikator für die Integration der Familie und durch die familiären Investitionen in *Kulturgüter* erhoben (z. B. Anzahl der Bücher oder Musikinstrumente im Haushalt; 3 Items; Reliabilität = .55). Die *kommunikative Praxis* in der Familie wurde mit Hilfe von 6 Fragen erfasst, die sich auf die Gesprächsintensität in der Familie (z. B. *Wie oft kommt es im Allgemeinen vor, dass deine Eltern mit dir über deine Schulleistungen sprechen?*) und auf Gespräche über kulturelle Themen (z.B. *Wie oft kommt es im Allgemeinen vor, dass deine Eltern mit dir über Bücher, Filme oder Fernsehsendungen diskutieren?*) beziehen. Die Reliabilität dieser Skala beträgt .68.

Zur Erfassung *freizeitbezogener Medienaktivitäten* wurden für die Leseaktivitäten 7 und für die computerbezogenen Aktivitäten 6 alterstypische Merkmale ausgewählt (vgl. hierzu z. B. MEDIENPÄDAGOGISCHER FORSCHUNGSVERBUND SÜDWEST 2007). Die Merkmale umfassen jeweils anspruchsvolle (z. B. Romane lesen, Grafikprogramme anwenden) und unterhaltungsbezogene (z. B. Lesen von Webseiten, Computerspiele) Tätigkeiten. Im Hinblick auf den Fernsehkonsum wurden 3 Merkmale berücksichtigt. Neben der Dauer des Fernsehens wurden das Sehen anspruchsvoller (z. B. naturwissenschaftliche Sendungen) und unterhaltungsbezogener (z. B. DVDs sehen) Sendungen und Filme erfasst.

In Anlehnung an das Mediationsmodell von BAUMERT/Watermann/Schümer(2003) wurde als psychologisches Merkmal das *kognitive Fähigkeitsniveau* der Jugendlichen über den Subtest *Figurale Analogien* des *Kognitiven Grundfähigkeitstests KFT 4-12+R* (HELLER/PERLETH 2000) erhoben. Das institutionelle Merkmal der Schülerschaft bildet die *Schulartzugehörigkeit*. In den Regressionsanalysen wird sie als dummy-codierte Variable mit dem Gymnasium als Referenzkategorie berücksichtigt.

5.3 Statistisches Vorgehen

Bei der Konzeptualisierung der freizeitbezogenen Medienaktivitäten wird von der Annahme verschiedener Typen und somit einem mehrdimensionalen Konstrukt ausgegangen. Ein geeignetes Verfahren zur Identifizierung von Typen stellt das probabilistische Testmodell der *Latent-Class-Analyse* dar (LAZARSFELD/HENRY 1968). Das Modell nimmt an, dass eine latente (d. h. nicht beobachtbare oder nicht beobachtete) kategoriale Variable die Abhängigkeiten zwischen den beobachtbaren Variablen (hier: die Medienaktivitäten) erklärt. Hierbei werden die Wahrscheinlichkeiten von Antwortmustern analysiert (für Details siehe z. B. ROST 2004). Die Modellgeltungsgüte der gefundenen Lösungen und die Festlegung der optimalen Anzahl von Klassen können anhand informationstheoretischer Kriterien wie dem *BIC* (*Best Information Criterion*; SCHWARZ 1978) oder mit Hilfe von parametrischen Bootstrapping-Verfahren vorgenommen werden (ROST 2004). Da Bootstrapping-Verfahren beispielsweise eine direkte Beurteilung der Modellgüte erlauben (z.B. VON DAVIER 1997), wird diesen bei der Auswahl der optimalen Klassenlösung der Vorzug gegeben. Dabei kann anhand spezieller Prüfstatistiken (z. B. die sogenannten Pearson- und Cressie-Read-Statistiken) entschieden werden, ob das gewählte Modell dem empirischen Datensatz angemessen ist oder nicht. Ein Modell gilt als akzeptiert, wenn die erwähnten Prüfstatistiken einen Wert von $p > .05$ annehmen (VON DAVIER 1997). Im Rahmen dieser Studie werden beide Arten von Modellgeltungstests berücksichtigt, wobei aufgrund des genannten Vorteils den Bootstrapping-Ergebnissen das entscheidende Gewicht bei der Bestimmung der optimalen Klassenanzahl eingeräumt wird. Um die Anzahl der zu schätzenden Parameter in unseren Analysen zwecks stabiler Parameterschätzungen möglichst gering zu halten, wurden die Angaben zur Nutzungshäufigkeit der verschiedenen Medienaktivitäten dichotomisiert. Für die meisten Merkmale wurde die Dichotomisierung folgendermaßen umgesetzt: 1 = *mindestens mehrmals pro Woche*; 0 = *höchstens einmal pro Woche*. Für einige Variablen musste aufgrund unterschiedlicher Antwortkategorien von diesem Schema abgewichen werden: naturwissenschaftliche Fernsehsendungen sehen oder naturwissenschaftliche Zeitschriften lesen (1 = *mindestens regelmäßig*; 0 = *selten*); Bücherei aufsuchen und Sachbücher lesen (1 = *mehrmals pro Monat*; 0 = *weniger als monatlich*) und Dauer des Fernsehkonsums (1 = *mehrere Stunden pro Tag*; 0 = *höchstens eine Stunde pro Tag*). Die Latent-Class-Analysen wurden mit dem Programm *Winmira 2001* (VON DAVIER 2000) durchgeführt.

Die Stärke des vermuteten Zusammenhangs zwischen den Mediennutzungstypen und Merkmalen der familiären Lebensverhältnisse wurde anhand einer logistischen Regression überprüft. Dabei wurde untersucht, inwieweit die Nutzungstypen anhand der familiären Struktur- und Prozessmerkmale vorhergesagt werden können. Die Regressionsgewichte geben darüber hinaus Auskunft über die Bedeutsamkeit der einzelnen Merkmale. Um die Wirkung der freizeitbezogenen Medienaktivitäten auf die naturwissenschaftliche Kompetenz und das Leseverständnis zu untersuchen, wurden sequenzielle Berechnungen von Regressionsmodellen durchgeführt und die resultierenden Regressionsgewichte zwischen den verschiedenen Modellen verglichen.

6 Ergebnisse

6.1 Typen der Mediennutzung

Für die Ermittlung unterschiedlicher Typen der Mediennutzung wurden insgesamt 16 Medienaktivitäten berücksichtigt. Die in Tabelle 1 dargestellten deskriptiven Ergebnisse zeigen in Übereinstimmung mit anderen repräsentativen Befragungen zum Medienkonsum (z.B. MEDIENPÄDAGOGISCHER FORSCHUNGSVERBUND SÜDWEST 2007), dass das Fernsehen immer noch das Leitmedium für die Jugendlichen in Deutschland darstellt. Nahezu alle Jugendlichen (95 Prozent) sehen

Tabelle 1. Häufigkeit von Medienaktivitäten getrennt nach Fernsehen, Lesen und Computer

Medien-bereich	Aktivität	Nutzungshäufigkeit mindestens mehrmals pro Woche	
		%	S.E. (%)
Fernsehen	Fernsehen	95	(0.5)
	Videos/DVDs sehen	65	(0.9)
	Fernsehsendungen über Naturwissenschaften (regelmäßig/sehr oft)	18	(0.7)
Lesen	Lesen von Büchern	51	(1.2)
	Romane / Erzählungen	22	(0.9)
	Sachbücher	7	(0.5)
	Webseiten lesen	58	(0.9)
	Tageszeitungen	43	(1.0)
	Ausleihen Bücher aus Bücherei (mehrmals pro Monat)	7	(0.5)
	Naturwissenschaftliche Zeitungen / Artikel lesen (regelmäßig/sehr oft)	22	(0.8)
Computer	Textverarbeitung	46	(0.7)
	Lexika	36	(0.9)
	Onlinespiele	33	(1.0)
	Grafikprogramme	24	(0.7)
	Videos / Bilder ansehen	64	(0.8)
	Internet für Freizeit	55	(0.8)

zumindest mehrmals in der Woche fern, wobei 45 Prozent der Fünfzehnjährigen angeben, mehrere Stunden pro Tag vor dem Fernseher zu verbringen. Darüber hinaus sehen etwa zwei Drittel aller Fünfzehnjährigen mehrmals pro Woche Filme auf Video oder DVD. Die Angaben zum Leseverhalten und zur Computernutzung deuten auf differenzierte Nutzungsmuster hin. Sowohl Lese- (z. B. Lesen von Büchern oder Webseiten) als auch Computeraktivitäten (z. B. Internetnutzung) werden von mehr als der Hälfte der Fünfzehnjährigen regelmäßig betrieben. Anspruchsvolleren Tätigkeiten wie etwa dem Lesen von Romanen oder der Nutzung von Grafikprogrammen wird etwas seltener nachgegangen als unterhaltungsbezogenen Aktivitäten (z. B. Videos im Internet ansehen, Onlinespiele).

Bei der Latent-Class-Analyse, in der alle 16 Medienmerkmale simultan berücksichtigt wurden, erwies sich die 6-Klassen-Lösung inhaltlich und methodisch als zufriedenstellend. Wie Tabelle 2 ausweist, ergibt sich bei 6 Klassen im Hinblick auf die Bootstrapping-Verfahren (Pearson χ^2) die beste Modellanpassung, ab der 7-Klassen-Lösung sinkt die Modellgüte wieder. Da zudem der *BIC* bei der 6-Klassen-Lösung nur geringfügig über dem Wert der 7-Klassen-Lösung liegt und die Zuordnungswahrscheinlichkeit der Personen zu den jeweiligen Klassen (T) – als Indikator für die Reliabilität der Klassenlösung – im Durchschnitt $T = .80$ beträgt, erscheint die Entscheidung für die 6-Klassen-Lösung gerechtfertigt.

Inhaltlich lassen sich die sechs Klassen folgendermaßen charakterisieren (vgl. Abbildung 1):

- *Differenzierte Mediennutzer:* Diese Gruppe, die 16 Prozent der Fünfzehnjährigen ausmacht, nutzt Medien in sehr vielfältiger Weise, hat jedoch eindeutige Vorlieben. Einen Schwerpunkt stellen Leseaktivitäten dar, wobei das Lesen von Romanen, Tageszeitungen und Webseiten bevorzugt wird. Computer und Internet werden in hohem Maße freizeitbezogen (z.B. Videos ansehen) und – etwas weniger stark ausgeprägt – für anspruchsvolle Tätigkeiten (z.B. Lexika) genutzt. Dem Spielen kommt nur eine untergeordnete Rolle zu. Ebenso ist der Fernsehkon-

Tabelle 2. Modellgeltungstests der Latent-Class-Analyse auf Grundlage der 16 Medienaktivitäten

Lösung	Empirische *p*-Werte (Bootstrap)		BIC
	Cressie Read	Pearson c²	
Raschmodell	0.00	0.00	81183
LCA 1 – Klassen-Lösung	0.00	0.00	83828
LCA 2 – Klassen-Lösung	0.00	0.00	79985
LCA 3 – Klassen-Lösung	0.00	0.00	78273
LCA 4 – Klassen-Lösung	0.00	0.02	77545
LCA 5 – Klassen-Lösung	0.00	0.00	77250
LCA 6 – Klassen-Lösung	0.00	0.16	77060
LCA 7 – Klassen-Lösung	0.03	0.10	76968

Abbildung 1. Mediennutzungstypologie

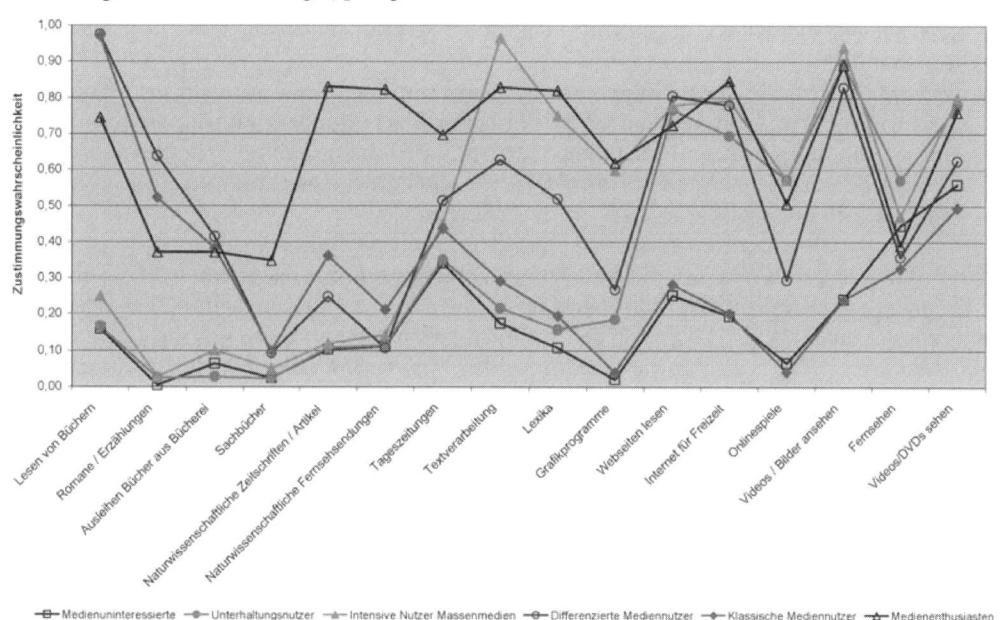

sum in dieser Gruppe unterdurchschnittlich. Der Mädchenanteil dieser Klasse beträgt 62 Prozent.

- *Medienenthusiasten:* Diese Gruppe ist mit einem Anteil von 7 Prozent am kleinsten und besteht zu 72 Prozent aus Jungen. Charakteristisch für diese Jugendlichen ist, dass sie nahezu allen Medienaktivitäten in sehr hohem Maße nachgehen. Im Gegensatz zum ersten Typ werden bei den etwas geringfügiger ausgeprägten Leseaktivitäten Sachbücher, Fachartikel und Tageszeitungen der Belletristik eindeutig vorgezogen.
- *Klassische Mediennutzer:* Bei diesen Jugendlichen mit einem Anteil von 14 Prozent der Fünfzehnjährigen steht die Nutzung von Printmedien im Mittelpunkt. Neben Belletristik lesen sie auch Sachbücher (z.B. naturwissenschaftliche Zeitschriften) und Tageszeitungen vergleichsweise häufig. Hingegen werden die beiden anderen Medienaktivitäten, Computer und Fernse-

hen, von diesen Jugendlichen nur sporadisch wahrgenommen. Dies betrifft auch das Lesen elektronischer Texte. Auffällig ist im Gegensatz zu den ersten beiden Mediennutzungstypen die weitgehende Fokussierung auf eine einzige Medienaktivität. Mädchen dominieren diesen Typ mit einem Anteil von 69 Prozent.

- *Intensive Nutzer digitaler und Massenmedien:* Dieser Typ nutzt vor allem neue Medien und das Fernsehen in intensiver Form, während Printmedien weitgehend gemieden werden. Mit Ausnahme des Computers, bei dem auch anspruchsvollere Anwendungen (z. B. Grafikprogramme, Lexika) eingesetzt werden, stehen unterhaltungsbezogene Medienaktivitäten im Vordergrund. In dieser Klasse sind 18 Prozent der Fünfzehnjährigen anzutreffen, wobei der Jungenanteil 61 Prozent beträgt.
- *Unterhaltungsnutzer:* Diese Jugendlichen, die mit einem Anteil von 22 Prozent die zweitgrößte Gruppe bilden, nutzen sowohl neue Medien als auch das Fernsehen sehr intensiv, und zwar rein unterhaltungsbezogen. Charakteristisch für sie ist, dass Printmedien und anspruchsvollere Möglichkeiten im Umgang mit dem Computer (z. B. Textverarbeitung, Lexika) und mit dem Fernsehen (z. B. Sehen naturwissenschaftlicher Fernsehsendungen) so gut wie gar nicht in Anspruch genommen werden. Es findet somit ein ausschließlich unterhaltungsbezogener Konsum statt. Dieser Typ setzt sich mit einem Anteil von 68 Prozent zu mehr als zwei Dritteln aus Jungen zusammen.
- *Medienuninteressierte:* Diese Gruppe ist mit 23 Prozent unter den Fünfzehnjährigen am häufigsten anzutreffen. Mädchen sind mit 57 Prozent in dieser Gruppe etwas häufiger vertreten als Jungen. Die Jugendlichen dieser Gruppe nutzen mit Ausnahme eines vergleichsweise durchschnittlichen Fernsehkonsums Medien nur sehr sporadisch, sowohl hinsichtlich anspruchsvoller als auch unterhaltungsbezogener Anwendungen.

Der auffälligste Befund bei der Mediennutzungstypologie ist neben der genannten Geschlechterdifferenz, dass sich anhand der Profile eher anspruchsvolle und eher unterhaltungsbezogene Nutzungsmuster unterscheiden lassen. Zu den anspruchsvollen Nutzern lassen sich die *differenzierten* und *klassischen Mediennutzer* sowie die Gruppe der *Medienenthusiasten* zählen. Ihr Anteil unter den Fünfzehnjährigen bildet ein gutes Drittel (37 Prozent), wobei der Mädchenanteil mit 58 Prozent deutlich über dem der Jungen liegt. Charakteristisch für diese Gruppen ist neben ausgeprägten Leseaktivitäten (mit unterschiedlichen Schwerpunkten) vor allem eine vergleichsweise häufige Anwendung anspruchsvollerer Computerprogramme wie Lexika oder Grafikprogramme. Nicht übersehen werden sollte, dass ein Großteil dieser Jugendlichen Medien auch unterhaltungsbezogen konsumiert (z. B. Videos ansehen, Internet für Freizeit nutzen). Die anderen drei Klassen (*intensive Nutzer von Massenmedien*, *Unterhaltungsnutzer* und *Medienuninteressierte*), die 61 Prozent der Jugendlichen ausmachen und deutlich mehr Jungen (58 Prozent) als Mädchen enthalten, können als vorwiegend oder ausschließlich unterhaltungsbezogene Medienanwender beschrieben werden. Anspruchsvollere Aktivitäten im Umgang mit dem Computer und dem Fernsehen werden mit Ausnahme der intensiven Nutzer von Massenmedien nur ansatzweise wahrgenommen, und Leseaktivitäten meiden alle drei Gruppen nahezu vollständig. Die einzige Ausnahme bildet das Lesen elektronischer Texte. Bemerkenswert ist zusätzlich, dass sich die Mediennutzungstypen im Fernsehkonsum vergleichsweise gering unterscheiden. Offenbar stellt das Fernsehen für Jugendliche unabhängig von sonstigen Medienpräferenzen eine Art Grundversorgung dar. Dabei scheint das Unterhaltungspotenzial eindeutig im Vordergrund zu stehen, da alle Nutzungstypen auch relativ häufig auf DVDs und Videos zugreifen. Anspruchsvollere Fernsehsendungen (z. B. naturwissenschaftsbezogene Sendungen) werden hingegen erheblich seltener (Ausnahme: *Medienenthusiasten*) rezipiert.

6.2 Zusammenhang zwischen Mediennutzung und familiärer Struktur- und Prozessmerkmalen

Um den Zusammenhang zwischen Mediennutzung und familiären Merkmalen zu untersuchen, wurden die Mittelwerte in den ausgewählten familialen Struktur- und Prozessmerkmalen in Abhängigkeit von den einzelnen Mediennutzungstypen berechnet. Dabei sind die Skalenwerte (Sozialschichtindex, Bildungsniveau der Eltern, Wohlstandinvestitionen, kommunikative Praxis, kulturelle Besitztümer) z-standardisiert ($M = 0$, $SD = 1$), während für die binären Merkmale (Migrationshintergrund, Geschlecht (Jungen), Familiensprache nicht Deutsch) die relativen Anteile angegeben sind. Die Mittelwerte in Tabelle 3 verdeutlichen, dass die anspruchsvollen Mediennutzungstypen vor dem Hintergrund familiärer Struktur- und Prozessmerkmale erheblich günstigere Bedingungen aufweisen als die Jugendlichen mit einer vorwiegend unterhaltungsbezogenen Mediennutzung. Einzige Ausnahme bilden die Wohlstandsinvestitionen, die bei den unterhaltungsbezogenen Mediennutzungstypen insgesamt geringfügig stärker ausgeprägt sind.

Aufgrund der deutlichen Zweiteilung der Mediennutzungstypen in Charakteristik und sozialem Milieu können sie zu den zwei übergeordneten Gruppen *anspruchsvolle* und *unterhaltungsbezogene Mediennutzungstypen* zusammengefasst werden. Die Mittelwerte für beide Gruppen sind in den letzten beiden Zeilen von Tabelle 3 angegeben. Bei den Strukturmerkmalen fallen insbesondere die Differenzen im Sozialschichtindex und Bildungsniveau der Eltern auf, während bei den Prozessmerkmalen deutliche Unterschiede in der kommunikativen Praxis zwischen Eltern und Kindern und in den kulturellen Besitztümern zugunsten der anspruchsvollen Mediennutzungstypen festzustellen sind. Mit Ausnahme der Wohlstandsinvestitionen und der Familiensprache unterscheiden sich die anspruchsvollen und unterhaltungsbezogenen Mediennutzungstypen signifikant in allen berücksichtigten familiären Struktur- und Prozessmerkmalen in der erwarteten Richtung. Beide zusammengefassten Mediennutzungstypen stellen die Grundlage für die weiteren Berechnungen in diesem Abschnitt dar.

Um Aufschluss darüber zu erhalten, inwieweit die beiden zusammengefassten Mediennutzungstypen durch familiäre Merkmale determiniert werden, wurde eine binäre logistische Regression mit den anspruchsvollen und unterhaltungsbezogenen Nutzungstypen als abhängigen Variablen durchgeführt[1]. Als Prädiktoren wurden die z-standardisierten und binären Struktur- und Prozessmerkmale (vgl. Tabelle 3) verwendet. Zusätzlich wurden die Effektstärken für die familiären Merkmale berechnet.

Wie Tabelle 4 zu entnehmen ist, können die beiden Nutzungstypen neben der Geschlechtsvariable ($b = .59$) erwartungsgemäß am besten aufgrund der Prozessmerkmale kulturelle Besitztümer ($b = .46$) und kommunikative Praxis in der Familie ($b = .44$) vorhergesagt werden. Signifikante, aber deutlich geringere Beiträge zur Trennung der beiden Typen liefern die Wohlstandsinvestitionen, der sozioökonomische Index und das Bildungsniveau der Eltern. Keinen signifikanten Beitrag weisen hingegen der Migrationshintergrund und die Familiensprache auf. Als Maß für die Varianzaufklärung der Mediennutzungstypen durch die berücksichtigten Prädiktoren wurde nach Nagelkerke ein Pseudo-R^2 von .21 ermittelt. Die Klassifikationsmatrix liefert eine Trefferquote (richtige Zuordnungen der Merkmale anhand der Prädiktoren) von 70 Prozent (bei einer Zufallswahrscheinlichkeit von 50 Prozent). Die ermittelten Kennwerte weisen auf einen substanziellen Zusammenhang zwischen Mediennutzung und sozialem Milieu hin, wobei die Höhe der Varianzaufklärung jedoch vergleichsweise gering ausfällt (vgl. z.B. BACKHAUS u.a. 2005).

Die Berechnung der Effektstärken und Zusammenhangsmaße für die kategorialen Variablen (Migrationshintergrund, Geschlecht, Familiensprache) führt zu weitgehend analogen Ergebnissen. Die größten Effektstärken werden für die kulturellen Besitztümer ($d = .56$) und die kommunikative Praxis ($d = .52$) ermittelt und weisen auf einen mittelgroßen Effekt hin. Ebenso spiegelt

Tabelle 3. Mittelwerte der Struktur- und Prozessmerkmale getrennt nach Mediennutzungstyp

Mediennutzungstyp	Strukturmerkmale				Prozessmerkmale			
	Sozial-schicht-index	Bildungs-niveau Eltern	Migrations-status	Anteil Jungen	Wohl-stands-investiti-onen	Familien-sprache nicht Deutsch	Kommu-nikative Praxis Familie	Kulturelle Besitz-tümer
Differenzierte Mediennutzer	0.41	0.25	0.16	0.38	0.09	0.08	0.38	0.43
Medienenthusiasten	0.41	0.39	0.15	0.72	0.35	0.08	0.60	0.55
Klassische Mediennutzer	0.19	0.18	0.16	0.31	-0.22	0.06	0.09	0.31
Intensive Nutzer Massenmedien	-0.03	-0.01	0.21	0.61	0.31	0.10	0.06	0.04
Unterhaltungsnutzer	-0.05	-0.11	0.19	0.68	0.21	0.08	-0.25	-0.24
Medienuninteressierte	-0.18	-0.12	0.17	0.43	-0.21	0.08	-0.37	-0.23
Anspruchsvolle Mediennutzungstyp (37%)	0.32	0.25	0.16	0.42	0.02	0.07	0.31	0.41
Unterhaltungsbezogene Mediennutzungstyp (63%)	-0.09	-0.09	0.19	0.57	0.08	0.09	-0.21	-0.16

Tabelle 4. Unterschiede zwischen anspruchsvollem und unterhaltungsbezogenem Mediennutzungstyp aufgrund von Struktur- und Prozessmerkmalen (Regressionsgewichte und Effektstärken für Struktur- und Prozessmerkmale)

	Strukturmerkmale				Prozessmerkmale			
	Sozial-schicht-index	Bildungs-niveau Eltern	Migrations-hintergrund	Anteil Jungen	Wohlstands-investitionen	Familien-sprache nicht Deutsch	Kommunika-tive Praxis Familie	Kulturelle Besitztümer
Regressionsgewichte (b)	0.28*	0.17*	0.12	0.59*	-0.29*	-0.02	0.46*	0.44*
Effektstärke (d) / Cramer-V	d = .41	d = .34	CV = .04	CV = .15	d = -.06	CV = .03	d = .52	d = .56

Anmerkung. * $p < .05$.

der Cramer-V-Index von .15 einen Zusammenhing in mittlerer Höhe zwischen Nutzungstyp und Geschlecht wider.

Die Ergebnisse der logistischen Regression und die ermittelten Effektstärken bestätigen, dass die Art der Mediennutzung vom sozialen Milieu der Familie – hierbei insbesondere von den Prozessmerkmalen – beeinflusst wird. Gleichzeitig wird aber deutlich, dass die Nutzungsmuster anhand dieser Merkmale bei weitem nicht vollständig aufgeklärt werden. Insofern sind weitere Einflussfaktoren im Zusammenhang mit der Mediennutzung von Jugendlichen zu vermuten (z.B. peer-group), die jedoch anhand der in PISA 2006 verfügbaren Daten nicht detaillierter berücksichtigt werden konnten.

6.3 Einfluss der Art der Mediennutzung auf die Kompetenz in Naturwissenschaften und Lesen

Im letzten Schritt wurde der Einfluss der Mediennutzung auf die Kompetenz in den Naturwissenschaften und im Lesen untersucht. Dabei stand die Frage im Mittelpunkt, inwieweit die Art der Mediennutzung im Vergleich zu familialen Struktur- und Prozessmerkmalen einen eigenständigen Beitrag zur Förderung der Kompetenzen in beiden Domänen liefert. Zusätzlich wurden in Anlehnung an das Mediationsmodell von BAUMERT/WATERMANN/SCHÜMER (2003) psychologische und institutionelle Merkmale berücksichtigt, die den Zusammenhang zwischen sozialer Herkunft und schulischem Kompetenzerwerb vermitteln.

Zur Überprüfung der Hypothesen wurden für jede Domäne mehrere sequenzielle Regressionsmodelle gerechnet. Die Ergebnisse dieser Analysen sind in Tabelle 5 für die Naturwissenschaften und in Tabelle 6 für das Lesen dargestellt. Neben den unstandardisierten (b) sind die standardisierten Regressionskoeffizienten (β) angegeben.

Modell 1 gibt den jeweiligen Zusammenhang zwischen familiären Strukturmerkmalen und Kompetenz wieder. Die Ergebnisse zeigen für alle berücksichtigten Merkmale ein signifikantes Regressionsgewicht. Die Sozialschichtzugehörigkeit erweist sich dabei als bedeutsamster Prädiktor sowohl für die Naturwissenschaften ($\beta = .25$) als auch für das Lesen ($\beta = .23$). Die Varianzaufklärung beträgt 19 (Naturwissenschaften) bzw. 18 Prozent (Lesen).

Durch die zusätzliche Berücksichtigung der familiären Prozessmerkmale in *Modell 2* erhöht sich der aufgeklärte Varianzanteil auf 23 Prozent in den Naturwissenschaften und 23 Prozent im Lesen. Mit Ausnahme des Geschlechts sinken die Regressionsgewichte der Strukturmerkmale für beide Domänen deutlich. Wie erwartet, wird der Zusammenhang zwischen sozialer Herkunft und Kompetenz offensichtlich zu einem erheblichen Teil über die Prozessmerkmale in der Familie vermittelt (vgl. z. B. BAUMERT et al., 2003; WATERMANN & BAUMERT, 2006). Dabei stellen die Familiensprache ($\beta = .14$ bzw. $\beta = .17$) und die kulturellen Ressourcen ($\beta = .15$ bzw. $\beta = .16$) die mit Abstand wichtigsten Prozessmerkmale dar. Der Einfluss der kommunikativen Praxis in der Familie auf die Kompetenzen fällt im Vergleich erheblich geringer aus ($\beta = .06$ bzw. $\beta = .07$), während für die Wohlstandinvestitionen kein signifikanter Beitrag zu finden ist.

Durch Einbezug der sechs Mediennutzungstypen (als dummy-codierte Variablen mit der Gruppe der Medienuninteressierten als Referenzkategorie) in *Modell 3* erhöht sich der Beitrag der aufgeklärten Varianz um jeweils knapp 4 Prozent (in den Naturwissenschaften auf 27 Prozent, im Lesen auf 27 Prozent). Die Ergebnisse bestätigen somit die Annahme eines weitgehend eigenständigen Beitrags informeller Lernprozesse anhand von Medienaktivitäten. Dies zeigt sich auch daran, dass sich die Regressionsgewichte der familiären Struktur- und Prozessmerkmale sowohl bei den Naturwissenschaften als auch beim Lesen nur unwesentlich verringern. Ein zumindest teilweise mediierender Effekt der Mediennutzung ist nur für die Prozessmerkmale kulturelle Res-

Tabelle 5. Regressionsmodelle zur Vorhersage der naturwissenschaftlichen Kompetenz

Modellelemente	Modell 1		Modell 2		Modell 3		Modell 4		Modell 5	
	b	β	b	β	b	β	b	β	b	β
Naturwissenschaftliche Kompetenz Referenzgruppe (Mediennutzungstyp: Medieninteressierte (23%))	492*		467*		457*		531*		526*	
Strukturmerkmale										
Sozialschichtindex	24*	.25*	21*	.21*	18*	.19*	5*	.05*	4*	.04*
Bildungsniveau der Eltern	17*	.17*	13*	.13*	12*	.12*	6*	.06*	6*	.06*
Kein Migrationsstatus	49*	.19*	29*	.12*	28*	.11*	25*	.10*	24*	.10*
Geschlecht (weiblich)	−7*	−.03*	−11*	−.06*	−16*	−.08*	−19*	−.10*	−21*	−.11*
Prozessmerkmale										
Wohlstandsinvestitionen			−3	−.03	0	.00	−3	−.03*	−2	−.02
Familiensprache Deutsch			47*	.14*	47*	.13*	24*	.07*	24*	.07*
Kommunikative Praxis			6*	.06*	3	.03	3*	.03*	2	.02
Kulturelle Ressourcen			14*	.15*	11*	.11*	5*	.05*	4*	.04*
Psychologische und institutionelle Merkmale										
Kognitive Grundfähigkeiten							.43*	.43*	.42*	.42*
Schulart: Hauptschule							−81*	−.33*	−81*	−.33*
Schulart: Integrierte Gesamtschule							−66*	−.19*	−64*	−.18*
Schulart: Mehrere Bildungsgängen							−54*	−.17*	−52*	−.17*
Schulart: Realschule							−38*	−.18*	−37*	−.17*
Informelle Lernaktivitäten										
Differenzierte Mediennutzer (7%)					34*	.13*			15*	.06*
Medienenthusiasten (16%)					33*	.09*			24*	.06*
Klassische Mediennutzer (14%)					47*	.17*			24*	.09*
Intensive Nutzer Massenmedien (18%)					−7	−.03			−7	−.03
Unterhaltungsnutzer (22%)					4	.02			1	.00
R^2	.19		.23		.27		.59		.61	

Anmerkung. *p < .05.

Tabelle 6. Regressionsmodelle zur Vorhersage der Lesekompetenz

Modellelemente	Modell 1		Modell 2		Modell 3		Modell 4		Modell 5	
	b	β	b	β	b	β	b	β	b	β
Naturwissenschaftliche Kompetenz Referenzgruppe (Mediennutzungstyp: Mediennuninteressierte (23%))	475*		446*		433*		504		495*	
Strukturmerkmale										
Sozialschichtindex	20*	.23*	16*	.18*	14*	.16*	3*	.03*	2*	.02*
Bildungsniveau der Eltern	16*	.17*	12*	.13*	11*	.12*	6*	.07*	5*	.06*
Kein Migrationsstatus	31*	.13*	7	.03	7	.03	5	.02	4*	.02*
Geschlecht (weiblich)	31*	.18*	28*	.16*	23*	.13*	20*	.11*	18*	.10*
Prozessmerkmale										
Wohlstandsinvestitionen			-2	-.02	1	.01	-2	-.02	-1	-.01
Familiensprache Deutsch			54*	.17*	54*	.17	33*	.10*	33*	.10*
Kommunikative Praxis			7*	.07*	4	.04	4*	.04*	2	.02
Kulturelle Ressourcen			14*	.16*	11	.12	7*	.08*	5*	.06*
Psychologische und institutionelle Merkmale										
Kognitive Grundfähigkeiten							.32*	.36*	.31*	.34*
Schulart: Hauptschule							-84*	-.38*	-84*	-.37*
Schulart: Integrierte Gesamtschule							-58*	-.18*	-55*	-.17*
Schulart: Mehrere Bildungsgängen							-53*	-.19*	-50*	-.18*
Schulart: Realschule							-28*	-.14*	-27*	-.14*
Informelle Lernaktivitäten										
Differenzierte Mediennutzer (7%)					40*	.17*			24*	.10*
Medienenthusiasten (16%)					31*	.09*			22*	.06*
Klassische Mediennutzer (14%)					42*	.17*			22*	.09*
Intensive Nutzer Massenmedien (18%)					1	.00			0	.00
Unterhaltungsnutzer (22%)					6	.03			3	.01
R^2	.18		.23		.27		.55		.57	

Anmerkung. * $p < .05$.

sourcen und kommunikative Praxis der Familie anhand der reduzierten Regressionsgewichte ersichtlich, was aufgrund der ermittelten Zusammenhänge zwischen Art der Mediennutzung und familiären Merkmalen zu erwarten war. Hypothesenkonform erzielen die anspruchsvollen Mediennutzungstypen (differenzierte Mediennutzer, Medienenthusiasten, Klassische Mediennutzer) signifikant höhere Kompetenzwerte als die unterhaltungsbezogenen Mediennutzungstypen (intensive Nutzer Massenmedien, Unterhaltungsnutzer, Medienuninteressierte). Bemerkenswerterweise unterscheiden sich die Nutzungstypen innerhalb der jeweiligen Gruppierungen (anspruchsvolle gegenüber unterhaltungsbezogenen Mediennutzungstypen) vergleichsweise gering in ihren Kompetenzen (sowohl in den Naturwissenschaften als auch im Lesen), während der Leistungsunterschied zwischen den Gruppierungen mit durchschnittlich 35 Punkten beträchtlich ist.

In *Modell 4* wurden neben Struktur- und Prozessmerkmalen der Familie zusätzlich psychologische und institutionelle Merkmale der Jugendlichen in Form ihrer kognitiven Grundfähigkeiten und ihrer Schulformzugehörigkeit berücksichtigt. In Übereinstimmung mit den Ergebnissen des Mediationsmodells von BAUMERT/WATERMANN/SCHÜMER (2003) nimmt in beiden Domänen die Varianzaufklärung erheblich zu (59 Prozent in den Naturwissenschaften, 55 Prozent im Lesen). Zusätzlich zeigt sich ein klarer Mediationseffekt der psychologischen und institutionellen Merkmale, da die Regressionsgewichte der meisten berücksichtigten Struktur- und Prozessmerkmale deutlich sinken.

Das vollständige *Modell 5* mit allen berücksichtigten Merkmalen (familiäre Struktur- und Prozessmerkmale, psychologische und institutionelle Merkmale, Art der Mediennutzung) weist für die anspruchsvollen Mediennutzungstypen weiterhin einen signifikanten förderlichen Effekt auf die Kompetenzen aus, der dem in Modell 3 in abgeschwächter Form gleicht. Der Kompetenzvorsprung für die anspruchsvollen Mediennutzungstypen verringert sich zwar sowohl in den Naturwissenschaften als auch im Lesen auf etwa 20 Punkte, der Einfluss der Art der Mediennutzung wird dabei aber keineswegs vollständig durch die psychologischen und institutionellen Merkmale mediiert. Beispielsweise beträgt der Kompetenzvorsprung in den Naturwissenschaften immer noch umgerechnet etwa ein Schuljahr (für die Medienenthusiasten und Klassischen Mediennutzer; vgl. z.B. WALTER u.a. 2006). Entsprechend können gegenüber Modell 4 durch die Berücksichtigung der Mediennutzungstypen in beiden Domänen etwa 2 Prozent zusätzliche Varianz aufgeklärt werden (61 Prozent in den Naturwissenschaften, 57 Prozent im Lesen). Obgleich der Betrag vergleichsweise gering ist, kann damit insgesamt eine Vergrößerung sozialer Disparitäten anhand informeller Lernprozesse infolge einer differenziellen Nutzung von Medien zumindest nicht ausgeschlossen werden.

7 Zusammenfassung und Diskussion

Im Mittelpunkt dieses Artikels standen zwei Fragestellungen. Zum einen wurde anhand der Mediennutzung von Jugendlichen überprüft, inwieweit sich informelle Lernprozesse auf schulbezogene Kompetenzen auswirken. Zu diesem Zweck wurden auf der Grundlage der Angaben der Fünfzehnjährigen unterschiedliche Typen der Mediennutzung identifiziert. Zum anderen wurde unter Berücksichtigung familiärer Struktur- und Prozessmerkmale der Frage nachgegangen, in welchen Ausmaß die Art der Mediennutzung durch die soziale Herkunft der Jugendlichen bestimmt wird und dadurch soziale Disparitäten beim Kompetenzerwerb reproduziert oder möglicherweise vergrößert werden.

Im Hinblick auf die Art der Mediennutzung lassen sich insgesamt sechs unterschiedliche Nutzungsmuster identifizieren, die sich eindeutig in drei anspruchsvolle und drei unterhaltungsbezogene Mediennutzungstypen einteilen lassen. Als gemeinsame Charakteristika der anspruchsvollen Nutzungstypen erweisen sich ausgeprägte Leseaktivitäten und vergleichsweise niedrige Fernsehzeiten. In Bezug auf den Computer variieren ihre Präferenzen hingegen stärker, wobei anspruchsvollere Anwendungen wie Textverarbeitung oder die Nutzung von Lexika ein größeres Gewicht einnehmen. Insgesamt zeigen sich klar unterscheidbare Mediennutzungsmuster, wobei die Vorlieben sehr weit gestreut sein können (Medienenthusiasten) oder sich auf ein bestimmtes Medium konzentrieren (z.B. das Lesen bei den klassischen Mediennutzern). Nicht übersehen werden sollte, dass diese Jugendlichen Medien aber auch in hohem Maße für unterhaltungsbezogene Zwecke nutzen. Dabei scheint insbesondere das Fernsehen das Leitmedium für die Jugendlichen darzustellen. Selbst ein Großteil der auf Printmedien fixierten klassischen Mediennutzer gibt an, mehrere Stunden am Tag fernzusehen.

Im Vergleich dazu zeichnen sich die Jugendlichen mit einer vorwiegend unterhaltungsbezogenen Mediennutzung (intensive Nutzer Massenmedien, Unterhaltungsnutzer, Medienuninteressierte) durch eine Vermeidung von Leseaktivitäten aus (Ausnahme: Lesen elektronischer Texte). Dafür ist bei ihnen der Fernseh- und Videokonsum deutlich höher ausgeprägt als bei den anspruchsvollen Nutzern. Anspruchsvollere bildungsbezogene Sendungen werden hingegen so gut wie gar nicht wahrgenommen. Entsprechend werden mit Ausnahme der intensiven Nutzer von Massenmedien auch Computeranwendungen nahezu ausschließlich freizeitbezogen genutzt (z.B. Spiele, Videos ansehen). In Anbetracht der hohen Bedeutung, die Medien für die Jugendlichen besitzen, ist der hohe Anteil der Medienuninteressierten sehr überraschend. Kennzeichnend sind für diese Gruppe niedrig ausgeprägte familiäre Prozessmerkmale (z.B. Wohlstandsinvestitionen, kulturelle und kommunikative Praxis), die vermuten lassen, dass es den Jugendlichen an ausreichenden Zugangsmöglichkeiten zu Medien wie auch an familiärer Unterstützung beim Umgang mit Medien fehlt. Insgesamt muss der Anteil unterhaltungsbezogener Mediennutzungstypen mit 62 Prozent als besorgniserregend hoch eingeschätzt werden. Unter der Annahme, dass informelle Lernprozesse eine Reihe wichtiger Schlüsselkompetenzen (z.B. Computerkenntnisse, selbstregulative Fähigkeiten) für das weitere Ausbildungs- und Berufsleben unterstützen, bedeutet dies, dass ein Großteil der Jugendlichen dieses Lernpotenzial nicht einmal ansatzweise ausschöpft.

Darüber hinaus zeigen die Ergebnisse, dass die Art der Mediennutzung durch die soziale Herkunft beeinflusst wird. Unterstützende familiäre Lebensverhältnisse, erfasst über Struktur- und Prozessmerkmale in der Familie, sind offensichtlich mit einer anspruchsvollen Medienaneignung assoziiert. Erwartungsgemäß erweisen sich familiäre Prozessmerkmale wie kulturelle Investitionen und die kommunikative Praxis in der Familie als bedeutsamste Einflussfaktoren, wohingegen hohen Wohlstandsinvestitionen eher ein negatives Gewicht zukommt, weil sie stärker an eine unterhaltungsbezogenen Mediennutzung gekoppelt sind. Hohe Familieninvestitionen in Wohlstandsgüter verbunden mit einer geringen kulturellen und kommunikativen Praxis in der Familie scheinen eine unterhaltungsbezogene Mediennutzung der Kinder in besonderer Weise zu begünstigen. Allerdings ist zu berücksichtigen, dass die Art der Mediennutzung zu einem vergleichsweise geringen Teil durch die Struktur- und Prozessmerkmale in der Familie determiniert wird. Dies lässt darauf schließen, dass die Art der Mediennutzung neben familiären Einflüssen vor allem über eine selbstständige Interessenentwicklung und durch den Austausch mit Gleichaltrigen (peergroup) beeinflusst wird. Zukünftige Forschung sollte sich diesem Thema intensiver widmen.

In Hinblick auf informelle Lernprozesse, die sich bei der Nutzung von Medien ergeben, zeigten die Ergebnisse schließlich, dass Jugendliche mit einer anspruchsvollen Mediennutzung sowohl in den Naturwissenschaften als auch im Lesen deutlich höhere Kompetenzwerte erreichten als Jugendliche mit einer unterhaltungsbezogenen Medienaneignung. Dabei scheint die Art der Mediennutzung im Vergleich zu familiären Struktur- und Prozessmerkmalen aufgrund zusätzlicher Varianzaufklärung einen eigenständigen Beitrag für die Erklärung von Unterschieden in beiden Kompetenzbereichen zu leisten. Auch bei der zusätzlichen Berücksichtigung psychologischer und institutioneller Merkmale (kognitive Grundfähigkeiten und Schulartzugehörigkeit), welche die Wirkung der sozialen Herkunftsmerkmale auf die schulische Kompetenz üblicherweise vermitteln, blieb eine Wirkung informeller Lernprozesse aufgrund von Medienaktivitäten auf die Kompetenzen nachweisbar. Relativ übereinstimmend ließ sich für alle drei anspruchsvolle Mediennutzungstypen in beiden Domänen eine signifikante Differenz von etwa 20 Punkten nachweisen, was für die Naturwissenschaften einen ungefähren Vorsprung von einem Schuljahr bedeutet (vgl. WALTER u.a. 2006).

Die bei gleichzeitiger Berücksichtigung psychologischer und institutioneller Merkmale zusätzlich ermittelte Varianzaufklärung durch die Art der Mediennutzung weist zwar auf eine mögliche Vergrößerung von Disparitäten aufgrund informeller Lernprozesse hin. Allerdings muss die Belastbarkeit dieses Ergebnisses vor dem Hintergrund des relativen geringen Beitrags von 2 Prozent berücksichtigt werden. Unabhängig davon belegt der typologische Ansatz jedoch, dass der Häufigkeit der Mediennutzung für sich genommen eine vergleichsweise geringe Bedeutung bei der Erklärung von Kompetenzunterschieden zukommt (z.B. SENKBEIL/WITTWER 2006; ENNEMOSER/ SCHNEIDER 2007). Beispielsweise zeigt sich für die Gruppe der Medienenthusiasten, dass sich ein hoher Fernseh- und Videokonsum sowie eine intensive und freizeitbezogene Nutzung digitaler Medien keineswegs negativ auf die Kompetenz auswirken müssen. Umgekehrt wurde deutlich, dass eine weitgehende Nichtbeachtung von Medienangeboten erhebliche Kompetenzeinbußen nach sich ziehen kann, was zusätzlich als Beleg für die Bedeutung informeller Lernprozesse für den schulischen Kompetenzerwerb zu werten ist. Gleichzeitig darf allerdings nicht übersehen werden, dass eine intensive und nahezu ausschließlich unterhaltungsbezogene Nutzung von Medienangeboten mit Defiziten in den untersuchten Kompetenzen verbunden zu sein scheint. Der Anteil dieser Jugendlichen (intensive Nutzer der Massenmedien, Unterhaltungsnutzer) fällt mit 40 Prozent erschreckend hoch aus. Bei ihnen scheint das Fehlen einer familiären Unterstützung oder Begleitung beim Umgang mit Medien eine bedeutsame Rolle zu spielen, wobei insbesondere Defizite in der familiären Kommunikation und im kulturellen Kapital auffällig sind.

Inwieweit der Zusammenhang zwischen anspruchsvoller Mediennutzung und schulischer Kompetenz durch die Förderung von Schlüsselkompetenzen (z.B. Problemlösekompetenzen, selbstregulative Fähigkeiten) vermittelt wird, ist in der vorliegenden Studie nicht direkt überprüfbar. Indirekt gestützt wird diese Annahme jedoch dadurch, dass der förderliche Effekt in vergleichbarem Maße sowohl in den Naturwissenschaften als auch im Lesen und somit fächerübergreifend auftritt. Dies legt die Vermutung nahe, dass anhand informeller Lernprozesse tatsächlich Schlüsselkompetenzen wie Selbstregulationsfähigkeiten erworben werden, die sich positiv auf den schulischen Kompetenzerwerb auswirken können. Die aufgeworfenen offenen Fragen verdeutlichen aber gleichzeitig die Restriktionen dieser Studie, die nicht unerwähnt bleiben sollen. So ist zu berücksichtigen, dass aufgrund der Anlage von PISA – als Studie zum Monitoring von Bildungssystemen – die Fragestellung zur Bedeutung informeller Lernprozesse anhand der zur Verfügung stehenden Daten nur in explorativer Weise bearbeitet werden konnte. Beispielsweise wurden die Fernsehgewohnheiten der Jugendlichen nur grob und ohne exakte Zeitangaben erfasst. Ebenso ist auf die Einschränkung der Interpretation bei Vorliegen von Querschnittsdaten hinzuweisen. Insofern sind für eine genaue Abschätzung der Effekte informeller Lernprozesse gezielte Längsschnittanalysen unter Berücksichtigung der vermuteten vermittelnden psychologischen Merkmale (z.B. Problemlösefähigkeiten, Metakognitionen) notwendig. Dabei erscheint es dringend angeraten, kognitive Prozesse und Aktivitäten der Jugendlichen bei der Mediennutzung genauer zu erfassen. Beispielsweise kann die Nutzung einer Tabellenkalkulation je nach Anwendungszweck (z.B. Nutzung bereits bekannter Programmfunktionen für Routinetätigkeiten im Gegensatz zum selbstständigen Entdecken neuer Programmfunktionen für bestimmte Ziele) die Entwicklung von Problemlösefähigkeiten unterstützen oder auch nicht (vgl. SENKBEIL/WITTWER 2006). Die reine Abfrage von Medienaktivitäten muss daher bezüglich der Erklärungskraft ihrer Wirkung auf den Erwerb von Kompetenzen (d.h. die vermittelnden Prozesse) in der Regel unzureichend bleiben.

Anmerkung

1 Die Analyse anhand der übergeordneten Gruppierungen geschieht in erster Linie aus Gründen der Übersichtlichkeit. Dieses Vorgehen erscheint gerechtfertigt, da eine parallel durchgeführte multinomiale Regression mit den sechs verschiedenen Mediennutzungstypen zu nahezu identischen Ergebnissen führt.

Literaturverzeichnis

ANDERSON u.a. 2001 = ANDERSON, D. R./HUSTON, A. C./SCHNMITT, K. L./LINEBARGER, D. /WRIGHT, J. C. (2001): Early childhood television viewing and adolescent behavior: The recontact study. Monographs of the Society for Research in Child Development, Vol. 66, pp. 1-147.

ARTELT u.a. 2002 = ARTELT, C./SCHIEFELE, U./SCHNEIDER, W./STANAT, P. (2002): Leseleistungen deutscher Schülerinnen und Schüler im internationalen Vergleich (PISA). Ergebnisse und Erklärungsansätze. In: *Zeitschrift für Erziehungswissenschaft, H. 5*, S. 6-27.

ARTELT u.a. 2001 = ARTELT, C./STANAT, P./SCHNEIDER, W./SCHIEFELE, U. (2001): Lesekompetenz: Testkonzeption und Ergebnisse. In: BAUMERT, J./KLIEME, E./NEUBRAND, M./PRENZEL, M./SCHIEFELE, U./ SCHNEIDER, W./STANAT, P./TILLMANN, K.-J./WEISS, M. (Hrsg.): PISA 2000. Basiskompetenzen von Schülerinnen und Schülern im internationalen Vergleich. – Opladen, S. 69-137.

ATTEWELL, P. (2001): The first and second digital divide. In: Sociology of Education, Vol. 74, pp. 252-259.

BACKHAUS u.a. 2005 = BACKHAUS, K./ERICHSON, B./PLINKE, W./WEIBER, R. (2005): Multivariate Analysemethoden. – Berlin.

BAUMERT, J./SCHÜMER, G. (2001): Familiäre Lebensverhältnisse, Bildungsbeteiligung und Kompetenzerwerb. In: BAUMERT, J./KLIEME, E./NEUBRAND, M./PRENZEL, M./SCHIEFELE, U./SCHNEIDER, W./STANAT, P./TILLMANN, K.-J./WEISS, M. (Hrsg.): PISA 2000. Basiskompetenzen von Schülerinnen und Schülern im internationalen Vergleich. – Opladen, S. 323-407.

BAUMERT, J./WATERMANN, R./SCHÜMER, G. (2003): Disparitäten der Bildungsbeteiligung und des Kompetenzerwerbs. Ein institutionelles und individuelles Mediationsmodell. In: Zeitschrift für Erziehungswissenschaft, H. 6, S. 46-72.

BEENTJES, J. W. J./VAN DER VOORT, T. H. A. (1998): Television's impact on children's reading skills: Mental effort, retention, and inferential learning. In: Communication Education, Vol. 42, pp. 191-205.

BOFINGER, J. (2001): Schüler – Freizeit – Medien. Eine empirische Studie zum Freizeit- und Medienverhalten 10- bis 17-jähriger Schülerinnen und Schüler. – München.

BONFADELLI, H./FRITZ, A. (1993): Lesen im Alltag der Jugendlichen. Lesesozialisation, Band 2: Leseerfahrungen und Lesekarrieren. – Gütersloh.

BORNSTEIN, M.H./SIGMAN, M.D. (1986): Continuity in mental development from infancy. In: Child Development, Vol. 57, pp. 251-274.

BOURDIEU, P. (1983). Ökonomisches Kapital, kulturelles Kapital, soziales Kapital. In: KRECKEL, R. (Hrsg.): Soziale Ungleichheiten. Soziale Welt: Sonderband 2, S. 183-198.

BÜCHNER, P. (2003): Stichwort: Bildung und soziale Ungleichheit. In: Zeitschrift für Erziehungswissenschaft, H. 6, S. 5-24.

BÜCHNER, P./KRÜGER, H.-H. (1996): Soziale Ungleichheiten beim Bildungserwerb und außerhalb der Schule. In: Aus Politik und Zeitgeschichte, H. 11, S. 21-30.

BÜCHNER, P./WAHL, K. (2005): Die Familie als familiärer Bildungsort. Über die Bedeutung familialer Bildungsleistungen im Kontext der Entstehung und Vermeidung von Bildungsarbeit. In: Zeitschrift für Erziehungswissenschaft, H. 8, S. 356-374.

BUND-LÄNDER-KOMMISSION FÜR BILDUNGSPLANUNG UND FORSCHUNGSFÖRDERUNG (Hrsg.) (2001): Lebenslanges Lernen. – Bonn.

CARSTENSEN u.a. 2007 = CARSTENSEN, C. H./FREY, A./WALTER, O./KNOLL, S. (2007): Technische Grundlagen des dritten internationalen Vergleichs. In: PISA-KONSORTIUM DEUTSCHLAND (Hrsg.): PISA 2006. Die Ergebnisse der dritten internationalen Vergleichsstudie. – Münster, S. 367-390.

COLEMAN, J. S. (1996): Der Verlust sozialen Kapitals und seine Auswirkungen auf die Schule. In: Zeitschrift für Pädagogik, Beiheft 34, S. 99-105.

CUMMING, J. (2003): Do runner beans make you run fast? Young children learning about science-related food concepts in informal settings. In: Research in Science Education, Vol. 33 (4), pp. 483-501.

DELORS, J. (1996): Learning. The treasure within. – Paris.

DIERKING, L. D./FALK, J. H. (1994): Family behavior and learning in informal science settings: A review of the research. In: Science Education, Vol. 78, pp. 57-72.

DÜX, W./SASS, E. (2005): Lernen in informellen Kontexten. Lernpotentiale in Settings des freiwilligen Engagements. In: Zeitschrift für Erziehungswissenschaft, H. 8, S. 394-411.

ENNEMOSER u.a. 2003 = ENNEMOSER, M./SCHIFFER, K./REINSCH, C./SCHNEIDER, W. (2003): Fernsehkonsum und die Entwicklung von Sprach- und Lesekompetenzen im frühen Grundschulalter. In: Zeitschrift für Entwicklungspsychologie und Pädagogische Psychologie, H. 35, S. 12-26.

ENNEMOSER, M./SCHNEIDER, W. (2007): Relations of television vieweing and reading: Findings from a 4-year longitudinal study. In: Journal of Educational Psychology, Vol. 99, pp. 349-368.

FAURE, E. (1973): Wie wir leben lernen. Der Unesco-Bericht über Ziele und Zukunft unserer Erziehungsprogramme. – Reinbek.

FRITZSCHE, Y. (2000): Modernes Leben: Gewandelt, vernetzt und verkabelt. In: DEUTSCHE SHELL (Hrsg.): Jugend 2000. 13. Shell Jugendstudie. – Opladen, S. 181-219.

FURTNER-KALLMÜNZER u.a. 2002 = FURTNER-KALLMÜNZER, M./HÖSSL, A./JANKE, D./KELLERMANN, D./LIPSKI, J. (2002): In der Freizeit für das Leben lernen. Eine Studie zu den Interessen von Schulkindern. – München.

GANZEBOOM, H. B. G./DE GRAAF, P. M./TREIMAN, D. J. (1992): A standard international socio-economic index of occupational status. In: Social Science Research, Vol. 21, pp. 1-56.

GERBER, B. L./CAVALLO, A. M./MAREK, E. A. (2001): Relationships among informal learning environments, teaching procedures and scientific reasoning ability. In: International Journal of Science Education, Vol. 23, pp. 535-549.

GRUNDMANN u.a. 2004 = GRUNDMANN, M./BITTLINGSMAYER, U. H./DRAVENAU, D./GROH-SAMBERG, O. (2004): In: BECKER, R./LAUTERBACH, W. (Hrsg.): Bildung als Privileg? – Wiesbaden.

GRUNERT, C. (2005): Kompetenzerwerb von Kindern und Jugendlichen in außerschulischen Sozialisationsfeldern. In: SACHVERSTÄNDIGENKOMMISSION ZWÖLFTER KINDER- UND JUGENDBERICHT (Hrsg.): Kompetenzerwerb von Kindern und Jugendlichen im Schulalter. – München, S. 9-94.

HELLER, K. A./PERLETH, C. (2000): Kognitiver Fähigkeitstest (KFT 4-12+R). – Göttingen.

HERON, J. L./SLIGO, F. (2005): Acquisition of simple and complex knowledge: a knowledge gap perspective. In: Educational Technology & Society, Vol. 8, pp. 190-202.

HSI, S. (2007): Conceptualizing learning from the everyday activities of digital kids. In: International Journal of Science Education, Vol. 12, pp. 1509-1529.

HURRELMANN, B. (2004): Sozialisation der Lesekompetenz. In: SCHIEFELE, U./ARTELT, C./SCHNEIDER, W. (Hrsg.): Struktur, Entwicklung und Förderung von Lesekompetenz. Vertiefende Analysen im Rahmen von PISA 2000. – Wiesbaden, S. 37-60.

JOHNSON, S. C. (1997): Learning technological concepts and developing intellectual skills. In: International Journal of Technology and Design Education, Vol. 7, pp. 161-180.

KOOLSTRA, C. M./VAN DER VOORT, T. H. A./VAN DER KAMP, L. J. T. (1997): Television's impact on children's reading comprehension and decoding skills: A 3-year panel study. In: Reading Research Quarterly, Vol. 32, pp. 128-152.

KORPAN u.a. 1997 = KORPAN, C. A./BISANZ, G. L./BISANZ, J./BOEHME, C./LYNCH, M. A. (1997): What did you learn outside of school today? Using structured interviews to document home and community activities related to science and technology. In: Science Education, Vol. 81, pp. 651-662.

LAZARSFELD, P. F./HENRY, N. W. (1968): Latent structure analysis. – Boston.

LEMPERT, W./ACHTENHAGEN, F. (2000): Entwicklung eines Programmkonzepts „Lebenslanges Lernen". In: Unterrichtswissenschaft, H. 28, S. 144-159.

LINEBARGER, D. L. (2001): Learning to read using television: The effects of captions and narrations. In: Journal of Educational Psychology, Vol. 97, pp. 297-308.

Marsick, V. J./Watkins, K. E. (2001): Informal and incidental learning. In: New Directions for Adult and Continuing Education, Vol. 89, pp. 25-34.
Martin, L. (2004): An emerging research framework for studying informal learning and scools. In: Science Education, Vol. 88, pp. 71-82.
Medienpädagogischer Forschungsverbund Südwest (2007): JIM-Studie 2007. Basisstudie zum Medienumgang 12- bis 19-Jähriger in Deutschland. – Stuttgart.
OECD (1999): Classifying educational programmes. Manual for ISCED-97 implementation in OECD countries. – Paris.
OECD (2004a): Lesen kann die Welt verändern. Leistung und Engagement im Ländervergleich. Ergebnisse von PISA 2000. – Paris.
OECD (2004b). Lernen für die Welt von morgen. Erste Ergebnisse aus PISA 2003. – Paris.
Osborne, J./Dillon, J. (2007): Research on learning in informal contexts: Advancing the field? In: International Journal of Science Education, Vol. 12, pp. 1441-1445.
Otto, H.-U./Kutscher, N. (2004): Informelle Bildung online. Perspektiven für Bildung, Jugendarbeit und Medienpädagogik. – Weinheim.
Otto u.a. 2004 = Otto, H.-U./Kutscher, N./Klein, A./Iske, S. (2004): Soziale Ungleichheit im virtuellen Raum: Wie nutzen Jugendliche das Internet? Erste Ergebnisse einer empirischen Untersuchung zu Online-Nutzungsdifferenzen und Aneignungsstrukturen von Jugendlichen. – Berlin.
Overwien, B. (1999): Informelles Lernen, eine Herausforderung an die internationale Bildungsforschung. In: Dehnbostel, P./Markert, W./Novak, H. (Hrsg.): Erfahrungslernen in der beruflichen Bildung – Beiträge zu einem kontroversen Konzept. - Neusäß, S. 295-314.
Overwien, B. (2001): Debatten, Begriffsbestimmungen und Forschungsansätze zum informellen Lernen und zum Erfahrungslernen. In: Senatsverwaltung für Arbeit, Soziales und Frauen (Hrsg.): Tagungsband zum Kongress „Der flexible Mensch. – Berlin, S. 359-376.
Overwien, B. (2005): Stichwort: Informelles Lernen. In: Zeitschrift für Erziehungswissenschaft, H. 83, S. 339-355.
Prenzel u.a. 2007 = Prenzel, M./Carstensen, C. H./Frey, A./Drechsel, B./Rönnebeck, S. (2007). PISA 2006 – Eine Einführung in die Studie. In: PISA-Konsortium Deutschland (Hrsg.): PISA 2006. Die Ergebnisse der dritten internationalen Vergleichsstudie. – Münster, S. 32-59.
Rauschenbach u.a. 2004 = Rauschenbach, T./Leu, H. R./Lingenauber, S./Mack, W./Schilling, M./ Schneider, K./Züchner, I. (2004): Non-formale und informelle Bildung im Kindes- und Jugendalter. Konzeptionelle Grundlagen für einen Nationalen Bildungsbericht. – Berlin.
Resnick, L. B. (1987): Learning in and out school. In: Educational Researcher, Vol. 19, pp. 13-20.
Rost, J. (2004): Lehrbuch Testtheorie – Testkonstruktion. – Bern.
Sandhaas, B. (1986): Bildungsreformen. In: Haller, H.-D/Meyer, H. (Hrsg.): Ziele und Inhalte der Erziehung und des Unterrichts. Enzyklopädie Erziehungswissenschaft, Bd. 3. – Stuttgart, S. 399-406.
Schaffner, E./Schiefele, U./Schneider, W. (2004): Ein erweitertes Verständnis der Lesekompetenz: Die Ergebnisse des nationalen Ergänzungstests. In: Schiefele, U./Artelt, C./Schneider, W. (Hrsg.): Struktur, Entwicklung und Förderung von Lesekompetenz. Vertiefende Analysen im Rahmen von PISA 2000. – Wiesbaden, S. 197-242.
Schwarz, G. (1978): Estimating the dimension of a model. In: Annals of Statistics, Vol. 6, pp. 461-464.
Sefton-Green, J. (2004): Literature review in informal learning with technology outside school. – Bristol.
Senkbeil, M./Wittwer, J. (2006): Beeinflusst der Computer die Entwicklung mathematischer Kompetenz? In: PISA-Konsortium Deutschland (Hrsg.): PISA 2003. Untersuchungen zur Kompetenzentwicklung im Verlauf eines Schuljahres. – Münster, S. 139-160.
Stecher, L. (2005): Informelles Lernen bei Kindern und Jugendlichen und die Reproduktion sozialer Ungleichheit. In: Zeitschrift für Erziehungswissenschaft, H. 8, S. 374-393.
Thompson, F. T./Austin, W. P. (2003): Television viewing and academic achievement revisited. In: Education, Vol. 124, pp. 194-203.
Tien, F. F./Fu, T.-T. (2008): The correlates of the digital divide and their impact on college student learning. In: Computers & Education, Vol. 50, pp. 421-436.
Tully, C. J. (1994): Lernen in der Informationsgesellschaft. Informelle Bildung durch Medien und Computer. – Wiesbaden.

Tully, C. J. (2004): Verändertes Lernen in modernen technisierten Welten. – Wiesbaden.

Von Davier, M. (1997): Bootstrapping goodness-of-fit statistics for sparse categorical data: Results of a Monte Carlo study. In: Methods of Psychological Research, Vol. 2, pp. 29-48.

Von Davier, M. (2000): WINMIRA 32pro – A program system for analyses with the Rasch model with the latent class analysis and with the Mixed Rasch model. – Kiel.

Wahler, P. (2004): Jugendphase als Zeit des Lernens. In: Wahler, P./Tully, C. J./Preiss, C. (Hrsg.): Jugendliche in neuen Lernwelten – Selbstorganisierte Bildung jenseits institutioneller Qualifizierung. – Wiesbaden, S. 11-35.

Wahler, P.,/Tully, C. J./Preiss, C. (2004): Jugendliche in neuen Lernwelten – Selbstorganisierte Bildung jenseits institutioneller Qualifizierung. – Wiesbaden.

Walter u.a. 2006 = Walter, O./Senkbeil, M./Rost, J./Carstensen, C. H./Prenzel, M. (2006): Die Entwicklung der naturwissenschaftlichen Kompetenz von der neunten zur zehnten Klassenstufe: Deskriptive Befunde. In: PISA-Konsortium Deutschland (Hrsg.): PISA 2003. Untersuchungen zur Kompetenzentwicklung im Verlauf eines Schuljahres. – Münster, S. 87-118.

Watermann, R./Baumert, J. (2006): Entwicklung eines Strukturmodells zum Zusammenhang zwischen sozialer Herkunft und fachlichen und überfachlichen Kompetenzen: Befunde national und international vergleichender Analysen. In: Baumert, J./Stanat, P./Watermann, R. (Hrsg.): Herkunftsbedingte Disparitäten im Bildungswesen: Differenzielle Bildungsprozesse und Probleme der Verteilungsgerechtigkeit. Vertiefende Analysen im Rahmen von PISA 2000. – Wiesbaden, S. 61-94.

Westat (2000): WesVar. – Rockville.

Wittwer, J./Bromme, R./Jucks, R. (2004): Kann man dem Internet trauen, wenn es um die Gesundheit geht? Die Glaubwürdigkeitsbeurteilung medizinischer Fachinformationen im Internet durch Laien. In: Zeitschrift für Medienpsychologie, H. 16, S. 48-56.

Wittwer, J./Senkbeil, M. (2008): Is students' computer use at home related to their mathematical performance at school? In: Computers & Education, Vol. 50, pp. 1558-1571.

Wu, M. L./Adams, R. J./Wilson, M. (1997): ConQuest – Generalised item response modeling software, Draft Release 2. – Camberwell.

Timo Ehmke [1]

Welche Bedeutung haben lernförderliche Prozesse und naturwissenschaftsbezogene Einstellungen im Elternhaus für die Erklärung sozialer Disparitäten in der naturwissenschaftlichen Kompetenz?

Zusammenfassung:
Diese Studie analysiert, inwieweit lernförderliche und naturwissenschaftsbezogene Einstellungen und Prozesse im Elternhaus soziale Disparitäten in der naturwissenschaftlichen Kompetenz erklären. Konkret wird drei Forschungsfragen nachgegangen: (1) Welche Profile bildungsrelevanter Prozesse und Einstellungen im Elternhaus lassen sich identifizieren? (2) Hängen bildungsrelevante Prozesse und Einstellungen im Elternhaus von der sozialen Lage ab? (3) Welche Bedeutung haben unterschiedliche Profile bildungsrelevanter Prozesse und Einstellungen im Elternhaus für den Aufbau naturwissenschaftlicher Kompetenzen? Als Datenbasis dient eine repräsentative Stichprobe von N = 9577 Neuntklässlern in Deutschland aus PISA 2006. Mit Hilfe einer Latent-Class-Analysis (LCA) werden vier Familientypen identifiziert, die sich in ihrem Profil bildungsrelevanter Prozesse und naturwissenschaftsbezogener Einstellungen voneinander abgrenzen. Innerhalb der unterschiedlichen Sozialschichten (EGP-Klassen) variieren die prozentualen Anteile der vier Familientypen zwischen 9 und 40 Prozent. Die Verteilungen sprechen damit eher gegen die Annahme von homogenen schichtspezifischen Einstellungen und Verhaltensweisen. Regressionsanalysen belegen sowohl für die bildungsbezogenen Familientypen und als auch für die Sozialschichtzugehörigkeit spezifische Vorhersageeffekte auf die naturwissenschaftliche Kompetenz der Neuntklässler. Unterschiede in der Unterstützungspraxis von Familien lassen sich somit auch unabhängig von der Sozialschicht feststellen und stellen eine Form horizontaler Disparitäten in der naturwissenschaftlichen Kompetenz von Jugendlichen dar.

Schlüsselwörter: Soziale Disparitäten, Elternhaus, Scientific Literacy, Latent-Class-Analysis

Abstract:
The present study analyses the extent to which families' educational processes and parents' attitudes towards science explain social disparities in scientific competency. Three research questions were addressed: (1) Which profiles can be identified for families' educational processes and parents' attitudes towards science? (2) Do families' educational processes and attitudes towards science depend on social class? (3) How important are families' different profiles' for children's development of scientific competency? Data is based on a representative sample of N = 9577 German students in the 9th grade taken from PISA 2006. A Latent-Class-Analysis identified four types of families which differ in their profiles of educational processes and parents' attitudes towards science. The distribution of each of the four family types across the different social classes (EGP classes) varies from 9 to 40 percent. This argues against the assumption that homogenous attitudes and patterns of behaviour are specific to social classes. Regression analyses on the students' scientific competency showed specific effects for the family types as well as for the social classes. When controlling for social background of the students, the specific effects of the family types remain. The specific effects of fami-

---
[1] Leibniz-Institut für die Pädagogik der Naturwissenschaften an der Universität Kiel

lies' educational processes and parents' attitudes towards science on students' scientific competency can be found largely independent of social class and they thus display a kind of horizontal disparity in the scientific competency of students.

Keywords: social inequalities, family, scientific literacy, latent-class-analysis

Ein zentrales Problemfeld des deutschen Bildungssystems ist die enge Kopplung zwischen der sozialen Herkunft von Schülerinnen und Schülern und den von ihnen erreichten Kompetenzen im Lesen, in der Mathematik und in den Naturwissenschaften. So belegen die Befunde aus den PISA-Erhebungen, dass sich in Deutschland die Kompetenzen von Schülerinnen und Schülern, deren Eltern einen hohen sozioökonomischen Status einnehmen, bedeutsam von denen der Jugendlichen unterscheiden, deren Eltern einen niedrigen Sozialstatus aufweisen (OECD 2001, 2004, 2007). Dabei bezeichnet man soziale Disparitäten, die an der Zugehörigkeit zu sozialen Klassen oder Schichten festgemacht werden, auch als vertikale Disparitäten (Hradil 2005).

Theorien von sozialen Schichten und Klassen erklären Phänomene vertikaler Disparitäten dadurch, dass sich mit unterschiedlichem Zugang zu Einkommen, Bildung, gesellschaftlicher Anerkennung und beruflichen Gestaltungsmöglichkeiten auch die Lebensbedingungen unterscheiden (Hradil 2005). Theoretisch wird davon ausgegangen, dass Mitglieder einer sozialen Schicht oder Klasse mit ähnlichen Lebensbedingungen aufgrund entsprechender Sozialisationserfahrungen vergleichbare Muster in ihren Werthaltungen, Einstellungen und Verhaltensweisen aufweisen. Sozialschichtspezifische Unterschiede in den Lebensbedingungen gehen somit auch mit unterschiedlichen häuslichen Lernmilieus einher.

Vor diesem Hintergrund sollten sich soziale Unterschiede in den Bildungsergebnissen bei Jugendlichen insbesondere durch die bildungsrelevanten Einstellungen und lernförderlichen Prozesse im Elternhaus aufklären lassen. Diese Erwartung wird von Befunden der pädagogisch-psychologischen Forschung gestützt. So sind vor allem die proximalen Merkmale von Familien, die sich auf lernförderliche Aspekte des Elternverhaltens beziehen, prädiktiv für die schulischen Leistungen und den Besuch weiterführender Schulen (zusammenfassend Helmke/Weinert 1997; Pomerantz/Moorman/Litwack 2007).

Analysen in Schulleistungsstudien, die neben Merkmalen der sozialen Herkunft der Schülerinnen und Schüler auch Prozessmerkmale bei der Vorhersage der Kompetenzen von Jugendlichen berücksichtigen, belegen eine teilweise vermittelnde Wirkung von lernrelevanten Prozessmerkmalen (Baumert/Watermann/Schümer 2003; Ehmke u. a. 2006; Watermann/Baumert 2006). Allerdings zeigen diese Befunde auch, dass Indikatoren familiärer Prozesse nur im geringen bis mittleren korrelativen Zusammenhang mit Merkmalen der sozialen Herkunft stehen (vgl. Watermann/ Baumert 2006, S. 75; Ehmke u. a. 2006, S. 240). Dies deutet darauf hin, dass der Zusammenhang zwischen lernförderlichen Einstellungen und Prozessen im Elternhaus mit der sozialen Schichtzugehörigkeit weniger stark ausgeprägt ist als theoretisch angenommen. Daher stellt sich die Frage: Gehen Unterschiede in vertikalen Herkunftsmerkmalen, etwa die Zugehörigkeit zu einer bestimmten Sozialschicht, tatsächlich mit systematischen Unterschieden in den bildungsbezogenen Einstellungen und Verhaltensweisen von Eltern einher? Oder beschreiben unterschiedliche Ausprägungen in bildungsbezogenen Einstellungen und Verhaltensweisen der Eltern nicht eher horizontale Unterschiede, die auch innerhalb von sozialen Schichten oder unterschiedlichen Berufsgruppen bedeutsam variieren können?

Diese Fragen untersuchen wir im Folgenden anhand der Daten zur naturwissenschaftlichen Kompetenz von Neuntklässlern in Deutschland, die im Rahmen von PISA 2006 erhoben wurden. Dabei wird ein typologischer Ansatz verfolgt, der es ermöglicht, qualitativ unterschiedliche Profile in den bildungs- und naturwissenschaftsbezogenen Einstellungen und Verhaltensweisen von Eltern zu identifizieren. Mit diesem Ansatz wollen wir prüfen, wie sich die bildungsbezogenen

Elternhaustypen in unterschiedlichen Sozialschichten verteilen. Ferner wird analysiert, inwieweit anhand der Typologie innerhalb von unterschiedlichen Berufsgruppen horizontale Disparitäten in der naturwissenschaftlichen Kompetenz aufgeklärt werden können. Im folgenden Abschnitt werden der theoretische Hintergrund dargestellt und die Forschungsfragen konkretisiert. Nach der Beschreibung der Forschungsmethode werden die Ergebnisse präsentiert. Der Beitrag schließt mit einer Zusammenfassung und Diskussion der Befunde.

1 Theoretischer Hintergrund

Um Strukturen sozialer Ungleichheit zu analysieren, wurden in der Soziologie drei wichtige theoretische Ansätze entwickelt (HRADIL 2005): (1) das Konzept der sozialen Klassen und Schichten (vertikale Ungleichheit), (2) das Konzept der sozialen Lage (horizontale Ungleichheit) und (3) Konzepte der sozialen Milieus und Lebensstile. Auf diese theoretischen Ansätze wird in den folgenden drei Abschnitten eingegangen. Im Anschluss daran wird die theoretische Konzeption für eine Typologie bildungs- und naturwissenschaftsbezogener Prozesse und Einstellungen im Elternhaus dargestellt.

1.1 Vertikale Ungleichheit: Modelle von sozialen Schichten und Klassen

Klassen- und Schichtungsmodelle bilden vertikale Formen sozialer Ungleichheit ab. Klassenmodelle fassen dabei Personengruppen zusammen, die aufgrund ihrer Stellung innerhalb des Wirtschaftsprozesses anderen Gruppierungen über- oder unterlegen sind, z. B. aufgrund des Besitzes von Produktionsmitteln oder wegen ihrer Machtposition auf dem Arbeitsmarkt (HRADIL 2005). Schichtmodelle hingegen beschreiben Gruppierungen von Menschen mit ähnlich hohem Status in einer oder mehrerer Dimensionen wie etwa Einkommen, Bildung oder sozialem Prestige (BOLTE/KAPPE/NEIDHARDT 1967; HRADIL 2005). Beide Modellansätze fassen somit Personen aufgrund ähnlicher sozioökonomischer Lagen in Gruppierungen zusammen, die sich in eine vertikale Ordnung bringen lassen.

In der empirischen Bildungsforschung werden vertikale Unterschiede in der sozialen Herkunft von Schülerinnen und Schülern üblicherweise über die sozioökonomische Stellung der Familie bestimmt. Die sozioökonomische Stellung bezieht sich dabei auf die relative Position in einer sozialen Hierarchie. Erhoben wird diese über die Berufstätigkeit, die Hinweise auf die damit verbundenen finanziellen Mittel, die Macht und das Prestige geben kann (BAUMERT/MAAZ 2006). Um die sozioökonomische Stellung der Eltern zu beschreiben, werden in der empirischen Bildungsforschung vor allem zwei Indikatoren eingesetzt: der sozioökonomische Index (*International Socio-Economic Index of Occupational Status*, ISEI) und die EGP-Klassifikation (ERIKSON/GOLDTHORPE/PORTOCARERO 1979).

Der ISEI wurde von GANZEBOOM u.a. (1992) entwickelt, um den sozioökonomischen Status eines Berufs messen und international vergleichen zu können. Die Konstruktion des Index basiert auf der Grundlage von Daten zu Bildung, Beruf und Einkommen von 74.000 Personen aus 16 Staaten (vgl. GANZEBOOM/TREIMAN 1996). Der sozioökonomische Index ordnet die verschiedenen Berufe in eine soziale Hierarchie und stellt eine Berufsrangskala dar, die den sozioökonomischen Status abbildet.

Im Unterschied zur eindimensionalen Rangskala des sozioökonomischen Index werden durch die EGP-Klassifikation (ERIKSON/GOLDTHORPE/PORTOCARERO 1979; ERIKSON/GOLDTHORPE 1992) qualitative Unterschiede zwischen sozialen Schichten hervorgehoben. Diese bestehen beispielsweise in dem verfügbaren Kapital, in der akademischen oder praktischen Bildung. Dieser kategoriale Ansatz ist theoretisch besser fundiert als der sozioökonomische Index und erlaubt eine anschauliche Beschreibung von Berufsgruppen (vgl. BAUMERT/MAAZ 2006). Die EGP-Klassifikation ordnet die Berufe nach der Art der Tätigkeit (manuell, nichtmanuell, landwirtschaftlich), der Stellung im Beruf (selbstständig, abhängig beschäftigt), der Weisungsbefugnis (keine, geringe, große) und den erforderlichen Qualifikationen (keine, niedrige, hohe).

Da mit den einzelnen EGP-Klassen ein unterschiedlicher Zugang zu Einkommen, Macht, Bildung und gesellschaftlicher Anerkennung verbunden ist, beschreiben sie unterschiedliche Lebensbedingungen und stellen im Hinblick auf die Kompetenzentwicklung von Kindern und Jugendlichen schichtspezifische Entwicklungsmilieus dar. Es wird theoretisch angenommen, dass Mitglieder einer sozialen Gruppierung, die ähnliche Lebensbedingungen aufweisen, auch in spezifischen Prozessen der Sozialisation, in ihrer persönlichen Erfahrung oder der selektiven Kommunikation in gemeinsamer Weise geprägt werden (HRADIL 2005). Derart erworbene bzw. vermittelte Muster der Wahrnehmung, der Einstellung, des Bewusstseins und des Gesellschaftsbilds bringen ähnliche Ausprägungen sozialen Handelns hervor. Entsprechend sollten spezifische Klassen aufgrund ähnlicher Lebensbedingungen auch ähnliche Persönlichkeitsmerkmale (psychische Dispositionen, Einstellungen und Wertorientierungen, Bedürfnisse und Interessen, Mentalitäten und Lebensstile) aufweisen (GEISSLER 2002, S. 111).

Einen ähnlichen Denkansatz beschreibt auch die Theorie des sozialen Habitus von BOURDIEU (1982, 1983). Demnach beeinflussen Unterschiede in der sozioökonomischen Herkunft, vermittelt über den sozialen Habitus (d. h. sozialschichtabhängige Einstellungs- und Verhaltensmuster), den schulischen Erfolg von Kindern und Jugendlichen. Auf diese Weise halten privilegierte Schichten über den sozialen Habitus den Einfluss auf den Bildungserfolg und Statusreproduktion aufrecht (Reproduktionsansatz nach BOURDIEU/PASSERON 1971).

Die Befunde aus den internationalen Leistungsvergleichen PISA und IGLU belegen, dass sich Kinder und Jugendliche, deren Eltern unterschiedlichen EGP-Klassen angehören, erheblich in den erreichten Kompetenzen unterscheiden (PISA 2000: BAUMERT/SCHÜMER 2001, 2002; IGLU 2001: SCHWIPPERT/BOS/LANKES 2003, 2004; PISA 2006: EHMKE/BAUMERT 2007). Dass es dabei auch hohe Überlappungen in den schichtspezifischen Kompetenzverteilungen gibt, wurde in diesen Studien weniger hervorgehoben. Dabei ist dies ein Anhaltspunkt dafür, dass auch *innerhalb* von Berufsgruppen bedeutsame Unterschiede in der familiären Lage oder auch in der häuslichen Unterstützungspraxis bestehen können.

1.2 Horizontale Ungleichheit: Modelle der sozialen Lage

Klassen- und Schichtmodelle greifen zu kurz, wenn es darum geht, soziale Ungleichheiten zu erklären, die *innerhalb* von Klassen und Schichten bestehen können. Solche Formen von sozialer Ungleichheit können beispielsweise Disparitäten darstellen, die zwischen Frauen und Männer, zwischen Regionen (z. B. Großstadt oder ländliche Region), zwischen unterschiedlichen Herkunftsgruppen (z. B. beide Elternteile im Ausland geboren oder kein Migrationshintergrund), zwischen verschiedenen Familientypen (z. B. Alleinerziehend oder Kernfamilie) oder zwischen verschiedenen Formen der Erwerbstätigkeit (z. B. in Vollzeit beschäftigt oder Arbeit suchend) bestehen. Theoretische Ansätze, die solche Aspekte der äußeren Lage berücksichtigen und die die Gesamtbevölkerung in Gruppen mit ähnlichen Lebensbedingungen einteilen, werden als Modelle der sozialen Lage bezeichnet (SCHWENK 1999; GEISSLER 2002; HRADIL 2005). Lagemodelle lassen es offen, inwieweit damit auch Unterschiede in den inneren Haltungen von Personen einhergehen.

Horizontale Unterschiede in den erreichten Kompetenzen von Kindern und Jugendlichen wurden bislang in den internationalen Schulleistungsstudien eher selten thematisiert. Eine Ausnahme bilden die Befunde von TILLMANN/MEIER (2003) zu den Kompetenzen von Fünfzehnjährigen aus

PISA 2000. Sie analysierten horizontale Disparitäten hinsichtlich des Familientyps, der Kinderzahl und des Erwerbstätigkeitsstatus der Mütter.

Inwieweit horizontale Unterschiede nicht nur in strukturellen Merkmalen der äußeren Lage, sondern auch in unterschiedlichen Mustern des Denkens und Verhaltens innerhalb einer Sozialschicht bestehen, wurde anhand des Konzeptes der sozialen Milieus untersucht.

1.3 Modelle sozialer Milieus und Lebensstile

In der Forschung zur sozialen Ungleichheit auf der Grundlage von Klassen- und Schichtkonzepten wird davon ausgegangen, dass mit bestimmten äußeren Lebensbedingungen mehr oder minder eng, bestimmte innere Haltungen (Klassenbewusstsein, Klassenpraxis, schichtspezifisches Denken und Verhalten, etc.) zusammenhängen. Hingegen geht in die Konzeption von sozialen Milieus die Annahme ein, dass die „subjektiven" Lebensweisen einer sozialen Gruppierung durch deren „objektive" Lebensbedingungen zwar angeregt, beeinflusst oder begrenzt sein mögen, keineswegs aber völlig geprägt sind. Der Begriff vom sozialen Milieu bezieht neben dem Umfeld von Menschen auch deren Werthaltungen, deren Prinzipien zur Lebensgestaltung, Verhaltensstile, Beziehungen zu Mitmenschen und Mentalitäten mit ein (HRADIL 2005). Personen, die dem gleichen sozialen Milieu angehören, interpretieren und gestalten ihre Umwelt in ähnlicher Weise und unterscheiden sich dadurch von anderen sozialen Milieus. Eng damit verbunden ist das Konzept der Lebensstile (GEORG 1995, 1998). Lebensstile bezeichnen die Art und Weise, wie Personen ihr Alltagsleben organisieren und ihre Freizeit gestalten (SPELLERBERG 1996; LÜDTKE 1998; HRADIL 2005).

Empirische Befunde zu sozialen Milieus in Deutschland wurden vom Heidelberger Forschungsinstitut SINUS Sociovision vorgelegt. In den Erhebungen im Jahr 2007 wurden zehn soziale Milieus anhand von ähnlichen Lebensauffassungen und Lebensweise identifiziert (SOCIOVISION 2007). Im Hinblick auf die soziale Lage lassen sich dabei innerhalb der Ober-, Mittel- und Unterschicht jeweils drei bis vier soziale Milieus anhand unterschiedlicher Wertorientierungen voneinander abgrenzen. Diese Analysen belegen, dass Lebensstile nur zu einem Teil die Konsequenz vertikaler Lebensbedingungen darstellen. Sie kennzeichnen auch horizontale Unterschiede innerhalb von Schichten. Das Freizeitverhalten und die Wertorientierungen der Menschen sind somit nicht nur eine Konsequenz ihrer (un)vorteilhaften Lebensbedingungen, sondern weisen auch unabhängig hiervon horizontale Unterschiede zwischen Lebensstilgruppierungen auf. Sie bestehen sowohl innerhalb von Sozialschichten als auch über Schichtgrenzen hinweg (HRADIL 2005, S. 478).

Nach SPELLENBERG (1996, 198ff) lassen sich erfolgreiche und weniger erfolgreiche Lebensstile erkennen, die zu einer mehr oder weniger hohen Lebenszufriedenheit führen. Entsprechend ist anzunehmen, dass sich bestimmte Wertorientierungen von Familien auch als vorteilhafter oder weniger vorteilhaft im Hinblick auf das häusliche Lernen von Kindern und Jugendlichen erweisen. Um dieser Frage anhand der PISA-Daten zu den naturwissenschaftlichen Kompetenzen nachgehen zu können, soll im Folgenden eine Konzeption für eine Typologie vorgestellt werden, die unterschiedliche Profile lernförderlicher Prozesse und naturwissenschaftsbezogener Einstellungen von Familien beschreibt.

1.4 Entwurf einer Typologie bildungsbezogener Prozesse und Einstellungen im Elternhaus

Für die Konzeption einer Typologie zu bildungsrelevanten Einstellungen und Prozessen im Elternhaus sollen Indikatoren herangezogen werden, die sich in der pädagogisch-psychologischen Forschung als bedeutsame Prädiktoren für das häusliche Lernen erwiesen haben (zusammenfassend POMERANTZ/MOORMAN/LITWACK 2007; PEKRUN 2001; NEUENSCHWANDER u. a. 2005) und die bei PISA 2006 erfasst wurden. Nach HELMKE/WEINERT (1997) lassen sich lernförderliche Prozesse im Elternhaus an vier Aspekten des Elternverhaltens festmachen, die sich in Längsschnittstudien als relevant erwiesen haben: stimulierende Lernumgebungen bereitstellen, direkte Instruktionen geben, Modellfunktionen übernehmen sowie motivationale Unterstützung leisten. Zu den Bedingungen motivationaler Unterstützung zählen insbesondere auch (a) die schulleistungsbezogenen Erwartungen und die Bildungsaspirationen der Eltern (STAMM 2005) oder (b) die leistungsbezogenen Überzeugungen, Einstellungen und Orientierungen wie etwa die fachspezifischen Wertschätzung (FULIGNI/STEVENSON 1996) bzw. der Leistungsdruck (HELMKE/SCHRADER/LEHNEIS-KLEPPER 1991; GOTTFRIED/FLEMING/GOTTFRIED 1994; WILD 1999, 2004).

Als empirische Grundlage für die Typologie dienen Angaben von Eltern und Schülern in PISA zu lernrelevanten Prozessen und Einstellungen in der Familie. Die in PISA mit Fragebögen erhobenen Konstrukten beziehen sich zum einen auf lernrelevante Prozesse im Elternhaus (4 Skalen) und zum anderen auf naturwissenschaftsbezogene Einstellungen der Eltern (4 Skalen). Beide Bereiche stellen nach HELMKE/WEINERT (1997) leistungsförderliche Elternhausmerkmale dar, die positiv mit der Entwicklung von naturwissenschaftlicher Kompetenz von Kindern und Jugendlichen zusammenhängen sollten.

Die erste PISA-Fragebogenskala „kulturelle Aktivitäten" erfasst familiäre Aktivitäten wie den Besuch von kulturellen Veranstaltungen oder das Spielen von Musikinstrumenten. Solche Freizeitaktivitäten sind häufig mit informellen Lernprozessen verbunden und somit bedeutsam für den Aufbau und Erwerb von Kompetenzen (WAHLER/TULLY/PREISS 2004; RAUSCHENBACH/DÜX/SASS 2006). Als weitere Indikatoren werden zwei Skalen zu „kulturellen Besitztümern" und zu „lernrelevanten Besitztümern" in der Familie einbezogen. Der Besitz von Kulturgütern (Musikinstrumente, Kunstwerke, klassische Literatur) und schulrelevanten Besitztümern wie Taschenrechner, Internetanschluss oder Wörterbüchern lässt ebenfalls auf stimulierende und mögliche lernförderliche Prozesse im Elternhaus schließen (TRUDEWIND/WEGGE 1989). Eine vierte Fragebogenskala bezieht sich auf die Diskussionskultur im Elternhaus. Empirische Befunde von WATERMANN/BAUMERT (2006) zeigen, dass die kommunikative Praxis in der Familie auch bei Kontrolle anderer Prozessmerkmale einen spezifischen Effekt auf die Vorhersage der Lesekompetenz von Fünfzehnjährigen in PISA 2000 besitzt.

Die motivationale Unterstützung der Eltern im Hinblick auf Naturwissenschaften wurde in PISA 2006 anhand von vier Einstellungsskalen erfasst. Dabei handelt es sich um folgende Konstrukte: (1) persönliche Wertschätzung der Naturwissenschaften, (2) allgemeine Wichtigkeit von Naturwissenschaften, (3) naturwissenschaftliche Karriereerwartung und (4) Bedeutung von Naturwissenschaften für den Arbeitsmarkt. Insbesondere die elterliche Wertschätzung der Naturwissenschaften und die Einschätzung der allgemeinen Wichtigkeit sind als bedeutsame Prädiktoren für die naturwissenschaftliche Kompetenz der Jugendlichen zu sehen. Eltern können durch ihre fachspezifischen Einstellungen auch die fachbezogenen Einstellungen ihrer Kinder beeinflussen und so zu einer Kompetenzförderung beitragen (FULIGNI/STEVENSON 1996; BLEEKER/JACOBS 2004; MAURISCHAT/TASKINEN/EHMKE, 2007; EHMKE/SIEGLE 2008). Bei einer hohen naturwissenschaftsbezogenen Karriereerwartung der Eltern und einer hohen Einschätzung der Wichtigkeit von Naturwissenschaften für den Arbeitsmarkt ist ebenfalls ein positiver Effekt auf die naturwissenschaftliche Kompetenz der Kinder und Jugendlichen zu erwarten. Die berufsbezogenen Einstellungen der Eltern können auf die Kinder übertragen werden und so indirekt Einfluss auf die naturwissenschaftliche Kompetenz ihrer Kinder nehmen (FAN/CHEN 2001).

In vielen Studien wird die Bedeutung familialer Einstellungs- und Prozessmerkmale für die schulischen Leistungen von Kindern und Jugendlichen anhand von Einzelvariablen in Regressionsanalysen untersucht. In Gegensatz dazu soll in dieser Studie, wie bereits erwähnt, ein typologischer Ansatz verfolgt werden (vgl. NEUENSCHWANDER/GOLTZ 2008). Dabei werden die oben genannten Indikatoren nicht additiv in Vorhersagemodelle einbezogen, sondern es werden typische Kombinationen von Ausprägungen mehrerer Variablen gleichzeitig betrachtet und es wird nach unterschiedlichen häufig auftretenden Merkmalsprofilen gesucht. Unterschiedliches Elternverhalten lässt sich entsprechend durch typische Strukturen oder Verhaltensmuster bildungsrelevanter Einstellungen und Prozesse im Elternhaus beschreiben (vgl. Personen-Ansatz von BERGMANN/EL-KHOURI 2003; MAGNUSSON 2003).

2 Forschungsfragen und Hypothesen

Anhand des beschriebenen typologischen Zugangs soll drei Forschungsfragen nachgegangen werden:

(1) Welche Profile bildungsrelevanter Prozesse und Einstellungen im Elternhaus lassen sich anhand von Eltern- und Schülerangaben identifizieren?

Vermutet werden hier Typen, die sich im Niveau der Merkmalsausprägung der lernrelevanten Prozessmerkmale sowie der naturwissenschaftsbezogenen Einstellungen unterscheiden. Erwarten lässt sich ein Elternhaustyp, bei dem häufige lernförderliche Prozesse mit hoher Wertschätzung von Naturwissenschaften einhergehen. Außerdem kann ein Typus mit entsprechend geringen Ausprägungen in beiden Merkmalsbereichen vermutet werden. Eine dritte denkbare Merkmalskonstellation ist die Verbindung von hohen lernförderlichen Aktivitäten bei gleichzeitiger geringer Ausprägung von naturwissenschaftsbezogenen Einstellungen. Explorativ soll geprüft werden, inwieweit sich ein vierter Typ oder feiner abgestufte Muster in den betrachteten Elternhausprofilen identifizieren lassen.

(2) Sind bildungsrelevante Prozesse und Einstellungen im Elternhaus abhängig von der sozialen Lage?

Um diese Frage zu beantworten, soll analysiert werden, wie sich die bildungsbezogenen Elternhaustypen innerhalb der Sozialschichten verteilen. Wie in Abschnitt 1 dargelegt, gehen soziokulturelle Theorien davon aus, dass mit mehr oder weniger vorteilhaften Lebensbedingungen in unterschiedlichen Sozialschichten auch systematische Unterschiede in den schichtspezifischen Einstellungen und Verhaltensweisen einhergehen. Demnach wären in den oberen Sozialschichten weitgehend die bildungsorientierten Elternhaustypen zu finden. In den unteren Berufsklassen sollten hingegen die bildungsfernen familialen Prozess- und Einstellungsmuster dominieren. Im Gegensatz dazu kann man nach dem theoretischen Modell der sozialen Milieus insgesamt eine geringere Kopplung erwarten. Die empirisch beobachteten prozentualen Anteile der Elternhaustypen innerhalb der Sozialschichten sollen Auskunft darüber geben, inwieweit man tatsächlich von homogenen, sozialschichtspezifischen lernrelevanten Aktivitäten und naturwissenschaftsbezogenen Einstellungen im Elternhaus ausgehen kann.

(3) Welche Bedeutung haben unterschiedliche Profile bildungsrelevanter Prozesse und Einstellungen im Elternhaus für den Erwerb naturwissenschaftlicher Kompetenzen?

Da die Elternhaustypen systematische Unterschiede in den bildungsrelevanten Prozessen und Einstellungen im Elternhaus beschreiben, sollte sich dies entsprechend bei den Jugendlichen in dem erreichten naturwissenschaftlichen Kompetenzniveau widerspiegeln. Dabei sollten vor allem diejenigen Jugendlichen eine hohe naturwissenschaftliche Kompetenz aufweisen, in deren Familien häufig lernförderliche Prozesse stattfinden oder in deren Familien ausgeprägte naturwissenschaftswertschätzende Einstellungen vorherrschen. Da die Elternhaustypen anhand von proximalen Indikatoren gebildet wurden, ist anzunehmen, dass die vermuteten Effekte unterschiedlicher Elternhaustypen auf die naturwissenschaftliche Kompetenz der Jugendlichen auch bei Kontrolle der Sozialschicht bestehen bleiben.

2 Methodisches Vorgehen: Stichprobe, Variablen, Auswertungsmethoden

Stichprobe

Die Stichprobe umfasst N = 9577 Schülerinnen und Schüler in der 9. Klassenstufe aus PISA 2006 (Prenzel u. a. 2007a). Die Stichprobe ist repräsentativ für Deutschland und wurde an 46 Hauptschulen, 19 Schulen mit mehreren Bildungsgängen, 53 Realschulen, 19 Integrierten Gesamtschulen und 66 Gymnasien erhoben.

Naturwissenschaftliche Kompetenz

Die naturwissenschaftliche Kompetenz wurde durch das umfassende und ausdifferenzierte Testinstrument von PISA 2006 erfasst, das auf der Rahmenkonzeption zu Scientific Literacy beruht (vgl. OECD 2006; Prenzel u. a. 2007b). Der Test enthält insgesamt 103 Aufgaben, die unterschiedlichen Teilbereichen der naturwissenschaftlichen Grundbildung zugeordnet werden können. Die Teilbereiche von Scientific Literacy beziehen sich dabei auf Teilkompetenzen (naturwissenschaftliche Fragestellungen erkennen, Phänomene erklären oder Evidenz nutzen), unterschiedliche Systeme (physikalische Systeme, lebende Systeme oder Erd- und Weltraumsystem, technologische Systeme) oder auf Wissen über naturwissenschaftliche Prozesse und Methoden. In den folgenden Analysen wird die Gesamtskala für die naturwissenschaftliche Kompetenz verwendet. Der Mittelwert für die repräsentative Stichprobe der Fünfzehnjährigen in Deutschland beträgt für die Gesamtskala in den Naturwissenschaften M = 516 Punkte bei einer Streuung von SD = 100 Punkten.

Sozioökonomische Stellung der Eltern

Um die sozioökonomische Stellung der Eltern der Neuntklässler zu erfassen, greifen wir auf die EGP-Klassen (Erikson/Goldthorpe/Portocarero 1979; Erikson/Goldthorpe 2002) zurück. Die Bildung der EGP-Klassen basiert auf der Angabe des Berufes der Eltern, der mit Hilfe der *International Standard Classification of Occupation* von 1988 (ISCO-88 vgl. International Labor Office 1990) kodiert wird sowie auf Angaben zur beruflichen Stellung der Eltern und ihrer Weisungsbefugnis (vgl. Baumert/Maaz 2006). Im ursprünglichen Modell von Erikson, Goldthorpe und Portocarero (1979) werden 11 Klassen unterschieden. Für unsere Analysen werden wir diese in sechs Klassen zusammenfassen (vgl. Tabelle 1).

Tabelle 1. Beschreibung der EGP-Klassen

EGP-Klassen

Obere Dienstklasse (I)
Freie akademische Berufe, führende Angestellte, höhere Beamte, selbstständige Unternehmer mit mehr als 10 Mitarbeitern, Hochschul- und Gymnasiallehrer

Untere Dienstklasse (II)
Angehörige von Semiprofessionen, mittleres Management, Beamte im mittleren und gehobenen Dienst, technische Angestellte mit nicht manueller Tätigkeit

Routinedienstleistungen Handel und Verwaltung (III)
Büro- und Verwaltungsberuf mit Routinetätigkeiten, Berufe mit niedrig qualifizierten, nicht manuellen Tätigkeiten, die oftmals auch keine Berufsausbildung erfordern

Selbstständige (IV)
Selbstständige aus manuellen Berufen mit wenigen Mitarbeitern und ohne Mitarbeiter, Freiberufler sofern sie keinen hoch qualifizierten Beruf ausüben

Facharbeiter und Arbeiter mit Leitungsfunktion (V, VI)
Untere technische Berufe wie Vorarbeiter, Meister, Techniker, die in manuelle Arbeitsprozesse eingebunden sind; Aufsichtskräfte im manuellen Bereich

Un- und angelernte Arbeiter, Landarbeiter (VII)
Alle un- und angelernten Berufe aus dem manuellen Bereich, Dienstleistungstätigkeiten mit manuellem Charakter und geringem Anforderungsniveau, Arbeiter in der Land-, Forst- und Fischwirtschaft

Quelle: BAUMERT/SCHÜMER, 2001, S. 339.

Prozess- und Einstellungsvariablen im Elternhaus

In Abschnitt 1.4 wurden die in der Typologie berücksichtigten Prozess- und Einstellungsvariablen genannt und theoretisch begründet. Tabelle 2 enthält zu den acht Skalen zusätzliche Angaben zur Quelle, zur Itemanzahl, zur Reliabilität und die Formulierung eines Beispielitems. Die Fragebogenskalen für die Prozessmerkmale wurden Rasch-skaliert (CARSTENSEN u. a. 2007) und gingen als z-standardisierte WLE-Schätzer in die Latent-Class-Analyse ein.

Auswertungsmethoden

In empirischen Studien und Schulleistungsuntersuchungen wie PISA stellen fehlende Werte ein systematisches Problem dar. In Selektivitätsanalysen hat sich gezeigt, dass bei Jugendlichen mit geringen Leistungen häufiger Angaben zur sozialen Herkunft fehlen als bei Schülerinnen und Schülern mit höheren Kompetenzen. Dies kann zu methodischen Verzerrungen bei den Ergebnisanalysen führen. Um dieses Problem zu vermeiden, wurden für alle Skalen nachträglich fehlende Werte mit der Software *Norm 2.03* (SCHAFER 2000; SCHAFER/GRAHAM 2002) mittels *EM-Algorithmus* (SCHAFER 1997) geschätzt.

Alle Analysen wurden anschließend mit dem Programm *Mplus 4.21* (MUTHÉN/MUTHÉN 2007) durchgeführt. Als statistische Methode kommt für die erste Fragestellung die Latent-Class-Analysis mit kontinuierlichen Variablen zum Einsatz (HAGENAARS/MCCUTCHEON 2002). Bei der zweiten und dritten Fragestellung haben wir multiple Regressionsanalysen und eine Mehrebenenanalyse durchgeführt.

Tabelle 2. Angaben zu den verwendeten Prozess- und Einstellungsvariablen

Merkmal	Beispielitem	Itemanzahl	Cronbachs α	Quelle
Besitz von klassischen Kulturgütern im Elternhaus	Welche der folgenden Dinge gibt es bei dir zu Hause? Klassische Literatur (z.B. von Goethe)	3	0.62	SFB
Lernrelevante Besitztümer im Elternhaus	Welche der folgenden Dinge gibt es bei dir zu Hause? Bücher, die dir bei Schularbeiten helfen	7	0.47	SFB
Kulturelle Aktivitäten im Elternhaus	Unsere Tochter/unser Sohn spielt ein Musikinstrument.	2	0.59	EFB
Diskussion kultureller Sachverhalte im Elternhaus	Wie oft kommt es im Allgemeinen vor, dass deine Eltern mit dir über politische oder soziale Fragen diskutieren?	6	0.68	SFB
Naturwissenschaftsbezogene Karriereeinschätzung durch die Eltern	Erwarten Sie, dass Ihr Kind einen naturwissenschaftsbezogenen Beruf ergreifen wird?	4	0.80	EFB
Allgemeine Wertstellung von Naturwissenschaften	Die Naturwissenschaften sind wertvoll für die Gesellschaft.	5	0.77	EFB
Persönliche Wertschätzung von Naturwissenschaften	Es gibt viele Gelegenheiten für mich, die Naturwissenschaften in meinem Alltag anzuwenden.	4	0.77	EFB
Bedeutung von Naturwissenschaften für den Arbeitsmarkt	Es ist auf dem Arbeitsmarkt von Vorteil, gute naturwissenschaftliche Kenntnisse und Fähigkeiten zu haben.	4	0.86	EFB

EFB = Elternfragebogen, SFB = Schülerfragebogen

3 Ergebnisse

3.1 Welche Profile bildungsrelevanter Prozesse und Einstellungen im Elternhaus lassen sich anhand von Eltern- und Schülerangaben identifizieren?

Für die Analyse typischer Profile bildungsrelevanter Prozesse und Einstellungen im Elternhaus wurden die in Abschnitt 1.4 beschriebenen acht Indikatoren in z-standardisierter Form in die Latent-Class-Analysis (LCA) einbezogen. Der beste Modell-Fit ergab sich nach dem Bayesian Information Criterion (BIC) für eine 6-Klassen-Lösung. Der Vuong-Lo-Rubin Likelihood Ratio Test zeigte allerdings, dass eine 5- oder 6-Klassen-Lösung keine statistisch bedeutsam bessere Passung aufwies als die 4-Klassen-Lösung. Als beste Lösung wurde daher die 4-Klassen-Lösung gewählt (Zuordnungswahrscheinlichkeiten > 81 Prozent). Abbildung 1 zeigt die Profile der vier Klassen anhand der z-standardisierten WLE-Skalen.

Die Elternhaustypen lassen sich wie folgt charakterisieren:

- Typ 1 „Bildungs- und naturwissenschaftsorientiert": Das Profil weist für alle betrachteten Indikatoren die höchsten Ausprägungen auf. Familien in dieser Klasse zeichnen sich durch ein hohes Anregungspotential, häufige bildungsbezogene Verhaltensweisen und Aktivitäten sowie

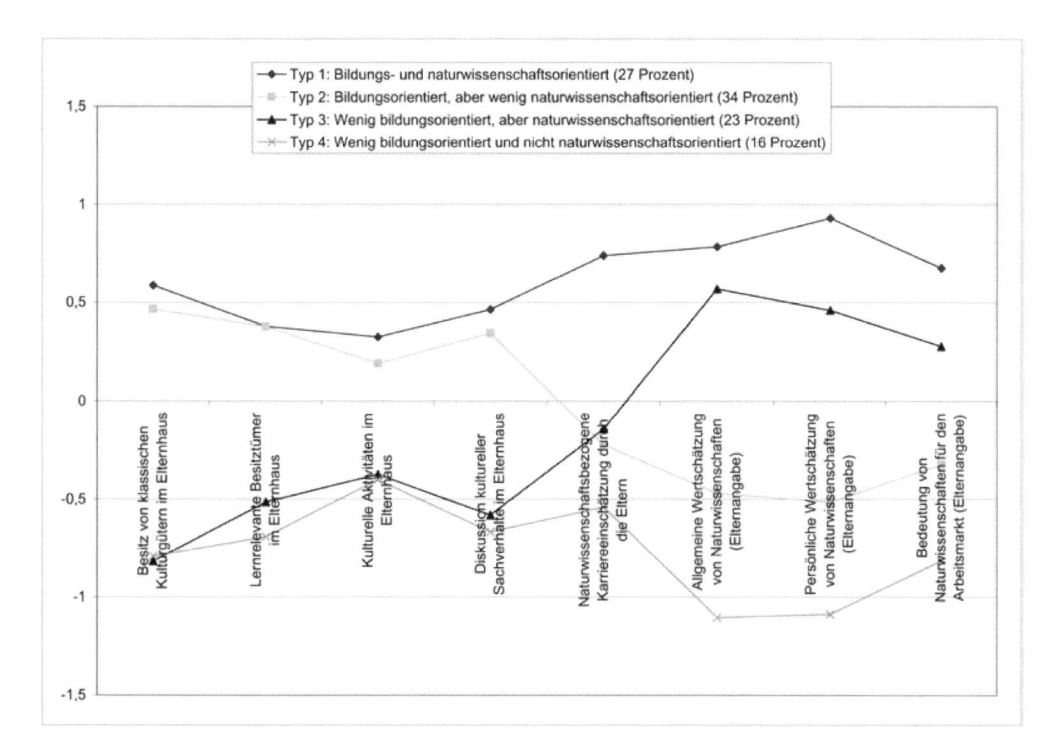

Abbildung 1. Profile bildungsbezogener Prozesse und Einstellungen im Elternhaus

durch eine sehr hohe Affinität zu den Naturwissenschaften aus. Insbesondere liegt in dieser Klasse eine ausgeprägte Erwartung im Hinblick auf eine naturwissenschaftsbezogene Karriere der Kinder vor. Die Klasse umfasst einen Anteil von 27 Prozent.
- Typ 2 „Bildungsorientiert, aber wenig naturwissenschaftsorientiert": Dieser Elternhaustyp zeichnet sich ebenfalls durch ein hohes Anregungspotential und häufige kulturelle und lernrelevante Prozesse aus. Allerdings sind die naturwissenschaftlichen Einstellungen der Eltern nur sehr gering ausgeprägt. Dies lässt darauf schließen, dass wenig lernförderliche naturwissenschaftsbezogene Prozesse im Elternhaus stattfinden. Dieser Typus stellt mit einem Anteil von 34 Prozent die größte Klasse dar.
- Typ 3 „Wenig bildungsorientiert, aber naturwissenschaftsorientiert": Diese Familien zeichnen sich eher durch ein unvorteilhaftes Lernklima aus. Dies zeigt sich daran, dass wenige kulturelle und lernrelevante Besitztümer vorhanden sind und kulturbezogene Verhaltensmuster eher selten stattfinden. Hohe Ausprägungen finden sich hingegen bei den naturwissenschaftsbezogenen Einstellungen im Elternhaus. Hier ist eine hohe Wertschätzung der Naturwissenschaften vorherrschend. Die Erwartungen an eine Karriere der Kinder im naturwissenschaftlichen Bereich fallen allerdings gering aus. Diese Klasse umfasst 23 Prozent der Stichprobe.
- Typ 4 „Wenig bildungsorientiert und nicht naturwissenschaftsorientiert": Dieser Typus beschreibt ein Profil, welches insgesamt als unvorteilhaft im Hinblick auf lernförderliche Prozesse im Elternhaus bezeichnet werden kann. In nahezu allen betrachteten Indikatoren werden hier die geringsten Werte erzielt. In diesen Familien ist ein ungünstiges allgemeines Lernklima mit einer ausgeprägten Geringschätzung der Naturwissenschaften kombiniert. Dabei fallen die

Wertschätzungen von Naturwissenschaften bei den Eltern noch deutlich geringer aus als im Typus 2. Zu dieser Klasse zählen 16 Prozent der Stichprobe.

Zusammenfassend können durch die LCA-Analyse vier Typen von qualitativ unterschiedlichen Profilen im Elternhaus identifiziert werden. Im Hinblick auf den Erwerb naturwissenschaftlicher Kompetenzen sollten sich diese nach HELMKE/WEINERT (1997) als mehr oder weniger vorteilhaft erweisen. Dabei ist zu erwarten, dass das naturwissenschaftliche Kompetenzniveau der Kinder bei Elternhaustyp 1 am höchsten und bei Typ 4 am geringsten ausfällt. Nimmt man an, dass den naturwissenschaftsspezifischen Einstellungen der Eltern eine höhere Bedeutung zukommt als den nicht fachspezifischen Prozessmerkmalen (FULIGNI/STEVENSON 1996), so sind bei den Jugendlichen aus Familien vom dritten Typ höhere Kompetenzwerte zu erwarten als für den zweiten Typus.

3.2 Sind bildungsbezogene Prozesse und Einstellungen im Elternhaus abhängig von der sozialen Lage?

Um der zweiten Forschungsfrage nachzugehen, sollte geprüft werden, wie hoch die prozentualen Anteile der bildungsbezogenen Elternhaustypen in unterschiedlichen Sozialschichten sind. Als Indikator für die Sozialschicht verwenden wir hierfür die EGP-Klassen. Die Tabelle 3 zeigt die Anteile der vier Familientypen innerhalb der EGP-Klassen.

Die Ergebnisse belegen einen positiven Zusammenhang: Je höher die EGP-Klasse, desto häufiger treten die Elternhaustypen 1 („bildungs- und naturwissenschaftsorientiert") und 2 („bildungsorientiert, aber wenig naturwissenschaftsorientiert") auf und desto seltener sind die Typen 3 („wenig bildungsorientiert, aber naturwissenschaftsorientiert") und 4 („wenig bildungsorientiert und nicht naturwissenschaftsorientiert") vertreten. So ist in der oberen Dienstklasse der bildungsorientierte und Naturwissenschaften sehr wertschätzende Elternhaustyp 1 signifikant häufiger als im Durchschnitt (letzte Zeile in Tabelle 3) vertreten (+10 Prozent). Hiergegen findet man in der oberen Dienstklasse den bildungsfernen und Naturwissenschaften sehr geringschätzenden Elternhaus-

Tabelle 3. Prozentuale Verteilung der bildungsbezogenen Elternhaustypen nach EGP-Klassen

EGP-Klassifikation	Elternhaus-Typ 1	Elternhaus-Typ 2	Elternhaus-Typ 3	Elternhaus-Typ 4	
	Bildungs- und naturwissenschafts-orientiert	Bildungsorientiert, aber wenig naturwissenschaftsorientiert	Wenig bildungsorientiert, aber naturwissenschaftsorientiert	Wenig bildungsorientiert und nicht naturwissenschaftsorientiert	Summe
1 Obere Dienstklasse (I)	36.8	38.2	16.1	8.8	100
2 Untere Dienstklasse (II)	28.5	39.4	18.8	13.2	100
3 Routinedienstleistungen (III)	20.3	37.1	23.0	19.5	100
4 Selbstständige, einschl. Landwirte (IVa-d)	26.0	33.5	24.0	16.5	100
5 Facharbeiter und leitende Arbeiter (V-VI)	21.9	31.5	26.7	19.9	100
6 Un- und angelernte Arbeiter, Landarbeiter (VII)	19.7	28.5	29.8	21.9	100
Gesamt	26.5	34.4	23.0	16.1	100

typ 4 bedeutsam seltener als im Mittel (–7 Prozent). Ein umgekehrtes Bild zeigt sich für die unterste EGP-Klasse. Bei den Familien, die zur EGP-Klasse der un- und angelernten Arbeiter zählen, ist der lernorientierte Elternhaustyp 1 (–7 Prozent) bedeutsam seltener als im Durchschnitt vertreten. Familien mit einem unvorteilhaften Lernumfeld kommen hingegen bedeutsam häufiger als im Durchschnitt vor (+7 Prozent).

Zusammenfassend lassen sich also systematische Unterschiede zwischen den EGP-Klassen in der Verteilung der Elternhaustypen beobachten. Aber: die Ergebnisse belegen auch, dass in allen EGP-Klassen jeweils alle vier Elternhaustypen mit relativ hohen Anteilen vertreten sind. So kommt der vorteilhafte Elternhaustyp 1 in allen EGP-Klassen mit mindestens 20 Prozent vor. Entsprechend zeichnen sich auch in den beiden Arbeiterklassen jeweils ein Fünftel der Familien durch hohe bildungsorientierte Prozesse und sehr hohe Wertschätzungen der Naturwissenschaften aus. Mit Blick auf die Verteilung der vier Elternhausprofile zu bildungsrelevanten Einstellungen und Aktivitäten innerhalb Berufsgruppen kann man somit kaum von homogenen schichtspezifischen Einstellungen und Verhaltensweisen sprechen. Vielmehr lassen sich auch innerhalb der EGP-Klassen unterschiedliche familiale Bildungsmilieus voneinander angrenzen.

3.3 Welche Bedeutung haben unterschiedliche Profile bildungsrelevanter Prozesse und Einstellungen im Elternhaus für den Erwerb naturwissenschaftlicher Kompetenzen?

Zur Analyse der dritten Forschungsfrage wurden mit Hilfe von drei Modellrechnungen die naturwissenschaftliche Kompetenz der Neuntklässler durch die Sozialschicht (EGP-Klassenzugehörigkeit) und/oder die bildungsbezogenen Elternhaustypen vorhergesagt. In einem vierten Modell wurde zusätzlich die Schulart kontrolliert. Die Ergebnisse der Modellrechnungen mit unstandardisierten Regressionskoeffizienten (b) und aufgeklärten Varianzanteile (R^2) sind in Tabelle 4 dargestellt.

In Modell 1 wurden die vier Elternhaustypen als Prädiktoren für die naturwissenschaftliche Kompetenz der Neuntklässler berücksichtigt. Die unstandardisierten Regressionskoeffizienten belegen die theoretisch erwarteten Unterschiede in der naturwissenschaftlichen Kompetenz von Neuntklässlern mit unterschiedlichen Elternhausprofilen. Das durchschnittliche Kompetenzniveau von Jugendlichen, die zum Elternhaustyp 4 („wenig bildungsorientiert und nicht naturwissenschaftsorientiert") zählen und in der Analyse die Referenzgruppe bilden, liegt bei 480 Kompetenzpunkten. Hingegen erreichen Neuntklässler, deren Familie als bildungsorientiert und Naturwissenschaften wertschätzend charakterisiert werden kann (Typ 1: „bildungs- und naturwissenschaftsorientiert"), ein durchschnittliches Kompetenzniveau, das um 63 Punkte höher liegt als bei Typ 4 („wenig bildungsorientiert und nicht naturwissenschaftsorientiert"). Vor dem Hintergrund, dass der durchschnittliche Kompetenzzuwachs in Naturwissenschaften von der 9. zur 10. Klassenstufe bei 21 Punkten liegt (WALTER u. a. 2006, S. 101), kann dieser Punkteabstand als hoch bedeutsam eingestuft werden. Das Ergebnis bestätigt somit die theoretische Annahme, dass bei vergleichbaren lernrelevanten Prozessmerkmalen eine höhere Wertschätzung von Naturwissenschaften durch die Eltern auch mit einer höheren naturwissenschaftlichen Kompetenz bei den Jugendlichen einhergeht (Typ 1 > Typ 2 und Typ 3 > Typ 4). Nicht erwartungskonform ist hingegen das Ergebnis, dass Jugendliche aus bildungsorientierten Familien höhere naturwissenschaftliche Kompetenzwerte erreichen unabhängig davon, ob die Eltern über eine hohe oder eine geringe Wertschätzung von Naturwissenschaften berichten (Typen 1, 2 > Typen 3, 4).

In Modell 2 wurden die EGP-Klassen als Prädiktoren für die naturwissenschaftliche Kompetenz der Neuntklässler in die Analyse einbezogen. Wie aus anderen Schulleistungsstudien be-

Tabelle 4. Vorhersage der naturwissenschaftlichen Kompetenz von Neuntklässlern anhand von EGP-Klassen, Elternhaustypen und Schulart

	Modell 1		Modell 2		Modell 3		Modell 4	
	b	SE	b	SE	b	SE	b	SE
Naturwissensch. Kompetenz (intercept)	480	(4.9)	478	(4.9)	457	(5.4)	422	(5.0)
EGP-Klassifikation (Ebene 1)								
1 Obere Dienstklasse (I)			**70**	(4.9)	**59**	(4.5)	**17**	(2.3)
2 Untere Dienstklasse (II)			**62**	(4.7)	**55**	(4.4)	**19**	(2.4)
3 Routinedienstleistungen (III)			**30**	(6.1)	**27**	(6.0)	**13**	(3.5)
4 Selbstständige, einschl. Landwirte (IVa-d)			**28**	(4.4)	**24**	(4.3)	**8**	(2.6)
5 Facharbeiter und leitende Arbeiter (V-VI)			**14**	(3.2)	**13**	(3.1)	**6**	(2.1)
6 Un- und angelernte Arbeiter, Landarbeiter (VII)			Referenzgruppe = 0		Referenzgruppe = 0		Referenzgruppe = 0	
Elternhaus-Typ (Ebene 1)								
1 Bildungs- und naturwissenschaftsorientiert	**63**	(4.5)			**51**	(3.9)	**22**	(2.2)
2 Bildungsorientiert, aber wenig naturwissenschaftsorientiert	**42**	(3.9)			**32**	(3.4)	**11**	(2.1)
3 Wenig bildungsorientiert, aber naturwissenschaftsorientiert	**11**	(3.1)			**9**	(3.1)	5	(2.4)
4 Wenig bildungsorientiert und nicht naturwissenschaftsorientiert	Referenzgruppe = 0				Referenzgruppe = 0		Referenzgruppe = 0	
Schulart (Ebene 2)								
Schulen mit mehreren Bildungsgängen							**49**	(6.3)
Realschulen							**74**	(5.6)
Integrierte Gesamtschulen							**25**	(7.4)
Gymnasien							**138**	(5.3)
Hauptschulen							Referenzgruppe = 0	
R^2 (Individualebene)	6.6%		9.1%		13.1%		3.0%	
R^2 (Schulebene)							82.9%	

Fettgedruckte Koeffizienten sind signifikant ($p < .05$).

kannt, zeigen sich bedeutsame Unterschiede in den erreichten naturwissenschaftlichen Kompetenzen zwischen den EGP-Klassen. So beträgt der Abstand zwischen Neuntklässlern, deren Eltern zur oberen Dienstklasse zählen, und Kindern von un- und angelernten Arbeitern 70 Punkte auf der Kompetenzskala für die Naturwissenschaften. Im Gegensatz zu den in PISA 2006 berichteten Ergebnissen fallen hier die vertikalen Disparitäten bei den Neuntklässlern geringer aus als bei den Fünfzehnjährigen. Im nationalen Bericht zu PISA 2006 (EHMKE/BAUMERT 2007) lag der Abstand in der naturwissenschaftlichen Kompetenz zwischen von Fünfzehnjährigen von Eltern aus der obersten und der untersten EGP-Klassen bei 84 Kompetenzpunkten in den Naturwissenschaften.

Das Modell 3 bezieht sowohl die EGP-Klassen als auch die Elternhaustypen in die Analyse mit ein. Im Vergleich zu den Modellen 1 und 2 verringert sich die Höhe der Regressionskoeffizienten nur geringfügig. Das bedeutet, dass auch bei Kontrolle der Berufgruppenzugehörigkeit bzw. der bildungsbezogenen Elternhausprofile jeweils spezifische Vorhersageeffekte erhalten bleiben. Bei kontrollierter Sozialschicht erreichen Jugendlichen aus bildungsorientierten Elternhäusern vom Typ 1 um 51 Kompetenzpunkte höhere Werte als Neuntklässler aus Familien, die als bildungsfern gelten können (Typ 4).

Vertikale Disparitäten in den Kompetenzen von Jugendlichen entstehen nicht nur durch Unterschiede in der Ausgestaltung des häuslichen Lernumfeldes, sondern auch durch sozialschichtsspezifisches Entscheidungsverhalten an Bildungsschwellen (BOUDON 1974; BREEN/GOLDTHORPE 1997; MAAZ u.a. 2006) und dem damit verbundenen Besuch von schulartspezifischen Lern- und Entwicklungsmilieus (BAUMERT/STANAT/WATERMANN 2006). Um diesen Effekt ansatzweise zu kontrollieren, wird daher in Modell 4 die Schulart als Kontrollvariable in einem Mehrebenenmodell auf der Ebene 2 berücksichtigt. Die Ergebnisse zeigen: die Höhe der Regressionskoeffizienten sinken für die EGP-Klassen und für die Elternhaustypen deutlich ab. Das bedeutet, dass ein hoher Anteil an Unterschiedlichkeit innerhalb der EGP-Klassen und der Elternhaustypen durch den Klassen- und typenspezifischen Schulartbesuch vermittelt wird. Dennoch bleibt das Ergebnismuster aus Modell 4 erhalten. Bei gleicher Berufsgruppenzugehörigkeit (Kontrolle der Sozialschicht) erreichen Jugendliche aus Elternhäusern vom Typ 1 um 22 Kompetenzpunkte höhere Werte als Jugendliche aus Elternhäusern mit geringer Bildungsorientierung und Wertschätzung der Naturwissenschaften. Es bleibt also auch bei Kontrolle der Schulart ein förderlicher Effekt für bildungsorientierte Prozesse und Einstellungen im Elternhaus auf das naturwissenschaftliche Kompetenzniveau ihrer Kinder nachweisbar.

4 Zusammenfassung und Diskussion

Mit der vorliegenden Studie wurde anhand der Daten der Neuntklässler aus PISA 2006 analysiert, welche Bedeutung bildungs- und naturwissenschaftsbezogene Prozesse und Einstellungen im Elternhaus besitzen, um soziale Disparitäten in der naturwissenschaftlichen Kompetenz zu erklären. In einem ersten Schritt wurden mit Hilfe einer Latent-Class-Analysis unterschiedliche Typen bildungsrelevanter Prozesse und Einstellungen im Elternhaus identifiziert. Die Ergebnisse der Analyse zeigten, dass sich in den Familien der Neuntklässler systematische Unterschiede finden lassen, wie Familien die gemeinsame Zeit strukturieren, welches Anregungspotential das häusliche Lernumfeld bietet, inwieweit kulturelle Aktivitäten stattfinden, welche Werte als wichtig oder weniger wichtig erachtet werden, welche Bedeutung in einer Familie den Naturwissenschaften beigemessen wird oder wie die Wichtigkeit von Naturwissenschaften für das Berufsleben eingeschätzt wird. Durch die LCA konnten vier Typen von Elternhäusern identifiziert werden, die sich deutlich in ihrem Profil von bildungsrelevanten Aktivitäten und naturwissenschaftsbezogenen Einstellungen voneinander abgrenzen.

In einer zweiten Analyse wurden dann die prozentualen Anteile der vier Elternhaustypen in unterschiedlichen Sozialschichten betrachtet. Damit sollte empirisch geprüft werden, inwieweit Unterschiede zwischen den Sozialschichten mit schichtspezifischen bildungs- und naturwissenschaftsbezogenen Einstellungen und Verhaltensweisen einhergehen. Die Befunde sprechen gegen die Annahme von homogenen und abgeschlossenen Bildungsmilieus in den Sozialschichten. Zwar wurden in der oberen Dienstklasse die Familientypen, die sich durch ein besonderes lernförderliches Profil auszeichneten, überproportional häufig beobachtet. Auch umgekehrt fanden sich in der Klasse der un- und angelernten Arbeiter, die bildungsfernen und Naturwissenschaften sehr geringschätzenden Familien überproportional häufig wieder. Es zeigte sich aber, dass in allen betrachteten Berufsgruppen (EGP-Klassen) jeweils alle vier Elternhausprofile mit relativ hohen Anteilen vertreten sind (mind. 9 Prozent). Insbesondere kam der „optimale", bildungsorientierte Familientyp in allen EGP-Klassen mit mind. 20 Prozent im nennenswerten Umfang vor.

Die dritte Analyse untersuchte die Bedeutung der bildungsbezogenen Elternhaustypen und die Sozialschichtzugehörigkeit für die Vorhersage der naturwissenschaftlichen Kompetenz der Neuntklässler. Die Ergebnisse bestätigten weitgehend die theoretisch vermuteten Unterschiede in der erreichten Naturwissenschaftskompetenz der Neuntklässler. So betrug der Abstand zwischen Jugendlichen, deren Familien das lernförderlichste Profil aufwiesen, und denen aus Familien mit den geringsten bildungsrelevanten Aktivitäten 63 Kompetenzpunkte auf der Gesamtskala für Naturwissenschaften. Dies entspricht mehr als dem doppelten durchschnittlichen Zuwachs an naturwissenschaftlicher Kompetenz von der 9. zur 10. Klassenstufe in Deutschland (WALTER u. a. 2006). Die Unterschiede zwischen den Elternhaustypen blieben auch bei Kontrolle der Sozialschichtzugehörigkeit weitgehend bestehen. Auch wurden die vertikalen Disparitäten zwischen den EGP-Klassen nur im relativ geringen Ausmaß durch die Elternhaustypen vermittelt. Diese Ergebnisse belegen, dass die Effekte der elterlichen Unterstützungsprozesse nur zu einem Teil von der Sozialschicht abhängig sind.

Insgesamt zeigen die Befunde, dass innerhalb der gleichen Sozialschicht durchaus unterschiedliche bildungsbezogene Prozesse und Einstellungen in den Familien bestehen. So zeichneten sich auch in den beiden unteren Berufsgruppen „Facharbeiter und leitende Arbeiter" und „Un- und angelernte Arbeiter" jeweils ein Fünftel der Familien durch eine hohe Bildungsorientierung und Wertschätzung der Naturwissenschaft aus. Auch in den unteren Sozialschichten gibt es demnach nennenswerte Anteile von Familien, denen es gelingt, trotz eingeschränkter Rahmenbedingungen ein hohes häusliches Anregungspotential bereitzustellen, und die die Stellung der Naturwissenschaften in der Gesellschaft als sehr wichtig und bedeutsam einschätzen. Unterschiede in den bildungsbezogenen Einstellungen und Verhaltensweisen lassen sich somit als eine Form von horizontalen Disparitäten auffassen. Sie kommen auch weitgehend unabhängig von vertikalen Disparitäten vor.

Aus diesen Ergebnissen ergeben sich drei Aspekte: Erstens sollte bei der Interpretation von Befunden zu vertikalen Disparitäten des Kompetenzerwerbs und der Bildungsbeteiligung berücksichtigt werden, dass von den Lebensbedingungen in einer spezifischen Sozialschicht nicht direkt auf deren Denk- und Verhaltensmuster geschlossen werden kann. Entsprechend ist eher von bildungsnahen bzw. bildungsfernen Milieus auszugehen, die auch innerhalb von sozialen Schichten oder Berufsgruppen bestehen können.

Zweitens zeigen liefern die Befunde einen möglichen Ansatz dafür, interindividuelle Unterschiede in der sozialen Mobilität und in der intergenerationalen Statusverbesserung zu erklären. Nach unseren Befunden sollten es vor allem die bildungsorientierten Familien mit offensiven Aufstiegsbemühungen sein, die innerhalb gleicher Berufsgruppen eine Statusverbesserung erzielen (vgl. HRADIL 2005, S. 488).

Ein dritter Aspekt bezieht sich auf mögliche Interventionsmaßnahmen. Während die Sozialschichtzugehörigkeit weitgehend stabil ist und von außen kaum beeinflusst werden kann, stellt das lernförderliche Elternverhalten einen veränderbaren Bereich von Familien dar. Hier könnten etwa Schulen und Lehrkräfte einen Beitrag leisten, indem sie Eltern Vorschläge zur schulbezogenen Unterstützung oder im Hinblick auf lernrelevante Aktivitäten anbieten. Unsere Befunde zeigen, dass in allen Berufsgruppen ein gewisser Prozentsatz von Familien von solchen Maßnahmen profitieren könnte.

Insgesamt scheint es aus einer Forschungsperspektive aussichtsreich, in zukünftigen Erhebungen und Analysen horizontale Disparitäten im Elternhaus stärker zu berücksichtigen. Ein Ansatzpunkt könnte darin bestehen, die berücksichtigten Indikatoren der im Elternhaus stattfindenden Einstellungen und Verhaltensprozesse differenzierter abzubilden. Theoretisch weiterführend wäre es beispielsweise, auch die elterlichen Bildungsaspirationen oder die instruktionale Unterstützung einzubeziehen. Dass weiterhin eine getrennte Erhebung von allgemeinen und fachspezifischen Unterstützungsmerkmalen sinnvoll ist (WILD 2004), hat sich in dem Kompetenzvorsprung von Jugendlichen aus den beiden Elternhaustypen gezeigt, die den Naturwissenschaften eine hohe Bedeutung bemessen. Eine differenzierte Erhebung der familiären Einstellungen und Aktivitäten würde es erlauben, noch feinere Abgrenzungen zwischen unterschiedlichen Bildungsmilieus zu identifizieren und somit die Entstehung von sozialen Disparitäten des Kompetenzerwerbs und der Bildungsbeteiligung weiter aufzuklären.

Literatur

BAUMERT, J./SCHÜMER, G. (2001): Familiäre Lebensverhältnisse, Bildungsbeteiligung und Kompetenzerwerb. In: BAUMERT, J./KLIEME, E./NEUBRAND, M./PRENZEL, M./SCHIEFELE, U./SCHNEIDER, W./STANAT, P./TILLMANN, K.-J./WEISS, M. (Hrsg.): PISA 2000 – Basiskompetenzen von Schülerinnen und Schülern im internationalen Bereich. – Opladen, S. 323-407.

BAUMERT, J./SCHÜMER, G. (2002): Familiäre Lebensverhältnisse, Bildungsbeteiligung und Kompetenzerwerb im nationalen Vergleich. In: BAUMERT, J./KLIEME, E./NEUBRAND, M./PRENZEL, M./SCHIEFELE, U./SCHNEIDER, W./STANAT, P./TILLMANN, K.-J./WEISS, M. (Hrsg.): PISA 2000 - Die Länder der Bundesrepublik Deutschland im Vergleich. – Opladen, S. 159-202.

BAUMERT, J./MAAZ, K. (2006): Das theoretische und methodische Konzept von PISA zur Erfassung sozialer und kultureller Ressourcen der Herkunftsfamilie. Internationale und nationale Rahmenkonzeption. In: BAUMERT, J./STANAT, P./WATERMANN, R. (Hrsg.): Herkunftsbedingte Disparitäten im Bildungswesen. Vertiefende Analysen im Rahmen von PISA 2000. – Wiesbaden.

BAUMERT, J./WATERMANN, R./SCHÜMER, G. (2003): Disparitäten der Bildungsbeteiligung und des Kompetenzerwerbs. Ein institutionelles und individuelles Mediationsmodell. In: Zeitschrift für Erziehungswissenschaft, Bd. 6, H. 1, S. 46-71.

BAUMERT, J./STANAT, P./WATERMANN, R. (2006): Schulstruktur und die Entstehung differenzieller Lern- und Entwicklungsmilieus. In: BAUMERT, J./STANAT, P./WATERMANN, R. (Hrsg.): Herkunftsbedingte Disparitäten im Bildungswesen. Vertiefende Analysen im Rahmen von PISA 2000. – Wiesbaden.

BERGMANN, L. R./EL-KHOURI, B. M. (2003): A person-oriented approach: Methods for today and methods for tomorrow. In: New Directions for Child and Adolescent Development, Vol. 101, pp. 25-38.

BLEEKER, M. M./JACOBS, J. E. (2004): Achievement in Math and Science: Do Mothers' Beliefs Matter 12 Years Later? In: Journal of Educational Psychology, Vol. 96, No. 1, pp. 97-109.

BOLTE, K. M./KAPPE, D./NEIDHARDT, F. (1967): Soziale Schichtung in der Bundesrepublik Deutschland. In: BOLTE, K. M. (Hrsg.): Deutsche Gesellschaft im Wandel. – Opladen, S. 233-351.

BOUDON, R. (1974): Education, opportunity and social inequality. – New York.

BOURDIEU, P. (1982): Die feinen Unterschiede: Kritik der gesellschaftlichen Urteilskraft. - Frankfurt a.M.

BOURDIEU, P. (1983): Ökonomisches Kapital, kulturelles Kapital, soziales Kapital. In: KRECKEL, R. (Hrsg.): Soziale Ungleichheiten. – Göttingen, S. 183-198.

BOURDIEU, P./PASSERON, J.-C. (1971): Die Illusion der Chancengleichheit. Untersuchungen zur Soziologie des Bildungswesens am Beispiel Frankreichs. – Stuttgart. (Originalarbeit erschienen 1964 and 1971)

Breen, R./Goldthorpe, J. H. (1997): Explaining educational differentials. Towards a formal rational action theory. In: Rationality and Society, Vol. 9, No. 3, pp. 275-305.
Carstensen u.a. 2007 = Carstensen, C. H./Frey, A./Walter, O./Knoll, S. (2007): Technische Grundlagen des dritten internationalen Vergleichs. In: Prenzel, M./Artelt, C./Baumert, J./Blum, W./Hammann, M./Klieme, E./Pekrun, R. (Hrsg.): PISA 2006. Die Ergebnisse der dritten internationalen Vergleichsstudie. – Münster, S. 367-390.
Ehmke, T./Baumert, J. (2007): Soziale Herkunft und Kompetenzerwerb. Vergleiche zwischen PISA 2000, 2003 und 2006. In: Prenzel, M./Artelt, C./Baumert, J./Blum, W./Hammann, M./Klieme, E./Pekrun, R. (Hrsg.): PISA 2006. Die Ergebnisse der dritten internationalen Vergleichsstudie. – Münster, S. 309-335.
Ehmke, T./Siegle, T. (2008): Einfluss elterlicher Mathematikkompetenz und familiärer Prozessmerkmale auf den Kompetenzerwerb von Jugendlichen in Mathematik. In: Psychologie in Erziehung und Unterricht.
Ehmke u.a. 2006 = Ehmke, T./Hohensee, F./Siegle, T./Prenzel, M. (2006): Soziale Herkunft, elterliche Unterstützungsprozesse und Kompetenzentwicklung. In: Prenzel, M./Baumert, J./Blum, W./Lehmann, R./Leutner, D./Neubrand, M./Pekrun, R./Rost, J./Schiefele, U. (Hrsg.): PISA 2003: Untersuchungen zur Kompetenzentwicklung im Verlauf eines Schuljahres. – Münster, S. 225-248.
Erikson, R./Goldthorpe, J. H. (1992): The constant flux. A study of class mobility in industrial societies. – Oxford.
Erikson, R./Goldthorpe, J. H. (2002): Intergenerational inequality: a sociological perspective. In: Journal of Economic Perspectives, Vol. 16, No. 3, pp. 31-44.
Erikson, R./Goldthorpe, J. H./Portocarero, L. (1979): Intergenerational class mobility in three Western European societies: England, France and Sweden. In: British Journal of Sociology, Vol. 30, No. 4, pp. 415-441.
Fan, X./Chen, M. (2001): Parental involvement and students' academic achievement: A meta-analysis. In: Educational Psychology Review, Vol. 13, No. 1, pp. 1-22.
Fuligni, A. J./Stevenson, H. W. (1996): Home Environment and School Learning. In: de Corte, E./Weinert, F. E. (Hrsg.): International Encyclopedia of Developmental and Instructional Psychology. – Exeter, pp. 597-601.
Ganzeboom, H. B. G./Treiman, D. J. (1996): Internationally Comparable Measures of Occupational Status for the 1988 International Standard Classification of Occupations. In: Social Science Research, Vol. 25, pp. 201-239.
Ganzeboom u.a. 1992 = Ganzeboom, H. B. G./De Graaf, P. M./Treiman, D. J./De Leeuw, J. (1992): A Standard International Socio-Economic Index of Occupational Status. In: Social Science Research, Vol. 21, pp. 1-56.
Geissler, R. (2002): Die Sozialstruktur Deutschlands. Die gesellschaftliche Entwicklung vor und nach der Vereinigung. – Wiesbaden.
Georg, W. (1995): Soziale Lage und Lebensstil. Eine Typologie auf der Grundlage repräsentativer Daten. In: Angewandte Sozialforschung, Bd. 19, H. 1, S. 107-118.
Georg, W. (1998): Soziale Lage und Lebensstil. Eine Typologie. – Opladen.
Gottfried, A. E./Fleming, J. S./Gottfried, A. W. (1994): Role of parental motivational practices in children's academic intrinsic motivation and achievement. In: Journal of Educational Psychology, Vol. 86, pp. 104-113.
Hagenaars, J. A./McCutcheon, A. L. (Hrsg.) (2002): Applied latent class analysis. – Cambridge.
Helmke, A./Weinert, F. E. (1997): Bedingungsfaktoren schulischer Leistungen. In: Weinert, F. E. (Hrsg.): Enzyklopädie der Psychologie: Pädagogische Psychologie, Band 3. Psychologie des Unterrichts und der Schule. – Göttingen, S. 71-176.
Helmke, A./Schrader, F.-W./Lehneis-Klepper, G. (1991): Zur Rolle des Elternverhaltens für die Schulleistungsentwicklung ihrer Kinder. In: Zeitschrift für Entwicklungspsychologie und Pädagogische Psychologie, Bd. 23, H. 1, S. 1-22.
Hradil, S. (2005): Soziale Ungleichheit in Deutschland. – 8. Aufl. – Wiesbaden.
International Labor Office. (1990): International standard classification of occupations. ISCO-88 – Geneva.

LÜDTKE, H. (1998): Expressive Ungleichheit. Zur Soziologie der Lebensstile. – Opladen.
MAAZ u.a. 2006 = MAAZ, K./HAUSEN, C./MCELVANY, N./BAUMERT, J. (2006): Stichwort: Übergänge im Bildungssystem. Theoretische Konzepte und ihre Anwendung in der empirischen Forschung beim Übergang in die Sekundarstufe. In: Zeitschrift für Erziehungswissenschaft, Bd. 9, H. 3, S. 299-327.
MAGNUSSON, D. (2003): The Person approach: Concepts, measurement models and research strategy. In: PECK, S. C./ROESER, R. W. (Hrsg.): Person-Centered Approaches to Studying Development in Context. – San Francisco, pp. 3-24.
MAURISCHAT, C./TASKINEN, P./EHMKE, T. (2007): Naturwissenschaften im Elternhaus. In: PRENZEL, M./ ARTELT, C./BAUMERT, J./BLUM, W./HAMMANN, M./KLIEME, E./PEKRUN, R. (Hrsg.): PISA 2006. Die Ergebnisse der dritten internationalen Vergleichsstudie. – Münster, S. 203-223.
MUTHÉN, L. K./MUTHÉN, B. O. (2007): Mplus. Statistical analysis with latent variables (Version 4.21). – Los Angeles.
NEUENSCHWANDER, M. P./GOLTZ, S. (2008): Familiäre Bedingungen von Schülerleistungen: ein typologischer Ansatz. In: Psychologie in Erziehung und Unterricht.
NEUENSCHWANDER u.a. 2005 = NEUENSCHWANDER, M. P./BALMER, T./GASSER-DUTOIT, A./GOLTZ, S./ HIRT, U./RYSER, H./WARTENWEILER, H. (2005): Schule und Familie – was sie zum Schulerfolg beitragen. – Bern, Stuttgart.
OECD. (2001): Lernen für das Leben. Erste Ergebnisse von PISA 2000. – Paris.
OECD. (2004): Lernen für die Welt von morgen. Erste Ergebnisse von PISA 2003. – Paris.
OECD. (2006): PISA Assessing Scientific, Reading and Mathematical Literacy: A Framework for PISA 2006.
OECD. (2007): PISA 2006. Science Competencies for Tomorrow's World. Volume 1 – Analysis. – Paris.
PEKRUN, R. (2001): Familie, Schule und Entwicklung. In: WALPER, S./PEKRUN, R. (Hrsg.): Familie und Entwicklung. Aktuelle Perspektiven der Familienpsychologie. – Göttingen, S. 84-105.
POMERANTZ, E./MOORMAN, E./LITWACK, S. D. (2007): The how, whom, and why of parents' involvement in children's academic lives: More is not always better. In: Review of Educational Research, Vol. 77, pp. 373-410.
PRENZEL u.a. 2007a = PRENZEL, M./ARTELT, C./BAUMERT, J./BLUM, W./HAMMANN, M./KLIEME, E./PEKRUN, R. (Hrsg.) (2007): PISA 2006. Die Ergebnisse der dritten internationalen Vergleichsstudie. – Münster.
PRENZEL u.a. 2007b = PRENZEL, M./SCHÖPS, K./RÖNNEBECK, S./SENKBEIL, M./WALTER, O./CARSTENSEN, C. H./HAMMANN, M. (2007): Naturwissenschaftliche Kompetenz im internationalen Vergleich. In: PRENZEL, M./ARTELT, C./BAUMERT, J./BLUM, W./HAMMANN, M./KLIEME, E./PEKRUN, R. (Hrsg.): PISA 2006. Die Ergebnisse der dritten internationalen Vergleichsstudie. – Münster, S. 63-124.
RAUSCHENBACH, T./DÜX, W./SASS, E. (Hrsg.) (2006): Informelles Lernen im Jugendalter. Vernachlässigte Dimensionen der Bildungsdebatte. – Weinheim, München.
SCHAFER, J. L. (1997): Analysis of Incomplete Multivariate Data. – London.
SCHAFER, J. L. (2000): Norm for Windows 95/98/NT (Version 2.03).
SCHAFER, J. L./GRAHAM, J. W. (2002): Missing Data: Our View of the State of the Art. In: Psychological Methods, Vol. 7, No. 2, pp. 147-177.
SCHWENK, O. G. (1999): Soziale Lagen in Deutschland. – Opladen.
SCHWIPPERT, K./BOS, W./LANKES, E.-M. (2003): Heterogenität und Chancengleichheit am Ende der vierten Jahrgangsstufe im internationalen Vergleich. In: BOS, W./LANKES, E.-M./PRENZEL, M./SCHWIPPERT, K./ WALTHER, G./VALTIN, R. (Hrsg.): Erste Ergebnisse aus IGLU. Schülerleistungen am Ende der vierten Jahrgangsstufe im internationalen Vergleich. – Münster, New York, München, Berlin, S. 265-302.
SCHWIPPERT, K./BOS, W./LANKES, E.-M. (2004): Heterogenität und Chancengleichheit am Ende der vierten Jahrgangsstufe in den Ländern der Bundesrepublik Deutschland und im internationalen Vergleich. In: BOS, W./LANKES, E.-M./PRENZEL, M./SCHWIPPERT, K./VALTIN, R./WALTHER, G. (Hrsg.): IGLU - Einige Länder im nationalen und internationalen Vergleich. – Münster, New York, München, Berlin, S. 165-190.
SOCIOVISION (2007): Informationen zu den Sinus-Milieus® 2007. – Heidelberg.
SPELLERBERG, A. (1996): Soziale Differenzierung durch Lebensstile. Eine empirische Untersuchung zur Lebensqualität in West- und Ostdeutschland. – Berlin.

STAMM, M. (2005): Bildungsaspiration, Begabung und Schullaufbahn: Eltern als Erfolgspromotoren? In: Schweizerische Zeitschrift für Bildungswissenschaften, Bd. 2, S. 277-297.

TILLMANN, K.-J./MEIER, U. (2003): Familienstrukturen, Bildungslaufbahnen und Kompetenzerwerb. In: BAUMERT, J./ARTELT, C./KLIEME, E./NEUBRAND, M./PRENZEL, M./SCHIEFELE, U./SCHNEIDER, W./TILLMANN, K.-J./WEISS, M. (Hrsg.): PISA 2000 – Ein differenzierter Blick auf die Länder der Bundesrepublik Deutschland. – Opladen, S. 361-392.

TRUDEWIND, C./WEGGE, J. (1989): Anregung - Instruktion - Kontrolle: Die verschiedenen Rollen der Eltern als Lehrer. In: Unterrichtswissenschaft, Bd. 17, S. 133-155.

WAHLER, P./TULLY, C. J./PREISS, C. (2004): Jugendliche in neuen Lernwelten – Selbstorganisierte Bildung jenseits institutioneller Qualifizierung. – Wiesbaden.

WALTER u.a. 2006 = WALTER, O./SENKBEIL, M./ROST, J./CARSTENSEN, C. H./PRENZEL, M. (2006): Die Entwicklung der naturwissenschaftlichen Kompetenz von der neunten zur zehnten Klassenstufe: Deskriptive Befunde. In: PRENZEL, M./BAUMERT, J./BLUM, W./LEHMANN, R./LEUTNER, D./NEUBRAND, M./PEKRUN, R./ROST, J./SCHIEFELE, U. (Hrsg.): PISA 2003. Untersuchungen zur Kompetenzentwicklung im Verlauf eines Schuljahres. – Münster, S. 87-118.

WATERMANN, R./BAUMERT, J. (2006): Entwicklung eines Strukturmodells zum Zusammenhang zwischen sozialer Herkunft und fachlichen und überfachlichen Kompetenzen: Befunde national und international vergleichender Analysen. In: BAUMERT, J./STANAT, P./WATERMANN, R. (Hrsg.): Herkunftsbedingte Disparitäten im Bildungswesen. Vertiefende Analysen im Rahmen von PISA 2000. – Wiesbaden.

WILD, E. (1999): Elterliche Erziehung und schulische Lernmotivation. Unveröffentlichtes Manuskript einer Habilitationsschrift, Universität Mannheim.

WILD, E. (2004): Häusliches Lernen – Forschungsdesiderate und Forschungsperspektiven. In: Zeitschrift für Erziehungswissenschaft, Bd. 7, H. Beiheft 3, S. 37-64.

Oliver Walter[1]

Herkunftsassoziierte Disparitäten im Lesen, der Mathematik und den Naturwissenschaften: ein Vergleich zwischen PISA 2000, PISA 2003 und PISA 2006

Zusammenfassung:
Dieser Beitrag hat zum Ziel, die Disparitäten in der Lese-, der mathematischen und der naturwissenschaftlichen Kompetenz zwischen Jugendlichen ohne und solchen mit Migrationshintergrund im Zeitverlauf empirisch zu untersuchen. Zu diesem Zweck werden die Daten der deutschen Stichproben von PISA-I 2000, PISA-I 2003 und PISA-I 2006 sowohl im Hinblick auf die Einwanderergeneration als auch auf den ethnischen Hintergrund der Jugendlichen analysiert. Die Befunde zeigen trotz leicht veränderter Testkonzeptionen für die Mathematik und die Naturwissenschaften übereinstimmend für alle drei Domänen, dass die Disparitäten zugunsten von Jugendlichen aus der ehemaligen Sowjetunion über die drei Messzeitpunkte stark abnehmen, während sie sich zuungunsten von Jugendlichen italienischer Abstammung vergrößern. Für Jugendliche türkischer, polnischer und exjugoslawischer Herkunft fanden sich leichte Verbesserungen in einigen Kompetenzbereichen. Weitergehende Analysen belegen, dass sich die Disparitäten zum größten Teil auf die soziale Herkunft und den Sprachgebrauch in der Familie statistisch zurückführen lassen.

Schlüsselwörter: Schülerinnen und Schüler mit Migrationshintergrund, Disparitäten im schulischen Erfolg über die Zeit, PISA, Migration, ethnischer Hintergrund, Türken, Russen, Polen, Jugoslawen, Italiener

Abstract:
This paper aims to empirically examine the disparities between the reading, mathematical and scientific competencies of native and immigrant students over six years. For this purpose, the data from the German samples of PISA-I 2000, PISA-I 2003 and PISA-I 2006 will be analysed with regard to the migrant generation and the ethnical background of the students. Despite the slightly changed test conception for mathematics and science, the results consistently show that for all three domains the disparities drastically decrease in favour of students from the former Soviet Union over the three surveys, while those between students of Italian and students of German origin increase. Slight improvements could be found in some competency areas for students of Turkish, Polish and former Yugoslavian origin. Further analyses show that the disparities can largely be statistically traced back to the social background and the language use in the family home.

Key words: immigrant students, disparities in school success over time, PISA, migration, ethnical background, Turks, Russians, Poles, Yugoslavs, Italians.

---

[1] Leibniz-Institut für die Pädagogik der Naturwissenschaften an der Universität Kiel
Olshausenstr. 62, 24098 Kiel, walter@ipn.uni-kiel.de

1 Einleitung

Seit längerem ist bekannt, dass Jugendliche mit Migrationshintergrund im Allgemeinen einen geringeren Bildungserfolg erzielen als Jugendliche ohne Migrationshintergrund (vgl. z.B. ALBA/ HANDL/MÜLLER 1994; NAUCK/DIEFENBACH/PETRI 1998). Durch die Befunde der PISA-Studien 2000, 2003 und 2006 (vgl. z.B. BAUMERT/SCHÜMER 2001; RAMM u.a. 2004; WALTER/TASKINEN 2007) ist dies jedoch stärker als zuvor in den Fokus der wissenschaftlichen und öffentlichen Diskussion gerückt. Die Vorteile der PISA-Daten bestehen zum einen in den großen Stichprobenumfängen und der Erhebung wichtiger Hintergrundmerkmale der Schülerinnen und Schüler, die als vermittelnde Variablen für soziale Ungleichheiten gelten (vgl. ESSER 2006). Zum anderen besteht ein weiterer wichtiger Vorzug von PISA in der Untersuchung der Kompetenzen von Schülerinnen und Schülern, nicht nur ihrer Bildungsbeteiligung. Damit kann im Gegensatz zu Studien, welche den Bildungserfolg über die Bildungsbeteiligung oder die erworbenen Schulabschlüsse erfassen, zwischen dem Bildungserfolg von Jugendlichen unterschieden werden, die sich in Schulen der gleichen Schulart befinden. Mit den PISA-Daten lässt sich daher ein umfassenderes und differenzierteres Bild als bisher von der Bildungssituation der Jugendlichen mit Migrationshintergrund im Vergleich zu Jugendlichen ohne Migrationshintergrund zeichnen.

Darüber hinaus ist hervorzuheben, dass die Definition des Migrationshintergrundes in den PISA-Studien im Gegensatz zu vielen bisherigen empirischen Untersuchungen zum gleichen Thema nicht über die Staatsangehörigkeit erfolgt. Vielmehr geht PISA vom Geburtsland der Schülerinnen und Schüler und ihrer Eltern aus (vgl. z.B. BAUMERT/SCHÜMER 2001; WALTER/TASKINEN 2007). Die Erhebung des Geburtslandes erlaubt es, Fragestellungen aus zwei unterschiedlichen Perspektiven der Migrationsforschung auf der Grundlage der PISA-Daten nachzugehen: Aus klassischer assimilationstheoretischer Sicht wird angenommen, dass Migranten nach der Einwanderung zunächst sozial benachteiligt sind, dass sich aber die sozialen Disparitäten über die Generationen von Migranten und ihrer Nachfahren hinweg zunehmend verringern und schließlich verschwinden. Diese Perspektive verlangt deshalb die Unterscheidung von Migranten nach Einwanderergeneration (vgl. z.B. GLICK/HOHMANN-MARRIOTT 2007): Vor diesem Hintergrund zeigen die Befunde aus PISA für Deutschland, dass Jugendliche mit Migrationshintergrund verglichen mit solchen ohne Migrationshintergrund im Allgemeinen häufiger die Hauptschule und seltener das Gymnasium besuchen (BAUMERT/SCHÜMER 2001; RAMM u.a. 2004) und häufiger und früher Klassen wiederholen (KROHNE/MEIER/TILLMANN 2004). Sie verfügen in allen untersuchten Domänen, also im Lesen, in der Mathematik und in den Naturwissenschaften, im Mittel über deutlich niedrigere Kompetenzen als Jugendliche ohne Migrationshintergrund (vgl. z.B. RAMM u.a. 2005; WALTER u.a. 2006; WALTER/TASKINEN 2007). Während Jugendliche mit einem im Ausland geborenen Elternteil im Mittel vergleichsweise geringe Kompetenzunterschiede zu Jugendlichen ohne Migrationshintergrund aufweisen, sind die Disparitäten für Schülerinnen und Schüler, deren Eltern beide aus dem Ausland stammen, erheblich. Innerhalb der Gruppe der Jugendlichen mit zwei im Ausland geborenen Elternteilen lassen sich entgegen der klassischen assimilationstheoretischen Annahme bei der Unterscheidung nach Einwanderergeneration jedoch keine signifikant höheren Kompetenzen der Zweiten im Vergleich zur Ersten Generation finden. Im Gegenteil weist unter diesen Jugendlichen die erste Generation etwas höhere Kompetenzniveaus auf als die zweite Generation. Dies hängt in Deutschland vermutlich mit der stark unterschiedlichen ethnischen Komposition der Einwanderergenerationen zusammen (vgl. auch WALTER/TASKINEN 2008 in diesem Heft).

Die hiermit angesprochene Unterscheidung der Migranten und ihrer Nachfahren im Hinblick auf die Ethnie bzw. ihr Herkunftsland bildet die zweite Perspektive der Migrationsforschung auf herkunftsassoziierte Disparitäten (vgl. GLICK/HOHMANN-MARRIOTT 2007). Aufgrund der Befunde der neueren Migrationsforschung lassen sich für manche Nationalitäten beispielsweise in den Vereinigten Staaten stark unterschiedliche Ergebnisse von Integrationsprozessen finden: So zeigen sich günstigere Befunde für vietnamesische und chinesische Einwanderergruppen in US-amerikanischen Schulleistungsuntersuchungen, während sich für lateinamerikanische und insbesondere mexikanische Einwanderer und ihre Kinder vergleichsweise niedrige Bildungserfolge feststellen lassen (z.B. PORTES/RUMBAUT 2001). Trotz des unterschiedlichen Bildungserfolgs dieser Gruppen werden beide Entwicklungslinien in Zusammenhang mit einer Assimilation in die jeweilige ethnische Gemeinde gesehen (*segmented assimilation*), die in dem einen Fall zu günstigen, in dem anderen Fall zu ungünstigen Ergebnissen führt (GLICK/HOHMANN-MARRIOTT 2007; KAO/ TIENDA 1995). Hinweise auf unterschiedliche Ergebnisse solcher Integrationsprozesse in Abhängigkeit von der Nationalität der Einwanderer gibt es auch in Deutschland: Während für Migranten türkischer, italienischer oder exjugoslawischer Herkunft regelmäßig vergleichsweise niedrigere Besuchsquoten für das Gymnasium und im Allgemeinen niedrigere Kompetenzniveaus festgestellt werden, sind die Besuchsquoten und die Kompetenzniveaus von Jugendlichen aus Aussiedler- und Spätaussiedlerfamilien wesentlich günstiger (vgl. ALBA/HANDL/MÜLLER 1994; BAUMERT/SCHÜMER 2001; DIEFENBACH 2007; KRISTEN/GRANATO 2004; MÜLLER/STANAT 2006; NAUCK/DIEFENBACH/PETRI 1998; RAMM u.a. 2004, 2005; WALTER 2008). Als Erklärung für diese Disparitäten wird häufig eine unterschiedliche Verfügbarkeit von bildungsrelevanten Ressourcen in den Einwandererfamilien angeführt: In türkischstämmigen Familien lassen sich häufig schlechte Deutschkenntnisse und damit einhergehend ein häufigerer Gebrauch des Türkischen feststellen. Außerdem verfügen diese Familien im Vergleich zu deutschstämmigen Familien über weniger ökonomische und kulturelle Ressourcen. Demgegenüber finden sich in Aussiedler- und Spätaussiedlerfamilien günstigere soziale Rahmenbedingungen und bessere Deutschkenntnisse. In vielen Analysen können die mit der Herkunft zusammenhängenden Disparitäten im Bildungserfolg und den Kompetenzen auf diese Unterschiede zurückgeführt werden. Nur für Jugendliche türkischer Herkunft finden sich auch unter Kontrolle dieser Variablen oft noch signifikante Kompetenzunterschiede zu Jugendlichen ohne Migrationshintergrund (z.B. MÜLLER/STANAT 2006; NAUCK/ DIEFENBACH/PETRI 1998; WALTER 2008).

Während auf Basis der bisherigen empirischen Untersuchungen zumindest einige Aussagen über Höhe und vermutliche Bedingungen herkunftsassoziierter Disparitäten in Bildungsbeteiligung und Kompetenzniveaus möglich sind, ist fast nichts über die Entwicklung dieser Disparitäten über die Zeit bekannt. Es liegen lediglich Analysen zu unterschiedlichen Beteiligungsquoten *ausländischer* Schülerinnen und Schüler an den verschiedenen Schularten auf Basis des Sozioökonomischen Panels (SOEP) vor. Diese zeigen für den Zeitraum zwischen 1985 und 1995 abnehmende Disparitäten beim Realschul-, aber zunehmende Disparitäten beim Gymnasialbesuch (vgl. DIEFENBACH 2007). Wie sich die Disparitäten in den Kompetenzen zwischen Jugendlichen mit Migrationshintergrund und Jugendlichen ohne Migrationshintergrund entwickeln, ist bislang nicht untersucht worden.

2 Fragestellung

Bisherige empirische Studien liefern keinen Aufschluss über die zeitliche Entwicklung von Kompetenzunterschieden zwischen Jugendlichen mit und solchen ohne Migrationshintergrund in Deutschland. Trendbeschreibungen dieser Art sind jedoch auf Basis der Daten aus den drei PISA-Studien 2000, 2003 und 2006 sowohl unter der Perspektive der Einwanderergeneration als auch unter der Perspektive der Ethnie bzw. Herkunft möglich[a]. In diesem Beitrag soll daher der Frage nachgegangen werden, wie sich die Disparitäten zwischen Jugendlichen verschiedener Einwanderergruppen und Jugendlichen ohne Migrationshintergrund zwischen dem Jahr 2000 und dem Jahr 2006 entwickelt haben. Betrachtet werden die fünf größten Herkunftsgruppen in Deutschland (Geburtsländer der Eltern: ehemalige Sowjetunion, Türkei, Polen, ehemaliges Jugoslawien, Italien) sowie die Gruppen der Jugendlichen mit einem oder zwei im Ausland geborenen Elternteilen der Ersten bzw. der Zweiten Generation. Es wird ebenfalls untersucht, inwieweit sich diese Disparitäten auf Hintergrundmerkmale wie den Gebrauch der deutschen Sprache in den Migrantenfamilien, den Zeitpunkt der Einreise nach Deutschland und ökonomische, soziale und kulturelle Ressourcen zurückführen lassen.

3 Methode

3.1 Stichprobe und Definition des Migrationshintergrundes

Um der Fragestellung nachzugehen, welche Veränderungen in den Kompetenzunterschieden zwischen Jugendlichen ohne Migrationshintergrund und Jugendlichen verschiedener Herkunftsgruppen zu beobachten sind, werden die Stichproben der fünfzehnjährigen Schülerinnen und Schüler aus Deutschland betrachtet, die in den internationalen Vergleich der Studien PISA 2000, PISA 2003 und PISA 2006 eingegangen sind (PISA-I). Da erst in PISA 2006 Daten zum Migrationshintergrund von Jugendlichen aus Sonder- und Förderschulen erhoben wurden, ist für diese Teilgruppe kein Vergleich mit den früheren Studien möglich. Aus diesem Grund werden $N_S = 160$ Jugendliche dieser Teilpopulation, die an PISA 2006 teilnahmen, aus den Analysen ausgeschlossen, darunter 46 Jugendliche mit bekanntem Migrationshintergrund. Ausgeschlossen werden zudem Jugendliche mit fehlenden Angaben zum Migrationshintergrund.

Als Jugendliche *ohne* Migrationshintergrund werden Schülerinnen und Schüler betrachtet, deren Elternteile beide in Deutschland geboren wurden. Als Jugendliche *mit* Migrationshintergrund werden Schülerinnen und Schüler betrachtet, die mindestens einen Elternteil haben, der nicht in Deutschland geboren wurde. Innerhalb dieser Gruppe wird danach unterschieden, ob nur ein oder ob beide Elternteile im Ausland geboren sind. Anschließend wird danach unterschieden, ob der Jugendliche selbst im Ausland (*Erste Generation*) oder in Deutschland geboren ist (*Zweite Generation*). Dadurch ergeben sich vier Gruppen von Jugendlichen mit Migrationshintergrund:

a) *Jugendliche mit einem im Ausland geborenen Elternteil der Zweiten Generation:* Ein Elternteil ist im Ausland geboren, der oder die Jugendliche ist in Deutschland geboren.

b) *Jugendliche mit einem im Ausland geborenen Elternteil der Ersten Generation*: Ein Elternteil ist im Ausland geboren und der oder die Jugendliche ist im Ausland geboren.

c) *Jugendliche mit zwei im Ausland geborenen Elternteilen der Zweiten Generation*: Beide Elternteile sind im Ausland geboren, der oder die Jugendliche ist in Deutschland geboren.

d) *Jugendliche mit zwei im Ausland geborenen Elternteile der Ersten Generation*: Beide Elternteile sind im Ausland geboren und der oder die Jugendliche ist im Ausland geboren.

Eine zweite Differenzierung der Jugendlichen wird nach dem Geburtsland ihrer Eltern vorgenommen. Hier wird zwischen Jugendlichen mit Eltern aus Deutschland (d.i. „ohne Migrationshintergrund"), der ehemaligen Sowjetunion, der Türkei, aus Polen, dem ehemaligen Jugoslawien, aus Italien und aus sonstigen Staaten unterschieden. Die Schülerinnen und Schüler werden den nichtdeutschen Gruppen zugeordnet, wenn mindestens ein Elternteil nicht in Deutschland geboren wurde. Wenn das Geburtsland beider Elternteile nicht Deutschland ist, sich aber für Mutter und Vater unterscheidet, dann erfolgt die Zuordnung nach dem Herkunftsland der Mutter.

In Tabelle 1 sind die Umfänge der auf diese Weise definierten Stichproben für die drei Studien angeführt. Wie an den Zahlen in Tabelle 1 zu erkennen ist, betragen die Stichprobenumfänge für fast alle Gruppen jeweils $N > 50$. Die Anzahl der Jugendlichen mit einem im Ausland geborenen Elternteil der Ersten Generation liegt dagegen in den drei PISA-Stichproben jeweils unter

Tabelle 1. Umfänge der drei Stichproben von PISA-I 2000, PISA-I 2003 und PISA-I 2006 nach Migrationsstatus und Geburtsland der Eltern

Herkunftsgruppe		Studie		
		PISA 2000 N	PISA 2003 N	PISA 2006 N
Migrationsstatus				
ohne Migrationshintergrund		3904	3464	3527
Ein Elternteil im Ausland geboren	Zweite Generation	274	194	213
	Erste Generation	47	27	29
Beide Elternteile im Ausland geboren	Zweite Generation	235	281	332
	Erste Generation	473	349	273
Geburtsland der Eltern				
Deutschland		3904	3464	3527
ehemalige Sowjetunion		261	196	194
Türkei		147	215	215
Polen		130	134	102
ehemaliges Jugoslawien		70	54	63
Italien		70	60	63
sonstige Staaten		358	189	216

Stichprobenumfänge jeweils ohne Jugendliche aus Sonder- und Förderschulen und Jugendliche mit fehlenden Angaben zum Migrationshintergrund.

$N < 50$. Vergleiche in wichtigen Variablen zwischen den beiden Gruppen der Jugendlichen mit einem im Ausland geborenen Elternteil zeigen keine statistisch signifikanten Unterschiede im sozioökonomischen Status und in der Verfügbarkeit kultureller Besitztümer der Familien in den drei Studien. Sie unterscheiden sich signifikant in PISA 2000 und PISA 2003 in der prozentualen Häufigkeit der Familien, in denen überwiegend deutsch gesprochen wird, und in PISA 2003 auch in der mittleren Lesekompetenz (vgl. Tabelle 2). Aufgrund der geringen Stichprobenumfänge für die Gruppe der Jugendlichen mit einem im Ausland geborenen Elternteil der Ersten Generation in den drei Studien sind die Angaben in Tabelle 2 allerdings mit einer großen statistischen Unsicherheit behaftet und variieren zwischen den Studien stark, insbesondere in der Lesekompetenz. Aus diesem Grund wird im Folgenden auf eine Differenzierung der Gruppe der Jugendlichen mit einem im Ausland geborenen Elternteil nach Einwanderergeneration verzichtet und es werden Ergebnisse für die Gruppe insgesamt berichtet.

3.2 Erhebungsinstrumente

In den Analysen werden die Tests zur Lese-, der mathematischen und der naturwissenschaftlichen Kompetenz sowie Skalen und Einzelitems aus den internationalen Schülerfragebögen von PISA 2000, PISA 2003 und PISA 2006 verwendet. Die Konzeption der Instrumente und ihre psychometrischen Eigenschaften sind in zahlreichen Veröffentlichungen beschrieben worden (vgl. KUNTER u.a. 2002; OECD 2002, 2005, im Druck; PRENZEL u.a. 2007; RAMM u.a. 2006). Tabelle 3 gibt eine Übersicht über die verwendeten Skalen. Alle Skalen wurden mit Methoden der *Item*

Tabelle 2. Deskriptive Befunde zu Jugendlichen mit einem im Ausland geborenen Elternteil nach Generation, Standardfehler in Klammern

Ein Elternteil im Ausland geboren		Familiensprache deutsch					
		PISA 2000		PISA 2003		PISA 2006	
Zweite Generation	in %	96.3	(1.2)	98.5	(0.9)	88.3	(2.6)
Erste Generation	in %	73.1	(10.1)	61.8	(11.4)	72.0	(9.5)
		Sozioökonomischer Status HISEI					
		PISA 2000		PISA 2003		PISA 2006	
Zweite Generation	M	50.2	(1.3)	51.8	(1.4)	51.3	(1.2)
Erste Generation	M	52.4	(2.6)	49.0	(2.9)	48.2	(3.1)
		Kulturelle Besitztümer					
		PISA 2000		PISA 2003		PISA 2006	
Zweite Generation	M	0.05	(0.08)	0.11	(0.08)	0.20	(0.06)
Erste Generation	M	0.03	(0.12)	−0.02	(0.19)	0.21	(0.18)
		Lesekompetenz					
		PISA 2000		PISA 2003		PISA 2006	
Zweite Generation	M	496	(7.0)	508	(7.4)	493	(8.5)
Erste Generation	M	483	(18.3)	432	(20.8)	501	(15.4)

Response Theory (IRT) gebildet. Es finden die Messwerte aus den *nationalen* Skalierungen Verwendung. Diese Messwerte wurden mit einem erweiterten Hintergrundmodell berechnet (vgl. CARSTENSEN u.a. 2007), das u.a. mehr migrationsspezifische Informationen enthält als das Hintergrundmodell der OECD-Skalierung. Aus diesem Grund können sich die in diesem Beitrag berichteten Ergebnisse von Befunden unterscheiden, die auf Basis der Messwerte beruhen, die durch die OECD-Skalierung zustande gekommen sind (vgl. WALTER/TASKINEN 2007).

Der *internationale Lesetest* von PISA 2000 besteht aus 146 Items und wurde für PISA 2003 und PISA 2006 auf 28 Items verkürzt. Die Skalierung erfolgte mit Methoden der *Item Response Theory*

Tabelle 3. Überblick über die einbezogenen Skalen. Die Reliabilitätsangaben beziehen sich auf Deutschland.

Skala	Skalenwerte	PISA 2000		PISA 2003		PISA 2006	
		Itemanzahl	*Rel*	Itemanzahl	*Rel*	Itemanzahl	*Rel*
Tests							
Lesen	PVs	146	.94	28	.88	28	.92
Mathematik	PVs	32	.91	85	.93	48	.92
Naturwissenschaften	PVs	35	.90	35	.88	103	.93
Schülerfragebogen							
Kulturelle Besitztümer	WLEs	3	.59	3	.68	3	.61

Quellen: PISA 2000: OECD 2002; Prenzel u.a. 2001; PISA 2003: OECD 2005; PISA 2006: OECD im Druck

(IRT) unter Berücksichtigung von Hintergrundinformationen (vgl. CARSTENSEN u.a. 2007; OECD 2002, 2005). Als Skalenwerte wurden *Plausible Values* (PVs) berechnet. Da die Leseskalen der drei PISA-Studien miteinander verlinkt sind, können sie direkt aufeinander bezogen und miteinander verglichen werden (vgl. CARSTENSEN u.a. 2007). Die *internationalen Mathematiktests* bestehen aus 32 Items (PISA 2000), 85 Items (PISA 2003) und 48 Items (PISA 2006), die *internationalen Naturwissenschaftstests* aus 35 (PISA 2000 und PISA 2003) und 103 Items. Die Skalierung der Tests erfolgte ebenfalls mit Methoden der *Item Response Theory* (IRT) unter Berücksichtigung von Hintergrundinformationen (vgl. CARSTENSEN u.a. 2007; OECD 2002, 2005). Im Gegensatz zu den Leseskalen sind die Skalen für die Mathematik und die Naturwissenschaften nicht vollständig miteinander verlinkt. Lediglich die Mathematikskalen von PISA 2003 und PISA 2006 sowie die Naturwissenschaftsskalen von PISA 2000 und PISA 2003 können direkt miteinander verglichen werden. Unterschiede in herkunftsassoziierten Disparitäten zwischen PISA 2000 und PISA 2003 bzw. PISA 2006 in der Mathematik sowie zwischen PISA 2000 bzw. PISA 2003 und PISA 2006 in den Naturwissenschaften können deshalb auf die veränderte Testkonzeption oder auf die unterschiedliche Skalierung zurückzuführen sein. Dies muss bei der Interpretation der vorgenommenen Vergleiche berücksichtigt werden.

Als Hintergrundmerkmale der Schülerinnen und Schüler werden der sozioökonomische Status, das Bildungsniveau der Eltern und die kulturellen Besitztümer in der Familie in die Analysen einbezogen. Der *sozioökonomische Status der Familien* wird über die von den Eltern ausgeübten Berufe erfasst und anhand des *International Socio-Economic Index* (ISEI; GANZEBOOM u.a. 1992) abgebildet. Bei differierenden Indexausprägungen für Vater und Mutter wird jeweils die höchste Ausprägung verwendet (HISEI). Das *Bildungsniveau der Eltern* wird anhand des höchsten Bildungsabschlusses in der Familie erfasst, der in die Anzahl von Bildungsjahren umgerechnet wurde (siehe OECD 2005, im Druck). Als Indikator für das kulturelle Verhalten wird die Skala *kulturelle Besitztümer* herangezogen (Items: „Gibt es bei Dir zu Hause …" - „klassische Literatur [z.B. von Goethe]?", „Bücher mit Gedichten?", „Kunstwerke [z.B. Bilder]?" sowie „Wie viele Bücher habt ihr zu Hause?"). Die Skalierung der Items erfolgte mit Methoden der IRT, wobei als Messwerte für die Analysen *Weighted Likelihood Schätzer* (WLEs) nach WARM (1989) verwendet werden.

Als *migrationsspezifische Indikatoren* werden die Herkunft der Schülerinnen und Schüler und ihrer Eltern, der Zeitpunkt der Zuwanderung des Jugendlichen nach Deutschland sowie die Familiensprache berücksichtigt. Die *Herkunft* wird anhand von Schülerangaben über das jeweilige Geburtsland erfasst. Auf der Grundlage dieser Angaben werden die Jugendlichen in die Gruppen „ohne Migrationshintergrund" (beide Eltern sind in Deutschland geboren), „mit einem im Ausland geborenen Elternteil", „mit zwei im Ausland geborenen Elternteilen der Zweiten Generation" (die oder der Jugendliche ist in Deutschland, beide Elternteile aber sind im Ausland geboren) und „mit zwei im Ausland geborenen Elternteilen der Ersten Generation" (die oder der Jugendliche selbst und beide Elternteile sind im Ausland geboren) eingeteilt. Eine zweite Einteilung differenziert nach „Deutschland" (beide Elternteile sind in Deutschland geboren), „ehemalige Sowjetunion" (mindestens ein Elternteil ist in der ehemaligen Sowjetunion geboren), „Türkei" (mindestens ein Elternteil ist in der Türkei geboren), „Polen" (mindestens ein Elternteil ist in Polen geboren), „ehemaliges Jugoslawien" (mindestens ein Elternteil ist im ehemaligen Jugoslawien geboren), „Italien" (mindestens ein Elternteil ist in Italien geboren) und „sonstige Staaten" (beide Elternteile sind in einem anderen als den bisher genannten Staaten geboren).

Der *Zeitpunkt der Einreise nach Deutschland* wird über Schülerangaben zur Frage „Wie alt warst du, als du nach Deutschland gekommen bist?" erfasst. Die Angaben werden jeweils einer von drei Kategorien zugeordnet: (1) seit Geburt in Deutschland, (2) vor der Grundschulzeit zugewandert (bis 6 Jahre), (3) in oder nach der Grundschulzeit zugewandert (ab 7 Jahre).

Die Daten zur *Familiensprache* beruhen auf Schülerangaben zur Frage „Welche Sprache sprichst Du meistens zu Hause?" Unterschieden wird zwischen Deutsch und anderen Sprachen.

3.3 Statistische Modelle

Der Vergleich der herkunftsassoziierten Disparitäten im Lesen, in der Mathematik und in den Naturwissenschaften findet über eine Reihe von linearen Regressionsanalysen der jeweiligen Kompetenz auf Indikatorvariablen für die unterschiedenen Migrantengruppen statt (*Modell I*). Die Regressionskoeffizienten dieser Modelle geben den mittleren Kompetenzunterschied der jeweiligen Migrantengruppe zur Gruppe der Jugendlichen ohne Migrationshintergrund an. Da die Kompetenzskalen zu den drei Zeitpunkten etwas unterschiedliche Standardabweichungen aufweisen, werden neben den unstandardisierten Regressionskoeffizienten in diesen Modellen auch Effektstärken gemäß Cohens *d* angegeben. Die Befunde für das Effektstärkemaß dienen in erster Linie der Interpretation: In Anschluss an COHEN (1988) werden Effektstärken d =< 0.2 als klein, $0.2 < d < 0.8$ als mittel und $d >= 0.8$ als groß angesehen. Veränderungen in Effektstärken (Δd) zwischen den Messzeitpunkten werden bei $\Delta d < 0.1$ als unbedeutend, im Bereich von $0.1 < \Delta d < 0.3$ als gering, im Bereich von $0.3 < \Delta d < 0.5$ als mittel und bei $\Delta d > 0.5$ als groß festgesetzt. Standardisierte Regressionskoeffizienten werden für diese Modelle nicht angegeben, da sie bei nominalskalierten Variablen von sehr eingeschränkter Interpretierbarkeit sind (vgl. COHEN u.a. 2003).

In einem zweiten Regressionsmodell werden Variablen für den sozioökonomischen Status, das Bildungsniveau der Eltern, die Verfügbarkeit von kulturellen Besitztümern in der Familie und der Familiensprache zusätzlich zu den Indikatorvariablen für den Migrationsstatus bzw. das Geburtsland der Eltern (d.h. Herkunftsgruppen) aufgenommen (*Modell II*). Beim Vergleich der Herkunftsgruppen wird auch der Einreisezeitpunkt berücksichtigt, der im anderen Fall zumindest teilweise mit dem Migrationsstatus bzw. der Einwanderergeneration konfundiert ist. Die unstandardisierten Regressionskoeffizienten für die Indikatorvariablen für den Migrationsstatus bzw. das Geburtsland der Eltern geben in diesen Modellen die um die genannten Hintergrundmerkmale adjustierten mittleren Kompetenzunterschiede zur Gruppe der Jugendlichen ohne Migrationshintergrund (d.h. mit Eltern aus Deutschland) an. In diesen Modellen werden auch standardisierte Regressionskoeffizienten berichtet.

Die Berechnungen fanden unter Verwendung von Stichprobengewichten mit SPSS 15.0 (SPSS INC. 2006) und WesVar (WESTAT 2002) statt.

4. Ergebnisse

4.1 Deskriptive Befunde

In Tabelle 4 sind Kennwerte der gewichteten Stichprobenverteilungen der Hintergrundmerkmale angegeben, die in diesem Beitrag in Beziehung zu den Kompetenzen im Lesen, in der Mathematik und in den Naturwissenschaften gesetzt werden. Auf differenzierte Vergleiche dieser Kennwerte zwischen den Gruppen von Jugendlichen mit Migrationshintergrund zu den drei Messzeitpunkten wird an dieser Stelle verzichtet, da diese bereits an anderer Stelle vorgenommen wurden (vgl. WALTER/TASKINEN 2007).

Tabelle 5 gibt Auskunft darüber, wie sich Jugendliche mit Migrationshintergrund nach dem Geburtsland ihrer Eltern und dem Migrationsstatus in den drei Studien PISA 2000, PISA 2003 und PISA 2006 gruppieren lassen. Zu erkennen ist, dass in allen drei Studien häufig beide Elternteile von Jugendlichen exsowjetischer Herkunft im Ausland geboren sind und die Jugendlichen der Ersten Generation angehören, während Jugendliche türkischer Abstammung zwar ebenfalls häufig zwei im Ausland geborene Elternteile haben, aber in der Zweiten Generation zu finden sind. Jugendliche mit Eltern aus Italien oder sonstigen Staaten gehören dagegen zu allen drei Zeit-

Tabelle 4. Deskriptive Befunde aus PISA 2000, PISA 2003 und PISA 2006

Migrationsstatus		PISA 2000		PISA 2003		PISA 2006	
		%	(SE)	%	(SE)	%	(SE)
ohne Migrationshintergrund		78.4	(0.9)	79.4	(1.1)	80.6	(1.2)
Ein Elternteil im Ausland geboren		6.4	(0.4)	5.2	(0.3)	5.6	(0.4)
Beide Elternteile im Ausland geboren	Zweite Generation	5.1	(0.5)	6.9	(0.8)	7.6	(0.7)
	Erste Generation	10.2	(0.6)	8.5	(0.7)	6.3	(0.5)
Geburtsland der Eltern							
Deutschland		78.3	(0.9)	79.4	(1.1)	80.5	(1.2)
ehem. Sowjetunion		5.2	(0.4)	4.7	(0.5)	4.4	(0.5)
Türkei		3.2	(0.4)	5.4	(0.7)	4.9	(0.6)
Polen		2.6	(0.3)	3.3	(0.4)	2.3	(0.3)
ehem. Jugoslawien		1.8	(0.5)	1.3	(0.2)	1.5	(0.2)
Italien		1.4	(0.2)	1.5	(0.3)	1.5	(0.3)
sonstige Staaten		7.5	(0.5)	4.3	(0.3)	4.9	(0.4)
Einreisezeitpunkt							
seit Geburt in Deutschland		89.8	(0.5)	91.0	(0.7)	93.8	(0.5)
vor der Grundschulzeit		3.9	(0.4)	4.9	(0.5)	3.2	(0.3)
in oder nach der Grundschulzeit		6.3	(0.4)	4.2	(0.5)	3.0	(0.3)
Soziale Herkunft		*M*	*SD*	*M*	*SD*	*M*	*SD*
Sozioökonomischer Status (HISEI)		49.2	15.5	49.3	16.2	50.2	16.0
Bildungsniveau der Eltern[1]		14.4	2.4	12.9	3.9	14.3	3.2
Kulturelle Besitztümer[2]		0.0	1.0	0.0	1.0	0.1	0.9
Sprachgebrauch		%	(SE)	%	(SE)	%	(SE)
Familiensprache: nicht deutsch		7.6	(0.6)	7.7	(0.6)	8.8	(0.8)

Analysen ohne Jugendliche aus Sonder- und Förderschulen und Jugendliche mit fehlenden Angaben.
1: in Bildungsjahren (z.B. OECD 2005)
2: z-standardisiert

punkten in etwa zur Hälfte der Gruppe der Jugendlichen mit einem im Ausland geborenen Elternteil an. Bei Jugendlichen polnischer und exjugoslawischer Herkunft wirkt sich der in allen Herkunftsgruppen deutlich zu Tage tretende Trend aus, dass über die drei Messzeitpunkte hinweg der Anteil der Ersten Generation innerhalb der Gruppe der Jugendlichen mit zwei im Ausland geborenen Elternteilen abnimmt, während der Anteil der Zweiten Generation zunimmt. Aus diesem Grund gehören Jugendliche polnischer und exjugoslawischer Herkunft mit zwei im Ausland geborenen Elternteilen in PISA 2000 sehr häufig der Ersten Generation an, in PISA 2006 dagegen der Zweiten Generation.

4.2 Migrationsstatus

In Tabelle 6 sind die Ergebnisse der Regressionsanalysen für die Lese-, die mathematische und die naturwissenschaftliche Kompetenz im Hinblick auf den Migrationsstatus bzw. die Einwanderergeneration dargestellt. Zu allen drei Zeitpunkten bestehen in allen drei Domänen ähnlich große Disparitäten zwischen Jugendlichen der Migrantengruppen und Jugendlichen ohne Migrationshintergrund. Dabei fallen die mittleren Kompetenzunterschiede insbesondere für Vergleiche

Tabelle 5. Differenzierung der Gruppe der Jugendlichen mit Migrationshintergrund nach Geburtsland der Eltern und Migrationsstatus

Geburtsland der Eltern	Migrationsstatus		PISA 2000		PISA 2003		PISA 2006	
			%	(SE)	%	(SE)	%	(SE)
ehemalige Sowjetunion	Ein Elternteil im Ausland geboren		5.2	(1.5)	9.1	(2.2)	6.7	(1.8)
	Beide Elternteile im Ausland geboren	Zweite Generation	5.0	(1.6)	1.8	(1.1)	14.0	(4.6)
		Erste Generation	89.8	(2.1)	89.1	(2.4)	79.4	(4.6)
Türkei	Ein Elternteil im Ausland geboren		10.2	(2.7)	8.0	(1.5)	14.2	(2.1)
	Beide Elternteile im Ausland geboren	Zweite Generation	62.1	(4.6)	77.9	(2.6)	76.8	(2.7)
		Erste Generation	27.7	(3.8)	14.0	(2.6)	8.9	(2.4)
Polen	Ein Elternteil im Ausland geboren		26.3	(3.9)	27.0	(5.3)	31.5	(4.5)
	Beide Elternteile im Ausland geboren	Zweite Generation	11.3	(3.2)	20.5	(3.5)	58.5	(5.1)
		Erste Generation	62.5	(3.9)	52.5	(5.2)	10.0	(2.7)
ehemaliges Jugoslawien	Ein Elternteil im Ausland geboren		24.0	(6.7)	21.5	(5.4)	29.8	(7.6)
	Beide Elternteile im Ausland geboren	Zweite Generation	29.5	(8.0)	39.0	(7.1)	42.3	(6.9)
		Erste Generation	46.6	(13.5)	39.5	(7.4)	27.9	(7.0)
Italien	Ein Elternteil im Ausland geboren		47.8	(7.7)	55.7	(8.8)	65.3	(7.7)
	Beide Elternteile im Ausland geboren	Zweite Generation	34.0	(7.1)	36.6	(8.5)	28.7	(7.8)
		Erste Generation	18.3	(4.5)	7.8	(2.4)	6.0	(2.9)
sonstige Staaten	Ein Elternteil im Ausland geboren		54.0	(2.8)	57.0	(3.9)	50.2	(4.3)
	Beide Elternteile im Ausland geboren	Zweite Generation	20.4	(2.4)	17.7	(3.1)	16.6	(2.4)
		Erste Generation	25.6	(2.5)	25.3	(4.0)	33.2	(3.8)

Analysen ohne Jugendliche aus Sonder- und Förderschulen und Jugendliche mit fehlenden Angaben zum Migrationshintergrund.

Tabelle 6. Regressionsmodelle zur Lese-, mathematischen und naturwissenschaftlichen Kompetenz unter der Perspektive des Migrationsstatus

	PISA 2000 Lesen			PISA 2003 Lesen			PISA 2006 Lesen		
	B	(SE)	d	B	(SE)	d	B	(SE)	d
Konstante	**509**	(2.3)		**518**	(3.6)		**519**	(3.5)	
Ein Elternteil im Ausland geboren	−17	(6.2)	−0.17	−19	(7.8)	−0.19	**−26**	(7.3)	−0.27
Beide Elternteile im Ausland geboren — Zweite Generation	**−75**	(9.3)	−0.75	**−98**	(10.4)	−0.97	**−72**	(10.2)	−0.74
Beide Elternteile im Ausland geboren — Erste Generation	**−90**	(7.5)	−0.90	**−87**	(9.2)	−0.86	**−58**	(10.7)	−0.59
N	4935			4315			4375		
R^2	.093			.107			.056		

	PISA 2000 Mathematik			PISA 2003 Mathematik			PISA 2006 Mathematik		
	B	(SE)	d	B	(SE)	d	B	(SE)	d
Konstante	**512**	(2.5)		**527**	(3.6)		**524**	(3.5)	
Ein Elternteil im Ausland geboren	**−32**	(9.2)	−0.32	**−19**	(6.6)	−0.19	**−29**	(7.9)	−0.30
Beide Elternteile im Ausland geboren — Zweite Generation	**−74**	(8.3)	−0.75	**−94**	(9.5)	−0.98	**−73**	(7.1)	−0.77
Beide Elternteile im Ausland geboren — Erste Generation	**−89**	(9.9)	−0.91	**−72**	(7.9)	−0.75	**−60**	(8.1)	−0.63
N	2735			4315			4375		
R^2	.097			.096			.062		

	PISA 2000 Naturwissenschaften			PISA 2003 Naturwissenschaften			PISA 2006 Naturwissenschaften		
	B	(SE)	d	B	(SE)	d	B	(SE)	d
Konstante	**509**	(2.4)		**530**	(3.8)		**539**	(3.1)	
Ein Elternteil im Ausland geboren	−24	(9.3)	−0.24	−15	(6.6)	−0.14	**−40**	(7.3)	−0.42
Beide Elternteile im Ausland geboren — Zweite Generation	**−86**	(12.4)	−0.86	**−118**	(10.0)	−1.13	**−95**	(8.8)	−1.00
Beide Elternteile im Ausland geboren — Erste Generation	**−99**	(8.3)	−1.00	**−86**	(9.0)	−0.82	**−74**	(9.2)	−0.77
N	2750			4315			4375		
R^2	.116			.122			.100		

Analysen ohne Jugendliche aus Sonder- und Förderschulen und Jugendliche mit fehlenden Angaben zum Migrationshintergrund auf Basis nationaler Skalierungen. Die Werte können daher von bisher veröffentlichten Werten abweichen.
Signifikant ($p < .05$) von Null verschiedene Werte sind fettgedruckt.

zwischen Jugendlichen ohne Migrationshintergrund und Jugendlichen mit zwei im Ausland geborenen Elternteilen (Erste bzw. Zweite Generation) mittel bis groß aus. Sie betragen zwischen $d = -0.74$ und $d = -1.13$. Demgegenüber sind die Disparitäten zwischen Jugendlichen ohne Migrationshintergrund und Jugendlichen mit einem im Ausland geborenen Elternteil deutlich kleiner und betragen zwischen $d = -0.14$ und $d = -0.42$.

Nur für die Jugendlichen mit zwei im Ausland geborenen Elternteilen der Ersten Generation ist ein allgemeiner Trend über alle Domänen hinweg zu verzeichnen. Die mittleren Kompetenzunterschiede zu Jugendlichen ohne Migrationshintergrund nehmen zwischen PISA 2000 und PISA 2006 geringfügig bis mittelstark ab. Die Abnahme ist mit $\Delta d = 0.31$ Standardabweichungen im Lesen am größten und mit $\Delta d = 0.23$ Standardabweichungen in den Naturwissenschaften am kleinsten. Für die anderen beiden Migrantengruppen finden sich dagegen im Lesen und in der Mathematik keine nennenswerten Veränderungen in den mittleren Kompetenzunterschieden zu Jugendlichen ohne Migrationshintergrund. In den Naturwissenschaften ist jedoch ein geringfügiger Anstieg der Disparitäten in der Höhe von $\Delta d = 0.13$ (Zweite Generation) und $\Delta d = 0.18$ (ein Elternteil im Ausland geboren) zwischen PISA 2000 und PISA 2006 zu beobachten. Aufgrund der abnehmenden Disparitäten zwischen Jugendlichen ohne Migrationshintergrund und Jugendlichen mit zwei im Ausland geborenen Elternteilen der Ersten Generation im Verlauf der 6 Jahre weisen Jugendliche der Ersten Generation ab PISA 2003 im Mittel ein höheres Kompetenzniveau in allen drei Domänen auf als Jugendliche der Zweiten Generation. Aber nur für die Naturwissenschaftstests von PISA 2003 und PISA 2006 sind diese Unterschiede statistisch bedeutsam (PISA 2003: $\Delta\beta = 32$, $F(1,80) = 6.7$, $p < .05$; PISA 2006: $\Delta\beta = 21$, $F(1,80) = 4.5$, $p < .05$).

Kontrolliert man Merkmale der sozialen Herkunft und den Sprachgebrauch in der Familie, so verringern sich die Kompetenzunterschiede zwischen Jugendlichen ohne Migrationshintergrund und Jugendlichen der drei Migrantengruppen in allen drei Domänen zu allen drei Zeitpunkten erheblich (vgl. Tabelle 7). In vielen Fällen sind die verbleibenden mittleren Kompetenzunterschiede nicht mehr statistisch bedeutsam.

4.3 Geburtsland der Eltern

In Tabelle 8 sind die Ergebnisse der Regressionsanalysen für die drei Kompetenzen im Hinblick auf das Geburtsland der Eltern der Jugendlichen dargestellt. Auch diese Analysen zeigen innerhalb jedes Messzeitpunkts ähnlich große Disparitäten über alle drei Domänen hinweg. Allerdings variieren die mittleren Kompetenzunterschiede stark in Abhängigkeit vom Geburtsland der Eltern. Sie sind am größten für den Vergleich zwischen Jugendlichen mit Eltern aus Deutschland und Jugendlichen mit Eltern aus der Türkei. Der mittlere Kompetenzunterschied beträgt zwischen $d = -1.04$ und $d = -1.38$ und damit in jedem Fall über eine Standardabweichung. Am geringsten fallen die mittleren Kompetenzunterschiede für die Jugendlichen mit Eltern aus Polen und aus sonstigen Staaten aus. Für diese Gruppen betragen sie zwischen $d = -0.30$ und $d = -0.63$. Die Disparitäten für Jugendliche mit Eltern aus der ehemaligen Sowjetunion, dem ehemaligen Jugoslawien und aus Italien liegen mit $d = -0.31$ bis $d = -1.14$ zwischen diesen Extremen. In Übereinstimmung mit den Ergebnissen aus Abschnitt 4.1 nehmen die Disparitäten zwischen Jugendlichen mit Eltern aus Deutschland und Jugendlichen mit Eltern aus der ehemaligen Sowjetunion im Verlauf der 6 Jahre zwischen PISA 2000 und PISA 2006 in allen drei Domänen kontinuierlich ab. Sie sinken im Lesen am stärksten von $d = -0.86$ auf $d = -0.31$ und in den Naturwissenschaften am geringsten von $d = -0.86$ auf $d = -0.50$. Demgegenüber sind die Disparitäten für Jugendliche italienischer Herkunft im Lesen um $\Delta d = 0.15$, in der Mathematik um $\Delta d = 0.13$ und in den Naturwissenschaften sogar um $\Delta d = 0.53$ angestiegen. Für die anderen Herkunftsgruppen lassen sich keine derartigen Trends in allen Kompetenzbereichen finden. Für Jugendliche türkischer Abstam-

Tabelle 7. Regressionsmodelle zur Lese-, mathematischen und naturwissenschaftlichen Kompetenz unter der Perspektive des Migrationsstatus und unter Berücksichtigung von Sprachgebrauch und Merkmalen der sozialen Herkunft

	PISA 2000			PISA 2003			PISA 2006		
	Lesen			**Lesen**			**Lesen**		
	B	(SE)	β	B	(SE)	β	B	(SE)	β
Konstante	509	(2.1)		520	(3.0)		519	(2.9)	
Ein Elternteil im Ausland geboren	–8	(6.3)	–0.02	–14	(7.0)	–0.03	–16	(7.0)	–0.04
Beide Elternteile im Ausland geboren Zweite Generation	–7	(11.6)	–0.01	**–34**	(10.3)	–0.08	–8	(9.8)	–0.02
Erste Generation	**–33**	(10.9)	–0.08	–22	(9.6)	–0.06	–3	(11.1)	–0.01
sozioökonomischer Status (HISEI)[1]	**21**	(2.4)	0.22	**23**	(1.9)	0.24	**19**	(1.8)	0.19
Bildungsniveau der Eltern[1]	**17**	(1.5)	0.18	**9**	(2.8)	0.09	**12**	(2.0)	0.13
kulturelle Besitztümer[1]	**12**	(2.3)	0.13	**15**	(1.9)	0.15	**18**	(1.6)	0.18
Familiensprache: nicht deutsch	**–54**	(11.1)	–0.12	**–50**	(10.8)	–0.13	**–57**	(10.0)	–0.16
N	4110			3690			4035		
R²	.221			.213			.193		
	Mathematik			**Mathematik**			**Mathematik**		
	B	(SE)	β	B	(SE)	β	B	(SE)	β
Konstante	512	(2.5)		527	(3.0)		523	(2.8)	
Ein Elternteil im Ausland geboren	–22	(10.7)	–0.05	–9	(6.7)	–0.02	–18	(7.2)	–0.04
Beide Elternteile im Ausland geboren Zweite Generation	–17	(13.1)	–0.03	**–38**	(9.8)	–0.09	–15	(7.8)	–0.04
Erste Generation	–38	(14.5)	–0.08	–13	(9.4)	–0.04	–11	(9.0)	–0.03
sozioökonomischer Status (HISEI)[1]	**20**	(3.1)	0.21	**26**	(1.8)	0.28	**24**	(1.8)	0.25
Bildungsniveau der Eltern[1]	**16**	(3.0)	0.16	**10**	(2.3)	0.10	**11**	(1.5)	0.11
kulturelle Besitztümer[1]	**13**	(2.7)	0.14	**11**	(1.7)	0.12	**13**	(1.4)	0.14
Familiensprache: nicht deutsch	**–56**	(14.4)	–0.13	**–36**	(9.4)	–0.09	**–47**	(8.1)	–0.14
N	2240			3690			4035		
R²	.216			.213			.202		
	Naturwissenschaften			**Naturwissenschaften**			**Naturwissenschaften**		
	B	(SE)	β	B	(SE)	β	B	(SE)	β
Konstante	509	(2.4)		529	(3.1)		538	(2.4)	
Ein Elternteil im Ausland geboren	–10	(9.8)	–0.03	–7	(6.0)	–0.02	**–28**	(6.5)	–0.07
Beide Elternteile im Ausland geboren Zweite Generation	–16	(14.1)	–0.03	**–56**	(9.8)	–0.13	**–34**	(8.3)	–0.09
Erste Generation	–34	(13.8)	–0.08	–17	(10.4)	–0.04	–24	(9.4)	–0.06
sozioökonomischer Status (HISEI)[1]	**19**	(2.7)	0.20	**29**	(2.1)	0.29	**20**	(1.6)	0.21
Bildungsniveau der Eltern[1]	**16**	(2.3)	0.17	**12**	(2.5)	0.11	**14**	(1.4)	0.15
kulturelle Besitztümer[1]	**14**	(2.3)	0.15	**15**	(1.8)	0.15	**14**	(1.5)	0.14
Familiensprache: nicht deutsch	**–49**	(13.8)	–0.12	**–39**	(10.1)	–0.09	**–47**	(8.1)	–0.14
N	2300			3690			4035		
R²	.222			.261			.230		

Analysen ohne Jugendliche aus Sonder- und Förderschulen und Jugendliche mit fehlenden Angaben zum Migrationshintergrund auf Basis nationaler Skalierungen. Die Werte können daher von bisher veröffentlichten Werten abweichen. Signifikant ($p < .05$) von Null verschiedene Werte sind fettgedruckt.
1: z-standardisiert

Tabelle 8. Regressionsmodelle zur Lese-, mathematischen und naturwissenschaftlichen Kompetenz unter der Perspektive des Geburtslandes der Eltern

	PISA 2000			PISA 2003			PISA 2006		
	Lesen			Lesen			Lesen		
	B	(SE)	d	B	(SE)	d	B	(SE)	d
Konstante	509	(2.3)		518	(3.6)		514	(3.6)	
ehemalige Sowjetunion	−86	(8.1)	−0.86	−74	(9.1)	−0.73	−31	(9.8)	−0.31
Türkei	−121	(11.6)	−1.21	−123	(12.0)	−1.22	−109	(11.1)	−1.10
Polen	−41	(11.3)	−0.41	−37	(11.6)	−0.36	−31	(10.3)	−0.32
ehemaliges Jugoslawien	−85	(29.2)	−0.85	−78	(17.1)	−0.78	−69	(17.7)	−0.70
Italien	−50	(14.4)	−0.50	−72	(16.0)	−0.71	−64	(18.6)	−0.65
sonstige Staaten	−33	(6.6)	−0.33	−37	(11.2)	−0.36	−28	(10.6)	−0.28
N	4940			4310			4380		
R^2	.095			.110			.072		
	Mathematik			Mathematik			Mathematik		
	B	(SE)	d	B	(SE)	d	B	(SE)	d
Konstante	512	(2.5)		527	(3.6)		524	(3.5)	
ehemalige Sowjetunion	−79	(10.5)	−0.80	−57	(8.7)	−0.60	−41	(8.7)	−0.43
Türkei	−135	(16.7)	−1.38	−118	(11.0)	−1.23	−98	(8.4)	−1.04
Polen	−48	(14.1)	−0.49	−35	(9.2)	−0.36	−28	(8.8)	−0.30
ehemaliges Jugoslawien	−81	(29.1)	−0.83	−69	(14.3)	−0.72	−80	(15.5)	−0.85
Italien	−52	(17.5)	−0.53	−78	(20.4)	−0.81	−62	(12.9)	−0.66
sonstige Staaten	−43	(9.4)	−0.44	−30	(10.3)	−0.31	−34	(8.0)	−0.36
N	2735			4310			4380		
R^2	.108			.103			.073		
	Naturwissenschaften			Naturwissenschaften			Naturwissenschaften		
	B	(SE)	d	B	(SE)	d	B	(SE)	d
Konstante	509	(2.4)		530	(3.8)		539	(3.1)	
ehemalige Sowjetunion	−85	(9.5)	−0.86	−72	(8.8)	−0.69	−48	(9.2)	−0.50
Türkei	−116	(11.1)	−1.17	−141	(11.6)	−1.35	−125	(10.3)	−1.31
Polen	−62	(14.2)	−0.63	−41	(10.4)	−0.39	−34	(10.0)	−0.36
ehemaliges Jugoslawien	−113	(27.7)	−1.14	−85	(19.2)	−0.81	−84	(16.3)	−0.88
Italien	−51	(20.3)	−0.51	−85	(18.7)	−0.81	−100	(14.5)	−1.05
sonstige Staaten	−46	(10.2)	−0.47	−33	(11.4)	−0.31	−50	(9.7)	−0.52
N	2750			4310			4380		
R^2	.110			.125			.117		

Analysen ohne Jugendliche aus Sonder- und Förderschulen und Jugendliche mit fehlenden Angaben zum Migrationshintergrund auf Basis nationaler Skalierungen. Die Werte können daher von bisher veröffentlichten Werten abweichen.
Signifikant ($p < .05$) von Null verschiedene Werte sind fettgedruckt.

mung sind stattdessen geringfügige Verringerungen der Disparität im Lesen ($\Delta d = -0.11$) und mittlere Verringerungen in der Mathematik ($\Delta d = -0.34$) zu verzeichnen, während in den Naturwissenschaften geringfügige Anstiege ($\Delta d = 0.14$) festzustellen sind. Für Jugendliche polnischer Herkunft findet man Disparitätsabnahmen geringfügiger Größe in der Mathematik ($\Delta d = -0.20$) und in den Naturwissenschaften ($\Delta d = -0.27$), für Jugendliche mit Eltern aus dem ehemaligen Jugoslawien im Lesen ($\Delta d = -0.15$) und in den Naturwissenschaften ($\Delta d = -0.26$).

In den Tabellen 9, 10 und 11 sind die Ergebnisse der Regressionsanalysen zu den drei Kompetenzen unter Kontrolle des Einreisezeitpunktes, der sozialen Herkunft und des Sprachgebrauchs in der Familie angeführt. Für die Lesekompetenz zeigt sich, dass ein großer Teil der Disparitäten zu allen drei Zeitpunkten auf diese Hintergrundmerkmale zurückgeführt werden kann. In PISA 2000 finden sich sogar keine statistisch signifikanten Mittelwertunterschiede mehr. In den anderen beiden Studien sind lediglich signifikante Kompetenzunterschiede zwischen Jugendlichen türkischer Abstammung und Jugendlichen deutscher Abstammung zu beobachten.

Der Befund ist für die mathematische Kompetenz sehr ähnlich (Tabelle 10). Für Jugendliche türkischer Herkunft finden sich selbst unter Kontrolle von Einreisezeitpunkt, Merkmalen der sozialen Herkunft und Sprachgebrauch zu allen drei Zeitpunkten noch beträchtliche und signifikante Mittelwertunterschiede. Dies gilt auch für Jugendliche italienischer Abstammung in PISA 2006.

Tabelle 9. Regressionsmodelle zur Lesekompetenz unter der Perspektive des Geburtslandes der Eltern und unter Berücksichtigung von Einreisezeitpunkt, Merkmalen der sozialen Herkunft und Sprachgebrauch

	PISA 2000			PISA 2003			PISA 2006		
	B	(SE)	β	B	(SE)	β	B	(SE)	β
Konstante	**509**	(2.2)		**520**	(3.0)		**519**	(2.9)	
ehemalige Sowjetunion	–4	(13.2)	–0.01	–3	(15.9)	–0.01	6	(12.1)	0.01
Türkei	–24	(16.0)	–0.03	**–56**	(12.5)	**–0.12**	**–43**	(11.3)	**–0.09**
Polen	–20	(11.5)	–0.03	–2	(10.0)	0.00	5	(11.2)	0.01
ehemaliges Jugoslawien	–3	(16.2)	0.00	–28	(16.1)	–0.03	–19	(18.3)	–0.02
Italien	–2	(16.8)	0.00	–28	(14.4)	–0.03	–28	(16.5)	–0.03
sonstige Staaten	–4	(6.3)	–0.01	–6	(10.0)	–0.01	3	(8.9)	0.01
Einreisezeitpunkt									
vor der Grundschulzeit	5	(12.4)	0.01	–13	(11.1)	–0.03	1	(12.6)	0.00
in oder nach der Grundschulzeit	**–41**	(12.1)	**–0.08**	**–45**	(21.4)	**–0.08**	–5	(15.2)	–0.01
sozioökonomischer Status (HISEI)[1]	**20**	(2.5)	**0.21**	**22**	(1.9)	**0.23**	**19**	(1.9)	**0.19**
Bildungsniveau der Eltern[1]	**14**	(2.2)	**0.14**	**8**	(2.7)	**0.08**	**12**	(1.9)	**0.12**
Kulturelle Besitztümer[1]	**17**	(1.5)	**0.18**	**15**	(1.9)	**0.16**	**18**	(1.6)	**0.18**
Familiensprache: nicht deutsch	**–40**	(8.7)	**–0.09**	**–35**	(9.9)	**–0.09**	**–47**	(10.2)	**–0.13**
N	4085			3650			4010		
R^2	.213			.215			.198		

Analysen ohne Jugendliche aus Sonder- und Förderschulen und Jugendliche mit fehlenden Angaben zum Migrationshintergrund auf Basis nationaler Skalierungen. Die Werte können daher von bisher veröffentlichten Werten abweichen.
Signifikant ($p < .05$) von Null verschiedene Werte sind fettgedruckt.
1: z-standardisiert

In den Naturwissenschaften nehmen die Disparitäten zwischen den Herkunftsgruppen und Jugendlichen deutscher Abstammung unter Kontrolle von Einreisezeitpunkt, Merkmalen der sozialen Herkunft und Sprachgebrauch ebenfalls stark ab (vgl. Tabelle 11). Aber auch in dieser Domäne bleiben für Jugendliche türkischer und Jugendliche italienischer Abstammung erhebliche und statistisch signifikante Mittelwertsunterschiede in PISA 2003 und PISA 2006 bestehen. Dies gilt ebenfalls für Jugendliche mit Eltern aus dem ehemaligen Jugoslawien. In PISA 2006 bestehen zudem noch signifikante Mittelwertsunterschiede zwischen Jugendlichen aus sonstigen Staaten und Jugendlichen ohne Migrationshintergrund.

Tabelle 10. Regressionsmodelle zur mathematischen Kompetenz unter der Perspektive des Geburtslandes der Eltern und unter Berücksichtigung von Einreisezeitpunkt, Merkmalen der sozialen Herkunft und Sprachgebrauch

	PISA 2000			PISA 2003			PISA 2006		
	B	(SE)	β	B	(SE)	β	B	(SE)	β
Konstante	**512**	(2.5)		**527**	(3.0)		**523**	(2.8)	
ehemalige Sowjetunion	−21	(22.4)	−0.03	3	(15.2)	0.01	10	(10.5)	0.02
Türkei	**−54**	(21.7)	−0.07	**−54**	(10.4)	**−0.11**	**−38**	(9.9)	−0.08
Polen	−28	(14.8)	−0.04	−2	(9.2)	−0.00	1	(9.5)	0.00
ehemaliges Jugoslawien	−18	(24.0)	−0.02	−25	(12.4)	−0.03	−32	(16.3)	−0.04
Italien	−21	(31.4)	−0.02	−37	(21.0)	−0.04	**−26**	(10.1)	−0.03
sonstige Staaten	−16	(11.4)	−0.04	−1	(10.1)	−0.00	−2	(7.0)	−0.01
Einreisezeitpunkt									
vor der Grundschulzeit	9	(20.2)	0.01	−12	(10.9)	−0.03	−20	(11.4)	−0.04
in oder nach der Grundschulzeit	−29	(14.9)	−0.05	−33	(20.9)	−0.06	−19	(12.2)	−0.03
sozioökonomischer Status (HISEI)[1]	**19**	(3.1)	**0.20**	**25**	(1.8)	**0.27**	**24**	(1.8)	**0.25**
Bildungsniveau der Eltern[1]	**17**	(2.7)	**0.17**	**9**	(2.2)	**0.09**	**10**	(1.4)	**0.10**
Kulturelle Besitztümer[1]	**13**	(2.7)	**0.14**	**12**	(1.7)	**0.13**	**14**	(1.4)	**0.15**
Familiensprache: nicht deutsch	**−35**	(14.0)	−0.07	**−25**	(8.6)	−0.06	**−38**	(8.6)	**−0.11**
N	2225			3650			4010		
R^2	.205			.215			.208		

Analysen ohne Jugendliche aus Sonder- und Förderschulen und Jugendliche mit fehlenden Angaben zum Migrationshintergrund auf Basis nationaler Skalierungen. Die Werte können daher von bisher veröffentlichten Werten abweichen.
Signifikant ($p < .05$) von Null verschiedene Werte sind fettgedruckt.
1: z-standardisiert

Tabelle 11. Regressionsmodelle zur naturwissenschaftlichen Kompetenz unter der Perspektive des Geburtslandes der Eltern und unter Berücksichtigung von Einreisezeitpunkt, Merkmalen der sozialen Herkunft und Sprachgebrauch

	PISA 2000			PISA 2003			PISA 2006		
	B	(SE)	β	B	(SE)	β	B	(SE)	β
Konstante	509	(2.4)		530	(3.1)		538	(2.5)	
ehemalige Sowjetunion	7	(22.6)	0.01	−8	(16.5)	−0.02	−10	(10.0)	−0.02
Türkei	−17	(18.5)	−0.02	**−69**	(11.5)	**−0.14**	**−57**	(12.1)	**−0.12**
Polen	−29	(15.9)	−0.04	−5	(9.6)	−0.01	−3	(9.5)	−0.00
ehemaliges Jugoslawien	−16	(23.7)	−0.02	**−34**	(15.6)	−0.04	**−33**	(16.0)	−0.04
Italien	9	(16.2)	0.01	**−42**	(17.7)	−0.05	**−63**	(12.4)	−0.08
sonstige Staaten	−10	(10.3)	−0.02	−2	(10.7)	−0.00	**−20**	(8.1)	−0.04
Einreisezeitpunkt									
vor der Grundschulzeit	−16	(17.1)	−0.03	−8	(10.8)	−0.02	3	(11.2)	0.01
in oder nach der Grundschulzeit	**−32**	(18.7)	−0.06	−32	(21.6)	−0.05	−10	(14.4)	−0.02
sozioökonomischer Status (HISEI)[1]	**19**	(2.7)	**0.20**	**28**	(2.1)	**0.28**	**20**	(1.7)	**0.22**
Bildungsniveau der Eltern[1]	**16**	(2.5)	**0.17**	**12**	(2.4)	**0.11**	**13**	(1.5)	**0.13**
Kulturelle Besitztümer[1]	**14**	(2.3)	**0.15**	**15**	(1.7)	**0.15**	**14**	(1.4)	**0.15**
Familiensprache: nicht deutsch	**−48**	(14.1)	**−0.12**	**−30**	(8.9)	**−0.07**	**−42**	(8.5)	**−0.12**
N	2285			3650			4010		
R²	.220			.261			.237		

Analysen ohne Jugendliche aus Sonder- und Förderschulen und Jugendliche mit fehlenden Angaben zum Migrationshintergrund auf Basis nationaler Skalierungen. Die Werte können daher von bisher veröffentlichten Werten abweichen.
Signifikant ($p < .05$) von Null verschiedene Werte sind fettgedruckt.
1: z-standardisiert

5 Diskussion

Vor dem Hintergrund der Ergebnisse kann festgehalten werden, dass sich – wie bereits aus früheren Veröffentlichungen bekannt (z.B. BAUMERT/SCHÜMER 2001; RAMM u.a. 2004, 2005; WALTER/TASKINEN 2007) – in allen drei Studien PISA 2000, PISA 2003 und PISA 2006 beträchtliche Disparitäten im Lesen, in der Mathematik und in den Naturwissenschaften zwischen Jugendlichen verschiedener Herkunft und Jugendlichen ohne Migrationshintergrund finden lassen. Die Größe der mittleren Kompetenzunterschiede unterscheidet sich jedoch stark in Abhängigkeit von dem Migrationsstatus und dem Geburtsland der Eltern. Die Befunde bestätigen den aus früheren Studien bereits bekannten Sachverhalt, dass Jugendliche mit zwei im Ausland geborenen Elternteilen (Erste und Zweite Generation) erheblich niedrigere Kompetenzniveaus erreichen als Jugendliche mit nur einem im Ausland geborenen Elternteil und Jugendliche ohne Migrationshintergrund (vgl. BAUMERT/SCHÜMER 2001; RAMM u.a. 2004, 2005; WALTER/TASKINEN 2007). Aus der Perspektive des Geburtslandes der Eltern weisen Jugendliche, deren Eltern aus den ehemaligen Anwerbestaaten Türkei, Jugoslawien und Italien stammen, die vergleichsweise geringsten Kompetenzniveaus auf. Jugendliche, deren Eltern aus der ehemaligen Sowjetunion oder Polen stammen, verfügen demgegenüber im Mittel über deutlich höhere Kompetenzen. Die festgestellten Kompetenzunterschiede lassen sich darüber hinaus in allen Studien zum größten Teil auf Merkmale der sozialen Herkunft, des Zeitpunktes der Einreise nach Deutschland und des Sprachgebrauchs in der Familie zurückführen. Die mit dem Migrationsstatus oder dem Geburtsland der Eltern zusammenhängenden Kompetenzunterschiede sind also zum größten Teil nicht eigenständiger Natur, sondern hängen damit zusammen, dass Migrantenfamilien häufig sozial schlechter gestellt sind und in ihnen häufig eine andere als die deutsche Sprache gesprochen wird. Auch ein verhältnismäßig hohes Einreisealter hat einen negativen Effekt auf die Kompetenzentwicklung.

Für die Betrachtung der Ergebnisse im zeitlichen Verlauf ist es wichtig, die veränderten Testkonzeptionen in der Mathematik und in den Naturwissenschaften und ihre möglichen Folgen für die Interpretierbarkeit der Vergleiche über alle drei Zeitpunkte zu berücksichtigen. Obwohl die Änderungen in den Testkonzeptionen prinzipiell bedeuten, dass in den Bereichen Mathematik und Naturwissenschaften zu den drei Erhebungszeitpunkten nicht *genau* dasselbe Konstrukt gemessen wurde, so kann doch gesagt werden, dass die grundlegende Intention der Testentwicklung, die Konstruktion von Tests zur Erfassung von Grundbildung mit kontextualisierten Aufgaben, in allen Domänen zu allen drei Zeitpunkten die Gleiche ist. Zudem sind die Tests in allen Studien ähnlich aufgebaut, sie enthalten Teilmengen gleicher Aufgaben und sind in ähnlicher Weise den Jugendlichen vorgelegt worden. Schon vor diesem Hintergrund wäre es überraschend, wenn mit den Testergebnissen keine qualitativen Aussagen über Trends möglich wären. Auch die in diesem Beitrag beschriebenen Befunde deuten darauf hin, dass sich Veränderungen in den Kompetenzunterschieden über alle *drei* Messzeitpunkte qualitativ interpretieren lassen. Insbesondere die Trends für die Jugendlichen mit Eltern aus der ehemaligen Sowjetunion fallen in der über alle Zeitpunkte am ehesten vergleichbaren Lesekompetenz sehr ähnlich aus wie in den anderen beiden Kompetenzbereichen. Falls die veränderten Testkonzeptionen tatsächlich zu größeren Änderungen in den gemessenen Konstrukten geführt hätten, wären vermutlich weniger kontinuierliche Trendverläufe für diese und andere Herkunftsgruppen aufgetreten. Die vorgetragenen Argumente sprechen insgesamt dafür, dass sich zumindest qualitative Aussagen über Trends über alle Zeitpunkte in standardisierten Maßen wie Effektstärken valide durchführen lassen.

Im Vergleich zwischen den Befunden der drei Studien PISA 2000, PISA 2003 und PISA 2006 lassen sich einige bislang kaum bekannte Trends über die Disparitäten im Lesen, in der Mathematik und in den Naturwissenschaften feststellen. Die Trends zeigen sich am stärksten, wenn nach dem Geburtsland der Eltern unterschieden wird: In allen drei Domänen findet man ausgeprägte Abnahmen der mittleren Kompetenzunterschiede für Jugendliche mit Eltern aus der ehemaligen Sowjetunion im Vergleich zu Jugendlichen ohne Migrationshintergrund. Dies mag damit zusammenhängen, dass zwischen PISA 2000 und PISA 2006 ein immer größer werdender Anteil dieser Gruppe bereits in Deutschland geboren bzw. in jüngerem Alter nach Deutschland eingewandert ist, so dass immer mehr dieser Jugendlichen ihre gesamte Schullaufbahn in Deutschland verbracht haben. Gestützt wird diese Interpretation durch den Befund, dass sich auch für Jugendliche mit polnischem, türkischem und exjugoslawischem Hintergrund zumindest in einigen Kompetenzbereichen geringfügige bis mittlere Abnahmen in den Disparitäten zu Jugendlichen ohne Migrationshintergrund finden. Auch in diesen Gruppen findet sich eine Abnahme des Anteils der ersten Einwanderergeneration. Andererseits findet sich für die Gesamtgruppe der Jugendlichen mit zwei im Ausland geborenen Elternteilen der Ersten Generation ebenfalls eine Verringerung der Disparitäten in den drei Kompetenzen, so dass der in den Herkunftsgruppen zu beobachtende Trend sehr wahrscheinlich nicht nur auf die Verringerung der Zuwandererzahlen, sondern vielleicht zusätzlich auf qualitative Änderungen in der Zusammensetzung der Zuwandererschaft zurückzuführen sein könnte. Diese Vermutung sollte in weiteren Analysen geprüft werden.

Die einzige Gruppe von Jugendlichen mit Migrationshintergrund, für die sich geringfügige, in den Naturwissenschaften aber sogar erhebliche Zunahmen in den Kompetenzunterschieden zu Jugendlichen ohne Migrationshintergrund beobachten lassen, sind Jugendliche italienischer Abstammung. Worauf dieser Befund zurückzuführen ist, bleibt unklar, insbesondere weil diese Jugendlichen in allen drei Studien zu mehr als der Hälfte einen in Deutschland geborenen Elternteil haben und Merkmale der sozialen Herkunft und des Sprachgebrauchs in PISA 2006 nicht ausreichen, um die Kompetenzunterschiede in der Mathematik und in den Naturwissenschaften statistisch zu erklären. Bevor weitreichende Schlüsse aufgrund des Befunds gezogen werden, sollte jedoch der mit $N = 60$ bis $N = 70$ geringe Stichprobenumfang beachtet werden. Der Frage, ob und – falls ja – warum sich das Kompetenzniveau von Jugendlichen italienischer Herkunft verschlechtert hat, sollte daher anhand größerer Stichproben nachgegangen werden.

Insgesamt gesehen fügen sich die hier berichteten Befunde zu Kompetenzunterschieden zwischen Jugendlichen mit und solchen ohne Migrationshintergrund in das allgemeinere Ergebnismuster leicht verringerter sozialer Disparitäten in Deutschland (vgl. EHMKE/BAUMERT 2007) ein. Da Jugendliche mit Migrationshintergrund vor allem den unteren sozialen Schichten angehören, hängt die Abnahme der Kompetenzunterschiede, die mit der ethnischen Herkunft assoziiert sind, zumindest teilweise mit der Abnahme sozialer Disparitäten zusammen. Die Frage nach den kausalen Mechanismen für beide Trends kann auf Basis der hier vorgestellten Analysen jedoch nicht beantwortet werden, ihr sollte in weiteren Untersuchungen nachgegangen werden.

Anmerkungen

a Aufgrund zu kleiner Fallzahlen in den verwendeten Stichproben sind keine Analysen im Hinblick auf die Kombination von Geburtsland der Eltern und Migrationsstatus möglich.

Literatur

ALBA, R. D./HANDL, J./MÜLLER, W. (1994): Ethnische Ungleichheit im deutschen Bildungssystem. In: Kölner Zeitschrift für Soziologie und Sozialpsychologie, Bd. 42, S. 209-237.
BAUMERT, J./SCHÜMER, G. (2001): Familiäre Lebensverhältnisse, Bildungsbeteiligung und Kompetenzerwerb. In: BAUMERT, J./KLIEME, E./NEUBRAND, M./PRENZEL, M./SCHIEFELE, U./SCHNEIDER, W./STANAT, P./TILLMANN, K.-J./WEISS, M. (Hrsg.): PISA 2000. Basiskompetenzen von Schülerinnen und Schülern im internationalen Vergleich. – Opladen, S. 323-407.
CARSTENSEN u.a. 2007 = CARSTENSEN, C. H./FREY, A./WALTER, O./KNOLL, S. (2007): Technische Grundlagen des dritten internationalen Vergleichs. In: PRENZEL, M./ARTELT, C./BAUMERT, J./BLUM, W./HAMMANN, M./KLIEME, E./PEKRUN, R. (Hrsg.): PISA 2006. Die Ergebnisse der dritten internationalen Vergleichsstudie. – Münster, S. 367-390.
COHEN, J. (1988). Statistical power analysis for the behavioral sciences. - 2nd ed. – Hillsdale.
COHEN u.a. 2003 = Cohen, J./Cohen, P./West, S. G./Aiken, L. S. (2003): Applied Multiple Regression / Correlation Analysis for the Behavioral Sciences. – Mahwah.
DIEFENBACH, H. (2007): Kinder und Jugendliche aus Migrantenfamilien im deutschen Bildungssystem. Erklärungen und empirische Befunde. – Wiesbaden.
EHMKE, T./BAUMERT, J. (2007): Soziale Herkunft und Kompetenzerwerb: Vergleiche zwischen PISA 2000, 2003 und 2006. In: PRENZEL, M./ARTELT, C./BAUMERT, J./BLUM, W./HAMMANN, M./KLIEME, E./PEKRUN, R. (Hrsg.): PISA 2006. Die Ergebnisse der dritten internationalen Vergleichsstudie. – Münster, S. 309-335.
ESSER, H. (2006): Sprache und Integration. Die sozialen Bedingungen und Folgen des Spracherwerbs von Migranten. – Frankfurt.
GANZEBOOM u.a. 1992 = GANZEBOOM, H. B. G./DE GRAAF, P. M./TREIMAN, D. J./DE LEEUW, J. (1992): A standard international socio-economic index of occupational status. In: Social Science Research, Vol. 21, pp. 1-56.
GLICK, J. E./HOHMANN-MARRIOTT, B. (2007): Academic performance of young children in immigrant families: the significance of race, ethnicity, and national origin. In: International Migration Review, Vol. 41, pp. 371-402.

Kao, G./Tienda, M. (1995): Optimism and achievement: the educational performance of immigrant youth. In: Social Science Quarterly, Vol. 76, pp. 1-19.
Kristen, C./Granato, N. (2004): Bildungsinvestitionen in Migrantenfamilien. In: IMIS-Beiträge, Bd. 23, S. 123-141.
Krohne, J. A./Meier, U./Tillmann, K.-J. (2004): Sitzenbleiben, Geschlecht und Migration – Klassenwiederholungen im Spiegel der PISA-Daten. In: Zeitschrift für Pädagogik, Bd. 50, S. 373-391.
Kunter u.a. 2002 = Kunter, M./Schümer, G./Artelt, C./Baumert, J./Klieme, E./Neubrand, M./Prenzel, M./Schiefele, U./Schneider, W./Stanat, P./Tillmann, K.-J./Weiss, M. (2002): PISA 2000: Dokumentation der Erhebungsinstrumente. – Berlin.
Müller, A. G./Stanat, P. (2006): Schulischer Erfolg von Schülerinnen und Schülern mit Migrationshintergrund: Analysen zur Situation von Zuwanderern aus der ehemaligen Sowjetunion und aus der Türkei. In: Baumert, J./Stanat, P./Watermann, R. (Hrsg.): Herkunftsbedingte Disparitäten im Bildungswesen: Differenzielle Bildungsprozesse und Probleme der Verteilungsgerechtigkeit. – Wiesbaden, S. 221-255.
Nauck, B./Diefenbach, H./Petri, K. (1998): Intergenerationale Transmission von kulturellem Kapital unter Migrationsbedingungen. Zum Bildungserfolg von Kindern und Jugendlichen aus Migrantenfamilien in Deutschland. In: Zeitschrift für Pädagogik, Bd. 44, S. 701-722.
OECD (2002): PISA 2000. Technical Report. – Paris.
OECD (2005): PISA 2003. Technical Report. – Paris.
OECD (im Druck): PISA 2006. Technical Report. – Paris.
Portes, A./Rumbaut, R. G. (2001): Legacies. The Story of the immigrant second generation. – Berkeley.
Prenzel u.a. 2001 = Prenzel, M./Rost, J./Senkbeil, M./Häußler, P./Klopp, B. (2001): Naturwissenschaftliche Grundbildung: Testkonzeption und Ergebnisse. In: Baumert, J./Klieme, E./Neubrand, M./Prenzel, M./Schiefele, U./Schneider, W./Stonat, P./Tillmann, K.-J./Weiss, M. (Hrsg.): PISA 2000. Basiskompetenzen von Schülerinnen und Schülern im internationalen Vergleich. – Opladen, S. 191-248.
Prenzel u.a. 2007 = Prenzel, M./Artelt, C./Baumert, J./Blum, W./Hammann, M./Klieme, E./Pekrun, R. (Hrsg.): PISA 2006. Die Ergebnisse der dritten internationalen Vergleichsstudie – Münster.
Ramm u.a. 2004 = Ramm, G./Prenzel, M./Heidemeier, H./Walter, O. (2004): Soziokulturelle Herkunft: Migration. In: Prenzel, M./Baumert, J./Blum, W./Lehmann, R./Leutner, D./Neubrand, M./Pekrun, R./Rolff, H.-G./ Rost, J./Schiefele, U. (Hrsg.): PISA 2003. Der Bildungsstand der Jugendlichen in Deutschland – Ergebnisse des zweiten internationalen Vergleichs. – Münster, S. 254-272.
Ramm u.a. 2005 = Ramm, G./Walter, O./Heidemeier, H./Prenzel, M. (2005): Soziokulturelle Herkunft: Migration. In: Prenzel, M./Baumert, J./Blum, W./Lehmann, R./Leutner, D./Neubrand, M./Pekrun, R./ Rost, J./Schiefele, U. (Hrsg.): PISA 2003. Der Bildungsstand der Jugendlichen in Deutschland – Ergebnisse des zweiten internationalen Vergleichs. – Münster, S. 254-272.
Ramm u.a. 2006 = Ramm, G./Prenzel, M./Baumert, J./Blum, W./Lehmann, R./Leutner, D./Neubrand, M./Pekrun, R./Rost, J./Schiefele, U. (2006): PISA 2003. Dokumentation der Erhebungsinstrumente. – Münster.
SPSS Inc. (2006): SPSS 15.0 for Windows [Computerprogramm]. – Chicago.
Walter, O. (2008): Lesekompetenz und Bildungserfolg der Schülerinnen und Schüler mit Migrationshintergrund: Wie lassen sich Unterschiede erklären? In: Allemann-Ghionda, C./Pfeiffer, S. (Hrsg.): Bildungserfolg, Migration und Zweisprachigkeit - Perspektiven für Forschung und Entwicklung. – Berlin, S. 69-84.
Walter, O./Taskinen, P. (2007): Kompetenzen und bildungsrelevante Einstellungen von Jugendlichen mit Migrationshintergrund in Deutschland: Ein Vergleich mit ausgewählten OECD-Staaten. In: Prenzel, M./Artelt, C./Baumert, J./Blum, W./Hammann, M./Klieme, E./Pekrun, R. (Hrsg.): PISA 2006. Die Ergebnisse der dritten internationalen Vergleichsstudie. – Münster, S. 337-366.
Walter, O./Taskinen, P. (2008): Naturwissenschaftsbezogene Motivationen und Kompetenzen von Schülerinnen und Schülern mit Migrationshintergrund in Deutschland: Der Einfluss der Generation, der Herkunft und des Elternhauses. In: Zeitschrift für Erziehungswissenschaft, Sonderheft 10, S. 185-203.
Walter u.a. 2006 = Walter, O./Ramm, G./Zimmer, K./Heidemeier, H./ Prenzel, M. (2006): PISA 2003 – Kompetenzen von Jungen und Mädchen mit Migrationshintergrund in Deutschland: Ein Problem ungenutzter Potentiale? Unterrichtswissenschaft, Bd. 34, S. 146-169.
Warm, T. A. (1989): Weighted likelihood estimation of ability in item response theory. In: Psychometrika, Vol. 54, pp. 427-450.
Westat (2002): WesVar 4.2 [Computerprogramm]. – Rockville.

Oliver Walter[1]

Ethno-linguale Kompositionseffekte in neunten Klassen: Befunde aus der Klassenstichprobe von PISA 2006

Zusammenfassung:
Im Beitrag wird empirisch untersucht, ob der Anteil von Jugendlichen mit Migrationshintergrund in Schulklassen einen eigenständigen negativen Effekt auf die Lese-, die naturwissenschaftliche und die mathematische Kompetenz hat. Die Datenbasis bildet eine Teilstichprobe von 6.776 Jugendlichen aus der Klassenstichprobe von PISA 2006. Während für die Lese- und die naturwissenschaftliche Kompetenz unter Kontrolle einer Reihe von Individual- und Kompositionsmerkmalen kein eigenständiger negativer Effekt festzustellen war, fand sich für die mathematische Kompetenz ein im Mittel geringfügiger negativer Effekt von 0.3 PISA-Punkten pro Prozentpunkt Migrantenanteil. Dieser Effekt steigt in Klassen mit einem Anteil von über 70 Prozent Migranten auf etwa 30 Punkte an. Dies entspricht einem Kompetenzrückstand von etwa einem Schuljahr. Für die Annahme, dass der Effekt des Migrantenanteils vor allem durch die Herkunftssprache der Jugendlichen zustande kommt, fanden sich nur schwache Belege.

Schlüsselwörter: Schülerinnen und Schüler mit Migrationshintergrund, Disparitäten im schulischen Erfolg, PISA, Kompositionseffekte, Lesekompetenz, mathematische Kompetenz, naturwissenschaftliche Kompetenz

Abstract:
This paper empirically examines whether the proportion of immigrant students within school classes has an independently negative effect on reading, science and mathematical competencies. The data is based on a sub-sample of 6,776 students from the grade sample of PISA 2006. While no independently negative effect for reading and science competency was found controlling for a number of individual and compositional covariates, on average, a significant slightly negative effect of 0.3 PISA points per percentage point of the proportion of immigrant students was found for mathematical competency. This effect increases in classes which have more than 70 percent immigrant students to approximately 30 points. This corresponds to a competency deficit of about one year of schooling. Very little evidence was found for the assumption that the effect of the number of immigrant students is primarily caused by the native language of the students.

Key words: immigrant students, disparities in school success, PISA, composition effects, reading competency, mathematical competency, science competency.

1 Einleitung

Der schulische Erfolg von Jugendlichen mit Migrationshintergrund ist durch die Ergebnisse der PISA-Studien stärker als bisher in den Fokus der Diskussion gerückt. Zwar ist schon seit längerem bekannt, dass Jugendliche mit Migrationshintergrund im Allgemeinen einen geringeren Bildungserfolg erzielen als Jugendliche ohne Migrationshintergrund (vgl. z. B. ALBA/HANDL/MÜLLER 1994), die PISA-Studien haben aber in mehrfacher Hinsicht die empirische Befundlage verbrei-

---
[1] Leibniz-Institut für die Pädagogik der Naturwissenschaften an der Universität Kiel
Olshausenstr. 62, 24098 Kiel, walter@ipn.uni-kiel.de

tert. Insbesondere die Verwendung von Tests zur Erhebung von schulisch vermittelten Kompetenzen, der große Stichprobenumfang und die Einbeziehung vieler für die Migrationsforschung relevanter Variablen geben den Ergebnissen der PISA-Studien zum Bildungserfolg von Jugendlichen mit Migrationshintergrund einen hohen Stellenwert. Die Befunde aus allen drei Studien zeigen übereinstimmend für Deutschland, dass Jugendliche mit Migrationshintergrund im Mittel deutlich geringere Kompetenzen im Lesen, in der Mathematik und in den Naturwissenschaften erreichen als Jugendliche ohne Migrationshintergrund (BAUMERT/SCHÜMER 2001; RAMM u. a. 2004; WALTER 2006, 2008 in diesem Heft; WALTER/TASKINEN 2007). Vor allem Jugendliche mit zwei im Ausland geborenen Elternteilen weisen im Mittel weit geringere Kompetenzen auf als solche, deren Elternteile beide in Deutschland geboren sind. Dies gilt sowohl für Jugendliche der *Ersten Generation*, die mit ihren Eltern nach Deutschland migriert sind, als auch für in Deutschland geborene und aufgewachsene Kinder von Einwanderern (*Zweite Generation*).

Zur Erklärung der Kompetenzunterschiede zwischen Jugendlichen mit Migrationshintergrund und solchen ohne Migrationshintergrund werden zahlreiche Faktoren angeführt, die mit den schwierigen Rahmenbedingungen des Integrationsprozesses in die Gesellschaft des Aufnahmelandes zusammenhängen (für Überblicke zum Forschungsstand aus deutscher Perspektive siehe DIEFENBACH 2004, 2007; ESSER 2006; STANAT 2006a; aus internationaler Perspektive siehe KAO/THOMPSON 2003; VALLET 2006; ZHOU 1997). Diese Faktoren lassen sich verschiedenen Ebenen oder Kontexten zuordnen. Beispielsweise unterscheidet STANAT (2006a) die Ebene der Schülerinnen und Schüler, des Unterrichts, der Schule, des Schulsystems und der Gesellschaft. ESSER (2006) betrachtet die Faktoren im Individual-, Familien-, ethnischen und Schulkontext. Vor dem Hintergrund seines Kosten-Nutzen-Modells für den schulischen Erfolg sieht er auf der Individualebene kognitive Grundfähigkeiten und sprachliche Kompetenzen als bedeutsam an. Im familiären Kontext berücksichtigt er die Bildung und den sozioökonomischen Status der Eltern, das kulturelle Kapital, die soziale Kontrolle der Bildungsbemühungen und die Familiensprache als wichtige Bedingungen für die Entwicklung schulisch vermittelter Kompetenzen. Da Jugendliche mit Migrationshintergrund häufig aus sozial schwächer gestellten Familien stammen, in denen zusätzlich häufig nicht deutsch gesprochen wird, wird angenommen, dass sich Kompetenzunterschiede zu Jugendlichen ohne Migrationshintergrund im Allgemeinen auf diese wenig förderlichen Rahmenbedingungen zurückführen lassen. Diese Annahme konnte in vielen empirischen Studien belegt werden. Es zeigte sich jedoch auch, dass selbst nach statistischer Kontrolle der relevanten Variablen auf Individual- und Familienebene statistisch signifikante Kompetenzunterschiede zwischen Jugendlichen ohne Migrationshintergrund und Jugendlichen aus verschiedenen Migrantengruppen bestehen bleiben (für jüngere Arbeiten siehe z.B. MÜLLER/STANAT 2006; OECD 2006a; WALTER 2008 in diesem Heft; WALTER/TASKINEN 2007).

Die nach der Kontrolle von Individual- und Familienvariablen verbleibenden Disparitäten könnten ESSERS (2006) Modell zufolge durch Bedingungen im ethnischen Kontext und im Kontext der Schule zu erklären sein. In seinem Modell wird angenommen, dass hohe Anteile von Migranten in der Wohngegend oder in der Schule bzw. in Schulklassen (*ethno-linguale Komposition*[a]; vgl. ESSER 2006) mit geringeren Gelegenheiten (*Opportunitäten*), einer geringeren Effizienz und höheren Kosten einhergehen, die für die Integration in die Aufnahmegesellschaft bedeutsamen Kompetenzen zu lernen. Für ESSER (2006) kommt ein solcher negativer Effekt insbesondere dadurch zustande, dass die Funktion der Unterrichtssprache in Schulen und Schulklassen mit hohem Migrantenanteil und großer sprachlicher Vielfalt als Kommunikationsmedium zur Vermittlung von Lerninhalten beeinträchtigt ist. Dies soll das Lernen sowohl von Jugendlichen aus Migrantenfamilien als auch von Jugendlichen ohne Migrationshintergrund erschweren (vgl. ESSER 2006). Die Beeinträchtigung des Lernens kann jedoch nicht nur über die sprachliche Vielfalt, sondern auch durch eine weniger lernförderliche Zusammensetzung der Schülerschaft nach sozialer Herkunft und kognitiven Fähigkeiten zustande kommen, da Migranten häufig aus sozial schwächer gestellten Familien stammen, im Durchschnitt über geringere Kompetenzen verfügen und überproportional häufig Schulen besuchen, die zu weniger qualifizierenden Abschlüssen führen. Obwohl ESSERS (2006) Modell in erster Linie versucht, den Erwerb von sprachlichen Kompetenzen wie beispielsweise der Lesekompetenz zu erklären, lassen sich die von ihm angenommenen Prozesse auch auf Kompetenzen in anderen Domänen wie beispielsweise in der Mathematik oder in den Naturwissenschaften übertragen. Für beide Domänen kann vermutet werden, dass der Kompetenzerwerb über die Fähigkeiten in der Unterrichtssprache zumindest teilweise vermittelt wird. Es ist jedoch zu erwarten, dass die hypothetischen Zusammenhänge umso schwächer ausfallen dürften, je sprachferner die betrachtete Kompetenz und je weniger leselastig die zu ihrer Messung eingesetzten Testaufgaben sind. Daher sollten für die Lesekompetenz die stärksten und für die mathematische Kompetenz die schwächsten Effekte zu beobachten sein.

Aus empirischen Studien ergeben sich bestenfalls uneindeutige Befunde, dass dem negativen Effekt des Migrantenanteils tatsächlich die von ESSER (2006) unterstellten Mechanismen zugrunde liegen könnten: In Analysen auf Basis von Daten aus PISA 2000 fand sich ein signifikant negativer Effekt des Migrantenanteils auf die Lesekompetenz in Hauptschulen (vgl. STANAT 2006b). Dieser ließ sich unter Kontrolle des mittleren sozioökonomischen Status und des kognitiven Niveaus der Schülerschaft in den Schulen nicht mehr nachweisen. Für die mathematische und die naturwissenschaftliche Kompetenz kamen mehrebenenanalytische Auswertungen von Daten aus PISA-I-Plus, der Längsschnittkomponente von PISA 2003 (vgl. WALTER 2006), zum gleichen Befund. Auf der Basis von Daten aus PISA-E 2003 konnte jedoch zumindest für die Gruppe der türkischstämmigen Jugendlichen ein negativer Kompositionseffekt nachgewiesen werden, der selbst unter Kontrolle von kognitivem Fähigkeitsniveau und sozioökonomischer Komposition der Schulen bestehen blieb. Allerdings war der Effekt nicht maßgeblich auf die sprachliche Vielfalt in der Schule zurückzuführen. Er konnte auch nicht in Schulen mit hohen Anteilen von Jugendlichen aus der ehemaligen Sowjetunion gefunden werden (WALTER/STANAT 2008).

2 Fragestellung

Die angeführten empirischen Studien haben keinen eigenständigen negativen Effekt des Migrantenanteils in Schulen auf schulisch vermittelte Kompetenzen konsistent nachweisen können. Jedoch beziehen sich die Befunde häufig auf Fünfzehnjährige aus unterschiedlichen Schulklassen, deren Angaben zum sozialen und zum Migrationshintergrund auf Schulebene aggregiert werden. Selbst wenn nur Schulen mit einer Mindestanzahl von Jugendlichen in die Auswertungen eingehen, ist bei diesem Verfahren nicht ganz klar, mit welchen statistischen Unsicherheiten die Schätzungen des Migrantenanteils für die Schulebene behaftet sind. Schwerer wiegt noch, dass die angenommenen Prozesse zur Entstehung von Kompositionseffekten auf Klassenebene deutlicher zutage treten sollten, da Unterricht und Lernen in Klassen stattfindet (vgl. STANAT 2006b) und sich die Migrantenanteile in Schulklassen von den Anteilen in der Schule unterscheiden können. Daher soll im vorliegenden Beitrag der Frage nachgegangen werden, ob sich der von ESSER (2006) angenommene negative Effekt eines hohen Migrantenanteils auf Klassenebene findet und vor allem über die sprachliche Vielfalt in den Klassen zu erklären ist. Aufgrund des erwarteten schwächeren Zusammenhangs der sprachlichen Kompetenzen mit der naturwissenschaftlichen und insbesondere der mathematischen Kompetenz werden für diese Kompetenzen schwächere Kompositionseffekte als für die Lesekompetenz erwartet. Anhand von Daten aus der Neuntklässlerstichprobe von PISA 2006 (PISA-9KL 2006) wird geprüft, ob höhere Anteile von Schülerinnen und Schülern mit Migrationshintergrund in kompletten neunten Klassen tendenziell mit geringeren Kompetenzen im Lesen, in der Mathematik und in den Naturwissenschaften einhergehen. Aufgrund der Stichprobengröße wird hierbei *keine* Differenzierung der Schülerschaft mit Migrationshintergrund in den Klassen vorgenommen. Falls ethno-linguale Kompositionseffekte in bestimmten Klassen bestehen, sollten sie nicht nur in einer homogenen fremdsprachlichen Schülergruppe nachzuweisen sein, sondern sich auch bei einer „zu große[n] sprachliche[n] Vielfalt in Schulen und Schulklassen" negativ auf das Lernen auswirken, insbesondere „wenn es keine gemeinsame Lingua franca als Unterrichtssprache gibt" (ESSER 2006, S. 289).

3 Methode

3.1 Stichprobe

Die Datenbasis zur Prüfung der Fragestellung bildet die Neuntklässlerstichprobe des internationalen Vergleichs von PISA 2006 (PISA-9KL 2006). Diese Stichprobe enthält Schülerinnen und Schüler von bis zu zwei vollständigen neunten Klassen aus Schulen, die in die Stichprobe für den internationalen Vergleich von PISA 2006 eingegangen sind. Nicht zur Stichprobe gehören Jugendliche, die eine Berufs-, eine Sonder- oder Förderschule besuchen. Als Jugendliche mit Migrationshintergrund werden Schülerinnen und Schüler angesehen, die im Schülerfragebogen von PISA 2006 angegeben haben, mindestens ein Elternteil zu haben, der nicht in Deutschland geboren wurde[b]. Ausgeschlossen werden Schülerinnen und Schüler aus den fünf ostdeutschen Ländern, da die Migrantenanteile dort sehr gering sind. Außerdem werden Jugendliche nicht berücksichtigt, über deren Migrationshintergrund, Familiensprache und Einreisezeitpunkt nach Deutschland nichts bekannt ist. Nach diesen Ausschlüssen umfasst die Analysestichprobe insgesamt N = 6.776 Jugendliche, davon N_M = 1.811 Jugendliche mit Migrationshintergrund, in N_K = 326 Klassen. Die Verteilung der Anteile von Jugendlichen mit Migrationshintergrund in den Schulklassen ist in Tabelle 1 nach Schulart dargestellt.

Die Anzahl von Schülerinnen und Schülern in den einzelnen Klassen liegt für diese Stichprobe zwischen 9 und 32 bei einem Mittelwert von M = 21 und einer Streuung von SD = 5. Diese Häufigkeiten erscheinen groß genug, um den Effekt des Migrantenanteils auf die Schülerleistungen in den Klassen verlässlich schätzen zu können. Um zu überprüfen, ob die Migrantenanteile in Klassen derselben Schulen ähnlich groß sind, wurde die Intraklassenkorrelation berechnet. Die ICC beträgt für die Stichprobe r_{ICC} = .61 und deutet auf eine zwar hohe, aber keineswegs perfekte Übereinstimmung der Migrantenanteile in den Klassen gleicher Schulen hin. Der Befund unterstützt somit die diesem Beitrag zugrundeliegende Strategie, Kompositionseffekte des Migrantenanteils auf der Klassen- und nicht auf der Schulebene zu untersuchen.

3.2 Erhebungsinstrumente

In den Analysen werden die Tests zur Lese-, der naturwissenschaftlichen und der mathematischen Kompetenz sowie Skalen und Einzelitems aus dem Schülerfragebogen von PISA 2006 verwendet. Die Auswahl der Items und Skalen orientiert sich am Struktur- und Prozessmodell zum Zusammenhang zwischen familiärem Hintergrund und schulischem Erfolg von BAUMERT/WATERMANN/SCHÜMER (2003), soweit die Angaben in PISA 2006 erhoben wurden. Außerdem wurde das Alter der Jugendlichen kontrolliert, da diesem Beitrag im Unterschied zu vielen anderen Analysen von PISA-Daten keine Alters-, sondern eine Klassenstichprobe zugrundeliegt.

Bei der Überprüfung des Zusammenhangs zwischen Migrantenanteil in Klassen und Schülerleistungen werden schrittweise individuelle Merkmale und Kompositionsmerkmale auf Klassenebene kontrolliert, um spezifische Effekte des Migrantenanteils in Klassen identifizieren zu können. Auf Individualebene ist es notwendig, einen Indikator für das Vorwissen der Schülerinnen

Tabelle 1. Anzahl von Klassen mit unterschiedlichen prozentualen Anteilen von Jugendlichen mit Migrationshintergrund

Migrantenanteil in der Klasse	Schulart				
	Hauptschule	Realschule	Gymnasium	sonstige	insgesamt
0%	2	1	3		6
]0%; 5%]		9	9	2	20
]5%; 10%]	4	16	15	2	37
]10%; 15%]	3	22	24	4	53
]15%;20%]	9	16	16	5	46
]20%;25%]	9	8	13	3	33
]25%;30%]	9	9	14	2	34
]30%;35%]	9	4	5	4	22
]35%;40%]	7	5	3	1	16
]40%;45%]	2	3	1	2	8
]45%;50%]	1	3	1	1	6
]50%;55%]	7		1	2	10
]55%;60%]	4	1		1	6
]60%;65%]	3	2	1	3	9
]65%;70%]	5	1			6
]70%;75%]	3			1	4
]75%;80%]	4	1	1		6
]80%;85%]	1				1
]85%;90%]	1	1			2
]90%;95%]					0
]95%;100%]		1			1
N	83	103	107	33	326
Relative Häufigkeiten von Jugendlichen mit Migrationshintergrund in den Klassen					
1. Quartil	0.21	0.10	0.10	0.15	0.12
Md	0.34	0.16	0.16	0.26	0.20
M	0.38	0.22	0.19	0.31	0.26
3. Quartil	0.57	0.28	0.25	0.46	0.35
SD	0.22	0.18	0.12	0.19	0.20

sonstige Schularten: Integrierte Gesamtschule und Schule mit mehreren Bildungsgängen

und Schüler zu berücksichtigen (vgl. BAUMERT/STANAT/WATERMANN 2006; STANAT 2006b). In der Neuntklässlerstichprobe von PISA 2006 steht dazu als relativ grober Indikator die kognitive Grundfähigkeit gemessen über den Untertest „N2 Figurale Analogien" des Kognitiven Grundfähigkeitstest KFT 4-12+R (HELLER/PERLETH 2000) zur Verfügung.

Der *internationale Lesetest* von PISA 2006 besteht aus 28 Items, der *internationale Mathematiktest* aus 48 Items und der *internationale Naturwissenschaftstest* aus 103 Items. Die drei Tests wurden den Schülerinnen und Schülern gemäß dem international vorgegebenen Multi-Matrix-Design vorgelegt. Ihre Konzeption und psychometrischen Eigenschaften sind in zahlreichen Veröffentlichungen beschrieben worden (z.B. FREY u.a. 2007; PRENZEL u.a. 2007; OECD 2006b; im Druck). Die Skalierung der Tests erfolgte mit Methoden der *Item Response Theory* (IRT) unter Berücksichtigung von Hintergrundinformationen (vgl. CARSTENSEN u.a. 2007). Als Skalenwerte wurden *Plausible Values* (PVs) berechnet, die in der Analysestichprobe Mittelwerte von $M = 500$ (Lesekompetenz), $M = 520$ (naturwissenschaftliche Kompetenz) und $M = 511$ (mathematische Kompetenz) und Streuungen von $SD = 91$ (Lesekompetenz), $SD = 90$ (naturwissenschaftliche Kompetenz) und $SD = 85$ (mathematische Kompetenz) aufweisen. Die Reliabilitäten der Tests betragen in dieser Stichprobe *Rel(PVs)* = .89 für die Lesekompetenz, *Rel(PVs)* = .91 für die mathematische und *Rel(PVs)* = .92 für die naturwissenschaftliche Kompetenz.

Als *allgemeine soziokulturelle Strukturvariablen* werden der sozioökonomische Status und das Bildungsniveau der Eltern einbezogen. Der *sozioökonomische Status der Familien* wird über die von den Eltern ausgeübten Berufe erfasst und anhand des *International Socio-Economic Index* (ISEI; GANZEBOOM u.a. 1992) abgebildet. Bei differierenden Indexausprägungen für Vater und Mutter wird jeweils die höchste Ausprägung verwendet (HISEI). In der Neuntklässlerstichprobe hat die Verteilung des HISEI einen Mittelwert von $M = 51$ bei einer Streuung von $SD = 16$. Das *Bildungsniveau der Eltern* wird anhand des höchsten Bildungsabschlusses in der Familie erfasst, der in die Anzahl von Bildungsjahren umgerechnet wurde (vgl. OECD im Druck). Das mittlere Bildungsniveau liegt in der Neuntklässlerstichprobe bei $M = 14.1$ bei einer Streuung von $SD = 3.3$.

Als *migrationsspezifische Strukturvariablen* werden die Herkunft der Eltern sowie der Zeitpunkt der Zuwanderung des Jugendlichen nach Deutschland berücksichtigt. Die Herkunft der Eltern wird anhand von Schülerangaben über das Geburtsland ihrer Eltern erfasst. Auf der Grundlage dieser Angaben werden die Jugendlichen in die Gruppen „ohne Migrationshintergrund" (beide Elternteile sind in Deutschland geboren) und „mit Migrationshintergrund" (mindestens ein Elternteil ist im Ausland geboren) eingeteilt.

Der *Zeitpunkt der Einreise nach Deutschland* wird über Schülerangaben zur Frage „Wie alt warst du, als du nach Deutschland gekommen bist?" erfasst. Die Angaben werden jeweils einer von drei Kategorien zugeordnet: (1) seit Geburt in Deutschland, (2) vor der Grundschulzeit zugewandert (bis 6 Jahre), (3) in oder nach der Grundschulzeit zugewandert (ab 7 Jahre).

Zu den *allgemeinen soziokulturellen Prozessmerkmalen*, die in die Analysen einbezogen werden, gehören das kulturelle Verhalten, die kommunikative Praxis in der Familie und das Konsumverhalten der Familien. Als Indikator für das kulturelle Verhalten wird die Skala *kulturelle Besitztümer* herangezogen (Items: „Gibt es bei Dir zu Hause …" – „klassische Literatur [z.B. von Goethe]?", „Bücher mit Gedichten?", „Kunstwerke [z.B. Bilder]?" sowie „Wie viele Bücher habt ihr zu Hause?"). Die Skalierung der Items erfolgte mit Methoden der IRT, wobei als Messwerte für die Analysen *Weighted Likelihood Schätzer* (WLEs) nach WARM (1989) verwendet werden. In der Analysestichprobe weisen sie einen Mittelwert von $M = 0.09$ und eine Streuung von $SD = 0.92$ auf. Ihre Reliabilität beträgt *Rel(WLE)* = .55.

Die *kommunikative Praxis in der Familie* wurde über eine Skala mit 5 Items erfasst („Wie oft kommt es im Allgemeinen vor, dass deine Eltern…" z.B. „mit dir über Bücher, Filme oder Fernsehsendungen diskutieren?" und „mit dir über deine Schulleistungen sprechen"?). Die Skalierung wurde ebenfalls mit Methoden der IRT durchgeführt. Die berechneten WLEs haben einen Mittelwert von $M = 0.02$ und eine Streuung von $SD = 0.92$. Die Reliabilität der Skala beträgt *Rel(WLE)* = .58.

Das Konsumverhalten wurde mit der Skala *Reichtum an Wohlstandsgütern* erfasst (Itembeispiele: „Gibt es bei Dir zu Hause …" – „… einen Internetanschluss?", „…eine Geschirrspülmaschine?"). Auch bei diesem Indikator erfolgte die Skalierung mit Methoden der IRT. In der Analysestichprobe haben die WLEs einen Mittelwert von $M = 0.31$ und eine Streuung von $SD = 0.77$. Die Reliabilität der WLEs beträgt *Rel(WLE)* = .65.

Als *migrationsspezifisches Prozessmerkmal* wird die *Familiensprache* einbezogen. Die Daten dazu beruhen auf Schülerangaben zur Frage „Welche Sprache sprichst Du meistens zu Hause?" Unterschieden wird zwischen deutsch und anderen Sprachen.

3.3 Statistische Modelle

Zur Identifizierung von Kompositionseffekten ist es notwendig, die Wirkungen von Prädiktoren auf zwei Ebenen, der Individualebene und der Klassenebene, gleichzeitig zu analysieren. Dies ist mit Mehrebenenmodellen möglich (für eine ausführliche Beschreibung des Verfahrens siehe RAUDENBUSH/BRYK 2002). Für die Berechnungen wird das Programm HLM 6.02 (RAUDENBUSH/BRYK/CONGDON 2005) unter Berücksichtigung von Stichprobengewichten verwendet.

Jeweils für die Lese-, die naturwissenschaftliche und die mathematische Kompetenz werden verschiedene Mehrebenenmodelle berechnet. *Modell I* berücksichtigt jeweils die in Abschnitt 3.2 beschriebenen Individualmerkmale, deren Zusammenhänge mit der jeweiligen Kompetenz aus empirischen Analysen gut belegt sind. Um spezifische Effekte des Migrantenanteils in Klassen zu identifizieren, werden in den Analysen auf der Klassenebene Merkmale kontrolliert, die mit dem Migrantenanteil kovariieren. Zu diesen Merkmalen gehört die Schulart, da Jugendliche mit Migrationshintergrund in bestimmten Schularten überrepräsentiert sind (vgl. Tabelle 2 in Abschnitt 4.1). Daher geht neben dem Migrantenanteil die Schulart in *Modell II* ein. Um zu prüfen, ob mögliche Kompositionseffekte des Migrantenanteils über den Sprachgebrauch der Jugendlichen vermittelt werden, wird anschließend der Anteil von Jugendlichen in der Schule, die zu Hause vorwiegend nicht deutsch sprechen, einbezogen (*Modell III*). Obwohl die Familiensprache nicht immer die unter den Jugendlichen in der Schule verwendete Sprache widerspiegelt, kann sie als Indikator für die Lerngelegenheiten in Bezug auf die deutsche Sprache außerhalb des Unterrichts angesehen werden. In *Modell IV* werden schließlich der mittlere sozioökonomische Status in den Klassen anhand des mittleren HISEI der Familien und die mittleren kognitiven Grundfähigkeiten als Indikator für das allgemeine Leistungsniveau in den Klassen berücksichtigt. Beide Faktoren können – wie die ethno-linguale Komposition – ESSER (2006, S. 295) zufolge für negative Kompositionseffekte des Migrantenanteils verantwortlich sein, da Jugendliche mit Migrationshintergrund häufiger in Klassen mit sozial und kognitiv vergleichsweise schlechterer Ausgangslage unterrichtet werden und sich diese Faktoren als bedeutsam für die Kompetenzentwicklung herausgestellt haben (OPDENAKKER/VAN DAMME 2001; THRUPP/LAUDER/ROBINSON 2002; BAUMERT/STANAT/WATERMANN 2006). Der Migrantenanteil in den Klassen wird in den Modellen in Form der prozentualen Häufigkeit berücksichtigt. Die Werte für diese Variable können also zwischen 0 (0% Migranten in der Klasse) und 100 variieren (100% Migranten in der Klasse). Falls nach Kontrolle von Schulart, Familiensprache, mittlerem sozioökonomischen Status und mittleren kognitiven Fähigkeiten noch signifikante Effekte des Migrantenanteils nachweisbar sind, wird der Migrantenanteil in einem weiteren Modell (*Modell V*) kategorisiert anhand von Dummy-Variablen repräsentiert. Damit soll bestimmt werden, ab welchem Anteil ein möglicher negativer Kompositionseffekt auf die jeweiligen Kompetenzen besonders ausgeprägt ist und sich gegen den Zufall absichern lässt.

4 Ergebnisse

4.1 Deskriptive Befunde

In Tabelle 2 sind deskriptive Ergebnisse zur Verteilung der Jugendlichen ohne und solchen mit Migrationshintergrund auf die Schularten und zu den verwendeten Indikatoren dargestellt. Aufgrund der erheblichen Unterschiede zwischen den beiden Gruppen in den Indikatoren rechtfertigt sich die Berücksichtigung dieser Variablen in den statistischen Modellen, um Unterschiede in den drei Kompetenzen zu erklären.

Tabelle 2. Deskriptive Befunde zu Hintergrundmerkmalen von Schülerinnen und Schülern nach dem Herkunftsland ihrer Eltern (Standardfehler in Klammern)

		ohne Migrations-hintergrund		mit Migrations-hintergrund		insgesamt	
N (ungewichtet)		5280		1496		6776	
Alter	M	15.58	(0.01)	15.83	(0.02)	15.64	(0.02)
Schulart							
Hauptschule	in %	22.15	(2.22)	37.93	(3.98)	25.74	(2.38)
Realschule	in %	32.52	(1.78)	10.05	(2.69)	30.87	(1.57)
Gymnasium	in %	36.38	(2.34)	25.27	(3.03)	34.19	(2.26)
sonstige[1]	in %	8.95	(1.57)	26.75	(2.32)	9.20	(1.61)
Einreisezeitpunkt							
seit Geburt in Deutschland	in %	99.75	(0.07)	71.80	(1.51)	93.39	(0.49)
vor der Grundschulzeit eingereist	in %	0.23	(0.07)	15.29	(1.22)	3.66	(0.30)
in oder nach der Grundschulzeit eingereist	in %	0.03	(0.02)	12.92	(1.12)	2.95	(0.33)
Sprachgebrauch							
Familiensprache nicht deutsch	in %	0.62	(0.18)	40.81	(2.22)	10.07	(0.95)
sozioökonomischer Status (HISEI)[2]	M	52.42	(0.48)	44.02	(0.67)	50.51	(0.48)
Bildungsniveau der Eltern (in Bildungsjahren)	M	14.34	(0.08)	13.42	(0.16)	14.13	(0.08)
Kulturelle Besitztümer[2]	M	0.05	(0.03)	−0.17	(0.04)	0.00	(0.03)
Kommunikative Praxis im Elternhaus[2]	M	0.02	(0.02)	−0.07	(0.03)	0.00	(0.02)
Reichtum an Wohlstandsgütern[2]	M	0.15	(0.02)	−0.52	(0.04)	0.00	(0.02)

1: Integrierte Gesamtschulen, Schulen mit mehreren Bildungsgängen
2: z-standardisiert

4.2 Ergebnisse der Mehrebenenanalysen

In Tabelle 3 sind die Ergebnisse der Mehrebenenanalysen für die Lesekompetenz dargestellt. In *Modell II* zeigt sich unter Kontrolle der Indikatoren auf Individualebene sowie der Schularten auf Klassenebene ein signifikanter Effekt von -0.4 Punkten des Anteils von Jugendlichen mit Migrationshintergrund auf die Lesekompetenz: Ein Anstieg des Anteils dieser Jugendlichen in den Klassen um 1 Prozent geht also durchschnittlich mit einer Reduktion der Lesekompetenz um 0.4 Punkte auf der PISA-Skala einher. Kontrolliert man zusätzlich den Anteil derjenigen Schülerinnen und Schüler, die zu Hause nicht deutsch sprechen (*Modell III*), so findet sich kein signifikanter Effekt des Migrantenanteils mehr. Dies gilt auch unter zusätzlicher Kontrolle der mittleren kognitiven Fähigkeiten und des mittleren sozioökonomischen Status (*Modell IV*). Insgesamt zeigt sich in *Modell IV* für die Lesekompetenz nur ein signifikanter Effekt der Schularten und des mittleren sozioökonomischen Status auf Klassenebene. Im Gegensatz zu den Annahmen Essers (vgl. 2006) hat anscheinend nur die soziale Komposition der Klassen den erwarteten förderlichen Effekt auf die Lesekompetenz, während die ethno-linguale und die kognitive Komposition nicht signifikant mit der Lesekompetenz zusammenhängen.

Tabelle 3. Mehrebenenmodelle zum Effekt des Anteils von Schülerinnen und Schülern mit Migrationshintergrund auf die Lesekompetenz

Individualebene	Klassenebene	Modelle							
		I		II		III		IV	
		B	(SE)	B	(SE)	B	(SE)	B	(SE)
ohne Migrationshintergrund		502.2	(2.8)	486.9	(8.1)	486.2	(8.0)	491.0	(7.4)
	Anteil von Migranten								
	in Prozent			**−0.4**	(0.1)	−0.2	(0.2)	−0.1	(0.2)
	Schulart (Referenz: sonstige Schularten)								
	Hauptschule			**−18.3**	(8.8)	**−17.6**	(8.7)	−8.8	(8.8)
	Realschule			**33.8**	(8.2)	**33.8**	(8.2)	**27.1**	(7.8)
	Gymnasium			**67.2**	(8.3)	**66.9**	(8.5)	**43.1**	(9.8)
	Anteil fremdsprachiger Schüler in der Klasse								
	in Prozent					−0.2	(0.3)	−0.2	(0.3)
	mittlere kognitive Grundfähigkeiten							10.1	(5.6)
	mittlerer sozioökonomischer Status							**21.3**	(6.2)
Migrationshintergrund		**−16.8**	(3.1)	**−16.1**	(3.0)	**−16.2**	(3.0)	**−16.3**	(3.0)
kognitive Grundfähigkeiten[1]		**29.9**	(1.0)	**27.6**	(1.0)	**27.5**	(1.0)	**27.1**	(1.1)
Alter		**−6.4**	(1.5)	**−5.9**	(1.5)	**−5.9**	(1.5)	**−5.9**	(1.5)
Einreisezeitpunkt									
vor der Grundschulzeit		1.7	(5.0)	1.2	(4.8)	1.1	(4.8)	1.1	(4.8)
in oder nach der Grundschulzeit		1.0	(7.5)	1.5	(7.3)	1.5	(7.3)	1.4	(7.4)
Familiensprache nicht deutsch		**−25.7**	(4.6)	**−24.7**	(4.6)	**−24.3**	(4.6)	**−24.4**	(4.6)
sozioökonomischer Status[1]		0.3	(1.0)	−0.5	(1.0)	−0.5	(1.0)	−0.8	(1.0)
Bildungsniveau der Eltern[1]		**4.9**	(1.2)	**4.6**	(1.2)	**4.6**	(1.2)	**4.5**	(1.2)
Kulturelle Besitztümer[1]		**5.9**	(0.9)	**5.4**	(0.9)	**5.4**	(0.9)	**5.4**	(0.9)
Kommunikative Praxis[1]		**4.9**	(0.9)	**4.7**	(0.9)	**4.7**	(0.9)	**4.7**	(0.9)
Wohlstandsgüter[1]		**−6.4**	(0.9)	**−6.5**	(0.9)	**−6.5**	(0.9)	**−6.5**	(0.9)
Varianzaufklärung									
R^2 (Klassenebene)		.58		.86		.86		.87	
R^2 (Individualebene)		.17		.17		.17		.17	

Alle Prädiktoren auf Individualebene sind an ihrem Gesamtmittelwert zentriert.
Signifikant ($p < .05$) von Null verschiedene Koeffizienten sind fettgedruckt.
1: z-standardisiert

Für die naturwissenschaftliche Kompetenz zeigt sich ein sehr ähnliches Ergebnis wie für die Lesekompetenz (vgl. Tabelle 4). Unter Kontrolle der Indikatoren auf Individualebene und der Schulart auf Klassenebene (*Modell II*) findet sich ein signifikant negativer Zusammenhang des Migrantenanteils in den Klassen mit der naturwissenschaftlichen Kompetenz: Mit einem Anstieg des Migrantenanteils um 1 Prozent sinkt die naturwissenschaftliche Kompetenz in der Klasse um 0.4 Punkte. Dieser negative Effekt unterschreitet jedoch mit zusätzlicher Kontrolle des Sprach-

Tabelle 4. Mehrebenenmodelle zum Effekt des Anteils von Schülerinnen und Schülern mit Migrationshintergrund auf die naturwissenschaftliche Kompetenz

Individualebene	Klassenebene	Modelle							
		I		II		III		IV	
		B	(SE)	B	(SE)	B	(SE)	B	(SE)
ohne Migrationshintergrund		524.3	(2.3)	513.5	(6.1)	512.7	(6.1)	517.4	(6.1)
	Anteil von Migranten in Prozent			**−0.4**	(1.0)	−0.3	(0.2)	−0.2	(0.1)
	Schulart (Referenz: sonstige Schularten)								
	Hauptschule			**−10.8**	(6.3)	**−10.0**	(6.3)	−2.8	(6.2)
	Realschule			**22.7**	(5.9)	**22.7**	(5.8)	**15.9**	(6.0)
	Gymnasium			**59.6**	(6.3)	**59.2**	(6.3)	**38.2**	(9.0)
	Anteil fremdsprachiger Schüler in der Klasse in Prozent					-0.3	(0.2)	−0.3	(0.2)
	mittlere kognitive Grundfähigkeiten							**12.4**	(4.9)
	mittlerer sozioökonomischer Status							**13.7**	(6.3)
Migrationshintergrund		**−21.2**	(2.6)	**−20.2**	(2.6)	**−20.4**	(2.6)	**−20.5**	(2.6)
kognitive Grundfähigkeiten[1]		**36.9**	(1.1)	**34.5**	(1.2)	**34.5**	(1.2)	**33.9**	(1.2)
Alter		**−4.5**	(1.5)	**−3.6**	(1.5)	**−3.7**	(1.5)	**−3.7**	(1.5)
Einreisezeitpunkt									
vor der Grundschulzeit		3.4	(4.7)	3.0	(4.7)	2.8	(4.7)	2.9	(4.7)
in oder nach der Grundschulzeit		3.1	(6.3)	2.9	(6.3)	2.8	(6.2)	2.6	(6.2)
Familiensprache nicht deutsch		**−22.6**	(4.2)	**−21.4**	(4.1)	**−20.8**	(4.1)	**−20.8**	(4.1)
sozioökonomischer Status[1]		**5.0**	(0.9)	**4.0**	(1.0)	**4.0**	(1.0)	**3.7**	(1.0)
Bildungsniveau der Eltern[1]		**7.1**	(1.0)	**6.8**	(1.0)	**6.8**	(1.0)	**6.7**	(1.0)
Kulturelle Besitztümer[1]		**3.6**	(1.0)	**3.1**	(1.0)	**3.1**	(1.0)	**3.1**	(1.0)
Kommunikative Praxis[1]		**2.6**	(0.9)	**2.4**	(0.9)	**2.4**	(0.9)	**2.3**	(0.9)
Wohlstandsgüter[1]		**−4.2**	(1.0)	**−4.2**	(1.0)	**−4.2**	(1.0)	**−4.2**	(1.0)
Varianzaufklärung									
R^2 (Klassenebene)		.69		.90		.90		.91	
R^2 (Individualebene)		.24		.24		.24		.24	

Alle Prädiktoren auf Individualebene sind an ihrem Gesamtmittelwert zentriert.
Signifikant ($p < .05$) von Null verschiedene Koeffizienten sind fettgedruckt.
1: z-standardisiert

Tabelle 5. Mehrebenenmodelle zum Effekt des Anteils von Schülerinnen und Schülern mit Migrationshintergrund auf die mathematische Kompetenz

Individualebene / Klassenebene	Modelle I B	(SE)	II B	(SE)	III B	(SE)	IV B	(SE)	V B	(SE)
ohne Migrationshintergrund	512.7	(2.3)	508.3	(5.1)	507.6	(5.1)	511.0	(5.1)	506.1	(7.6)
Anteil von Migranten										
in Prozent			**−0.5**	(0.1)	**−0.4**	(0.1)	−0.3	(0.2)		
5-10 Prozent									4.8	(7.3)
10-20 Prozent									1.9	(6.7)
20-30 Prozent									−5.9	(7.4)
30-40 Prozent									−8.0	(8.9)
40-50 Prozent									−10.1	(9.9)
50-60 Prozent									−10.2	(11.2)
60-70 Prozent									0.3	(11.1)
über 70 Prozent									**−30.3**	(14.1)
Schulart (Referenz: sonstige Schularten)										
Hauptschule			**−10.7**	(5.1)	**−10.1**	(5.2)	−5.0	(5.3)	−4.7	(5.4)
Realschule			**15.9**	(4.6)	**15.9**	(4.6)	**11.0**	(4.8)	**11.2**	(4.8)
Gymnasium			**52.0**	(5.5)	**51.7**	(5.5)	**36.9**	(7.6)	**37.7**	(7.4)
Anteil fremdsprachiger Schüler in der Klasse										
in Prozent					−0.2	(0.2)	−0.2	(0.2)	−0.2	(0.2)
mittlerer kognitives Fähigkeitsniveau							8.7	(5.4)	8.9	(5.3)
mittlerer sozioökonomischer Status							9.6	(6.2)	8.8	(6.0)
Migrationshintergrund	**−9.8**	(2.3)	**−9.1**	(2.3)	**−9.2**	(2.3)	**−9.3**	(2.3)	**−9.3**	(2.3)
kognitive Grundfähigkeiten[1]	**43.5**	(1.9)	**41.6**	(1.9)	**41.6**	(1.9)	**41.3**	(2.0)	**41.2**	(2.0)
Alter	**−5.2**	(1.3)	**−4.6**	(1.3)	**−4.6**	(1.3)	**−4.7**	(1.3)	**−4.7**	(1.3)
Einreisezeitpunkt										
vor der Grundschulzeit	−2.3	(4.6)	−2.1	(4.5)	−2.1	(4.5)	−2.1	(4.5)	−2.0	(4.5)
in oder nach der Grundschulzeit	**15.4**	(6.6)	**15.7**	(6.6)	**15.7**	(6.6)	**15.6**	(6.6)	**15.3**	(6.6)
Familiensprache nicht deutsch	**−10.8**	(3.9)	**−9.9**	(3.9)	**−9.5**	(3.8)	**−9.5**	(3.8)	**−9.4**	(3.8)
sozioökonomischer Status[1]	**3.1**	(0.8)	**2.2**	(0.8)	**2.3**	(0.8)	**2.1**	(0.8)	**2.1**	(0.8)
Bildungsniveau der Eltern[1]	**3.3**	(0.9)	**3.0**	(0.9)	**3.0**	(0.9)	**3.0**	(0.9)	**3.0**	(0.9)
Kulturelle Besitztümer[1]	1.7	(0.9)	1.3	(0.9)	1.3	(0.9)	1.2	(0.9)	1.3	(0.9)
Kommunikative Praxis[1]	−0.7	(0.8)	−0.9	(0.8)	−0.9	(0.8)	−0.9	(0.8)	−0.9	(0.8)
Wohlstandsgüter[1]	−1.0	(0.8)	−1.0	(0.8)	−1.0	(0.8)	−1.0	(0.8)	−1.0	(0.8)
Varianzaufklärung										
R^2 (Klassenebene)	.68		.89		.89		.89		.90	
R^2 (Individualebene)	.32		.32		.32		.32		.32	

Alle Prädiktoren auf Individualebene sind an ihrem Gesamtmittelwert zentriert.
Signifikant ($p < .05$) von Null verschiedene Koeffizienten sind fettgedruckt.
1: z-standardisiert

gebrauchs in der Familie (*Modell III*), des mittleren Fähigkeitsniveaus und des mittleren sozioökonomischen Status (*Modell IV*) die Signifikanzgrenze. Schließlich findet sich lediglich der erwartete förderliche Effekt des mittleren sozioökonomischen Status auf die naturwissenschaftliche Kompetenz in den Klassen. Weder die ethno-linguale noch die kognitive Komposition weisen in *Modell IV* einen signifikanten Zusammenhang mit der naturwissenschaftlichen Kompetenz auf Klassenebene auf.

Anders als in den Analysen zu den beiden anderen Kompetenzen lässt sich in den Analysen für die mathematische Kompetenz ein signifikant negativer Effekt des Migrantenanteils in den Klassen sowohl unter ausschließlicher Kontrolle der Schulart (*Modell II*) als auch unter zusätzlicher Kontrolle der Familiensprache (*Modell III*), des mittleren Fähigkeitsniveaus und des mittleren sozioökonomischen Status (*Modell IV*) finden (vgl. Tabelle 5). Unter ausschließlicher Kontrolle der Schulart geht ein Anstieg des Migrantenanteils um 1 Prozent mit einer Reduktion der mathematischen Kompetenz von -0.5 Punkten, unter zusätzlicher Kontrolle der übrigen Faktoren von -0.3 Punkten auf der PISA-Skala einher. Wie *Modell V* zeigt, findet sich aber erst ab einem Anteil von über 70 Prozent von Jugendlichen mit Migrationshintergrund in den Klassen ein signifikanter Mittelwertunterschied von etwas mehr als 30 Punkten in der mathematischen Kompetenz im Vergleich zu Klassen mit einem Migrantenanteil von weniger als 5 Prozent. Da der Migrantenanteil in immerhin 14 Klassen der Stichprobe größer als 70 Prozent ist, lässt sich zumindest für diese Klassen ein erheblicher negativer Effekt der ethnischen Komposition von etwa einem Schuljahr auf die mathematische Kompetenz feststellen. Im Gegensatz zur Annahme Essers (vgl. 2006) ist dieser Effekt aber anscheinend nicht auf ungünstige Lerngelegenheiten für die deutsche Sprache zurückzuführen, da die Familiensprache auf Klassenebene unter Kontrolle der anderen Variablen keinen signifikanten Zusammenhang mit der mathematischen Kompetenz aufweist. Es zeigen sich aber auch keine signifikanten Zusammenhänge mit dem Fähigkeitsniveau und der sozialen Komposition auf der Klassenebene.

Vor dem Hintergrund der theoretischen Annahme, dass ein spätes Einreisealter mit weniger Lerngelegenheiten und daher tendenziell mit einer geringeren Kompetenz einhergeht, ist es zudem erstaunlich, dass auf Individualebene ein durchgängig signifikant positiver Effekt des Einreisezeitpunktes in oder nach der Grundschulzeit festzustellen ist (vgl. Tabelle 5). Post hoc durchgeführte Analysen zeigen, dass dieser Effekt sehr wahrscheinlich durch die vergleichsweise hohe mittlere mathematische Kompetenz spät zugereister Jugendlicher bedingt ist. Unter statistischer Kontrolle der Variablen, die in den Mehrebenenanalysen auf Individualebene kontrolliert wurden, finden sich dementsprechend sehr ähnliche Kompetenzunterschiede zwischen den Gruppen mit unter-

Tabelle 6. Kennwerte der Kompetenzverteilungen im Lesen, in den Naturwissenschaften und in der Mathematik für Schülerinnen und Schüler, die entweder in Deutschland geboren oder in unterschiedlichem Alter nach Deutschland eingereist sind

Kompetenz	**Einreisezeitpunkt**								
	seit Geburt			vor der Grundschulzeit			in oder nach der Grundschulzeit		
	M	*SD*	*adj. M*	*M*	*SD*	*adj. M*	*M*	*SD*	*adj. M*
Lesen	503	89	500	462	99	501	441	105	504
Naturwissenschaften	523	88	519	480	90	524	458	103	523
Mathematik	514	85	511	478	82	513	476	86	531

adj. M: Mittelwert nach Adjustierung anhand von Alter, Migrationshintergrund, Familiensprache, kognitiven Grundfähigkeiten, HISEI, Bildungsniveau, kulturellen Besitztümern, kommunikativer Praxis und Wohlstandsgütern schiedlichem Einreisealter wie in den Mehrebenenanalysen (vgl. Tabelle 6). Diese Interpretation des positiven Zusammenhangs des Einreisealters mit der mathematischen Kompetenz wird zudem dadurch gestützt, dass der Effekt weder für die Lese- noch für die naturwissenschaftliche Kompetenz zu beobachten ist.

5 Diskussion

Auf Basis der Daten aus der Neuntklässlerstichprobe von PISA 2006 wurde in diesem Beitrag untersucht, ob eigenständige negative Effekte des Anteils von Jugendlichen mit Migrationshintergrund in Schulkassen auf die Lese-, die naturwissenschaftliche und die mathematische Kompetenz festzustellen sind. Die Analysen zeigen unter Kontrolle von sozialen und migrationsspezifischen Hintergrundmerkmalen sowie der kognitiven Grundfähigkeiten keine Effekte dieser Art auf die Lese- und die naturwissenschaftliche Kompetenz und nur einen schwachen negativen Effekt auf die mathematische Kompetenz, der jedoch erst in Klassen mit über 70 Prozent Migrantenanteil statistisch signifikant ist. In diesem Fall beträgt der mittlere Kompetenzunterschied zu Klassen mit weniger als 5 Prozent Migrantenanteil 30 Punkte auf der PISA-Skala. Dies entspricht in etwa einem Schuljahr (vgl. BAUMERT/ARTELT 2002; EHMKE u.a. 2006).

Die in diesem Beitrag dargestellten Ergebnisse ergänzen die bisherigen Forschungsbefunde zu ethno-lingualen Kompositionseffekten: Die Effekte der Zusammensetzung der Schülerschaft auf grundbildungsorientierte Kompetenzen wurden bisher vornehmlich auf Schulebene untersucht. Daher stellte sich die Frage, ob die auf dieser Ebene festgestellten Befunde auf die Klassenebene übertragbar sind. Da Unterricht und Lernen in Klassen stattfindet, war vorstellbar, dass sich auf Klassenebene deutlichere Effekte zeigen könnten als auf Schulebene (vgl. STANAT 2006b). Wie die Ergebnisse zeigen, ist dies nicht der Fall. Entweder lassen sich *keine* statistisch signifikanten Effekte der ethno-lingualen Komposition finden wie für die Lese- und der naturwissenschaftlichen Kompetenz oder die gefundenen Effekte sind – wie für die mathematische Kompetenz – so klein, dass sie erst ab einem sehr hohen Migrantenanteil in Klassen die statistische Signifikanzgrenze erreichen. Diese Befunde stimmen gut mit den Ergebnissen der Untersuchungen auf Schulebene überein, die Effekte von ähnlich geringer Größenordnung gefunden haben (vgl. WALTER 2006; WALTER/STANAT 2008).

Vor dem Hintergrund der Vermutung, dass sich ethno-linguale Kompositionseffekte am stärksten in der Lese- und am geringsten in der mathematischen Kompetenz zeigen sollten, überrascht zunächst der Befund, dass ein schwacher Effekt auf die mathematische, jedoch keine signifikanten Effekte auf die anderen beiden Kompetenzen festzustellen sind. Andererseits zeigen die Analysen für die Lese- und die naturwissenschaftliche Kompetenz, dass der negative Effekt des Migrantenanteils die Signifikanzgrenze unterschreitet, wenn der Anteil von Jugendlichen kontrolliert wird, die zu Hause nicht deutsch sprechen (jeweils *Modell III*). Dies ist für die mathematische Kompetenz nicht der Fall. Aufgrund des Befundmusters erscheint es plausibel, dass die mit einer nichtdeutschen Familiensprache verbundenen geringeren Lerngelegenheiten für Deutsch für den negativen Effekt des Migrantenanteils auf die beiden stärker sprachabhängig erfassten Kompetenzen verantwortlich sein könnten. Diese Interpretation steht im Einklang mit dem Befund, dass die Berücksichtigung der Familiensprache den Effekt des Migrantenanteils auf die *sprachfernere* mathematische Kompetenz *nicht* unter die Signifikanzgrenze verringert. Freilich wäre diese Argumentation noch überzeugender, wenn sich für den Anteil in der Familie nicht deutsch sprechender Schülerinnen und Schüler signifikant negative Effekte auf die Lese- und die naturwissenschaftliche Kompetenz gezeigt hätten. Möglicherweise wäre dies zu beobachten gewesen, wenn Informationen über die Sprache in der Klasse und nicht in der Familie vorgelegen hätten. Die präsentierten Befunde können deshalb nur vermuten lassen, dass der von ESSER (2006) angenommene kausale Mechanismus für ethno-linguale Kompositionseffekte indirekt eine gewisse Bestätigung erfährt.

Abgesehen von diesen in erster Linie die Lese- und die naturwissenschaftliche Kompetenz betreffenden Vermutungen, fragt sich, welcher Prozess dem negativen Effekt des Migrantenanteils in Klassen auf die mathematische Kompetenz zugrunde liegt. Weder die Zusammensetzung nach Sprachgebrauch noch nach sozialer Herkunft und kognitiver Fähigkeit können den Effekt vollständig erklären. Möglicherweise wirken hier – wie von WALTER/STANAT (2008) diskutiert – andere in der Forschung angenommene Faktoren wie beispielsweise normative Einflüsse der Peer Group oder bestimmte Erwartungshaltungen von Lehrkräften. Mögliche Effekte dieser Faktoren können auf Basis der PISA-Daten jedoch nicht untersucht werden. Da negative Effekte des Migrantenanteils auf Kompetenzen in vielen Studien nur von geringer Größenordnung und nur in Klassen mit hohem bis sehr hohem Anteil von praktischer Bedeutung sind, stellt sich in diesem Zusammenhang die Frage, inwieweit Bedingungsfaktoren dieser Effekte neben dem Sprachgebrauch und der Komposition nach sozialer Herkunft und kognitiver Fähigkeit selbst in großangelegten Studien identifizierbar sind. Möglicherweise bedarf es dazu Längsschnittstudien, die einen größeren Zeitraum umfassen und mehrere potentielle Bedingungsfaktoren einbeziehen. In solchen speziell auf diese Fragestellungen ausgerichteten Studien könnte es dann auch gelingen, zentrale Variablen wie beispielsweise den Sprachgebrauch in der Klassengemeinschaft zu berücksichtigen und somit noch strengere Prüfungen von theoretischen Annahmen über das Zustandekommen von ethnischen Kompositionseffekten zu ermöglichen.

Anmerkungen

a Esser (2006, S. 295) spricht von „ethno-linguistisch". In diesem Beitrag wird jedoch der Begriff „ethno-lingual" vorgezogen, da es hier vornehmlich um die Zusammensetzung der Schülerschaft nach ethnischer Herkunft und Sprache geht und keine explizit linguistische Thematik angesprochen wird.
b Wenn stattdessen nur Jugendliche, deren Elternteile *beide* im Ausland geboren, als Jugendliche mit Migrationshintergrund betrachtet werden, finden sich sehr ähnliche empirische Ergebnisse wie mit der verwendeten Definition.

Literatur

ALBA, R. D./HANDL, J./MÜLLER, W. (1994): Ethnische Ungleichheit im deutschen Bildungssystem. In: Kölner Zeitschrift für Soziologie und Sozialpsychologie, Bd. 42, S. 209-237.
BAUMERT, J./ARTELT, C. (2002): Bereichsübergreifende Perspektiven. In: BAUMERT, J., ARTELT, C./KLIEME, E./NEUBRAND, M./PRENZEL, M./SCHIEFELE, U./SCHNEIDER, W./TILLMANN, K.-J./WEISS, M. (Hrsg.): PISA 2000. Die Länder der Bundesrepublik Deutschland im Vergleich – Opladen, S. 219-231.
BAUMERT, J./SCHÜMER, G. (2001): Familiäre Lebensverhältnisse, Bildungsbeteiligung und Kompetenzerwerb. In: BAUMERT, J./KLIEME, E./NEUBRAND, M./PRENZEL, M./SCHIEFELE, U./SCHNEIDER, W./STANAT, P./TILLMANN, K.-J./WEISS, M. (Hrsg.): PISA 2000. Basiskompetenzen von Schülerinnen und Schülern im internationalen Vergleich. – Opladen, S. 323-407.
BAUMERT, J./STANAT, P./WATERMANN, R. (2006): Schulstruktur und die Entstehung differenzieller Lern- und Entwicklungsmilieus. In: BAUMERT, J./STANAT, P./WATERMANN, R. (Hrsg.): Herkunftsbedingte Disparitäten im Bildungswesen: Differenzielle Bildungsprozesse und Probleme der Verteilungsgerechtigkeit. Vertiefende Analysen im Rahmen von PISA 2000. – Wiesbaden, S. 95-188.
BAUMERT, J./WATERMANN, R./SCHÜMER, G. (2003): Disparitäten der Bildungsbeteiligung und des Kompetenzerwerbs. Ein institutionelles und individuelles Mediationsmodell. In: Zeitschrift für Erziehungswissenschaft, Bd. 6, S. 46-72.

CARSTENSEN u.a. 2007 = CARSTENSEN, C. H./FREY, A./WALTER, O. & KNOLL, S. (2007): Technische Grundlagen des dritten internationalen Vergleichs. In: PRENZEL, M./ARTELT, C./BAUMERT, J./BLUM, W./HAMMANN, M./KLIEME, E./PEKRUN, R. (Hrsg.): PISA 2006. Die Ergebnisse der dritten internationalen Vergleichsstudie – Münster, S. 367-390.

DIEFENBACH, H. (2004): Bildungschancen und Bildungs(miss)erfolg von ausländischen Schülern oder Schülern aus Migrantenfamilien im System schulischer Bildung. In: Becker, R./Lauterbach, W. (Hrsg.): Bildung als Privileg? Erklärungen und Befunde zu den Ursachen der Bildungsungleichheit – Wiesbaden, S. 225-249.

DIEFENBACH, H. (2007): Kinder und Jugendliche aus Migrantenfamilien im deutschen Bildungssystem. Erklärungen und empirische Befunde. – Wiesbaden.

EHMKE u.a. (2006) = EHMKE, T./BLUM, W./NEUBRAND, M./JORDAN, A./ULFIG, F. (2006): Wie verändert sich die mathematische Kompetenz von der neunten zur zehnten Klassenstufe? In: PRENZEL, M./BAUMERT, J./BLUM, W./LEHMANN, R./LEUTNER, D./NEUBRAND, M./PEKRUN, R./ROST, J./SCHIEFELE, U. (PISA-Konsortium Deutschland) (Hrsg.): PISA 2003. Untersuchungen zur Kompetenzentwicklung im Verlauf eines Schuljahres. – Münster, S. 63-85.

ESSER, H. (2006): Sprache und Integration. Die sozialen Bedingungen und Folgen des Spracherwerbs von Migranten. – Frankfurt.

FREY u.a. 2007 = FREY, A./ASSEBURG, R./CARSTENSEN, C. H./EHMKE, T./BLUM, W. (2007): Mathematische Kompetenz. In: PRENZEL, M./ARTELT, C./BAUMERT, J./BLUM, W./HAMMANN, M./KLIEME, E./PEKRUN, R. (Hrsg.): PISA 2006. Die Ergebnisse der dritten internationalen Vergleichsstudie – Münster, S. 249-276.

GANZEBOOM u.a. 1992 = GANZEBOOM, H. B. G./DE GRAAF, P. M./TREIMAN, D. J./DE LEEUW, J. (1992): A standard international socio-economic index of occupational status. In: Social Science Research, Vol. 21, pp. 1-56.

HELLER, K. A./PERLETH, C. (2000): Kognitiver Fähigkeitstest (KFT 4-12+R). Göttingen: Beltz.

KAO, G./THOMPSON, J. (2003): Racial and ethnic stratification in educational achievement and attainment. In: Annual Review of Sociology, Vol. 29, pp. 417-442.

MÜLLER, A. G./STANAT, P. (2006): Schulischer Erfolg von Schülerinnen und Schülern mit Migrationshintergrund: Analysen zur Situation von Zuwanderern aus der ehemaligen Sowjetunion und aus der Türkei. In: BAUMERT, J./STANAT, P./WATERMANN, R. (Hrsg.), Herkunftsbedingte Disparitäten im Bildungswesen: Differenzielle Bildungsprozesse und Probleme der Verteilungsgerechtigkeit – Wiesbaden, S. 221-255.

OECD (2006a): Where immigrant students succeed - A comparative review of performance and engagement in PISA 2003. – Paris.

OECD (2006b): Assessing scientific, reading and mathematical literacy. A framework for PISA 2006. – Paris.

OECD (im Druck): PISA 2006. Technical Report – Paris.

OPDENAKKER, M.-C./VAN DAMME, J. (2001): Relationship between school composition and characteristics of school process and their effect on mathematics achievement. In: British Educational Research Journal, Vol. 27, pp. 407-432.

RAMM u.a. 2004 = RAMM, G./PRENZEL, M./HEIDEMEIER, H./WALTER, O. (2004): Soziokulturelle Herkunft: Migration. In: PRENZEL, M./BAUMERT, J./BLUM, W./LEHMANN, R./LEUTNER, D./NEUBRAND, M./PEKRUN, R./ROLFF, H.-G./ROST, J./SCHIEFELE, U. (Hrsg.): PISA 2003. Der Bildungsstand der Jugendlichen in Deutschland – Ergebnisse des zweiten internationalen Vergleichs. – Münster, S. 254-272.

RAUDENBUSH, S. W./BRYK, A. S. (2002). Hierarchical linear models. Applications and data analysis methods. – 2nd ed. – Thousand Oaks.

RAUDENBUSH, S. W./BRYK, A. S./CONGDON, R. (2005): HLM 6.02 [Computerprogramm]. – Lincolnwood.

PRENZEL u.a. 2007 = PRENZEL, M./ARTELT, C./BAUMERT, J./BLUM, W./HAMMANN, M./KLIEME, E./PEKRUN, R. (Hrsg.) (2007): PISA 2006. Die Ergebnisse der dritten internationalen Vergleichsstudie – Münster.

STANAT, P. (2006a): Disparitäten im schulischen Erfolg: Analysen zur Rolle des Migrationshintergrunds. In: Unterrichtswissenschaft, Bd. 43, 98-124.

STANAT, P. (2006b): Schulleistungen von Jugendlichen mit Migrationshintergrund: Die Rolle der Zusammensetzung der Schülerschaft. In: BAUMERT, J./STANAT, P./WATERMANN, R. (Hrsg.): Herkunftsbedingte Disparitäten im Bildungswesen: Differenzielle Bildungsprozesse und Probleme der Verteilungsgerechtigkeit. Vertiefende Analysen im Rahmen von PISA 2000. – Wiesbaden, S. 189-219.

THRUPP, M./LAUDER, H./ROBINSON, T. (2002): School composition and peer effects. In: International Journal of Educational Research, Vol. 37, pp. 483-504.

VALLET, L.-A. (2006): What can we do to improve the education of children from disadvantaged backgrounds? In: PONTIFICIA ACADEMIA SCIENTIARUM (Hrsg.): Proceedings of the Workshop Group on Globalization and Education – Vatikanstadt, S. 1-29.

WALTER, O. (2006): Die Entwicklung der mathematischen und der naturwissenschaftlichen Kompetenz von Jugendlichen mit Migrationshintergrund im Verlauf eines Schuljahres. In: PRENZEL, M./BAUMERT, J./BLUM, W./LEHMANN, R./LEUTNER, D./NEUBRAND, M./PEKRUN, R./ROST, J./SCHIEFELE, U. (Hrsg.), PISA 2003 - Untersuchungen zur Kompetenzentwicklung im Verlauf eines Schuljahres. – Münster, S. 249-275.

WALTER, O. (2008): Herkunftsassoziierte Disparitäten im Lesen, der Mathematik und den Naturwissenschaften:ein Vergleich zwischen PISA 2000, PISA 2003 und PISA 2006. In: Zeitschrift für Erziehungswissenschaft, Sonderheft 10, S. 149-168.

WALTER, O./STANAT, P. (2008). Der Zusammenhang des Migrantenanteils in Schulen mit der Lesekompetenz: Differenzierte Analysen der erweiterten Migrantenstichprobe von PISA 2003. In: Zeitschrift für Erziehungswissenschaft, Bd. 11, 84-105.

WALTER, O./TASKINEN, P. (2007): Kompetenzen und bildungsrelevante Einstellungen von Jugendlichen mit Migrationshintergrund in Deutschland: Ein Vergleich mit ausgewählten OECD-Staaten. In: PRENZEL, M./ARTELT, C./BAUMERT, J./BLUM, W./HAMMANN, M./KLIEME, E./PEKRUN, R. (Hrsg.): PISA 2006. Die Ergebnisse der dritten internationalen Vergleichsstudie – Münster, S. 337-366.

WARM, T. A. (1989): Weighted likelihood estimation of ability in item response theory. In: Psychometrika, Vol. 54, pp. 427-450.

ZHOU, M. (1997): Growing up American: The challenge confronting immigrant children and children of immigrants. In: Annual Review of Sociology, Vol. 23, pp. 63-95.

Oliver Walter und Päivi Taskinen[1]

Naturwissenschaftsbezogene Motivationen und Kompetenzen von Schülerinnen und Schülern mit Migrationshintergrund in Deutschland: der Einfluss der Generation, der Herkunft und des Elternhauses

Zusammenfassung:
Ziel dieses Beitrages ist die empirische Untersuchung von naturwissenschaftsbezogenen Motivationen und Kompetenzen zwischen Jugendlichen ohne und solchen mit Migrationshintergrund und ihren möglichen Bedingungen. Dazu wird eine Differenzierung der jugendlichen Migranten nach Einwanderergeneration und Herkunft der Eltern vorgenommen. In allen Herkunftsgruppen fanden sich im Mittel signifikant geringere Kompetenzen im Vergleich zu Jugendlichen ohne Migrationshintergrund. Es konnte gezeigt werden, dass das in der Literatur beschriebene geringere Kompetenzniveau der Zweiten im Vergleich zur Ersten Generation auf die unterschiedliche ethnische Zusammensetzung der Generationen zurückzuführen ist. Signifikante Mittelwertsunterschiede wurden ebenfalls in der intrinsischen und der extrinsischen Motiviertheit zwischen den unterschiedenen Gruppen gefunden. Diese Unterschiede liefern jedoch nur schwache Belege für die Hypothese des „immigrant optimism" in Deutschland. Die Analysen zeigten aber, dass sich sowohl die Kompetenz- als auch die Motivationsunterschiede durch ein um elterliche Werthaltungen erweitertes Struktur- und Prozessmodell statistisch erklären lassen.

Schlüsselwörter: Schülerinnen und Schüler mit Migrationshintergrund, naturwissenschaftliche Kompetenz, Motivation, PISA, Elternhaus, Jugendliche türkischer Herkunft, Jugendliche aus der ehemaligen Sowjetunion

Abstract:
This paper aims to empirically examine the science-related motivation and competencies of students with and students without a migration background, and their possible conditions. For this purpose, immigrant students are differentiated according to the migrant generation and the origin of their parents. On average, significantly lower competencies were found in all ethnical groups compared to students without a migration background. Furthermore, it was shown that the lower competency level of second compared to first generation migrants which is described in the literature can be traced back to the different ethnical composition of the generations. Significant differences were also found between the means for the intrinsic and extrinsic motivation of the different groups. However, these differences only provide weak evidence for the hypothesis of "immigrant optimism" in Germany. Nevertheless, the analyses showed that both the differences in competency and those in motivation could be statistically explained by a model of family structures and processes which was expanded to include parental value systems.

Key words: immigrant students, science competency, science-related motivation, PISA, parental home, students of Turkish origin, students from the former Soviet Union.

---

[1] Leibniz-Institut für die Pädagogik der Naturwissenschaften an der Universität Kiel
Olshausenstr. 62, 24098 Kiel, walter@ipn.uni-kiel.de

1 Einleitung

Die Schule hat den Auftrag, Schülerinnen und Schülern fachliche Kenntnisse und Fertigkeiten zu vermitteln und ihre Kompetenzen zu fördern. Gleichzeitig soll sie Schülerinnen und Schüler durch die Entwicklung ihrer Lernmotivation auf ein lebenslanges Lernen vorbereiten, das in modernen Wissensgesellschaften eine immer bedeutendere Rolle spielt (vgl. WILD 2001; OECD 2006). Studien wie TIMSS (z. B. BAUMERT u. a. 1997), IGLU (z. B. BOS u.a. 2007) und PISA (z. B. PRENZEL u.a. 2007a) haben jedoch gezeigt, dass das Kompetenzniveau von Schülerinnen und Schülern in Deutschland im internationalen Vergleich nur im Durchschnitt oder leicht darüber liegt. Dies gilt nicht nur für die Lese- und die mathematische, sondern auch für die naturwissenschaftliche Kompetenz. Zudem ist seit längerem bekannt, dass das Interesse und die Lernmotivation für mathematisch-naturwissenschaftliche Fächer in der Sekundarstufe zunehmend geringer wird (vgl. z. B. LEHRKE/HOFFMANN/GARDNER 1985), obwohl naturwissenschaftliche Kompetenzen in einer von Naturwissenschaften und Technik geprägten Welt und in Anbetracht globaler Umweltprobleme eine immer stärkere Bedeutung gewinnen (vgl. PRENZEL u.a. 2007b). Somit weisen sowohl die Befunde zu den Kompetenzen als auch zur Lernmotivation darauf hin, dass das Bildungssystem in Deutschland seinem Auftrag nicht im wünschenswerten Umfang gerecht wird.

Besorgniserregend sind insbesondere Befunde zur naturwissenschaftlichen Kompetenz von fünfzehnjährigen Jugendlichen mit Migrationshintergrund. In keinem anderen OECD-Mitgliedsstaat ist der mittlere Kompetenzunterschied zwischen Jugendlichen ohne und solchen mit Migrationshintergrund größer als in Deutschland. Vor allem Jugendliche, deren beide Elternteile im Ausland geboren wurden, weisen ein sehr niedriges Kompetenzniveau auf. Innerhalb dieser Gruppe sind die naturwissenschaftlichen Kompetenzen von Jugendlichen, die in Deutschland geboren wurden (*Zweite Generation*), im Mittel sogar noch geringer als die Kompetenzen von Jugendlichen, die mit ihren Eltern aus dem Ausland zugewandert sind (*Erste Generation*) (vgl. RAMM u.a. 2004; OECD 2006, 2007; WALTER/TASKINEN 2007). Dieser Befund widerspricht scheinbar der klassischen assimilationstheoretischen Erwartung, der zufolge die Disparitäten zwischen Zugewanderten und Einheimischen mit zunehmender Aufenthaltsdauer im Einwanderungsland abnehmen sollten (vgl. z. B. GLICK/HOHMANN-MARIOTT 2007; KAO/TIENDA 1995). Allerdings unterscheiden sich die beiden Generationen stark darin, aus welchen Herkunftsländern die Einwanderer stammen: Während in der Ersten Generation mehr als die Hälfte der Jugendlichen in der ehemaligen Sowjetunion geboren wurden, haben fast die Hälfte der Jugendlichen der Zweiten Generation Eltern aus der Türkei (vgl. z. B. WALTER 2006, 2008b in diesem Heft; WALTER/TASKINEN 2007). Da Jugendliche türkischer Herkunft im Mittel erheblich niedrigere Kompetenzen erreichen als Jugendliche aus der ehemaligen Sowjetunion (RAMM u. a. 2004, WALTER 2008a), lässt sich das geringere Kompetenzniveau der Zweiten im Vergleich zur Ersten Generation vermutlich auf die stark unterschiedliche ethnische Zusammensetzung der beiden Einwanderergenerationen zurückführen.

Weniger eindeutig als zu den Kompetenzen ist die Befundlage zur Lernmotivation von Jugendlichen mit Migrationshintergrund. Während in PISA 2003 im Durchschnitt höhere Lernmotivationen für die Mathematik bei Fünfzehnjährigen aus beiden Einwanderergenerationen in Deutschland gefunden wurden (vgl. OECD 2006), zeigten sich in PISA 2006 differentielle Ergebnisse für die Naturwissenschaften: Im Interesse fanden sich keine signifikanten Mittelwertsunterschiede zwischen Jugendlichen ohne Migrationshintergrund und Jugendlichen der beiden Einwanderergenerationen. Dagegen wertschätzten Jugendliche der Zweiten Generation die Naturwissenschaften signifikant weniger als solche ohne Migrationshintergrund. Diese Befunde widersprechen daher anscheinend der Annahme, dass motivationale Unterschiede zwischen den Einwanderergenerationen auf unterschiedliche Erwartungen zurückzuführen sind: Während für Jugendliche der Ersten Generation oft eine höhere Motivation aufgrund von Hoffnungen auf sozialen Aufstieg (*immigrant optimism*; KAO/TIENDA 1995) angenommen wird, könnten Jugendliche der Zweiten Generation aufgrund enttäuschter Hoffnungen über ausbleibende Aufstiegschancen (OECD 2006) weniger motiviert sein (vgl. WALTER/TASKINEN 2007). Kritisch muss jedoch eingeräumt werden, dass für die bisherigen Analysen in PISA 2006 Skalen verwendet wurden, die hauptsächlich mit intrinsischer Motivation in Zusammenhang stehen dürften: Das Interessekonstrukt weist eine konzeptuelle Nähe zur intrinsischen Lernmotivation (vgl. DECI 1998), das Wertschätzungskonstrukt zur Wertkomponente von Interesse auf (vgl. KRAPP 1999). Hinsichtlich der theoretischen Erwartungen wäre jedoch eine Betrachtung von stärker extrinsischen im Vergleich zu stärker intrinsischen motivationalen Orientierungen bei verschiedenen Herkunftsgruppen wünschenswert, um die Hypothesen der bestehenden oder enttäuschten Hoffnungen angemessener prüfen zu können.

Disparitäten im Bildungserfolg werden häufig durch unterschiedliche Rahmenbedingungen in den Familien der Jugendlichen zu erklären versucht. Ein diesbezügliches Mediatormodell haben BAUMERT/WATERMANN/SCHÜMER (2003) vorgestellt. Es bezieht viele Merkmale des Elternhauses ein, die ebenfalls für die Erklärung von Disparitäten zwischen Jugendlichen ohne Migrationshintergrund und Jugendlichen verschiedener Herkunftsgruppen herangezogen werden (vgl. MÜLLER/STANAT 2006). Dazu gehören beispielsweise ökonomische, kulturelle und soziale Struktur- und Prozessmerkmale wie beispielsweise der sozioökonomische Status, das Bildungsniveau der Eltern oder die kommunikative Praxis der Eltern mit ihren Kindern. Auch ECCLES u. a. (1998; auch WIGFIELD u. a. 2006) haben ein allgemeines Rahmenmodell zur Erklärung von Disparitäten in einer Vielzahl von Aspekten wie beispielsweise schulischen Leistungen, Leistungsbereitschaften und Werten durch Merkmale des Elternhauses formuliert. In diesem Modell werden neben strukturellen Merkmalen der Familie (z. B. sozioökonomischer Status) und Merkmalen der Kinder (z. B. kognitive Grundfähigkeiten) auch allgemeine und auf das Kind bezogene Überzeugungen und Werte der Eltern als Bedingungsfaktoren angenommen. Daher kann vermutet werden, dass Eltern, die naturwissenschaftliche Kompetenzen wertschätzen (*intrinsischer Aspekt*) oder zumindest als Voraussetzungen für gesellschaftlichen und ökonomischen Erfolg ansehen (*extrinsischer Aspekt*), diese Überzeugungen zumindest teilweise an ihre Kinder weitergeben und dadurch günstigere Voraussetzungen für deren Lernmotivationen schaffen als Eltern, die den Naturwissenschaften eine geringere Bedeutung beimessen. Auch für das Kompetenzniveau der Schülerinnen und Schüler selbst kann ein Einfluss auf die Motivation angenommen werden. Der Selbstbestimmungstheorie der Motivation zufolge begünstigen Kompetenzerleben, wahrgenommene Autonomie und soziale Eingebundenheit die Entwicklung intrinsischer Motivation (DECI/RYAN 1993). Wenn Schülerinnen und Schüler sich selbst als nur wenig kompetent wahrnehmen, ist deshalb von einer gering ausgeprägten intrinsischen Motivation auszugehen.

Vor dem Hintergrund der Modelle von BAUMERT/WATERMANN/SCHÜMER (2003) und ECCLES u.a. (1998) sollten daher die postulierten Bedingungsfaktoren bei der Untersuchung von naturwissenschaftsbezogenen Motivationen und Kompetenzen von Jugendlichen mit Migrationshintergrund berücksichtigt werden. Es kann vermutet werden, dass sich eine kulturell bedingt stärkere oder schwächere Wertschätzung der Naturwissenschaften durch Eltern bestimmter ethnischer Herkunft zumindest teilweise auf ihre Kinder überträgt. Eine stärkere Wertschätzung lässt sich insbesondere für Jugendliche aus der ehemaligen Sowjetunion erwarten, da die Naturwissenschaften im Bildungssystem der ehemaligen Sowjetunion eine herausragende Rolle spielten (vgl. KUEBART 1996; SCHMIDT 2002). Auch heute noch findet sich in der Russischen Föderation ein höheres Niveau der naturwissenschaftlichen Kompetenz von Jugendlichen im Vergleich beispielsweise zum Leseverständnis (vgl. OECD 2004, 2007). Verbindet man diese Vermutung mit der Hypothese, dass die erste Einwanderergeneration durch die Hoffnung auf sozialen Aufstieg (*immigrant optimism*; KAO/TIENDA 1995) motiviert ist, so ergibt sich für Jugendliche der Ersten Generation, die aus der ehemaligen Sowjetunion stammen, die Erwartung einer besonders hohen intrinsischen *und* extrinsischen Lernmotivation und eines vergleichsweise hohen Niveaus naturwissenschaftlicher Kompetenz. Demgegenüber kann angenommen werden, dass Jugendliche der Zweiten Generation, deren Eltern aus der Türkei stammen, aufgrund ihrer ausgesprochen geringen Erfolge im deutschen Schulsystem (vgl. z. B. RAMM u.a. 2004, 2005; WALTER 2006, 2008a) und des damit verbundenen geringen Kompetenzerlebens besonders wenig intrinsisch motiviert sind. Darüber hinaus lässt sich vermuten, dass diese Jugendlichen aufgrund ihrer schlechten Zukunftsperspektiven außerdem wenig extrinsisch motiviert sind. Beide Effekte würden sich nur abgeschwächt finden lassen, wenn – wie in den bisherigen Analysen zu PISA 2006 – nur nach Einwanderergeneration und nicht auch nach Herkunft unterschieden würde. Diese Abschwächung könnte eine weitere mögliche Erklärung dafür sein, warum sich die theoretischen Erwartungen in den bisherigen Analysen (WALTER/TASKINEN 2007) nicht bestätigt haben.

2 Fragestellungen und Hypothesen

Vor dem theoretischen Hintergrund und den bisherigen empirischen Befunden wird untersucht, welche Unterschiede in naturwissenschaftsbezogenen Motivationen und Kompetenzen zwischen Jugendlichen ohne Migrationshintergrund und verschiedenen Gruppen von Jugendlichen mit Migrationshintergrund bestehen und ob sie in Zusammenhang mit der Einwanderergeneration, der Herkunft der Eltern und Merkmalen des Elternhauses stehen. Um diesen Fragestellungen genauer nachzugehen, werden folgende Hypothesen aufgestellt, die mit empirischen Daten aus PISA 2006 geprüft werden sollen:

Generations- und Herkunftseffekte
Hypothese 1: Das höhere Kompetenzniveau der Ersten im Vergleich zur Zweiten Generation lässt sich auf Kompetenzunterschiede zwischen Jugendlichen aus der ehemaligen Sowjetunion und Jugendlichen türkischer Herkunft zurückführen. Bei Jugendlichen anderer Herkunft lässt sich dagegen ein höheres Kompetenzniveau von Jugendlichen der Zweiten gegenüber der Ersten Generation finden.

a) Jugendliche der Ersten Generation, deren Eltern aus der ehemaligen Sowjetunion stammen, sind im Durchschnitt kompetenter in den Naturwissenschaften als Jugendliche der Ersten Generation, deren Eltern außerhalb der ehemaligen Sowjetunion geboren wurden.
b) Jugendliche der Zweiten Generation, deren Eltern aus der Türkei stammen, sind im Durchschnitt weniger kompetent in den Naturwissenschaften als Jugendliche der Zweiten Generation, deren Eltern nicht aus der Türkei stammen.
c) Jugendliche der Ersten Generation, deren Eltern aus der ehemaligen Sowjetunion stammen, sind im Durchschnitt kompetenter in den Naturwissenschaften als Jugendliche der Zweiten Generation, deren Eltern aus der Türkei stammen.
d) Jugendliche der Zweiten Generation, deren Eltern weder aus der ehemaligen Sowjetunion noch aus der Türkei stammen, sind im Durchschnitt kompetenter in den Naturwissenschaften als Jugendliche der Ersten Generation.

Hypothese 2: Es werden Motivationsunterschiede zwischen Jugendlichen ohne Migrationshintergrund und Jugendlichen verschiedener Herkunftsgruppen angenommen.

a) Jugendliche der Ersten Generation, deren Eltern aus der ehemaligen Sowjetunion stammen, sind aufgrund der hohen Wertschätzung naturwissenschaftlicher Bildung in der ehemaligen Sowjetunion stärker intrinsisch motiviert als Jugendliche ohne Migrationshintergrund und Jugendliche der Ersten Generation, deren Eltern nicht aus der ehemaligen Sowjetunion stammen.

b) Jugendliche der Ersten Generation sind aufgrund von Hoffnungen auf einen sozialen Aufstieg stärker extrinsisch motiviert als Jugendliche ohne Migrationshintergrund.
c) Innerhalb der Gruppe der Jugendlichen der Ersten Generation gibt es keine Unterschiede in der extrinsischen Motivation zwischen Jugendlichen, deren Eltern aus der ehemaligen Sowjetunion stammen, und Jugendlichen, deren Eltern nicht aus der ehemaligen Sowjetunion stammen.
d) Jugendliche der Zweiten Generation sind aufgrund ihres niedrigen Bildungserfolgs im deutschen Schulsystem und des damit verbundenen geringen Kompetenzerlebens weniger intrinsisch und extrinsisch motiviert als Jugendliche ohne Migrationshintergrund.
e) Jugendliche der Zweiten Generation, deren Eltern aus der Türkei stammen, sind aufgrund ihres sehr niedrigen Bildungserfolges noch weniger intrinsisch und extrinsisch motiviert als Jugendliche der Zweiten Generation, deren Eltern nicht aus der Türkei stammen.

Effekte des Elternhauses
Hypothese 3: Es wird vermutet, dass sich Unterschiede in der Motivation durch Unterschiede in familiären Merkmalen der Herkunftsgruppen erklären lassen. Genauer wird angenommen, dass

a) bei geringerem Wohlstand die extrinsische Motivation für naturwissenschaftliche Bildung höher ist, da Bildung als Mittel angesehen wird, sozial aufzusteigen,
b) Jugendliche aus gebildeteren Elternhäusern stärker intrinsisch für naturwissenschaftliche Bildung motiviert sind, da in diesen Schichten Bildung stärker wertgeschätzt wird als in niedrigeren sozialen Schichten,
c) eine elterliche Wertschätzung naturwissenschaftlicher Bildung mit höherer Motivation für naturwissenschaftliche Bildung einhergeht,
d) eine starke Betonung des naturwissenschaftsbezogenen Lernens durch die Eltern mit einer höheren extrinsischen Motivation für naturwissenschaftliche Bildung einhergeht.

3 Methode

3.1 Stichprobe

Die Datenbasis zur Prüfung der Hypothesen bildet eine Teilstichprobe der deutschen Stichprobe von PISA 2006, die für den internationalen Staatenvergleich erhoben wurde (PISA-I 2006). Die Teilstichprobe umfasst $N = 4132$ fünfzehnjährige Schülerinnen und Schüler, die im Schülerfragebogen von PISA 2006 angegeben haben, dass ihre Eltern entweder in Deutschland oder im Ausland geboren wurden. Von ihnen sind $N_D = 3527$ Schülerinnen und Schüler, deren Mutter und Vater in Deutschland geboren wurden, $N_S = 154$ Schülerinnen und Schüler der Ersten Generation, deren Mutter und Vater in der ehemaligen Sowjetunion geboren wurden, $N_E = 119$ Schülerinnen und Schüler der Ersten Generation, deren Mutter und Vater außerhalb der ehemaligen Sowjetunion geboren wurden, $N_T = 167$ Schülerinnen und Schüler der Zweiten Generation, deren Mutter und Vater in der Türkei geboren wurden, $N_Z = 165$ Schülerinnen und Schüler der Zweiten Generation, deren Mutter und Vater außerhalb der Türkei geboren wurden. Nicht zur Stichprobe gehören 759 Fünfzehnjährige, die entweder eine Sonder- oder Förderschule besuchen oder die nur einen im Ausland geborenen Elternteil haben oder deren Migrationshintergrund aufgrund fehlender Angaben nicht vollständig bekannt ist.

3.2 Erhebungsinstrumente

In den Analysen werden der internationale Naturwissenschaftstest, eine Skala des Kognitiven Grundfähigkeitstests KFT (HELLER/PERLETH 2000), die internationalen Skalen zum Interesse an den Naturwissenschaften und zur Wertschätzung der Naturwissenschaften sowie Skalen und Einzelitems aus dem internationalen und nationalen Schüler- sowie dem internationalen Elternfragebogen von PISA 2006 verwendet. Die Auswahl der Items und Skalen orientiert sich am Struktur- und Prozessmodell von BAUMERT/WATERMANN/SCHÜMER (2003) und dem Rahmenmodell von ECCLES (1998). Tabelle 1 gibt eine Übersicht über die verwendeten Skalen. Alle Skalen wurden mit Methoden der *Item Response Theory* (IRT) gebildet.

Der *internationale Naturwissenschaftstest* von PISA 2006 besteht aus 103 Items. In den Test eingebettet sind 18 Items zum Interesse an den Naturwissenschaften und 14 Items zur Wertschätzung der Naturwissenschaften. Die Items zu den drei Skalen wurden den Schülerinnen und Schülern gemäß dem international vorgegebenen Multi-Matrix-Design vorgelegt. Die Konzeption der Skalen und ihre psychometrischen Eigenschaften sind in anderen Veröffentlichungen beschrieben worden (z. B. OECD im Druck; PRENZEL u. a. 2007). Die Skalierung der Items der drei Skalen fand unter Einbeziehung von Hintergrundinformationen zu den Schülerinnen und Schülern statt (vgl. CARSTENSEN u. a. 2007). In Deutschland weisen die Skala für die naturwissenschaftliche Kompetenz einen Mittelwert $M = 516$ und eine Streuung $SD = 100$, die Skala für das Interesse einen Mittelwert $M = 513$ und eine Streuung $SD = 88$ und die Skala für die Wertschätzung einen Mittelwert $M = 518$ und eine Streuung $SD = 113$ auf.

Die *kognitiven Grundfähigkeiten* werden in den Analysen berücksichtigt, um individuelle Unterschiede im schlussfolgernden Denken und ihre möglichen Effekte auf die naturwissenschaftsbezogenen Kompetenzen und Motivationen statistisch kontrollieren zu können. Sie sind mit dem Untertest „N2 Figurale Analogien" des „Kognitiven Grundfähigkeitstests KFT 4-12+R" (HELLER/PERLETH 2000) erhoben worden.

Die Messung der *Motivation* erfolgt zusätzlich mit Skalen aus dem internationalen Schülerfragebogen von PISA 2006. Dazu gehören die Skalen zur allgemeinen Wichtigkeit der Naturwissenschaften, zur persönlichen Wertschätzung der Naturwissenschaften, zur Interessiertheit an den Naturwissenschaften, zur Freude an den Naturwissenschaften, zur instrumentellen und zur zukunftsorientierten Lernmotivation. Ihre Eigenschaften sind in Tabelle 1 angegeben.

Als *allgemeine soziokulturelle Strukturvariablen* werden der sozioökonomische Status und das Bildungsniveau der Eltern in die Analysen einbezogen. Der *sozioökonomische Status der Familien* wird über die von den Eltern ausgeübten Berufe erfasst und anhand des *International Socio-Economic Index* (ISEI; GANZEBOOM u.a. 1992) abgebildet. Bei differierenden Indexausprägungen für Vater und Mutter wird jeweils die höchste Ausprägung verwendet (HISEI). Das *Bildungsniveau der Eltern* wird anhand des höchsten Bildungsabschlusses in der Familie erfasst, der in die Anzahl von Bildungsjahren umgerechnet wurde (siehe OECD im Druck).

Zu den *allgemeinen soziokulturellen Prozessmerkmalen*, die in den Analysen berücksichtigt werden, gehören die kommunikative Praxis, das kulturelle Verhalten und das Konsumverhalten der Familien. Die Skalen zu ihrer Erfassung und deren Eigenschaften sind in Tabelle 1 angegeben.

Als *migrationsspezifische Strukturvariablen* werden die Herkunft der Eltern und der Schülerinnen und Schüler berücksichtigt, wobei die Daten anhand von Schülerangaben über das jeweilige Geburtsland erfasst werden. Auf dieser Grundlage werden die Jugendlichen in die Gruppen „Deutschland" (beide Elternteile sind in Deutschland geboren), „Erste Generation aus der ehemaligen Sowjetunion" (die bzw. der Jugendliche und beide Elternteile sind in einem Gebiet geboren, das ehemals zum Staatsgebiet der Sowjetunion gehörte), „Erste Generation nicht aus der ehemaligen Sowjetunion" (die bzw. der Jugendliche und beide Elternteile sind weder in Deutschland noch in einem Gebiet geboren, das ehemals zum Staatsgebiet der Sowjetunion gehörte), „Zweite

Tabelle 1. Überblick über die einbezogenen Skalen

Skala	Instrument	Item-anzahl	Skalen-werte	Relia-bilität[1]
Leistungskonstrukte				
Naturwissenschaftliche Kompetenz	internationaler Naturwissenschaftstest	103	PVs	.93
kognitive Grundfähigkeiten	KFT 4-12+R, Untertest N2	22	PVs	.89[2]
Naturwissenschaftsbezogene motivationale Orientierungen				
Interesse	internationaler Naturwissenschaftstest	18	PVs	.89
Wertschätzung	internationaler Naturwissenschaftstest	13	PVs	.83
Freude	internationaler Schülerfragebogen	5	WLEs	.92
allgemeine Wichtigkeit	internationaler Schülerfragebogen	5	WLEs	.75
persönliche Wertschätzung	internationaler Schülerfragebogen	5	WLEs	.81
Interessiertheit	internationaler Schülerfragebogen	8	WLEs	.80
zukunftsbezogene Lernmotivation[2]	internationaler Schülerfragebogen	4	WLEs	.91
instrumentelle Lernmotivation	internationaler Schülerfragebogen	5	WLEs	.90
allgemeine soziokulturelle Prozessmerkmale				
Kommunikative Praxis	nationaler Schülerfragebogen	5	WLEs	.58[2]
Kulturelle Besitztümer	internationaler Schülerfragebogen	3	WLEs	.61
Wohlstandsgüter	internationaler Schülerfragebogen	12	WLEs	.64
naturwissenschaftsbezogene Prozessmerkmale der Eltern				
allgemeine Wichtigkeit	internationaler Elternfragebogen	5	WLEs	.77
persönliche Wertschätzung	internationaler Elternfragebogen	4	WLEs	.78
Bedeutung naturwissenschaftsbezogenen Lernens	internationaler Elternfragebogen	4	WLEs	.86

Alle Skalen wurden mit Methoden der Item Response Theory (IRT) gebildet.
1: Reliabilität der Skalenwerte in Deutschland nach OECD (im Druck)
2: eigene Berechnung
3: Übersetzung des Namens der Skala "future-oriented motivation to learn science". Diese Skala erfaßt extrinsische Motivation (OECD 2007, S. 145)

Generation aus der Türkei" (die bzw. der Jugendliche ist in Deutschland und beide Elternteile sind in der Türkei geboren) und „Zweite Generation nicht aus der Türkei" (die bzw. der Jugendliche ist in Deutschland und beide Elternteile sind weder in Deutschland noch in der Türkei geboren) eingeteilt.

Als *migrationsspezifisches Prozessmerkmal* wird die *Familiensprache* einbezogen. Die Daten beruhen auf Schülerangaben zur Frage „Welche Sprache sprichst Du meistens zu Hause?" Unterschieden wird zwischen deutsch und nichtdeutsch.

Als *naturwissenschaftsbezogene Prozessmerkmale* werden naturwissenschaftsbezogene Ansichten der Eltern berücksichtigt, die im internationalen Elternfragebogen erhoben wurden. Zu diesen Ansichten gehören die allgemeine Wichtigkeit von Naturwissenschaften, die persönliche Wertschätzung der Naturwissenschaften und die Bedeutung naturwissenschaftsbezogenen Lernens. Die Eigenschaften der Skalen, mit der diese Konstrukte erfasst wurden, sind ebenfalls in Tabelle 1 angegeben.

3.3 Statistische Methoden

Bevor Unterschiede zwischen den Gruppen von Jugendlichen ohne und solchen mit Migrationshintergrund in der naturwissenschaftlichen Kompetenz sowie der intrinsischen und extrinsischen Motivation untersucht werden können, wird zunächst geklärt, in welchem Ausmaß die Skalen, mit der in PISA 2006 motivationale Orientierungen von Schülerinnen und Schülern erhoben wurden, intrinsische und extrinsische Motivation erfassen. Daher werden *in einem ersten Schritt* exploratorische Maximum-Likelihood-Faktorenanalysen durchgeführt. Ziel ist es, Skalen zu identifizieren, mit denen sich Aspekte intrinsischer und extrinsischer Motivation möglichst gut trennen lassen. Da die Faktorenanalysen auf Skalenebene durchgeführt werden und alle Skalen motivationale Orientierungen erfassen, ist ein varianzstarker erster Faktor zu erwarten. Als statistische Kriterien für die Anzahl der zu extrahierenden Faktoren werden Eigenwerte größer Eins (Guttman-Kaiser-Kriterium) und ein Wert im *Standardized Root Mean Square Residual* (SRMR)-Maß kleiner als .08 (Hu/Bentler 1999) gewählt. Aus theoretischen Gründen ist anzunehmen, dass intrinsische und extrinsische Motivationen bei Schülerinnen und Schülern zusammenhängen (vgl. z. B. Schiefele/Schreyer 1994). Daher wird für die Faktorenanalysen eine schiefwinklige (*Promax-Methode*) einer orthogonalen Rotationsmethode vorgezogen. Als Kriterium für eine eigenständige Interpretierbarkeit der Faktoren wird eine Faktorkorrelation unter $r = .85$ gewählt (vgl. Brown 2006). Auf Basis der Befunde werden anschließend *in einem zweiten Schritt* Skalen ausgewählt, mit denen intrinsische und extrinsische Motivation möglichst faktorrein gemessen und zwei Faktoren intrinsischer und extrinsischer Motivation geschätzt werden können. Damit sichergestellt ist, dass beide Motivationsaspekte durch die ausgewählten Skalen in etwa gleich gut in allen Herkunftsgruppen gemessen werden, wird mit Hilfe von zwei Mehrgruppen-konfirmatorischen Faktorenanalysen die Invarianz des Messmodells der Faktoren zwischen den Herkunftsgruppen geprüft. In *Modell I* werden alle Parameter des Modells in allen Herkunftsgruppen frei geschätzt. In *Modell II* wird angenommen, dass die Modellparameter in allen Herkunftsgruppen jeweils den gleichen Wert haben. Eine bessere Passung von *Modell II* gegenüber *Modell I* würde belegen, dass die Skalen in allen Herkunftsgruppen in gleicher Weise intrinsische oder extrinsische Motivation messen und die beiden Motivationsfaktoren auf der Ebene der Gesamtstichprobe Vergleiche zwischen den Herkunftsgruppen zulassen. *In einem dritten und vierten Schritt* werden schließlich die beiden Faktoren intrinsische und extrinsische Motivation sowie die naturwissenschaftliche Kompetenz auf Hintergrundmerkmale der Schülerinnen und Schüler im Sinne einer linearen Regressionsanalyse zurückgeführt: Zunächst werden nur die Gruppenzugehörigkeiten der Schülerinnen und Schüler in die Regressionsanalyse aufgenommen. Anschließend werden verschiedene Struktur- und Prozessmerkmale des Elternhauses zwischen den Herkunftsgruppen untersucht und als weitere Prädiktoren in die Regressionsanalyse aufgenommen. Damit soll geprüft werden, ob sich die Gruppenunterschiede in der Kompetenz und den Motivationen erklären lassen. Alle Berechnungen finden unter Verwendung von Stichprobengewichten mit *WesVar* (Westat 2002) und *Mplus* (MUTHÉN & MUTHÉN 1998-2007) statt.

4 Ergebnisse

4.1 Faktorenanalytische Befunde

Die Ergebnisse der exploratorischen Faktorenanalysen sind in den Tabellen 2 und 3 angegeben. Die Eigenwerte der unrotierten Lösung in Tabelle 2 weisen erwartungsgemäß auf einen starken ersten Faktor hin. Der Eigenwert des zweiten Faktors liegt mit 1.02 noch knapp oberhalb des Guttman-Kaiser-Kriteriums. Dementsprechend zeigt die einfaktorielle Lösung mit einem SRMR kleiner als .08 bereits eine gute Modellpassung an. Die Extraktion des zweiten Faktors führt jedoch zu einer substanziellen Verbesserung der Modellpassung.

Tabelle 2. Korrelationsmatrix der Skalen zu motivationalen Orientierungen. Kommunalitäten der zweifaktoriellen Lösung befinden sich auf der Hauptdiagonale.

Skala	A	B	C	D	E	F	G	H
A Interesse	0.52							
B Wertschätzung	0.58	0.55						
C allgemeine Wichtigkeit	0.38	0.51	0.46					
D persönliche Wertschätzung	0.48	0.44	0.64	0.64				
E instrumentelle Lernmotivation	0.33	0.28	0.32	0.52	0.48			
F zukunftsbezogene Lernmotivation	0.34	0.28	0.34	0.56	0.59	0.68		
G Interessiertheit	0.54	0.41	0.44	0.55	0.42	0.48	0.51	
H Freude	0.52	0.43	0.49	0.64	0.47	0.59	0.62	0.63
Faktor	1	2	3	4	5	6	7	8
Eigenwerte	4.32	1.02	0.69	0.57	0.43	0.38	0.32	0.27
Lösung	1 Fakt.	2 Fakt.	3 Fakt.	4 Fakt.				
SRMR	0.078	0.042	0.018	0.003				

SRMR: standardized root mean square residual

Die zweifaktorielle Lösung wurde anschließend promaxrotiert. Die Korrelation zwischen den Faktoren beträgt $r = .61$ und rechtfertigt eine eigenständige Interpretation der Faktoren. In Tabelle 3 sind Faktormuster und Faktorstruktur der rotierten zweifaktoriellen Lösung angegeben. Beide Matrizen zeigen, dass die Skalen Interesse, Wertschätzung und allgemeine Wichtigkeit am ehesten Faktor 1, die Skalen instrumentelle und zukunftsbezogene Lernmotivation am ehesten Faktor 2 zugeordnet werden können. Die anderen Skalen sind dagegen nicht eindeutig zuzuordnen. Aus theoretischer Sicht ist die zweifaktorielle Lösung sinnvoll interpretierbar: Faktor 1 hängt stärker mit Aspekten intrinsischer Motivation, Faktor 2 stärker mit Aspekten extrinsischer Motivation zusammen.

Die drei- und vierfaktoriellen Lösungen sind mathematisch inakzeptabel, da sie Werte in der jeweiligen Strukturmatrix enthalten, die außerhalb des zulässigen Wertebereichs liegen.[a]

Tabelle 3. Faktormuster und Faktorstruktur der rotierten zweifaktoriellen Lösung. Koeffizienten für die eindeutig zuordenbaren Skalen sind fettgedruckt.

	Faktormuster		Faktorstruktur	
Skala	Faktor 1	Faktor 2	Faktor 1	Faktor 2
A Interesse	**0.71**	0.02	**0.72**	0.45
B Wertschätzung	**0.82**	−0.14	**0.73**	0.36
C allgemeine Wichtigkeit	**0.60**	0.12	**0.67**	0.49
D persönliche Wertschätzung	0.42	0.47	0.71	0.73
E instrumentelle Lernmotivation	0.01	**0.69**	0.43	**0.69**
F zukunftsbezogene Lernmotivation	−0.08	**0.87**	0.45	**0.82**
G Interessiertheit	0.45	0.35	0.66	0.62
H Freude	0.38	0.50	0.69	0.74

Rotationsmethode: Promax; Korrelation der Faktoren: $r = .61$

Aufgrund der Ergebnisse der zweifaktoriellen Lösung werden die eindeutig zuzuordnenden Skalen Interesse, Wertschätzung, allgemeine Wichtigkeit, instrumentelle und zukunftsbezogene Lernmotivation für die weiteren Analysen ausgewählt. Damit Vergleiche zwischen den Herkunftsgruppen in den Motivationsfaktoren zulässig sind, muss die Gültigkeit des zweifaktoriellen Modells in allen Herkunftsgruppen geprüft werden. Dazu werden zwei Mehrgruppen-konfirmatorische Faktorenanalysen berechnet. In beiden Modellen indizieren die Skalen Interesse, Wertschätzung und allgemeine Wichtigkeit Faktor 1 und die Skalen instrumentelle und zukunftsbezogene Lernmotivation Faktor 2. In *Modell I* werden für jede Herkunftsgruppe unterschiedliche, in *Modell II* für alle Herkunftsgruppen gleiche Modellparameter angenommen. Die Ergebnisse weisen auf eine bessere oder gleich gute Passung von *Modell II* hin (*Modell I*: BIC = 53535, CFI = .957, TLI = .933, RMSEA = 0.088; *Modell II*: BIC = 53251, CFI = .954, TLI = .970, RMSEA = 0.051). Daher kann davon ausgegangen werden, dass in den verschiedenen Herkunftsgruppen die beiden Motivationsfaktoren durch die Skalen in gleicher Weise gemessen werden. Vergleiche zwischen den Gruppen sind also in beiden Motivationsaspekten zulässig.

4.2 Unterschiede in der naturwissenschaftsbezogenen Kompetenzen und Motivationen

Um Unterschiede in der naturwissenschaftlichen Kompetenz und beiden Motivationsfaktoren zwischen den Herkunftsgruppen zu identifizieren, wurden Regressionsanalysen durchgeführt. Beachtet werden sollte bei der Interpretation der Ergebnisse die unterschiedliche Metrik der Skalenwerte für die naturwissenschaftliche Kompetenz und die beiden Motivationsfaktoren. Die Skala der naturwissenschaftlichen Kompetenz hat einen Mittelwert $M = 526.3$ und eine Streuung $SD = 95.1$. Die Befunde sind also in Punkten auf der PISA-Skala wiedergegeben. Im Gegensatz dazu weist der Faktor *Aspekte extrinsischer Motivation* einen Mittelwert $M = 0.00$ und eine Streuung $SD = 0.81$, der Faktor *Aspekte intrinsischer Motivation* einen Mittelwert $M = 0.00$ und eine Streuung von $SD = 0.80$ auf.

In Tabelle 4 sind die Ergebnisse der Regressionsanalysen angegeben. In allen Herkunftsgruppen ist die mittlere naturwissenschaftliche Kompetenz signifikant niedriger als in der Gruppe der Jugendlichen ohne Migrationshintergrund. Die Mittelwertsunterschiede zwischen den Herkunftsgruppen entsprechen zudem den Erwartungen: Innerhalb der Ersten Generation haben Jugendliche, deren Eltern aus der ehemaligen Sowjetunion stammen, ein signifikant höheres Kompetenz-

Tabelle 4. Mittelwertsunterschiede in naturwissenschaftsbezogenen Kompetenzen und motivationalen Orientierungen zwischen Jugendlichen aus verschiedenen Herkunftsgruppen

Herkunftsgruppe	Naturwissenschaftliche Kompetenz			Aspekte intrinsischer Motivation			Aspekte extrinsischer Motivation		
	B	(SE)	β	B	(SE)	β	B	(SE)	β
Zweite Generation (Türkei)	**−128.6**	(11.1)	−0.26	**−0.31**	(0.08)	−0.07	−0.12	(0.09)	−0.03
Zweite Generation (nicht Türkei)	**−62.2**	(9.4)	−0.13	−0.17	(0.10)	−0.04	**−0.17**	(0.08)	−0.04
Erste Generation (ehemalige Sowjetunion)	**−46.9**	(8.8)	−0.09	**0.19**	(0.08)	0.04	0.10	(0.07)	0.02
Erste Generation (nicht ehemalige Sowjetunion)	**−107.5**	(11.5)	−0.19	−0.10	(0.11)	−0.02	−0.04	(0.09)	−0.01
R^2	.119			.010			.003		

Jugendliche aus Sonder- oder Förderschulen, mit nur einem im Ausland geborenen Elternteil oder mit unvollständig bekanntem Migrationshintergrund ausgeschlossen.
Signifikant ($p < .05$) von Null verschiedene Werte sind fettgedruckt.
Skalenkennwerte: Naturwissenschaftliche Kompetenz: $M = 526.3$; $SD = 95.1$
Aspekte intrinsischer Motivation: $M = 0$; $SD = 0.80$
Aspekte extrinsische Motivation: $M = 0$; $SD = 0.81$

niveau als Jugendliche, deren Eltern außerhalb der ehemaligen Sowjetunion geboren wurden (ΔB = 60.54; $t(80)$ = 4.19; $p < .05$) (Hypothese 1a). Innerhalb der Zweiten Generation haben Jugendliche mit Eltern aus der Türkei ein signifikant geringeres Kompetenzniveau als Jugendliche, deren Eltern nicht aus der Türkei stammen (ΔB = -66.33; $t(80)$ = -4.56; $p < .05$) (Hypothese 1b).

Wenn Jugendliche der Ersten Generation Eltern haben, die in der ehemaligen Sowjetunion geboren wurden, und die Eltern von Jugendlichen der Zweiten Generation aus der Türkei stammen, dann weisen die Jugendlichen der Zweiten Generation ein signifikant niedriges Kompetenzniveau in den Naturwissenschaften auf als die Jugendlichen der Ersten Generation (ΔB = -81.61; $t(80)$ = -5.76; $p < .05$) (Hypothese 1c). Wenn jedoch die Eltern weder aus der ehemaligen Sowjetunion noch aus der Türkei stammen, dann haben Jugendliche der Zweiten Generation ein signifikant höheres Kompetenzniveau als Jugendliche der Ersten Generation (ΔB = 45.26; $t(80)$ = 3.05; $p < .05$) (Hypothese 1d). Diese Befunde bestätigen die Vermutung, dass der in Deutschland zu beobachtende geringere Bildungserfolg der Zweiten Generation im Vergleich zur Ersten Generation mit der Herkunft der Eltern zusammenhängt und nicht der klassischen Assimilationstheorie widerspricht.

In den beiden Motivationsaspekten lassen sich ebenfalls Unterschiede zwischen den Herkunftsgruppen und Jugendlichen ohne Migrationshintergrund finden. Die Effekte sind jedoch wesentlich kleiner als in der naturwissenschaftlichen Kompetenz. In der *intrinsischen Motivation* unterscheiden sich nur die Zweite Generation aus der Türkei und die Erste Generation aus der ehemaligen Sowjetunion signifikant in ihren Mittelwerten von Jugendlichen ohne Migrationshintergrund (vgl. Tabelle 4). Gemäß Hypothese 2a weisen Jugendliche der Ersten Generation, deren Eltern aus der ehemaligen Sowjetunion stammen, signifikant höhere Mittelwerte in der intrinsischen Motivation auf als Jugendliche ohne Migrationshintergrund (B = 0.19; $t(80)$ = 2.56; $p < .05$). Erwartungsgemäß ist auch der Unterschied zu Jugendlichen der Ersten Generation, die nicht aus der ehemaligen Sowjetunion stammen, signifikant (ΔB = 0.29; $t(80)$ = 2.20; $p < .05$). Hypothese 2b, der zufolge Jugendliche der Ersten Generation stärker *extrinsisch* motiviert sind als Jugendliche ohne Migrationshintergrund, bestätigt sich dagegen nicht. Beide Gruppen von Jugendlichen der Ersten Generation weisen keine signifikanten Mittelwertsunterschiede zu Jugendlichen ohne Migrationshintergrund auf (B = 0.10; $t(80)$ = 1.36; n.s.; B = –0.04; $t(80)$ = –0.44, n.s.). Erwartungsgemäß unterscheiden sich die beiden Gruppen der Ersten Generation nicht signifikant in ihrer durchschnittlichen extrinsischen Motivation (ΔB = 0.14; $t(80)$ = 1.17; n.s.) (Hypothese 2c). Für die Zweite Generation finden sich im Mittel erwartungsgemäß niedrigere intrinsische und extrinsische motivationale Orientierungen im Vergleich zu Jugendlichen ohne Migrationshintergrund (Hypothese 2d; vgl. Tabelle 4). Die Einzelbetrachtung der Herkunftsgruppen innerhalb der Zweiten Generation zeigt aber, dass bei der intrinsischen Motivation der Mittelwertsunterschied nur für die Gruppe der Jugendlichen mit Eltern aus der Türkei, bei der extrinsischen Motivation nur für die Gruppe der Jugendlichen, deren Eltern nicht aus der Türkei stammen, signifikant ist. Außerdem finden sich für die beiden Motivationsfaktoren, anders als erwartet, keine signifikanten Mittelwertsunterschiede innerhalb der Zweiten Generation (intrinsisch: ΔB = –0.14; $t(80)$ = –1.10, n.s.; extrinsisch: ΔB = 0.05; $t(80)$ = 0.42, n.s.) (Hypothese 2e).

4.3 Unterschiede in Struktur- und Prozessmerkmalen

Die Annahme, dass sich Disparitäten in der Kompetenz und den beiden Motivationsfaktoren zumindest teilweise auf Unterschiede in Merkmalen des Elternhauses zurückführen lassen (Hypothese 3), impliziert, dass sich die Elternhäuser verschiedener Herkunftsgruppen in relevanten Struktur- und Prozessmerkmalen unterscheiden.

In Tabelle 5 sind die Befunde zu den Struktur- und Prozessmerkmalen angegeben. Sie weisen bei den allgemeinen Strukturvariablen auf einen generellen Nachteil der Jugendlichen mit Migrationshintergrund im Vergleich zu Jugendlichen ohne Migrationshintergrund hin. So liegt der sozioökonomische Status der Migrantenfamilien im Durchschnitt unterhalb des Status von Familien ohne Migrationsgeschichte. Auch das Bildungsniveau der Eltern ist in der Zweiten Generation niedriger als von Eltern, die in Deutschland geboren sind. Deutlich wird die besonders ungünstige Situation der Zweiten Generation türkischer Herkunft. Sie haben mit durchschnittlich 11.2 Ausbildungsjahren ein erheblich geringeres Bildungsniveau als alle anderen Herkunftsgruppen. Die allgemeinen Prozessmerkmale weisen ebenfalls in allen Herkunftsgruppen ein ungünstigeres Muster gegenüber den Familien ohne Migrationshintergrund auf. Dies gilt insbesondere für die Verfügbarkeit von Kultur- und Wohlstandsgütern. Die Ergebnisse zu den naturwissenschaftsbezogenen Prozessmerkmalen zeigen, dass die Erste Generation den Naturwissenschaften im Allgemei-

Tabelle 5. Unterschiede in Struktur und Prozessmerkmalen zwischen Familien ohne Migrationshintergrund und Familien verschiedener Herkunftsgruppen

	Herkunftsgruppe									
	ohne Migrationshintergrund		Zweite Generation aus der Türkei		Zweite Generation nicht aus der Türkei		Erste Generation aus der ehemaligen Sowjetunion		Erste Generation nicht aus der ehemaligen Sowjetunion	
	M	(SE)	M	(SE)	M	(SE)	M	(SE)	M	(SE)
Schülerfragebogen										
Familiensprache: nicht deutsch (in %)	0.4	(0.2)	47.7	(3.7)	40.2	(5.6)	48.8	(3.8)	55.5	(4.6)
Allgemeine Strukturmerkmale										
Sozioökonomischer Status der Familie (HISEI)	51.6	(0.4)	37.9	(1.2)	41.5	(1.4)	41.0	(1.5)	44.7	(1.5)
Bildungsniveau der Eltern[1]	14.5	(0.1)	11.2	(0.4)	13.4	(0.4)	13.9	(0.5)	14.5	(0.2)
Allgemeine Prozessmerkmale										
Kommunikative Praxis[2]	0.03	(0.02)	−0.06	(0.08)	−0.24	(0.10)	−0.18	(0.07)	−0.09	(0.13)
Kulturelle Besitztümer[2]	0.04	(0.03)	−0.37	(0.06)	−0.21	(0.09)	−0.09	(0.07)	−0.29	(0.09)
Wohlstandsgüter[2]	0.11	(0.02)	−0.65	(0.05)	−0.47	(0.07)	−0.84	(0.07)	−0.64	(0.10)
Elternfragebogen										
naturwissenschaftliche Prozessmerkmale										
allgemeine Wichtigkeit[2]	0.03	(0.02)	−0.44	(0.09)	−0.13	(0.08)	0.08	(0.09)	−0.27	(0.10)
persönliche Wertschätzung[2]	0.01	(0.02)	−0.19	(0.08)	−0.05	(0.08)	0.14	(0.11)	0.00	(0.11)
Bedeutung naturwissenschaftsbezogenen Lernens[2]	0.01	(0.02)	−0.28	(0.09)	−0.16	(0.07)	0.22	(0.09)	0.01	(0.10)
N (ungewichtet)	3527		167		165		154		119	

Jugendliche aus Sonder- oder Förderschulen, mit nur einem im Ausland geborenen Elternteil oder mit unvollständig bekanntem Migrationshintergrund ausgeschlossen.
1: in Ausbildungsjahren (nach OECD, im Druck)
2: z-standardisiert

nen mehr Bedeutung zuschreibt als die Zweite Generation. Dies trifft insbesondere für Eltern aus der ehemaligen Sowjetunion zu. In der Zweiten Generation messen vor allem Eltern türkischer Herkunft den Naturwissenschaften im Allgemeinen relativ wenig Bedeutung bei. Die Befunde zur Familiensprache zeigen, dass in der Zweiten Generation zwar tendenziell seltener die Herkunftssprache gesprochen wird als in der Ersten Generation. Sie machen aber auch deutlich, dass sich Familien türkischer Herkunft und Familien aus der ehemaligen Sowjetunion kaum in der Häufigkeit des Gebrauchs der deutschen Sprache unterscheiden.

4.4 Zusammenhang von Kompetenzen und Motivationen mit Merkmalen des Elternhauses

In Tabelle 6 sind die Ergebnisse zu den Regressionen der naturwissenschaftsbezogenen Kompetenz und der Motivationsfaktoren auf die Merkmale des Elternhauses angeführt. Sie zeigen, dass sich Disparitäten in der naturwissenschaftlichen Kompetenz teilweise durch den sozioökonomischen Status, das Bildungsniveau der Eltern, die Verfügbarkeit von Kulturgütern, die kommunikative Praxis und die Familiensprache erklären lassen. Elterliche Werthaltungen und die Verfügbarkeit von Wohlstandsgütern haben dagegen keinen signifikanten Effekt auf die naturwissenschaftlichen Kompetenzen der fünfzehnjährigen Jugendlichen.

Für die beiden Motivationsfaktoren zeigen die Befunde, dass sich keine signifikanten Mittelwertsunterschiede zwischen den Jugendlichen ohne Migrationshintergrund und den Jugendlichen verschiedener Herkunftsgruppen finden lassen, wenn Elternhausmerkmale berücksichtigt werden. Somit bestätigt sich die Annahme, dass sich die Disparitäten in naturwissenschaftsbezogenen Motivationen zwischen den Herkunftsgruppen durch Merkmale des Elternhauses erklären lassen (Hypothese 3). Zur statistischen Aufklärung der motivationalen Unterschiede tragen insbesondere die allgemeinen Prozessmerkmale bei. Unter Kontrolle aller anderen Variablen geht geringerer Wohlstand tendenziell mit höherer extrinsischer, aber entgegen der Erwartung auch mit höherer intrinsischer Motivation einher (Hypothese 3a). Zudem bestehen signifikant positive Zusammenhänge der beiden Motivationsfaktoren mit der Verfügbarkeit von Kulturgütern und der kommunikativen Praxis in der Familie. Bei den Strukturmerkmalen findet sich erwartungsgemäß ein positiver Zusammenhang zwischen dem Bildungsniveau der Eltern und der intrinsischen Motivation (Hypothese 3b). Die naturwissenschaftsbezogenen Prozessmerkmale weisen ebenfalls die erwarteten Zusammenhänge mit den beiden Motivationsfaktoren auf. Hypothesenkonform geht eine höhere Wertschätzung der Naturwissenschaften durch die Eltern tendenziell mit einer höheren Motivation einher (Hypothese 3c). Interessanterweise gibt es differentielle Effekte auf die intrinsische und extrinsische Motivation: Allgemeine Wichtigkeit hängt mit intrinsischer, persönliche Wertschätzung der Eltern mit extrinsischer Motivation zusammen. Schreiben die Eltern dem naturwissenschaftlichen Lernen eine hohe Bedeutung zu, kann zudem eine höhere extrinsische Motivation bei den Jugendlichen beobachtet werden (Hypothese 3d). Es findet sich aber auch bei der intrinsischen Motivation ein solcher, wenn auch abgeschwächter Effekt. Somit trägt die elterliche Betonung naturwissenschaftsbezogenen Lernens insgesamt zur höheren Motivation der Fünfzehnjährigen bei.

Tabelle 6. Effekte von Merkmalen des Elternhauses auf naturwissenschaftsbezogene Kompetenzen und motivationale Orientierungen

Herkunftsgruppe	Naturwissenschaftliche Kompetenz			Aspekte intrinsischer Motivation			Aspekte extrinsischer Motivation		
	B	(SE)	β	B	(SE)	β	B	(SE)	β
Zweite Generation (Türkei)	−54.9	(7.5)	−0.11	−0.15	(0.09)	−0.04	0.07	(0.09)	0.02
Zweite Generation (nicht Türkei)	−21.8	(6.1)	−0.05	−0.08	(0.09)	−0.02	−0.07	(0.09)	−0.02
Erste Generation (ehemalige Sowjetunion)	−24.7	(6.7)	−0.05	0.16	(0.08)	0.04	0.06	(0.07)	0.02
Erste Generation (nicht ehemalige Sowjetunion)	**−40.0**	(7.8)	−0.07	−0.02	(0.12)	−0.01	0.06	(0.11)	0.01
Kognitive Grundfähigkeiten	**57.5**	(1.5)	0.61	**0.05**	(0.02)	0.07	**0.08**	(0.02)	0.10
Allgemeine Strukturmerkmale									
Sozioökonomischer Status (HISEI)[1]	**9.1**	(1.2)	0.10	0.01	(0.02)	0.01	0.02	(0.02)	0.03
Bildungsniveau der Eltern[1]	**7.9**	(1.3)	0.08	**0.05**	(0.02)	0.04	0.04	(0.02)	0.04
Allgemeine Prozessmerkmale									
Kommunikative Praxis[1]	3.7	(1.3)	0.04	**0.14**	(0.02)	0.17	**0.05**	(0.02)	0.06
Kulturelle Besitztümer[1]	7.1	(1.2)	0.08	**0.14**	(0.02)	0.18	**0.06**	(0.02)	0.08
Wohlstandsgüter[1]	−1.8	(1.2)	−0.02	**−0.04**	(0.02)	−0.05	**−0.05**	(0.02)	−0.07
Migrationsspezifische Prozessmerkmale									
Familiensprache (1: nicht deutsch)	**−16.7**	(5.4)	−0.05	0.06	(0.08)	0.02	−0.04	(0.07)	−0.01
Naturwissenschaftsbezogene Prozessmerkmale des Elternhauses									
allgemeine Wichtigkeit[1]	1.0	(1.3)	0.01	**0.06**	(0.02)	0.08	0.00	(0.02)	0.00
Persönliche Wertschätzung[1]	−0.5	(1.5)	−0.01	0.02	(0.02)	0.03	**0.10**	(0.02)	0.13
Bedeutung naturwissenschaftlichen Lernens[1]	1.7	(1.1)	0.02	**0.06**	(0.02)	0.07	**0.15**	(0.02)	0.19
R^2	.580			.134			.127		

5 Diskussion

In diesem Beitrag wurde der Frage nachgegangen, welche Unterschiede in naturwissenschaftsbezogenen Kompetenzen und motivationalen Orientierungen zwischen Jugendlichen ohne Migrationshintergrund und solchen aus verschiedenen Herkunftsgruppen bestehen. In Bezug auf die naturwissenschaftlichen Kompetenzen wurde angenommen, dass das im Mittel etwas geringere Kompetenzniveau der Zweiten Generation im Vergleich zur Ersten Generation in Zusammenhang mit der ethnischen Zusammensetzung der beiden Generationen steht: Während sich die Erste Generation zu einem großen Teil aus kompetenzstärkeren Jugendlichen aus der ehemaligen Sowjetunion zusammensetzt, besteht die Zweite Generation zu etwa der Hälfte aus kompetenzschwächeren Jugendlichen, deren Eltern aus der Türkei stammen (vgl. z.B. WALTER 2008a, b). Um diese Konfundierung aufzulösen, wurden vier Gruppen gebildet: Jugendliche der Ersten bzw. Zweiten Generation, deren Eltern weder aus der ehemaligen Sowjetunion noch der Türkei stammen, Jugendliche der Zweiten Generation, deren Eltern aus der Türkei stammen und Jugendliche der Ersten Generation, deren Eltern aus Gebieten der ehemaligen Sowjetunion stammen. Die Befunde zeigen, dass Jugendliche aller Gruppen im Mittel jeweils statistisch signifikant niedrigere Kompetenzen aufweisen als Jugendliche ohne Migrationshintergrund. Unter den Herkunftsgruppen ist jedoch das Kompetenzniveau von Jugendlichen türkischer Herkunft in der Zweiten Generation am niedrigsten und das Kompetenzniveau von Jugendlichen der Ersten Generation, deren Eltern aus der ehemaligen Sowjetunion stammen, am höchsten. Durch diesen Effekt lässt sich das auf den ersten Blick kontraintuitive etwas niedrigere Kompetenzniveau der gesamten Zweiten Generation im Vergleich zur gesamten Ersten Generation erklären, das in früheren PISA-Untersuchungen (z. B. RAMM u.a. 2004; OECD 2006; WALTER/TASKINEN 2007) festgestellt wurde.

Im Hinblick auf die motivationalen Orientierungen wurde in diesem Beitrag konsequenter als in früheren Untersuchungen auf Grundlage von Daten aus PISA 2006 (WALTER/TASKINEN 2007) zwischen extrinsischer und intrinsischer Motiviertheit unterschieden. Dies geschah vor dem Hintergrund, dass sich die angenommene größere Motiviertheit von jugendlichen Migranten der Ersten Generation (*immigrant optimism*; vgl. z. B. KAO/TIENDA 1995) und die angenommene geringere Motiviertheit von Jugendlichen der Zweiten Generation (z. B. OECD 2006) im Vergleich zu Jugendlichen ohne Migrationshintergrund vor allem in der extrinsischen Motivation feststellen lassen sollte. Für diese Annahme ließen sich jedoch nur schwache Belege finden, da für die meisten Gruppen keine statistisch signifikanten Mittelwertsunterschiede in der extrinsischen Motiviertheit gegenüber Jugendlichen ohne Migrationshintergrund gefunden wurden. Lediglich in der Gruppe der Jugendlichen der Zweiten Generation, deren Eltern nicht aus der Türkei stammen, konnte ein signifikant niedrigeres Niveau extrinsischer Motiviertheit gegenüber Jugendlichen ohne Migrationshintergrund beobachtet werden. Insgesamt ist deswegen festzustellen, dass sich für Jugendliche mit Migrationshintergrund verschiedener Herkunft und Einwanderergeneration in Deutschland kaum Effekte eines „immigrant optimism" im Hinblick auf die Naturwissenschaften finden lassen. Möglicherweise ist dies darauf zurückzuführen, dass die Naturwissenschaften im deutschen Bildungssystem keinen so großen Stellenwert haben wie beispielsweise das Hauptfach Mathematik (vgl. z. B. WALTER u.a. 2006). Diese Hypothese sollte in entsprechenden Untersuchungen zu mathematikbezogenen Motivationen geprüft werden (vgl. WALTER/STANAT/SEGERITZ in Vorb.).

Herkunftsspezifische Effekte auf die intrinsische Motiviertheit wurden vor allem für Jugendliche aus den Gebieten der ehemaligen Sowjetunion angenommen, da das dortige Bildungssystem starken Wert auf die naturwissenschaftliche Bildung gelegt hat (vgl. z. B. SCHMIDT 2002). Für Jugendliche der Zweiten Generation wurde demgegenüber im Mittel eine geringere intrinsische Motiviertheit angenommen, die in Verbindung mit dem geringeren Kompetenzniveau dieser Gruppe gesehen wird. Beide Annahmen wurden durch die Befunde in gewissem Maße gestützt: Zum einen weisen Jugendliche aus der ehemaligen Sowjetunion tatsächlich ein im Mittel signifikant höheres Niveau intrinsischer Motivation auf, zum anderen ließen sich für die Gruppe der Jugendlichen der Zweiten Generation, deren Eltern aus der Türkei stammen, signifikant niedrigere intrinsische Motivationen feststellen.

Weitergehende Analysen gingen vor dem Hintergrund der Modelle von BAUMERT/WATERMANN/SCHÜMER (2003) und ECCLES u.a. (1998) von der Annahme aus, dass sich die Disparitäten in naturwissenschaftsbezogenen Kompetenzen und Motivationen durch Merkmale des Elternhauses erklären lassen. Die Befunde zeigen, dass sich die Unterschiede in den motivationalen Orientierungen tatsächlich vollständig auf Unterschiede in den familiären Merkmalen der Herkunftsgruppen statistisch zurückführen lassen. Insbesondere allgemeine und naturwissenschaftsbezogene Prozessmerkmale, darunter elterliche Werthaltungen gegenüber den Naturwissenschaften und die Betonung des Lernens naturwissenschaftlicher Inhalte durch die Eltern, hängen signifikant mit intrinsischer und extrinsischer Motivation zusammen. Diese Befunde stützen daher die Annahme, dass die intergenerationale Transmission von Werthaltungen gegenüber Bildungsinhalten für die Motiviertheit der Schülerinnen und Schüler eine gewisse Bedeutung hat. Im Hinblick auf die naturwissenschaftlichen Kompetenzen zeigten die Ergebnisse jedoch, dass solchen Faktoren unter Kontrolle von allgemeinen Struktur- und Prozessmerkmalen des Elternhauses keine angemessene Rolle zukommt.

Auf übergeordneter Ebene zeigen die Befunde dieses Beitrages, dass bei Analysen zu Disparitäten zwischen Jugendlichen ohne Migrationshintergrund und solchen mit Migrationshintergrund eine genauere Differenzierung als bisher notwendig ist. Es sollten dabei *sowohl* die Einwanderergeneration *als auch* das Geburtsland der Eltern einbezogen werden, um auf Basis empirischer Daten aussagekräftige Schlussfolgerungen ziehen zu können. In diesem Zusammenhang ist zu vermuten, dass Zusammenhänge zwischen familiären Merkmalen und schulischen Outputvariablen in verschiedenen Herkunftsgruppen unterschiedlich ausfallen können. Für die anschließende Forschung wird es daher wichtig sein, die Kompetenzen und motivationale Orientierungen in den einzelnen Herkunftsgruppen zu erforschen und zu lernförderlichen Rahmenbedingungen und Prozessen im Elternhaus in Beziehung zu setzen.

Anmerkung

a   Die Matrizen können bei Bedarf von den Autoren angefordert werden.

Literatur

BAUMERT u.a. 1997 = BAUMERT, J./LEHMANN, R./LEHRKE, M./SCHMITZ, B./CLAUSEN, M./HOSENFELD, I./KÖLLER, M./NEUBRAND, J. (1997): TIMSS – Mathematisch-naturwissenschaftlicher Unterricht im internationalen Vergleich. Deskriptive Befunde. – Opladen.

BAUMERT, J./WATERMANN, R./SCHÜMER, G. (2003): Disparitäten der Bildungsbeteiligung und des Kompetenzerwerbs. Ein institutionelles und individuelles Mediationsmodell. In: Zeitschrift für Erziehungswissenschaft, Bd. 6, S. 46-72.

BOS u.a. 2007 = BOS, W./HORNBERG, S./ARNOLD, K.-H./FAUST, G./FRIED, L./LANKES, E.-M./SCHWIPPERT, K./VALTIN, R. (2007): IGLU 2006. Lesekompetenzen von Grundschulkindern in Deutschland im internationalen Vergleich. – Münster.

BROWN, T. A. (2006). Confirmatory factor analysis for applied research. – New York.

CARSTENSEN u.a. 2007 = CARSTENSEN, C. H./FREY, A./WALTER, O./KNOLL, S. (2007): Technische Grundlagen des dritten internationalen Vergleichs. In: PRENZEL, M./ARTELT, C./BAUMERT, J./BLUM, W./HAMMANN, M./KLIEME, E./PEKRUN, R. (Hrsg.): PISA 2006. Die Ergebnisse der dritten internationalen Vergleichsstudie. – Münster, S. 367-390.

Deci, R. M. (1998): The relation of interest to motivation and human needs – the self-determination theory viewpoint. In: Hoffmann, L./Krapp, A./Renninger, K. A./Baumert, J. (Hrsg.): Interest and Learning. – Kiel, S. 146-162.
Deci, E.L./Ryan, R.M. (1993): Die Selbstbestimmungstheorie der Motivation und ihre Bedeutung für die Pädagogik. In: Zeitschrift für Pädagogik, Bd. 39, S. 223-238.
Eccles u.a. 1998 = Eccles, J. S./Wigfield, A./Schiefele, U. (1998): Motivation to succeed. In: Damon, W./Eisenberg, N. (Eds.): Handbook of child psychology. Vol. 3: Social, emotional, and personality development. – Wiley, pp. 1017-1095.
Ganzeboom u.a. 1992 = Ganzeboom, H. B. G./de Graaf, P. M./Treiman, D. J./de Leeuw, J. (1992): A standard international socio-economic index of occupational status. In: Social Science Research, Vol. 21, pp. 1-56.
Glick, J. E./Hohmann-Marriott, B. (2007): Academic performance of young children in immigrant families: the significance of race, ethnicity, and national origin. In: International Migration Review, Vol. 41, pp. 371-402.
Heller, K. A./Perleth, C. (2000): Kognitiver Fähigkeitstest (KFT 4-12+R). – Göttingen.
Hu, L./Bentler, P. M. (1999): Cutoff criteria for fit indexes in covariances structure analysis: conventional criteria versus new alternatives. Structural Equation Modeling, Vol. 6, pp. 1-55.
Kao, G./Tienda, M. (1995): Optimism and achievement: the educational performance of immigrant youth. In: Social Science Quarterly, Vol. 76, pp. 1-19.
Krapp, A. (1999): Interest, motivation and learning: An educational-psychological perspective. In: European Journal of Psychology in Education, Vol. 14, pp. 23-40.
Kuebart, F. (1996): Russland. In: Anweiler, O./Boos-Nünning. U./Brinkmann, G. et al.: Bildungssysteme in Europa. – Weinheim, S. 165-192.
Lehrke, M./Hoffmann, L./Gardner, P.L. (1985): Interests in science and technology education. – Kiel.
Müller, A. G./Stanat, P. (2006): Schulischer Erfolg von Schülerinnen und Schülern mit Migrationshintergrund: Analysen zur Situation von Zuwanderern aus der ehemaligen Sowjetunion und aus der Türkei. In: Baumert, J./Stanat, P./Watermann, R. (Hrsg.), Herkunftsbedingte Disparitäten im Bildungswesen: Differenzielle Bildungsprozesse und Probleme der Verteilungsgerechtigkeit. – Wiesbaden, S. 221-255.
Muthén, L. K./ Muthén, B. O. (1998-2007). Mplus user's guide (4th edition). – Los Angeles.
OECD (2004): Learning for tomorrow's world – first results from PISA 2003. – Paris.
OECD (2006): Where immigrant students succeed - A comparative review of performance and engagement in PISA 2003. – Paris.
OECD (2007): PISA 2006. Science competencies for tomorrow's world. Vol. 1: analysis. – Paris.
OECD (im Druck): PISA 2006. Technical Report. – Paris.
Prenzel u.a. 2007a = Prenzel, M./Artelt, C./Baumert, J./Blum, W./Hammann, M./Klieme, E./Pekrun, R. (Hrsg.): PISA 2006. Die Ergebnisse der dritten internationalen Vergleichsstudie. – Münster.
Prenzel u.a. 2007b = Prenzel, M./Schöps, K./Rönnebeck, S./Senkbeil, M./Walter, O./Carstensen, C. H./Hammann, M. (2007). Naturwissenschaftliche Kompetenz im internationalen Vergleich. In: Prenzel, M./Artelt, C./Baumert, J./Blum, W./Hammann, M./Klieme, E./Pekrun, R. (Hrsg.): PISA 2006. Die Ergebnisse der dritten internationalen Vergleichsstudie. – Münster, S. 63-106.
Ramm u.a. 2004 = Ramm, G./Prenzel, M./Heidemeier, H./Walter, O. (2004): Soziokulturelle Herkunft: Migration. In: Prenzel, M./Baumert, J./Blum, W./Lehmann, R./Leutner, D./Neubrand, M./Pekrun, R./Rolff, H.-G./ Rost, J./Schiefele, U. (Hrsg.): PISA 2003. Der Bildungsstand der Jugendlichen in Deutschland – Ergebnisse des zweiten internationalen Vergleichs. – Münster, S. 254-272.
Ramm u.a. 2005 = Ramm, G./Walter, O./Heidemeier, H./Prenzel, M. (2005): Soziokulturelle Herkunft: Migration. In: Prenzel, M./Baumert, J./Blum, W./Lehmann, R./Leutner, D./Neubrand, M./Pekrun, R./ Rost, J./Schiefele, U. (Hrsg.): PISA 2003. Der Bildungsstand der Jugendlichen in Deutschland – Ergebnisse des zweiten internationalen Vergleichs. – Münster, S. 254-272.
Schmidt, G. (2002): Russische Föderation. In: Döbert, H./Hörner, W./von Kopp, B./Mitter, W. (Hrsg.): Die Schulsysteme Europas. – Baltmannsweiler, S. 430-449.
Schiefele, U./Schreyer, I. (1994): Intrinsische Lernmotivation und Lernen. Ein Überblick zu Ergebnissen der Forschung. In: Zeitschrift für Pädagogische Psychologie, Bd. 8, 1-13.

WALTER, O. (2006): Die Entwicklung der mathematischen und der naturwissenschaftlichen Kompetenz von Jugendlichen mit Migrationshintergrund im Verlauf eines Schuljahres. In: PRENZEL, M./BAUMERT, J./BLUM, W./LEHMANN, R./LEUTNER, D./NEUBRAND, M./PEKRUN, R./ROST, J./SCHIEFELE, U. (Hrsg.), PISA 2003 - Untersuchungen zur Kompetenzentwicklung im Verlauf eines Schuljahres. – Münster, S. 249-275.

WALTER, O. (2008a): Lesekompetenz und Bildungserfolg der Schülerinnen und Schüler mit Migrationshintergrund. In: ALLEMANN-GHIONDA, C./PFEIFFER, S. (Hrsg.): Bildungserfolg, Migration und Zweisprachigkeit – Perspektiven für Forschung und Entwicklung. – Berlin, S. 69-84.

WALTER, O. (2008b). Herkunftsassoziierte Disparitäten im Lesen, in der Mathematik und in den Naturwissenschaften: ein Vergleich zwischen PISA 2000, PISA 2003 und PISA 2006. In: Zeitschrift für Erziehungswissenschaft, Sonderheft 10, S. 149-168.

WALTER, O. u.a. 2006 = WALTER, O./SENKBEIL, M./ROST, J./CARSTENSEN, C. H./PRENZEL, M. (2006): Die Entwicklung der naturwissenschaftlichen Kompetenz von der neunten zur zehnten Klassenstufe: Deskriptive Befunde. In: PRENZEL, M./BAUMERT, J./BLUM, W./LEHMANN, R./LEUTNER, D./NEUBRAND, M./PEKRUN, R./ ROST, J./SCHIEFELE, U. (Hrsg.): PISA 2003 - Untersuchungen zur Kompetenzentwicklung im Verlauf eines Schuljahres. – Münster, S. 87-118.

WALTER, O./STANAT, P./SEGERITZ, M. (in Vorb.): Schulbezogene Kompetenzen, motivationale Orientierungen und Bildungsaspirationen von Jugendlichen mit Migrationshintergrund in Deutschland: Differenzierte Analysen zu PISA 2003. In: LAUTERBACH, W./BECKER, R. (Hrsg.), Integration durch Bildung? Bildungserwerb von jungen Migranten in Deutschland. – Wiesbaden.

WALTER, O./TASKINEN, P. (2007): Kompetenzen und bildungsrelevante Einstellungen von Jugendlichen mit Migrationshintergrund in Deutschland: Ein Vergleich mit ausgewählten OECD-Staaten. In: PRENZEL, M./ARTELT, C./BAUMERT, J./BLUM, W./HAMMANN, M./KLIEME, E./PEKRUN, R. (Hrsg.): PISA 2006. Die Ergebnisse der dritten internationalen Vergleichsstudie. – Münster, S. 337-366.

WESTAT (2002): WesVar 4.2 [Computerprogramm]. – Rockville.

WIGFIELD u.a. 2006 = WIGFIELD, A./ECCLES, J. S./SCHIEFELE, U./ROESER, R. W./DAVIS-KEAN, P. (2006): Development of Achievement Motivation. In: DAMON, W./LERNER, R.-M./EISENBERG, N. (Eds.), Handbook of Child Psychology, Vol. 3. Social, Emotional, and Personality Development. 6th ed. – Wiley.

WILD, E. (2001): Wider den „geteilten" Lerner. In: Zeitschrift für Pädagogik, Bd. 47, S. 455-459.

Jörg Wittwer[1]

What Influences the Agreement Among Student Ratings of Science Instruction?

Abstract:
In multilevel research on classroom instruction, individual student ratings are often aggregated to the class level in order to obtain a representative indicator of the classroom construct under study. Whether students within a class provide ratings consistent enough to justify aggregation, however, has not been the object of much research. Drawing on data from $N = 9524$ students from 391 classes who participated in the national extension to the PISA 2006 study in Germany, the interrater reliability and interrater agreement of student ratings of science instruction were examined. Results showed that students within a class tended to accurately and reliably rate various aspects of their science lessons. However, agreement among ratings was influenced by class size, learning time, school track, and science performance. In multiple regression analyses, science performance turned out to be of particular importance in accounting for differences in the homogeneity of ratings. The findings suggest that agreement among students' perceptions of instruction should be a central consideration for researchers using aggregated measures to examine classroom teaching.

Keywords: classroom teaching, interrater reliability, interrater agreement, student ratings

Zusammenfassung:
In der Unterrichtsforschung werden Einschätzungen des Unterrichts durch Schülerinnen und Schüler häufig auf der Ebene der Klasse aggregiert, um möglichst repräsentative Angaben zum Unterricht zu erhalten. Dabei wird aber selten überprüft, inwieweit Schülerinnen und Schülern einer Klasse in ihren Einschätzungen tatsächlich übereinstimmen. In diesem Beitrag wurden die Reliabilität und die Übereinstimmung der Angaben von $N = 9524$ Schülerinnen und Schülern aus 391 Klassen zu ihrem naturwissenschaftlichen Unterricht untersucht. Es zeigte sich, dass Schülerinnen und Schüler einer Klasse in der Lage waren, ihren Unterricht relativ reliabel und konsistent zu beurteilen. Allerdings wurde das Ausmaß ihrer Übereinstimmung durch Klassengröße, Unterrichtszeit, Schulart und naturwissenschaftliche Kompetenz in systematischer Weise beeinflusst. Die Kompetenz erwies sich dabei als besonders wichtig für die Höhe der Übereinstimmung. Die Ergebnisse legen nahe, dass die Unterrichtsforschung den interindividuellen Unterschieden in der Wahrnehmung von Unterricht innerhalb einer Klasse mehr Beachtung schenken sollte.

Keywords: Interrater-Reliabilität, Interrater-Übereinstimmung, Schulunterricht, Unterrichtsbeurteilungen

Investigations of classroom instruction are often undertaken by using students as the source of information (e.g., ALEAMONI 1999; GREENWALD 1997). For example, students might be asked to evaluate the quality of teaching (e.g., PRENZEL/KRAMER/DRECHSEL 2002), the nature of the teacher-student relationship (e.g., LANAHAN et al. 2005), or the usefulness of learning materials (e.g., DEN BROOK/BREKELMANS/WUBBELS 2006). In multilevel studies, their ratings are usually aggregated at the class level in order to obtain a representative measure of the classroom activity under study (e.g., KOTH/BRADSHAW/LEAF 2008; MARSH/MARTIN/JENG 2008). In general, this approach has proven to be successful in investigating aspects of teaching effectiveness such as the

---

[1] Leibniz-Institute for Science Education at the University of Kiel, Germany

interpersonal processes between students and teachers (e.g., LEVY et al. 2003) or the factors associated with differences in students' academic achievement (e.g., LÜDTKE et al. 2005).

From a methodological perspective, however, the question arises as to whether the ratings of students within a class are consistent enough to allow for an examination on the classroom level (e.g., LÜDTKE et al. 2006). For example, if students greatly differ in their perceptions of a classroom activity, an aggregated measure of their ratings would be far from perfect in capturing the classroom activity reliably. In this case, investigating relationships with outcome variables such as school performance might lead to biased results in multilevel analyses (e.g., MILLER/MURDOCK 2007; MARSH et al. 2008). Therefore, before examining individual student ratings on a class level, agreement among students must be proved to be satisfactory. Otherwise, an acceptable reliability of the aggregated measure is not guaranteed, which might also negatively impact the validity of the underlying construct (cf. BLIESE 2000; LÜDTKE. et al. 2006; MILLER/MURDOCK 2007; LEBRETON/SENTER in press).

This article aims to shed light on the factors that influence the agreement among student ratings of classroom activities in science instruction. It will be shown that although methodological aspects of using students as the source of information clearly account for differences in agreement, student characteristics appear to play an even more important role in their perceptions of classroom instruction. Consequently, agreement among student ratings should be a central consideration for researchers using aggregated measures to study classroom teaching.

Reliability and Agreement of Student Ratings

LÜDTKE and colleagues (2006) were the first to systematically address the issue of the reliability of aggregated student ratings in learning environment research. Due to the multilevel structure of educational data, students who rate aspects of classroom instruction are typically nested within classes (cf. SHROUT/FLEISS 1979; McGRAW/WONG 1996). Therefore, their ratings are often aggregated at the class level in order to obtain a more representative indicator of the classroom activity under study. However, depending on whether the construct underlying the measure is assumed to have identical meanings on the level of the student and on the level of the class, it must first be established that the individual student ratings within a class are in agreement with one another to warrant aggregation.

For example, student characteristics such as the gender are constructs that have different meanings at the student level (e.g., male student) and at the class level (e.g., gender composition). Therefore, agreement among students is not required in order to justify aggregation (*compilation process*; see LEBRETON/SENTER in press). Similarly, teacher activities that are directed at the individual student and not at the class as a whole (e.g., "The teacher is friendly to me", BROK et al. 2006, p. 201) can be judged by students of the same class quite differently. Thus, an aggregated measure at the class level (e.g., mean friendliness towards the class) would have a different meaning than at the individual level (e.g., friendliness towards the individual student).

In contrast, when students evaluate aspects of instruction that are related to the entire class (e.g., classroom discussions), all students have the chance to observe the activities in the classroom. Under these circumstances, the construct at the student level is assumed to be equivalent to the construct at the class level (*composition process*; see LEBRETON/SENTER in press) because "ideally, each student would assign the same rating, such that the responses of students in the same class would be interchangeable" (LÜDTKE et al. 2006, p. 217; see also MARSH/ROWE/MARTIN 2002). Thus, to justify aggregation in this case, it is necessary to demonstrate sufficient agreement among students within a class. If the ratings differed markedly from each other, it would be questionable whether the construct underlying the measure really has identical meanings at the student level and at the class level. Consequently, the construct validity of the aggregated measure would not be guaranteed due to the violation of the equivalence assumption (cf. BLIESE 2000; LÜDTKE et al. 2006). In addition, as a result of aggregation, differences between student ratings within a class are treated as measurement errors which can affect the reliability of the aggregated measure negatively (e.g., MARSH 1984; CHAN 1998; LÜDTKE et al. 2006; MARSH/HAU 2007). In order to determine the reliability of student ratings in multilevel analyses, intraclass correlations are normally used to examine the extent to which student ratings reliably distinguish between classes. The coefficient is directly a function of the variance in student ratings between and within classes (cf. SHROUT/FLEISS 1979; MCGRAW/WONG 1996; LEBRETON/SENTER in press). Therefore, the level of agreement among students within a class influences the size of the intraclass correlation and, thus, the reliability of the ratings.

Given that low levels of agreement within classes can negatively impact the reliability and validity of aggregated student ratings, it is surprising that questions pertaining to the agreement of student ratings have not been the object of much research in classroom teaching (cf. URDAN/MIDGLEY/ANDERMAN 1998; LÜDTKE et al. 2006; MILLER/MURDOCK 2007). This is particularly true for the factors that might affect the agreement among students within a class.

Method-Specific and Person-Specific Factors Influencing the Agreement of Student Ratings

The previous section has shown that the reliability of aggregated student ratings is influenced by the extent to which students within a class are able to judge aspects of instruction in similar ways. To understand which factors might affect the level of agreement among students and, thus, the reliability of their ratings, it might make sense to distinguish between method-specific and person-specific aspects.

Method-specific aspects are inherent to the methodological approach used in assessing classroom instruction. Typically, educational research relies on three different sources of information: student ratings, teacher reports, and external observations (e.g., LÜDTKE et al. 2006). With regard to student ratings, the agreement within a class might be strongly related to the class size because differences in ratings are normally dependent on the number of students within a class (cf. BROWN/HAUENSTEIN 2005). A larger class size is more likely to reduce idiosyncrasies in students' perceptions of classroom instruction and, thus, increases the level of agreement (e.g., LEBRETON/SENTER in press).

In addition to class size, the time that students are exposed to classroom instruction might influence the accuracy of their ratings. Students are usually regarded as experts in the field of teaching because they spend an extensive amount of time learning in the classroom (e.g., CLAUSEN 2002; KUNTER/BAUMERT 2006). Compared with classroom investigations conducted by external observers (e.g., STIGLER/GALLIMORE/HIEBERT 2000), they might be better able to base their judgments on generalized observations that are less dependent on activities which are unlikely to be representative of their typical classroom instruction. It is, however, well documented that students usually differ in the time they spend attending school lessons (e.g., SEIDEL et al. 2007). Therefore, it can be assumed that students who have more observational time at their disposal can take advantage of this quantity of information to rate their classroom instruction more precisely.

Person-specific aspects, in contrast, refer to student characteristics that might impact the accuracy of their ratings of instruction. For example, LÜDTKE and colleagues (2006), who analyzed the German sample of students participating in TIMSS 1995, showed that the level of agreement among student ratings varied as a function of the tracks of the German school system in which the students were enrolled. Students in classes of lower tracks (e.g., Hauptschule) evaluated aspects of teaching quality, such as rule clarity or inefficient time use, less consistently than students in classes of higher tracks (e.g., Gymnasium).

In the light of this finding, it can be assumed that the accuracy of student ratings of classroom instruction is strongly associated with the knowledge that students possess about the subject matter. According to KRUGLANSKI (1989), judgments in social perception can be generally conceived of as a result of generating and validating hypotheses pertaining to the object under investigation. In this process, cognitive factors such as one's prior knowledge come into play and influence the extent to which precise hypotheses can be formulated. In the case of science instruction, students with more scientific knowledge, for example, might be better able to distinguish between different classroom activities, such as the interpretation of empirical data or the translation of scientific questions into experiments, and, therefore, might provide more accurate judgments of science instruction.

Taken together, there are a number of factors that presumably affect the agreement of students who rate classroom instruction (cf. KLEIN et al. 2001; SEDLMEIER 2006). Therefore, to warrant investigation at the class level, it is necessary to demonstrate that students' perceptions are – despite possible threats to within-class agreement – sufficiently accurate to justify aggregation (e.g., LÜDTKE et al. 2006; LeBRETON/SENTER in press).

Research Questions

Student ratings of science instruction were analyzed by drawing on data from a German extension to PISA 2006 in which whole classes of students participated. The students completed a questionnaire to assess their science instruction on different teaching scales. The items of each scale covered classroom activities (e.g., discussions), teacher behaviors (e.g., conducting experiments), or student actions (e.g., drawing conclusions from experiments) that were related to the class as a whole. The students were asked to rate the frequency with which each aspect of instruction was observed in their science lessons. Therefore, it was expected that students within a class would judge their science instruction in similar ways. The following research questions were addressed:

1. Are aggregated student ratings reliable indicators of science instruction?
2. To what extent does the level of agreement of student ratings of science instruction depend on the number of students in a class?
3. Is the level of agreement of student ratings of science instruction related to the time that students spend attending science lessons at school?
4. Is the level of agreement of student ratings of science instruction associated with the school track in which students are enrolled?
5. Is the level of agreement of student ratings of science instruction influenced by students' science performance?
6. What is the relative importance of class size, learning time, school track membership, and science performance in explaining differences in the level of agreement of student ratings of science instruction?

Method

Participants

A total of 395 classes with 9577 students in grade 9 were randomly drawn from schools in Germany to participate in the extension to PISA 2006. Four classes with 53 students were excluded from further investigation because more than 66% of the students in these classes failed to take part in the study. With regard to the German school system, the distribution of the classes was as follows: 83 classes in Hauptschulen, 36 classes in Integrierte Gesamtschulen, 38 classes in Schulen mit mehreren Bildungsgängen (i.e., a combination of different school tracks such as Hauptschulen and Realschulen), 104 classes in Realschulen, and 130 classes in Gymnasien. The mean class size was 24.66 students with a standard deviation of 4.67. On average, the male and female students were equally distributed across classes.

Design

PISA is a cross-sectional study in which 15-year-old students are asked to take tests that assess their reading, mathematical, and science performance and, in addition, to fill in questionnaires that measure different aspects of their life such as their socio-economic background or their computer usage (for details, see OECD 2007; Prenzel et al. 2007; Wittwer/Senkbeil 2008). In PISA 2006, the main focus was on students' science performance. To understand the factors associated with academic achievement in science, science instruction at school was assessed by a student questionnaire.

Materials

Science teaching scales. Four scales with a total of 15 items were used to assess science teaching. To this end, students rated the frequency with which different activities occurred in their science lessons on a 4-point rating scale ranging from *never or hardly ever* to *in all lessons*. The first scale *interaction* contained 4 items and measured students' perception of interactive teaching in science lessons (e.g., *Students are given opportunities to explain their ideas*). The second scale consisted of 4 items and assessed students' *hands-on-activities* (e.g., *Students do experiments by following the instructions of the teacher*). Using 3 items, the third scale focused on *student investigations* (e.g., *Students are given the chance to choose their own investigations*). The fourth scale was related to teaching activities with a *focus on applications* and included 4 items (e.g., *The teacher uses science to help students understand the world outside school*). All 4 scales addressed teaching or learning activities relevant to the class as a whole. Therefore, it was theoretically possible to aggregate the individual ratings to the class level.

Learning time. Students were asked to indicate on a 5-point rating scale how much time they spent attending school science lessons. The scale ranged from 1 (= *no time*) to 5 (= *6 or more hours*).

Science performance. Performance in science was assessed by administering test booklets to the students. According to the standard practice in PISA, a value of 500 points represents the average score with a standard deviation of 100 points (for details, see OECD 2007; Prenzel et al. 2007).

Procedure

The students of the classes took part in the national extension to the PISA 2006 study in Germany in the spring of 2006. Students were tested with items that, amongst others, assessed their science performance. They also filled in questionnaires that collected, for example, information on their science instruction at school.

Analysis

Following LÜDTKE and colleagues (2006), who introduced different procedures to assess the reliability and agreement of student ratings of instruction, the intraclass coefficient (*ICC*) was used to determine the reliability of student ratings:

$$ICC = \frac{\tau^2}{\tau^2 + \sigma^2}$$

Applying the formula to student ratings, the coefficient is an indicator of the reliability of an individual student rating where τ^2 represents the variance in student ratings between classes and σ^2 represents the variance in student ratings within classes. Therefore, the coefficient is the proportion of variance in student ratings due to differences between classes in relation to the overall variance in student ratings. In other words, it provides information about the extent to which the individual student ratings are affected by class membership. The coefficient is identical to the η^2 measure (see, however, BLIESE 2000) and can be interpreted as effect size with values of .14 or more considered large (COHEN 1988).

When applying the Spearman-Brown-formula to the coefficient, we obtain, in addition to the reliability of an individual student rating, the reliability of the class-mean rating of instruction (k = mean number of students within a class):

$$ICC(k) = \frac{k \cdot ICC}{1 + (k-1) \cdot ICC}$$

Hence, the *ICC(k)* yields information about the extent to which the class-mean ratings reliably distinguish between classes. The coefficient is typically used to justify aggregation in multilevel analyses and values of .70 or greater are considered satisfactory (LEBRETON/SENTER in press).

The reliability defined as intraclass correlation is a function of agreement among student ratings because it is directly related to the proportion of variance observed in the ratings of students within a class (LEBRETON/SENTER in press). In order to obtain a measure of agreement among student ratings, LÜDTKE and colleagues (2006) suggested using the measure of observer agreement as proposed by JAMES, DEMAREE, and WOLF (1984, 1993). When analyzing students' agreement by using several items that make up a scale, the within-group agreement is determined as follows:

$$r_{WG(J)} = \frac{J[1 - (\bar{s}^2/\sigma^2)]}{J[1 - (\bar{s}^2/\sigma^2)] + \bar{s}^2/\sigma^2}$$

where J is the number of items of a scale, $\bar{s}^2$ is the mean variance of the J items and σ^2 is the variance of a uniform distribution. In the present case, the coefficient represents the proportion of variance in student ratings within a class in relation to the variance of a uniform distribution. "A uniform distribution would be expected if students rate aspects of their instruction completely at random" (LÜDTKE et al. 2006, p. 219). To determine the variance of a uniform distribution, the following formula is to be used: $\sigma^2 = (A^2-1)/12$ where A represents the number of categories of an item. If the variance in student ratings within a class is greater than expected by chance, the value of $r_{WG(J)}$ might be negative. In this case, it is suggested that the coefficient should be reset to zero to indicate an absolute lack of agreement (JAMES et al. 1984).

LEBRETON and SENTER (in press) provided guidelines for interpreting the coefficient which normally ranges from 0 (= *lack of agreement*) to 1 (= *perfect agreement*). Following the researchers, values between .51 and .70 can be regarded as *moderate agreement* and values between .71 and .90 can be regarded as *strong agreement*.

Note that the intraclass correlation coefficient and the within-group agreement coefficient differ in that the computation of the intraclass correlation is based on all classes of a sample, whereas the index of within-group agreement is calculated separately for each class.

Results

Are aggregated student ratings reliable indicators of science instruction?
In a first step, it was investigated whether ratings of science instruction were affected by the class in which students were enrolled. Therefore, the intraclass coefficient on the basis of all students who were part of the 391 classes was computed. Each of the four teaching scales was subjected to a one-way analysis with random effects. In the analyses, student ratings on the four scales were the dependent variables and class membership was the independent variable. The results showed that students rated their science instruction across classes differently (see the *ICC* in Table 1). The intraclass coefficients ranged from .09 for the scale *focus on applications* (medium effect) to .23 for the scale *hands-on-activities* (large effect). Evidently, the class to which students were exposed had an impact on their ratings. Nevertheless, an even greater portion of variance was due to differences in the ratings within each class.

In a second step, the Spearman-Brown-formula was used in order to compute the reliability of the class-mean ratings. Results showed that the reliability of each teaching scale turned out to be satisfactory when applying the average class size to the formula (see the *ICC(k)* in Table 1). All teaching scales exceeded the cutoff value of .70 (LEBRETON/SENTER in press). Obviously, the aggregated ratings reliably distinguished between classes.

In order to obtain a direct measure of agreement among students within a class, in a third step, the $r_{WG(J)}$ index for each teaching scale was computed separately for each class (cf. LÜDTKE et al. 2006; LEBRETON/SENTER in press). Negative values of $r_{WG(J)}$ were replaced by zero. Table 1 shows the mean $r_{WG(J)}$ for all classes and the percentage of classes with at least moderate agreement (values

Table 1. Intraclass Coefficients, Interrater Agreement, and Percentage of Classes With at Least Moderate or Strong Agreement Separately Displayed for the Four Teaching Scales

	ICC	ICC(k)	Mean $r_{WG(J)}$	Percentage of classes with at least moderate agreement	Percentage of classes with at least strong agreement
Scale Interaction	.15	.81	.69	93	50
Scale Hands-On-Activities	.23	.88	.79	98	84
Scale Student Investigations	.19	.85	.73	91	67
Scale Focus on Applications	.09	.71	.73	94	71

of .51 and above) and the percentage of classes with at least strong agreement (values of .71 and above). The results indicated that, on average, students within a class showed a strong level of agreement on three of the four teaching scales: *student investigations, hands-on-activities,* and *focus on applications*. The ratings of students of the same classes with regard to the scale *interaction* just failed to reach strong agreement.

In addition, results revealed that nearly all classes showed a moderate level of agreement on all four teaching scales (percentage values of 91% and above). There were, however, more pronounced differences with regard to the frequencies of classes with a strong level of agreement. For example, with regard to *interaction* in science instruction, only 50% of the classes achieved strong agreement, whereas 84% of the classes were able to do so with regard to *hands-on-activities*.

Taken together, the findings suggest that students within a class rated aspects of science instruction fairly similarly. However, they differed in whether they were able to achieve a strong level or a moderate level of agreement. The results also showed that higher levels of agreement were not necessarily associated with higher levels of reliability. For example, the mean agreement among student ratings with regard to *focus on applications* was higher than the mean agreement among student ratings with regard to *interaction*, whereas the difference in the reliability of the aggregated ratings between both scales was in the opposite direction. This pattern of results nicely illustrates that the level of reliability as determined by the intraclass correlation is not only influenced by differences between student ratings within classes (i.e., the agreement of student ratings) but also by differences between classes (for details, see LÜDTKE et al. 2006).

To what extent does the level of agreement of student ratings of science instruction depend on the number of students within a class?

Having established that students within a class were able to judge their science instruction at a satisfactorily consistent level, it was investigated to which extent the agreement of their ratings was related to the size of the class in which they were enrolled. To meet the statistical assumption of normal distribution, the mean variance of student ratings per class instead of the r_{WG}-index of agreement was used. Remember that the mean variance referred to the variance of all items of a

Table 2. Correlations Between Mean Variances of Student Ratings Within a Class and Class Size, Learning Time, School Track, and Science Performance Displayed Separately for the Four Teaching Scales

	Class Size	Learning Time	Track (Hauptschule vs. Gymnasium)[a]	Science Performance
Class Variance of Ratings on the Scale Interaction	−.14*	−.26*	−.34*	−.28*
Class Variance of Ratings on the Scale Hands-On-Activities	−.26*	−.51*	−.66*	−.58*
Class Variance of Ratings on the Scale Student Investigations	−.22*	−.46*	−.57*	−.55*
Class Variance of Ratings on the Scale Focus on Applications	−.20*	−.42*	−.63*	−.50*

Note. *p < .01.
[a] The correlations with school track membership are based on a reduced number of classes (*n* = 213) because only classes from the tracks Hauptschulen and Gymnasien are included in this analysis.

teaching scale that was computed separately for each class. Therefore, a higher level of mean variance indicated a higher level of disagreement among students of a class. The correlations between the mean variances of student ratings and the number of students within a class for each teaching scale are displayed in Table 2.

As expected, class size affected the variability of student ratings on all four teaching scales (see Table 2). There were significant and negative associations between the mean variances of student ratings within a class and the number of students in a class, ranging from $r = -.14$ (scale *interaction*) to $r = -.26$ (scale *hands-on-activities*). In order to provide information about the absolute level of agreement that obviously varied as a function of the number of students in a class, the $r_{WG(J)}$ index was computed for classes with a size that was smaller or, respectively, larger than 90% of the remainder of the classes. The mean size of the smallest classes was 15.48 students ($SD = 2.02$) and the mean size of the largest classes was 31.78 students ($SD = 0.83$). The coefficients of the mean $r_{WG(J)}$ are displayed in Table 3. The results showed that the level of agreement among student ratings in the largest classes was strong on all four teaching scales. However, students in the smallest classes were also able to produce quite consistent ratings. Their level of agreement was moderate and, with regard to the scale *hands-on-activities*, strong. Obviously, although class size significantly affected the homogeneity of student ratings, the agreement among students within small classes still proved to be satisfactory.

Is the level of agreement of student ratings of science instruction related to the time that students spend attending science lessons at school?

It was analyzed whether students who were exposed to science lessons at school more often had better chances to judge their classroom instruction accurately than students who spent less time attending science lessons. For this purpose, correlations between the mean variances of student ratings on the four teaching scales and learning time were computed. Results revealed strong associations for all scales. Evidently, agreement among students with more learning time was higher than among students with less learning time (Table 2).

Again, the $r_{WG(J)}$ index was calculated for classes with a mean learning time of less than 2 hours of science instruction per week and for classes with a mean learning time of 4 or more hours of

Table 3. Agreement Among Students Within Classes on the Four Teaching Scales (mean $r_{wg(j)}$) as a Function of Class Size, Learning Time, School Track, and Science Performance

	Large vs. Small Class Size[a]	High vs. Low Learning Time[b]	Highest vs. Lowest School Track[c]	High vs. Low Science Performance[d]
Mean Agreement on the Scale Interaction	.73 .67	.72 .63	.72 .63	.74 .58
Mean Agreement on the Scale Hands-On-Activities	.83 .71	.86 .70	.85 .69	.85 .64
Mean Agreement on the Scale Student Investigations	.79 .65	.82 .59	.82 .61	.81 .50
Mean Agreement on the Scale Focus on Applications	.78 .67	.78 .64	.79 .63	.80 .61

Note. The number of classes included in each analysis is as follows: [a]$n = 72$, [b]$n = 139$, [c]$n = 213$, [d]$n = 79$.

science instruction per week. The results indicated that agreement among students in classes with less learning time was only moderate for all teaching scales (Table 3). For example, their agreement on the scale *student investigations* ($r_{WG(J)}$ = .59) was clearly lower than the agreement among students of classes with more learning time ($r_{WG(J)}$ = .82). According to LEBRETON and SENTER (in press), this difference (i.e., difference between both values of the $r_{WG(J)}$: .82 − .59) can be interpreted as a reduction in error variance of 23%. Evidently, students who were exposed to classroom instruction for a longer amount of time were able to provide more precise ratings of the various aspects of science teaching.

Is the level of agreement of student ratings of science instruction associated with the school track in which students are enrolled?
Apart from class size and learning time, the student characteristics that might have influenced the accuracy of ratings of science instruction were examined. Within the German school system, classes of students from the lowest school track (i.e., Hauptschule) were compared with classes of students from the highest school track (i.e., Gymnasium). The point-biserial correlation with the mean variances of student ratings showed that students in a class from the highest school track were far more able to assess their science teaching accurately than students in a class from the lowest school track (Table 2). The significant correlations were somewhat less pronounced when students evaluated *interaction* aspects of their science instruction.

Agreement among students in the highest school track as measured by the $r_{WG(J)}$ index was strong on all four teaching scales (Table 3). In contrast, agreement in the lowest school track was, as expected, comparatively low but still moderate. Again, the level of agreement among student ratings on the scale *interaction* was affected by school track membership to a lesser extent. The reduction in error variance between both groups on this scale was only 9%.

Is the level of agreement of student ratings of science instruction influenced by students' science performance?
To test whether students' competence in science affected the accuracy of their ratings of science instruction, their science performance was averaged across each class and correlations with the mean variances of their ratings on the four teaching scales were computed. The results showed strong and significant relationships between the variables. Apparently, students in classes with a higher level of science performance provided more precise ratings than students in classes with a lower level of science performance. With regard to the scale *interaction*, the significant correlation was less pronounced (Table 2).

In order to directly measure the extent to which the accuracy of student ratings was dependent on the average science performance in class, the agreement among students of classes with the lowest performance levels (first decile: M = 404.46, SD = 18.62) was contrasted with the agreement among students of classes with the highest performance levels (tenth decile: M = 617.32, SD = 11.41). The mean scores of the $r_{WG(J)}$ are displayed in Table 3. Although the agreement of the classes with a low science performance was still moderate, there were large differences as a function of science performance. For example, students in classes who outperformed their counterparts were far more accurate in their ratings of *student investigations* in science instruction (reduction in error variance of 31%).

What is the relative importance of class size, learning time, school track membership, and science performance in explaining differences in the level of agreement of student ratings of science instruction?
Given that all variables, namely class size, learning time, school track, and science performance, were associated with the level of agreement among student ratings, separate multiple regression

analyses were performed for all teaching scales in order to study the relative importance of each variable. As seen in Table 4, the most critical factor in predicting differences between student ratings was the mean science performance within a class. Learning time that was highly associated with the level of agreement among students in the single regression analyses turned out to be of minor relevance in the multiple regression analyses (except for the scale *interaction*). The same is true for class size which was far less important in accounting for variance in student ratings. Also, the impact of school track membership was lower in the multiple regression analyses but the magnitude in reduction was much more dependent on the teaching scale: With regard to the scales *interaction* and *student investigations*, differences between student ratings were no longer substantially affected by school track membership. However, the level of agreement concerning *hands-on-activities* seemed to be influenced both by school track membership and – to a greater extent – by science performance. Conversely, the extent to which classes provided homogeneous ratings with regard to *focus on applications* in their science lessons was mainly determined by school track membership, whereas the impact of school performance was clearly less pronounced.

From these results, it can be concluded that science performance accounted – to a large part – for the influence of learning time and class size on the homogeneity of the student ratings. Likewise, the differences in the agreement of student ratings attributable to school track membership could be mainly explained by differences in science performance. However, with regard to *hands-on-activities* and *focus on applications*, school track membership had, in addition to science performance, an independent impact on the agreement of student ratings. Finally, it is noteworthy that, compared with the scales *hands-on-activities*, *student investigations*, and *focus on applications*, differences between student ratings on the scale *interaction* appeared to be clearly less affected by the variables under investigation (see the determination coefficients R^2 in Table 4).

Table 4. Beta Coefficients of the Independent Variables in Multiple Regression Analyses With the Mean Variances of Student Ratings on the Teaching Scales as Dependent Variables

	Class Variance of Ratings on the Scale Interaction	Class Variance of Ratings on the Scale Hands-On-Activities	Class Variance of Ratings on the Scale Student Investigations	Class Variance of Ratings on the Scale Focus on Applications
Class Size	.02*	.04*	.08*	.08*
Learning Time in Class	–.17*	–.08*	–.02*	.07*
Science Performance in Class	–.28*	–.42*	–.66*	–.29*
School Track	.05*	–.23*	.01*	–.47*
R^2	.15	.47	.39	.41

Note. The multiple regression analysis is based on $n = 213$ classes because only classes from the tracks Hauptschulen and Gymnasien are included.
*$p < .01$.

Discussion

In line with prior research (e.g., LÜDTKE et al. 2006; MILLER/MURDOCK, 2007), it was argued that in order to justify the aggregation of student ratings of instruction with equivalent meanings at the student level and at the class level, it is necessary to demonstrate acceptable agreement among students within a class. Otherwise, the reliability and validity of the aggregated measure would be not guaranteed. Also in this case, an examination of student ratings in conjunction with other variables is more likely to lead to biased results in multilevel analyses. Under this assumption, I asked which aspects affect the level of agreement among students and suggested both method-specific and person-specific factors. To examine the agreement of student ratings, the focus was on the teaching scales devised for the students in the PISA study to investigate their science instruction. The scales measure activities, behaviors, and actions that are directed at a class. Therefore, it was expected that students within a class would rate their science instruction in similar ways.

Overall, the findings demonstrated that the teaching scales seemed to be an appropriate measure for describing and comparing aspects of science instruction from the perspective of the students. Both the intraclass coefficients and the coefficients of within-class agreement indicated that students were able to judge the different aspects of science instruction reliably and accurately. The results are consistent with findings of previous research. For example, LÜDTKE and colleagues (2006) obtained intraclass correlations ranging from .58 to .84 for aggregated student ratings on teaching scales measuring classroom activities in mathematics. Also, MILLER and MURDOCK (2007) reported reliabilities at similar levels for indicators of classroom goal structures in mathematics and science instruction.

Although students within each class produced quite reliable and consistent ratings of their science instruction, it can be assumed that their ability to assess classroom activities accurately might have been even underestimated in the present study. This is because students in the German sample were asked to judge instruction with regard to science in general. Science at German schools is, however, typically taught as separate subjects (i.e., physics, biology, and chemistry) by different teachers. Therefore, when students rated instruction, they were forced to *mentally average* the actions and behaviors measured by the four teaching scales across the various subjects and teachers. This might have imposed a high burden on the students and, thereby, increased the incidence of errors in responding to the scales.

Apart from that, the impact of method-specific and person-specific factors on the agreement among student ratings of science instruction was studied. With regard to the size of the classes in which students were enrolled, it was found that even students in relatively small classes (average size: 15 students) produced ratings consistent enough to obtain a satisfactory level of agreement. This result is corroborated by MILLER and MURDOCK (2007), who, in their examination of classroom goal structures, found adequate reliability for an average class size of 12 students. Also, when multiple regression analyses were performed in order to examine the influence of other variables, results showed that the number of students in a class played only a marginal role in predicting differences between their ratings. Although the findings indicate that the agreement among students did not seem to be largely affected by class size, remember that the level of reliability of aggregated ratings as measured by the intraclass coefficient depends on the mean number of students within a class. Assuming the same level of agreement within classes and the same amount of variance between classes, the reliability of student ratings in samples with smaller classes is – due to the use of the Spearman-Brown-formula – always lower than the reliability of student ratings in samples with larger classes (see LEBRETON/SENTER in press). Therefore, within-class agreement can be regarded as a necessary but not sufficient condition for high reliability (for details, see LÜDTKE et al. 2006).

Moreover, the results on the time that students spent attending science lessons revealed systematic differences between classes with less than 2 hours and 4 or more hours of science instruction per week. For example, a fairly large reduction in error variance in the agreement on the scale *student investigations* was found for classes with more learning time. Obviously, a sufficient amount of learning time was a precursor for a strong level of agreement. The multiple regression analyses provided additional insights into the relationship between learning time and student ratings. When the influence of other variables was controlled, the impact of learning time on the agreement among student ratings was rather marginal. From this result, it can be concluded that learning time in science instruction was mainly important in achieving quite a high level of science performance (see SEIDEL et al. 2007). A high level of science performance then, in turn, positively affected the level of agreement among student rating within a class.

The results also showed that, depending on the school track in which students were enrolled, there were – in line with previous research (LÜDTKE et al. 2006) – substantial differences in the agreement of student ratings. Students from the highest school track of the German school system judged their science instruction more consistently than students from the lowest school track. Whereas LÜDTKE and colleagues failed to provide an explanation for their findings, we, in addition, examined students' science performance in order to shed light on the factors that account for their ability to assess instruction correctly. The results revealed that the level of science performance seemed to be important in judging the different aspects of science instruction precisely. Classes with a low science performance were less likely to rate science instruction homogeneously than classes with a high science performance. The findings obtained in the multiple regression analyses added to this picture and showed that science performance was the most important factor in explaining differences in the agreement of student ratings. Obviously, the ability to evaluate aspects of classroom teaching accurately depends on the knowledge that students bring with them. From a cognitive perspective, students' perceptions of classroom activities can be conceptualized as internal representations that are constructed in the context of the subject-matter knowledge available (see, e.g., CHI/FELTOVICH/GLASER 1981). In this process, organizing schemata might be activated that help students to generate appropriate categorizations of the distinct features of classroom instruction (KRUGLANSKI 1989). Therefore, it is plausible to assume that the level of students' subject-matter knowledge influences the accuracy of their ratings. Former studies have already demonstrated that students with different levels of competence in a subject might perceive classroom teaching in distinctive ways (e.g., SEIDEL 2006). The present findings substantiate previous research by showing that also the agreement of their ratings of instruction is strongly related to their subject-matter knowledge.

Moreover, the results of the multiple regression analyses revealed that even when controlled for the influence of science performance students from the lowest school track were less able to accurately assess aspects of their science instruction with regard to *hands-on-activities* and *focus on applications* than students from the highest school track. This finding suggests that there were additional factors other than students' low science performance that compromised the accuracy of their ratings. For example, in organizational psychology, it is well known that motivational and affective biases can be seriously detrimental to achieving sufficient agreement among raters (cf. BALTES/PARKER 2000). Therefore, it can be speculated whether, for example, differences between students' motivation to attend science lessons at school might also have been linked to their perception of classroom instruction in the present study. To address these issues in greater detail, future research should be encouraged to delve more deeply into the relationship of cognitive, motivational and affective factors that come into play when students evaluate classroom instruction. Thereby, the body of knowledge already accumulated on interrater agreement in organizational and social psychology might be a good starting point to stimulate further learning environment research (LÜDTKE et al. 2006; MILLER/MURDOCK 2007).

Finally, from a methodological perspective, some questions remain open in the present study. First, it is unclear whether the guidelines developed in organization psychology for interpreting agreement among raters (LeBreton/Senter in press) are fully applicable to student ratings. So far, little is known about the magnitude of bias produced when aggregated student ratings with varying levels of reliability are used in multilevel analyses. Accordingly, the proposed guidelines can only serve as a general heuristic to decide whether the level of agreement in fact justifies aggregation (see also Lüdtke et al. 2006). Second, the coefficient proposed by James and colleagues (1984, 1993) was calculated in order to study the agreement among student ratings within a class. The index assumes a null distribution as reference in which ratings are completely random, that is, the probability of using each category of the rating scale is equal. This assumption is, however, violated in those cases where some categories are endorsed more frequently. Under these circumstances, the level of agreement is more likely to be overestimated (Lüdtke et al. 2006; LeBreton/Senter in press). Whether student ratings in the present study were biased, for example, due to anchor effects remains, unfortunately, open. Therefore, further research is needed to shed light on students' tendencies in responding to teaching scales in particular ways. This would also provide additional insights into the conditions of agreement among student ratings of classroom instruction.

Despite these methodological limitations, the present study suggests that students are – at least when assessing activities in classrooms that can be readily observed – fairly good raters of classroom instruction even though their judgments might be influenced in systematic ways. Hence, in line with previous research, we need not abandon the notion of students as experts in the field of teaching and learning. Nevertheless, the conditions of agreement among students' perceptions of classroom instruction should be a central consideration in further multilevel theory and research on teaching.

References

Aleamoni, L. M. (1999): Student rating myths versus research facts from 1924 to 1998. In: Journal of Personnel Evaluation in Education, Vol. 13, pp. 153-166.

Baltes, B. B./Parker, C. P. (2000): Reducing the effects of performance expectations on behavioral ratings. In: Organizational Behavior and Human Decision Processes, Vol. 82, pp. 237-267.

Bliese, P. D. (2000): Within-group agreement, non-independence, and reliability: Implications for data aggregation and analysis. In: Klein, K. J./Kozlowski, S. W. (Eds.): Multilevel theory, research, and methods in organizations. – San Francisco, pp. 349-381.

Brown, R. D./Hauenstein, N. M. A. (2005): Interrater agreement reconsidered: An alternative to the $_{rWG}$ indices. In: Organizational Research Methods, Vol. 8, pp. 165-184.

Chan, D. (1998): Functional relations among constructs in the same context domain at different levels of analysis: A typology of composition models. In: Journal of Applied Psychology, Vol. 83, pp. 234-246.

Chi, M. T. H./Feltovich, P./Glaser, R. (1981): Categorization and representation of physics problems by experts and novices. In: Cognitive Science, Vol. 5, pp. 121-152.

Clausen, M. (2002): Unterrichtsqualität: Eine Frage der Perspektive? [Instructional quality: A matter of perspective?]. – Münster.

Cohen, J. (Ed.) (1988): Statistical power analysis for the behavioral sciences. – 2nd ed. – Hillsdale.

den Brook, P./Brekelmans, M./Wubbels, T. (2006): Multilevel issues in research using students' perceptions of learning environments: The case of the questionnaire on teacher interaction. In: Learning environment research, Vol. 9, pp. 199-213.

Greenwald, A. G. (1997): Validity concerns and usefulness of student ratings of instruction. In: American Psychologist, Vol. 52, pp. 1182-1186.

James, L. R./Demaree, R. G./Wolf, G. (1984): Estimating within-group interrater reliability with and without response bias. In: Journal of Applied Psychology, Vol. 69, pp. 85-98.

James, L. R./Demaree, R. G./Wolf, G. (1993): r_{WG}: An assessment of within-group interrater agreement. In: Journal of Applied Psychology, Vol. 78, pp. 306-309.

Klein et al. 2001 = Klein, K. J./Buhl Conn, A./Brent Smith, D./Speer Sorra, J. (2001): Is everyone in agreement? An exploration of within-group agreement in employee perceptions of the work environment. In: Journal of Applied Psychology, Vol. 86, pp. 3-16.

Koth, C. W./Bradshaw, C. P./Leaf, P. J. (2008): A multilevel study of predictors of student perceptions of school climate: The effect of classroom-level factors. In: Journal of Educational Psychology, Vol. 100, pp. 96-104.

Kruglanksi, A. W. (1989): The psychology of being 'right': The problem of accuracy in social perception and cognition. In: Psychological Bulletin, Vol. 106, pp. 395-409.

Kunter, M./Baumert, J. (2006): Who is the expert? Construct and criteria validity of student and teacher ratings of instruction. In: Learning Environment Research, Vol. 9, pp. 231-251.

Lanahan et al. 2005 = Lanahan, L./McGrath, D. J./McLaughlin, M./Burian-Fitzgerald, M./Salganik, L. (2005): Fundamental problems in the measurement of instructional processes: Estimating reasonable effect sizes and conceptualizing what is important to measure. – Washington.

LeBreton, J. M./Senter, J. L. (in press): Answers to 20 questions about interrater reliability and interrater agreement. In: Organizational Research Methods.

Levy et al. 2003 = Levy, J./den Brok, P./Wubbels, T./Brekelmans, M. (2003): Students' perceptions of interpersonal aspects of the learning environment. In: Learning Environments Research, Vol. 6, pp. 5-36.

Lüdtke et al. 2005 = Lüdtke, O. /Köller, O. /Marsh, H. W./Trautwein, U. (2005): Teacher frame of reference and the big-fish-little-pond effect. In: Contemporary Educational Psychology, Vol. 30, pp. 263-285.

Lüdtke et al. 2006 = Lüdtke, O./Trautwein, U./Kunter, M./Baumert, J. (2006): Reliability and agreement of student ratings of the classroom environment: A reanalysis of TIMSS data. In: Learning Environment Research, Vol. 9, pp. 215-230.

Marsh, H. W. (1984): Students' evaluations of university teaching: Dimensionality, reliability, validity, potential biases, and utility. In: Journal of Educational Psychology, Vol. 75, pp. 150-166.

Marsh, H. W./Hau, K-T. (2007): Applications of latent-variable models in educational psychology: The need for methodological-substantive synergies. In: Contemporary Educational Psychology, Vol. 32, pp. 151-170.

Marsh, H. W./Martin, A. J./Jeng, J. H. S. (2008): A multilevel perspective in gender in classroom motivation and climate: Potential benefits of male teachers for boys? In: Journal of Educational Psychology, Vol. 100, pp. 78-95.

Marsh, H. W./Rowe, K./Martin, A. (2002): PhD students' evaluations of research supervision: Issues, complexities and challenges in a nationwide Australian experiment in benchmarking universities. In: Journal of Higher Education, Vol. 73, pp. 313-348.

McGraw, K. O./Wong, S. P. (1996): Forming inferences about some intraclass correlation coefficients. In: Psychological Methods, Vol. 1, pp. 30-46.

Miller, A. D./Murdock, T. B. (2007): Modeling latent true scores to determine the utility of aggregate student perceptions as classroom indicators in HLM: The case of classroom goal structures. In: Contemporary Educational Psychology, Vol. 32, pp. 83-104.

OECD. (Ed.) (2007): PISA 2006 – Science competencies for tomorrow's world. – Paris.

Prenzel et al. 2007 = Prenzel, M./Carstensen, C./Frey, A./Drechsel, B./Rönnebeck, S. (2007): PISA 2006 – Eine Einführung in die Studie [PISA 2006 – An introduction to the study]. In: Prenzel, M./Artelt, C./Baumert, J./Blum, W./Hammann, M./Klieme E./Pekrun, R. (Hrsg.): PISA 2006. Die Ergebnisse der dritten internationalen Vergleichsstudie. – Münster, S. 31-59.

Prenzel, M./Kramer, K./Drechsel, B. (2002): Self-determined and interested learning in vocational education. In: Beck, K. (Ed.): Teaching-learning processes in vocational education. – Frankfurt a.M., pp. 43-68.

Sedlmeier, P. (2006): The role of scales in student ratings. In: Learning and Instruction, Vol. 16, pp. 401-415.

Seidel, T. (2006): The role of student characteristics in studying micro teaching-learning environments. In: Learning Environment Research, Vol. 9, pp. 253-271.

Seidel et al. 2007 = Seidel, T./Prenzel, M./Wittwer, J./Schwindt, K. (2007): Unterricht in den Naturwissenschaften [Science teaching]. In: Prenzel, M./Artelt, C./Baumert, J./Blum, W./Hammann, M./Klieme E./Pekrun, R. (Hrsg.): PISA 2006. Die Ergebnisse der dritten internationalen Vergleichsstudie. – Münster. S. 147-179.

Shrout, P. E./Fleiss, J. L. (1979): Intraclass correlations: Uses in assessing rater reliability. In: Psychological Bulletin, Vol. 86, pp. 420-428.

Stigler, J. W./Gallimore, R./Hiebert, J. (2000): Using video surveys to compare classrooms and teaching across cultures: Examples and lessons from the TIMSS video studies. In: Educational Psychologist, Vol. 35, pp. 87-100.

Urdan, T./Midgley, C./Anderman, E. M. (1998): The role of classroom goal structure in students' use of self-handicapping strategies. In: American Educational Research Journal, Vol. 35, pp. 101-122.

Wittwer, J./Senkbeil, M. (2008): Is students' computer use at home related to their mathematical performance at school? In: Computers & Education, Vol. 50, pp. 1558-1571.

Eckhard Klieme und Brigitte Steinert

Schulentwicklung im Längsschnitt. Ein Forschungsprogramm und erste explorative Analysen

Zusammenfassung:
Die empirische Schulforschung in Deutschland hat in den vergangenen Jahren Anschluss an die internationale *school effectiveness* Forschung gefunden. Zwei wesentliche Erkenntnisse der internationalen Forschung wurden jedoch in Deutschland bislang nicht ausreichend aufgearbeitet: (a) Schulstudien unterliegen – selbst bei optimaler Planung, Instrumentierung, Durchführung und Auswertung – methodischen Problemen, die sozialwissenschaftlichen Erhebungen inhärent sind, z. B. Stichprobenfehler und Kohorteneffekte, welche die Stabilität und Konsistenz von Schuleffekten und die Invarianz von Erklärungsmodellen beeinträchtigen können. Über das Ausmaß der Stabilität und Konsistenz schulischer Lernergebnisse liegen für Deutschland keine Befunde vor. (b) Querschnittsuntersuchungen an Schulen erlauben keine Aussagen darüber, unter welchen Bedingungen sich Schulen in bestimmte Richtungen verändern. Erst mit quantitativ-längsschnittlichen Untersuchungen können Voraussetzungen erfolgreicher Entwicklung an Einzelschulen benannt werden. Sowohl zur Klärung methodischer Probleme als auch zur Analyse von Bedingungen erfolgreicher Schulentwicklung werden Panel-Studien benötigt, die Schulen wiederholt im Abstand von mehreren Jahren untersuchen. Vorgestellt werden erste, explorative empirische Befunde, die aus einer Analyse von PISA-E-Daten der Jahre 2000 und 2003 stammen.

Abstract:
In recent years, empirical school research in Germany has caught up with international *school effectiveness* research. However, two central findings from international research have so far not been taken into account in Germany: (a) School studies are subject to methodological problems that are inherent to social science studies even if they are optimally planned, instrumented, conducted and assessed. These problems may, for instance, pertain to sampling errors and cohort effects that may impede the stability and consistency of school effects and the invariance of explanatory models. No findings exist yet regarding the degree of stability and consistency of learning outcomes in Germany. (b) Cross-sectional school studies do not permit any statements as to how schools change under certain conditions. Only quantitative-longitudinal designs allow for determining the conditions of improvement at the school level. Panel studies that assess schools over a time span of several years, i.e. with schools as units of observation, are required both for solving methodological problems as well as for analysing successful school development. We introduce first, explorative empirical findings gained from the analysis of PISA-E data from the years 2000 and 2003.

Keywords: school effectiveness, school improvement, methodological issues

1 Desiderata der Schulentwicklungsforschung in Theorie und Empirie

„Die Einzelschule ist Fokus und Handlungseinheit für die Qualitätsentwicklung im Bildungswesen". Diese von KLIEME/BAUMERT/SCHWIPPERT (2000, S. 387) als „Fundamentalsatz der Schulentwicklungsforschung" bezeichnete These stand in den 1980er und 1990er Jahren im Zentrum der schultheoretischen Diskussion und der Bemühungen um eine Schulreform in Deutschland.

Auch aktuell wird davon ausgegangen, dass beispielsweise die Implementation von Bildungsstandards nur gelingen kann, wenn diese auf der Schulebene, vor allem in Fachkollegien, reflektiert und gemeinsam genutzt werden. Die Eigenständigkeit von Schulen gilt inzwischen auch in deutschsprachigen Staaten als wesentliche Voraussetzung der Qualitätsverbesserung.

Als Quelle für die eingangs genannte These gilt in der deutschsprachigen Literatur eine Publikation von FEND (1986). Dort wird die Hinwendung zur Einzelschule aus den Ergebnissen der Gesamtschulstudien der 1970er Jahre begründet, die mehr Varianz innerhalb als zwischen den Strukturtypen (integriertes vs. gegliedertes System) gefunden hatten. Nahezu parallel veränderte die Theorie und Praxis der Schulentwicklung in den angelsächsischen Ländern ihren Fokus von Handlungsforschungsansätzen, mit denen Strategien zur Unterstützung von Benachteiligten erforscht wurden, hin zur „idea of the school as the unit of change", wie CHRISPEELS/HARRIS (2006, S. 295) in ihrer Systematik der Schulentwicklungsforschung zeigen. Ausgehend von diesen Erkenntnissen wurden und werden seit Jahrzehnten Programme für die Schulentwicklung in Einzelschulen entwickelt und mit großem Aufwand umgesetzt.

Die Bedeutung der Einzelschule für die Qualität im Schulsystem lässt sich durch die soziologische und erziehungswissenschaftliche Schultheorie gut begründen (vgl. dazu FEND 2006, 2008): Schulen sind die organisatorischen Basiseinheiten, die der gesellschaftlich veranstalteten und kontrollierten Sozialisation dienen. Der schulische „Primärprozess" ist der Unterricht, der aber – wie in allen Organisationen – durch die Organisationskultur, durch Regeln und Ziele, Aufbau und Abläufe in spezifischer Weise geformt ist. Externe Anregungen und Ansprüche werden in Schulen nicht einfach umgesetzt, sondern, wie Fend hervorhebt, rekontextualisiert. Daraus lässt sich folgern, dass Veränderungen der Prozess- und Ergebnisqualität im Schulsystem von Schule zu Schule unterschiedliche Ausprägung erfahren (müssen). Dies gilt unmittelbar für die erzieherischen Aufgaben von Schule (z.B. Förderung von Motivation und Interesse, Selbstregulationsfähigkeiten, soziale Orientierungen) und vermittelt über den Unterricht auch für den fachlichen Bereich: „In der Schule der Moderne bildet der Unterricht und erzieht primär die Organisation" (BAUMERT 2002, S.106). Wie Merkmale der Schulebene auf kognitive und non-kognitive Schülermerkmale im Einzelnen einwirken, d.h. welche vermittelnden (mediierenden) und moderierenden Faktoren daran beteiligt sind, ist theoretisch allerdings nur sehr begrenzt erschlossen. Soziologische Ansätze wie Bürokratie- und Systemtheorie, ökonomische Ansätze wie die Prinzipal-Agenten-Theorie und Theorien des rationalen, interessengeleiteten ökonomischen Handelns, organisationspsychologische Human-Relations- und Führungskonzepte bieten begriffliche Ansätze, ohne jedoch die pädagogischen Prozesse im einzelnen bestimmen zu können. (Zur Aufarbeitung dieser Theorien vgl. SCHEERENS 2007.) Die Metapher von Schulen als „lose gekoppelten Systemen" (WEICK 1976) kennzeichnet das Problem, dass eine Organisation, deren Mitglieder sich traditionell als autonom handelnde Professionelle verstehen, nur sehr bedingt Zugriff hat auf die grundlegenden Interaktionsprozesse. Umgekehrt scheinen sich erfolgreiche Schulen wesentlich dadurch auszuzeichnen, dass sie – über Kohorten, Klassen, Lehrkräfte hinweg – vergleichsweise stabil und zuverlässig funktionieren („high reliability organizations", vgl. REYNOLD/STRINGFIELD/SCHAFFER 2006).

Im Zusammenhang mit der Thematik dieses Beitrags, der Schul*entwicklungs*forschung, wiegt noch schwerer, dass es kaum ausgearbeitete Theorien dafür gibt, wie, warum und mit welchen Effekten sich Schulen verändern. Warum und wie schaffen es einige Schulen, ihre Prozess- und Ergebnisqualität im Verlauf einiger Jahre zu verbessern und andere nicht? Diese Frage erfordert prinzipiell andere Antworten als die Frage nach den Merkmalen, die erfolgreiche Schulen im Querschnitt kennzeichnen. Beispielsweise ist nicht davon auszugehen, dass die von STEINERT u.a. (2006) mit Querschnittsdaten identifizierten *Niveau*stufen der Lehrerkooperation auch *Entwicklungs*stufen bilden, d.h. im Prozess der Schulentwicklung durchlaufen werden. Auch bei FEND (2008) werden Schulqualität und Schulentwicklung nicht systematisch unterschieden. Sein Lehrbuch „Schule gestalten", in dessen Untertitel der Begriff „Schulentwicklung" explizit vorkommt, entfaltet ausführlich (S. 145ff.) eine Theorie von Schulen als „pädagogischen Handlungseinheiten" bzw. „korporativen Akteuren", führt dabei (S. 158) Schulentwicklung ein als „eine Führungslehre, die vor allem die Schulleitungen betrifft", listet unter dem Begriff „Schulentwicklungskonzepte" Merkmale effektiver Schulen auf (S. 208ff.) und postuliert schließlich (S. 230 f.) eine Stufenfolge der „Schulgestaltung als Entwicklungsweg", die von der bloßen Organisation von Zeiten, Räumen und Personen bis zur Qualitätskontrolle des Unterrichts reicht. Offen bleibt, was Führungslehre, Effektivitätsmerkmale und Stufen verbinden und warum damit Schul*entwicklung* beschrieben werden kann.

In der internationalen Forschungsliteratur wird an dieser Stelle zumeist auf das Konzept der Schule als „lernender Organisation" Bezug genommen, das auf ARGYRIS und SCHÖN (1978) zurückgeht. Wenn Schulen ihre Normen und Handlungsroutinen in Frage stellen, so sehen die Autoren darin – auf dem Hintergrund kybernetischer Modelle – einen Lernprozess zweiter Ordnung („double loop learning"), der die Organisation qualitativ weiter entwickelt. Auch wenn das Konzept in der Schulentwicklungsliteratur häufig zitiert wird (vgl. etwa HOLTAPPELS 2003), ist seine empirische Substanz schwach (LOUIS/LEITHWOOD 1998, S. 280f.).

Generell ist die empirische Befundlage der Schulentwicklungsforschung auffallend dünn. Es gibt so gut wie keinen Versuch, die Grundannahmen der Schulentwicklung in empirisch-analytischen Designs systematisch auf den Prüfstand zu stellen. Dies würde voraussetzen, dass Schulen über einen längeren Zeitraum hinweg beobachtet, hinsichtlich der Veränderung ihrer Prozess- und Ergebnismerkmale beschrieben und analysiert würden, unter Nutzung von (a) Kontextmerkmalen wie z.B. der sozialen und intellektuellen Komposition der Schülerschaft, (b) Informationen über schulische Prozesse wie fachliche und pädagogische Angebote, Unterrichtsqualität und Lehrerkompetenzen, Leistungsansprüche und Normen, Reflexion und Kooperation im Kollegium, Führung und Elternbeteiligung sowie die Zuverlässigkeit und Kopplung dieser Prozesse, (c) Angaben zur externen Unterstützung, u.a. im Rahmen von Reforminitiativen und Modellprogrammen, (d) Informationen über erzieherische Wirkungen im Sinne Fends sowie schließlich (e) Indikatoren für fachliche und ggf. überfachliche Leistungen.

Im deutschsprachigen Bereich findet sich eine Reihe unterschiedlicher Forschungsdesigns, die Fragen der Wirkung von schulischen Organisationsmerkmalen und Prozessqualitäten auf pädagogische Ergebnisse untersuchen:

– Aus Querschnittserhebungen und Längsschnitten mit nur zwei kurz aufeinander folgenden Messzeitpunkten (Veränderungen im Laufe eines Schuljahres) wird seit den Gesamtschulstudien der 1970er Jahre (FEND 1982, 1998) berichtet, dass auch unter Berücksichtigung von schulstrukturellen Merkmalen (Schularten) Leistungs- und Prozessmerkmale deutlich zwischen Einzelschulen variieren. Die neuere Schulleistungsforschung hat diesen Befund bestätigt und nach Bedingungsfaktoren auf Schulebene gesucht. Die soziale und kognitive Zusammensetzung der Schülerschaft einschließlich des Anteils von Schülerinnen und Schülern mit Migrationshintergrund scheint eindeutige Effekte zu haben (BAUMERT/STANAT/WATERMANN 2006; STANAT 2006), während sich dies für Ressourcen und andere Organisationsmerkmale schwerer nachweisen lässt. Allerdings gibt es z.B. aus den PISA-Studien und aus DESI Belege dafür, dass vor allem die pädagogischen Orientierungen der Lehrkräfte, aber auch Aspekte des Schulklimas (Ausmaß von Disziplinproblemen, unterstützendes Verhalten der Lehrer) oder die Einbeziehung von Eltern statistisch signifikante Beiträge zur Erklärung der Leistungsvarianz erbringen (KLIEME/RAKOCZY 2003, SENKBEIL 2006, STEINERT/HARTIG/KLIEME 2008).
– Eine Reihe von längsschnittlichen Studien in Deutschland und Österreich (z.B. die Konstanzer Studien von FEND (1998, 2001), die BIJU-Studie von BAUMERT u.a. (1996) und die LAU-Studie von LEHMANN (2001, LEHMANN u.a. 2004)) haben die psychosoziale und kognitive Ent-

wicklung von Schülern analysiert und dabei Effekte der schulischen Lernumgebung nachgewiesen; allerdings lag bei diesen Studien der Fokus auf Bedingungen der individuellen Leistungs- und Persönlichkeitsentwicklung, sodass Schulmerkmale als Erklärungsfaktoren einbezogen waren, nicht jedoch deren Veränderung selbst untersucht wurde.
– Im Kontext von TIMSS und PISA haben Autoren des Max-Planck-Instituts für Bildungsforschung einzelne reformpädagogische Modelle untersucht (so die Bielefelder Laborschule, hessische Gesamtschulen oder niedersächsische Schulen mit einem spezifischen mathematischen Curriculum), um Prozessmerkmale und Ergebnisse dieser Schulen im Sinne eines Benchmarking zu bewerten (STANAT u.a., 2003, KÖLLER/TRAUTWEIN, 2003, KLIEME/BAUMERT/SCHWIPPERT, 2000). Auch hier handelt es sich nur um Querschnitterhebungen.
– Die Begleitforschung zu Schulentwicklungsprojekten hat Veränderungen in deskriptiver Weise, häufig in Form von Fallstudien beschrieben. Quantitativ wurden auch Fragen der Akzeptanz, der Innovationsbereitschaft und des Engagements sowie der subjektiven Zufriedenheit der Beteiligten untersucht. Erst in allerjüngster Zeit gibt es (z.B. in der Begleitforschung zur eigenverantwortlichen Schule) Ansätze, auch Leistungsvariablen einzubeziehen. Ein in diesem Zusammenhang einzigartiges Beispiel stellt die Evaluation des SINUS-Programms dar, die aufgrund der Einbeziehung von SINUS-Schulen in die PISA-Erhebungen der Jahre 2000 und 2003 Entwicklungen auf Schulebene diagnostizieren konnte (PRENZEL u.a. 2005). Allerdings ist in den hierzu vorliegenden Analysen nicht systematisch von Auswirkungen spezifischer Prozessmerkmale die Rede.

Keine dieser Forschungslinien thematisiert und erklärt somit im eigentlichen Sinne die Faktoren der Schulentwicklung. Insbesondere lässt sich nicht sagen, ob Konzepte und Erklärungsmodelle für Schulentwicklung, die häufig aus anglo-amerikanischen, niederländischen oder skandinavischen Vorbildern übertragen wurden, der Realität des deutschen Schulsystems angemessen sind. Aber auch in der internationalen Forschung sieht die Erkenntnislage nicht wesentlich besser aus. Zwar gibt es aus anglo-amerikanischen Ländern und den Niederlanden einen großen Fundus an Erkenntnissen zu Merkmalen effektiver Schulen, die rückwirkend aus der Analyse von leistungsmäßig erfolgreichen Schulen (vgl. etwa SAMMONS/THOMAS/MORTIMORE 1997) sowie aus Schuleffektivitätsstudien gewonnen worden sind (SCHEERENS/BOSKER 1997), aber auch in diesem Forschungsparadigma wurden Schulmerkmale im wesentlichen als unabhängige Variable zur Erklärung von (adjustierten, im Idealfall längsschnittlich kontrollierten) Schülerleistungen betrachtet. Zudem wurden andere Ergebnisvariablen (z.B. motivationale Effekte) sehr selten untersucht. Es mangelt auch in der internationalen Literatur an aussagefähigen Untersuchungen zu Schulentwicklung im Längsschnitt. Jüngst erschienene internationale Übersichten der „School improvement"-Forschung (LEE/WILLIAMS 2006, HOPKINS 2005, HARRIS/CHRISPEELS 2006) können, ähnlich wie die deutsche Forschung, lediglich über Konzepte und fallstudienartige Auswertungen berichten oder zum wiederholten Male die bekannten Meta-Analysen der Schuleffektivitätsforschung anführen; eine längsschnittliche Untersuchung mit Schulen als Beobachtungseinheiten, objektiven Kriteriumsmaßen und aussagefähigen Stichprobengrößen wurde bislang kaum realisiert.

Die amerikanische Schulforschung der 1970er und frühen 1980er Jahre brachte mit zwei großen Befragungsstudien, der Rand Change Agent Study und der DESSI-Studie (Dissemination Efforts Supporting School Improvement), Aufklärung über Prozesse der Schulentwicklung, ohne deren Effektivität beurteilen zu können. Es wurde deutlich, dass Schulentwicklung nicht zentral geplant und einheitlich implementiert werden kann, sondern lokal angepasst wird, wobei sich die „ownership" des Kollegiums – eine wichtige Bedingung für nachhaltige Veränderung – mit der als erfolgreich erlebten Praxis ergibt (TEDDLIE/STRINGFIELD 2006, S. 26 f.). Ab Ende der 1980er Jahre veränderte sich mit dem Prinzip der Einzelschule als Handlungseinheit („site-based management", s.o.) auch die Forschung; so konnten TEDDLIE und STRINGFIELD (1993) 16 Schulen über ein Jahrzehnt verfolgen und darauf aufbauend das Konzept von „zuverlässigen Schulen" entwickeln. Aktuell sind längsschnittliche Analysen zu Effekten einer „comprehensive school reform" zu nennen (vgl. im Überblick BORMAN u.a. 2003). Diese Analysen stützen sich überwiegend auf schulstatistische Daten und standardisierte Leistungstests. So kann festgestellt werden, ob sich Schulen, die an bestimmten Reformprogrammen teilnehmen, hinsichtlich der Leistungsentwicklung von anderen Schulen unterscheiden (wobei durchaus beachtliche Effektstärken berichtet werden), aber über Prozesse und Bedingungsfaktoren der Schulentwicklung selbst sagt diese Forschung praktisch nichts aus.

Zu den Folgen des hier diskutierten Forschungsdefizits zählen Aussagen über „Wirkungen" von Schulentwicklung, die oftmals nicht haltbar sind, sowie paradoxe Resultate (z. B. negative Korrelationen zwischen Schulentwicklungsmaßnahmen und Leistungsergebnissen). Diese Probleme beeinträchtigen nicht nur die Theoriebildung, sondern auch die Praxis der Schulleistungsmessung und Schulevaluation. Die quantitativ-empirische Schulforschung ist nach wie vor kaum in der Lage, substanzielle Hinweise für Schulentwicklungsstrategien geben zu können.

2 Methodische Probleme der Schulevaluation und der Schulforschung

Wie in jeder quantitativen empirischen Forschung ist in der Schulforschung mit Stichprobenfehlern zu rechnen, ebenso mit Messfehlern. Ungenügend reliable Maße stellen besonders dann ein Problem dar, wenn aus ihnen bei Mehr-Ebenen-Analysen aggregierte Werte errechnet und Kompositionseffekte geschätzt werden. Unreliabilität des verwendeten Maßes führt hier dazu, die Größe des Kompositionseffektes zu überschätzen (LÜDTKE/ROBITZSCH/KÖLLER 2002). Zu den Messproblemen der Schulforschung, die hier nicht umfassend diskutiert werden können, gehören ferner die Spezifität unterschiedlicher Erhebungsmethoden wie Fragebögen oder Beobachtungen und die mangelnde Vergleichbarkeit der verwendeten Operationalisierungen (Clausen 2002; SEIDEL/SHAVELSON 2007) sowie die Modellierung von Veränderungen bei Schülerleistungen (LISSITZ 2007).

Mess- und Stichprobenfehler, aber auch tatsächliche, systematische Unterschiede können dazu führen, dass Angaben zur (relativen) Effektivität einer Schule

(a) je nach Domäne (Lesen, Mathematik usw.) und Zielkriterium (Leistungen unterschiedlichen Typs, spezifische Motivation u. a. m.) unterschiedlich ausfallen und
(b) über mehrere Jahre hinweg schwanken.

Das hier angesprochene Problem der Konsistenz und Stabilität von Schuleffekten bildet nach SCHEERENS/BOSKER (1997, S. 81) „one of the most fundamental issues in school effectiveness research". Die Autoren stellen dar, dass diesen „vital issues" in der Forschung zu wenig nachgegangen worden sei. Die frühe Schuleffektivitätsforschung sei eher unreflektiert davon ausgegangen, dass Schulqualität generalisierbar sei, während in späteren Untersuchungen unter anderem Department-Effekte sichtbar geworden sind (vgl. etwa SAMMONS/THOMAS/MORTIMORE 1997). Nach einer häufig zitierten niederländischen Studie sind Schuleffekte nur zu einem Viertel stabil, während 40 Prozent auf Fachunterschiede zu verbuchen sind, 35 Prozent auf Kohorteneffekte bzw. die Interaktion zwischen Fach und Kohorte (LUYTEN 1994).

Im Kern geht es um die Frage, wie präzise sich Schulergebnisse überhaupt messen lassen, welche Parameter die Wirkungen einer bestimmten Schule am besten repräsentieren (also beispielsweise um Effekte des individuellen familiären Hintergrundes und der sozialen Komposition bereinigte Werte), wie verschiedene Zielkriterien (z.B. Fachleistungen, sozio-emotionale und motivationale Orientierungen) zueinander stehen, wie konsistent die Effekte über verschiedene Jahrgänge und

Klassen innerhalb einer Schule hinweg sind und wie stabil sie bei wiederholten Messungen (beispielsweise entsprechend der gegenwärtigen US-amerikanischen Praxis in jährlichen Abständen) ausfallen. In Deutschland werden solche Fragestellungen bislang so gut wie überhaupt nicht diskutiert, schon gar nicht auf empirischer Grundlage (vgl. aber DITTON/KRECKER 1995 für einen frühen und elaborierten Beitrag zum Thema). Dies ist ein Manko für die Schulevaluation, für Schulleistungsstudien, aber auch für die Grundlagenforschung zur Schuleffektivität.

2.1 Diskussionsstand im anglo-amerikanischen Raum

Qualitätssicherung an Schulen und die damit verbundene Schuleffektivitätsforschung haben in den angelsächsischen Ländern eine sehr viel längere Tradition als in Deutschland. Bereits ab Mitte der 1980er Jahre wurde dort ein kontinuierliches *Monitoring* implementiert, das die Effektivität des Systems und einzelner Schulen mittels vergleichender Leistungsmessungen erfasst. Als extreme Ausprägung dieser Strategie kann man das im Jahr 2002 in den USA eingeführte „No child left behind"-Gesetz ansehen, wonach Bundeszuschüsse an Schulen bzw. Schuldistrikte nur dann gezahlt werden, wenn nachgewiesen wird, dass sich die Leistungen in der Schülerschaft insgesamt sowie in bestimmten Minderheitengruppen (v. a. ethnische Minderheiten) von Jahr zu Jahr verbessern. Die Forderung nach einem durch Leistungstests messbaren „adequate yearly progress (AYP)" stellt eine Herausforderung an die Schulentwicklung dar, die – wie die entsprechende Forschung inzwischen gezeigt hat – unterschiedlich operationalisiert werden kann und sowohl aus pädagogischen und administrativen als auch aus methodischen Gründen äußerst schwer einlösbar ist (vgl. FUHRMAN/ELMORE 2004; BALFANZ u.a. 2007).

Die vergleichsweise frühe und umfangreiche Nutzung von quantitativen Schuldaten für Bildungsmonitoring und Schulevaluation hat dazu geführt, dass in den angelsächsischen Ländern auch die methodischen Voraussetzungen solcher Erhebungen frühzeitig reflektiert worden sind. Mitte der 1980er Jahre, mit der Verfügbarkeit größerer Datensätze und komplexerer statistischer Methoden, wurden die Stabilität und die Konsistenz von Schuleffekten überprüfbar. Eine bahnbrechende Arbeit veröffentlichten WILLMS/RAUDENBUSH 1989 im Journal of Educational Measurement. Unter Rückgriff auf Daten der schottischen Schulverwaltung zu schulischen Abschlussprüfungen von zwei Schülerkohorten konnten sie prüfen, wie stabil die Ergebnisse der 20 beteiligten Schulen zwischen diesen beiden Messzeitpunkten waren. Ihr Drei-Ebenen-Modell unterschied Effekte auf individueller (Schüler-)Ebene, auf Schulebene (im Sinne zeitpunktübergreifender Schuleffekte) und für Kombinationen von Schulen und Zeitpunkten. Die Autoren kamen zu dem Schluss, dass das Gesamt-Leistungsniveau einer Schule bemerkenswert stabil sei, weniger jedoch Ergebnisse in einzelnen Fachleistungen. Zudem hänge die Stabilität von der Art der verwendeten Indikatoren ab: Adjustiert man bei der Schätzung von Schuleffekten auch in Bezug auf Kompositionseffekte (d. h. versucht man, Einflüsse der sozialen und intellektuellen Zusammensetzung der Schülerschaft herauszurechnen), so sind die Ergebnisse weniger stabil, als wenn nur individuelle Bedingungsfaktoren kontrolliert werden. Gleichwohl ermöglicht die Prüfung von individuellen und kompositionellen Effekten eine genauere Schätzung von Schuleffekten. Die Autoren forderten, mehr Untersuchungen längsschnittlicher Art auf Schulebene anzustellen, blieben aber in ihren Erwartungen skeptisch: „Despite the improvements possible with longitudinal data, the estimation of school effects will never be an exact science" (WILLMS/RAUDENBUSH 1989, S. 227).

Die Arbeitsgruppe um Harvey GOLDSTEIN an der Universität London arbeitete in den 1990er Jahren ebenfalls an dieser Problematik (vgl. etwa GRAY/GOLDSTEIN/JESSON 1996). Es standen ihnen Daten zu fünf Schülerkohorten aus 34 Londoner Schulen zur Verfügung, die in den Jahren 1990 bis 1994 das Abschlussexamen abgelegt hatten. Adjustierte Effektgrößen (Residuen) auf Schulebene korrelierten zu .88, wenn im Abstand von einem Jahr gemessen wurde, aber nur in

Höhe von .56 zwischen der ersten und der fünften Kohorte. Die Autoren folgern, dass Schuleffekte wenig stabil seien, da Schulen unterschiedliche Veränderungsraten über einen Zeitraum von fünf Jahren zeigen.

Die Arbeiten einer dritten Forschergruppe um Peter MORTIMORE (vgl. SAMMONS/THOMAS/ MORTIMORE 1997; THOMAS/SAMMONS/MORTIMORE/SMEES 1997; SAMMONS/NUTTALL/CUT-TANCE/THOMAS 1995) bestätigen in einer weiteren britischen Untersuchung das von GRAY u.a. notierte Ergebnis: „Only a minority of schools performed both consistently (across subjects) and with stability (over time) and ... these schools are at the extremes of the effectiveness range (i.e. strongly positive or strongly negative)" (THOMAS u.a. 1997, S. 194).

In den letzten Jahren ist die Frage nach der Stabilität von Schuleffekten intensiv für die USA untersucht worden, insbesondere von Forschern, die sich mit den methodischen Fragen bei der Berechnung von „AYP" beschäftigten. Neben anderen Arbeitsgruppen (u.a. BRYK, RAUDENBUSH und Mitarbeiter in Chicago) hat sich vor allem das National Center for Research and Evaluation, Standards, and Student Testing (CRESST) darum verdient gemacht, psychometrisch und statistisch angemessene Modelle zur Operationalisierung von Schuleffekten zu entwickeln. Solche Modelle beruhen auf geschachtelt längsschnittlichen Designs: In den Schulen wird in kurzen Abständen (z.B. jährlich) erfasst, und innerhalb der Schulen werden Schülerinnen und Schüler über ihre Schullaufbahn hinweg verfolgt. Die sehr umfangreichen Datensätze werden mit hierarchischen Wachstumsmodellen ausgewertet (vgl. CHOI/SELTZER/HERMAN/YAMASHIRO 2004; GOLDSCHMIDT/CHOI/MARTINEZ 2004). Die Modelle können – auch getrennt nach Teilgruppen von Schülern – Trends in Input, Zuwächsen (i.e. individuelle Lerngewinne im Verlauf eines Schuljahres) und Outputs (i.e. mittlere erreichte Leistung auf Schulebene) unterscheiden und dabei individuelle wie auch schulische Rahmenbedingungen kontrollieren (adjustieren) sowie die konvergierende bzw. divergierende Entwicklung bei Schülern mit unterschiedlichen Eingangsvoraussetzungen festhalten (vgl. im Überblick CHOI/GOLDSCHMIDT/YAMASHIRO 2006). Diskussionswürdig ist an solchen Ansätzen einerseits der extrem hohe Aufwand zur Generierung von Daten und damit zur Leistungsmessung in den Schulen, andererseits die Frage, ob man mit statistischen Kontrollen nicht überadjustiert, d.h. tatsächliche Schuleffekte maskiert. In Deutschland ist weder in der Forschung noch in der Schuladministration ein Datensatz in Sicht, der der Komplexität solcher Modelle entspricht; allerdings wären vereinfachte Varianten anwendbar.

Auch in den USA sind Indikatoren für Schuleffektivität vorgeschlagen worden, die weniger starke Voraussetzungen an den Umfang der verfügbaren Daten haben. So identifizieren BALFANZ u.a. (2007) „low performing high schools", indem sie die Schülerzahlen des Jahrgangs 12 im Jahr x in Relation setzen zur Schülerzahl des Jahrgangs 10 im Jahr (x-3): gute Schulen halten die meisten ihrer Schüler bis zur Abschlussklasse. STIEFEL u.a. (2005) diskutieren ökonometrische Ansätze wie etwa die „Data Envelopment Analysis", die auf „Produktivitäts"-Vergleichen zwischen Schulen beruhen, während Erziehungswissenschaftler wie etwa KELLY/MONCZUNSKI (2007) auf Schulvergleiche verzichten und die intraschulischen Profile von Fachleistungen zum Evaluationskriterium machen wollen. Einig sind sich die amerikanischen Wissenschaftler in ihrer Ablehnung des offiziellen „AYP"-Kriteriums, bei dem es genau genommen gar nicht um einen „Fortschritt" der Schulleistungen geht: Jeder Bundesstaat verwendet eigene Testsysteme und Minimalstandards und bestimmt jährlich steigende Benchmarks für den Prozentsatz von Jugendlichen, die diesen Minimalstandard erreichen oder übertreffen sollen. Bis zum Jahr 2014 werden letztlich 100 Prozent Zielerreichung angestrebt. Eine einzelne Schule erfüllt nun das AYP-Kriterium, wenn der Anteil ihrer Schüler, welche die Mindeststandards erfüllen, mindestens dem jeweiligen staatlich vorgeschriebenen Grenzwert entspricht. Dies bedeutet: „Adequate yearly progress" hat mit Lernzuwächsen an der Schule nichts zu tun. Weder wird erfasst, welche Lerngewinne die einzelnen Schüler haben, noch wird die Veränderung von Testwerten bzw. Erfolgsraten in der Schule gemessen. (Lediglich ein „safe harbour" Kriterium garantiert, dass AYP als erfüllt gilt, wenn die Erfolgsrate einer Schule gegenüber dem Vorjahr um mindestens 10 Prozentpunkte gestiegen ist.) Diese und andere Berechnungsprobleme führen dazu, dass „AYP" kaum etwas mit wissenschaftlich soliden Kennwerten zu tun hat, was nach BALFANZ u.a. (2007) zu „perversen" und „verwirrenden" Folgen für die Schulen führt.

Die Debatte in den USA zeigt, wie eng bildungspolitische Strategieentscheidungen und methodische Fragen der Schuleffektivitätsforschung zusammen gehören. In der deutschen Bildungspolitik und Schulforschung werden diese Fragen noch sehr reduziert und methodisch wenig elaboriert unter dem Stichwort „Strategien der Schulrückmeldung aus (querschnittlichen) Vergleichsuntersuchungen" diskutiert.

2.2 Längsschnittliche Designs als Voraussetzung für substanzielle Erkenntnisse über Schulentwicklung

Ein Mangel der methodenkritischen Arbeiten in den USA wie zuvor in Großbritannien besteht darin, dass die Datensätze durchweg keine Prozessvariablen enthalten. Insofern ist es nicht möglich, Inkonsistenzen bzw. Schwankungen in den Leistungsdaten auf veränderte Bedingungen der pädagogischen Arbeit oder auf bestimmte Maßnahmen der Schulentwicklung zurückzuführen. Das methodische Problem instabiler Schuleffekte würde so in das substanzielle, für Schulentwicklungsforschung zentrale Problem überführt, Bedingungen der Veränderung von schulischen Ergebnisindikatoren zu erschließen. Mortimore, Sammons und Mitarbeiter waren durchaus an solchen Fragen interessiert und führten daher in einem Teil ihres Schulsamples qualitative Beobachtungen durch. Sie formulierten darauf aufbauend die Vermutung, dass hohe akademische Leistungserwartungen, eine geteilte Vision, starke und flexible Führung, gute Unterrichtsqualität und eine starke Beteiligung von Eltern zu den unterstützenden Faktoren für eine positive Schulentwicklung im Längsschnitt gehören (SAMMONS u.a. 1995, S. 93). Diese Hypothesen wurden teilweise in einer quantitativen Folgestudie unter Verwendung von Schulleitungsbefragungen bestätigt. Diese Forschungstradition wurde in Großbritannien allerdings nicht systematisch weiterverfolgt.[a]

In der Entwicklungspsychologie gilt es seit langem als Trivialität, dass aus querschnittlichen Zusammenhängen (also inter-individuellen Vergleichen) nicht auf Entwicklungsbedingungen (also intra-individuelle Prozesse) geschlossen werden kann. Eben deshalb ist es in der Entwicklungspsychologie selbstverständlich, dass längsschnittliche Designs nötig sind, um Bedingungen unterschiedlicher Entwicklungsverläufe zu identifizieren. Eine analoge Praxis scheint sich in der Schuleffektivitätsforschung noch längst nicht durchgesetzt zu haben; es fehlt offenbar sogar das Problembewusstsein. Die gesamte Literatur der Schuleffektivitätsforschung, wie sie SCHEERENS/ BOSKER (1997) zusammengefasst hatten, beruht auf einmaligen Erhebungen auf Schulebene. Daran ändert es auch nichts, wenn die betreffende Schülerkohorte längsschnittlich (häufig über ein Schuljahr hinweg) beobachtet worden ist, wie es auch in etlichen deutschen Studien der Fall ist (FEND 1982, S. 485; BAUMERT u.a. 1996; LEHMANN u.a. 2004; PRENZEL u.a. 2006; DESI-KONSORTIUM 2008), es aber hinsichtlich der Veränderung der Schule als Organisationseinheit bei der einmaligen Messung bleibt. Auch wenn man die erreichten Ergebnisse unter Anrechnung von Hintergrundmerkmalen (Geschlecht, soziale und ethnische Herkunft, möglichst auch Intelligenz) oder gar Vorleistungen adjustiert, d.h. sogenannte „value added" Analysen durchführt, bleibt man im Blick auf die Schule bei einem Querschnitt, der – streng genommen – keine Schlussfolgerungen hinsichtlich Bedingungen erfolgreicher Schulentwicklung erlaubt.

Diese grundlegende Schwäche der quantitativen Schulforschung, aus querschnittlichen Designs Folgerungen für Schulentwicklungsprozesse zu ziehen, könnte dazu geführt haben, dass letztendlich über mehrere Jahrzehnte hinweg immer wieder dieselben förderlichen Schulmerkmale identifiziert worden sind. MARZANO (2003, S. 16ff.) macht deutlich, dass die meisten der bei SCHEERENS/BOSKER (1997) herausgearbeiteten Faktoren im Wesentlichen bereits 20 Jahre zuvor von Edmonds (1979) identifiziert worden waren: Monitoring; hohe Leistungserwartungen; positives, sicheres und geordnetes Lernklima; Abdeckung der grundlegenden curricularen Inhalte; starke Führung durch die Schulleitung. Es verwundert auch nicht, dass die einschlägigen Überblicksarbeiten immer wieder zu dem Schluss kommen, dass proximale Variablen wie Unterrichtsqualität und professionelle Handlungskompetenz der Lehrkräfte eine deutlich höhere Erklärungskraft haben als Faktoren der Schulebene. Wenn man aus Sicht der Schulebene nur einen einzigen Messzeitpunkt betrachtet, also gar nicht nach Veränderung auf Schulebene sucht, liegt es in der Tat nahe, dass Variablen der Schulebene im Vergleich zur Unterrichts- bzw. Lehrerebene relativ geringe Bedeutung haben.

Ohne längsschnittliche Designs auf Schulebene kann man auch so genannte rekursive Effekte nicht auflösen. SCHEERENS/BOSKER (1997, S. 66) wiesen bereits darauf hin, dass negative Korrelationen zwischen Lernergebnissen und vermutlich unterstützend wirkenden Schulvariablen häufig beobachtet werden können. Die DESI-Studie (DESI-KONSORTIUM 2008) bot hierzu für Deutschland eine Reihe von Beispielen. So fand sich auf Schulebene eine negative Korrelation zwischen dem Ausmaß der Lehrerkooperation und dem erreichten Leistungsstand der Schülerinnen und Schüler (STEINERT/HARTIG/KLIEME, 2008). Im Einklang mit SCHEERENS/BOSKER lässt sich dies so erklären, dass zwischen Leistungsniveau der Schule und Kooperationsbereitschaft der Lehrkräfte eine rekursive Beziehung besteht: Das Kollegium reagiert auf schwache Leistungen mit erhöhter Kooperation, sodass sich im Querschnitt (selbst wenn man, wie bei DESI geschehen, verschiedene Hintergrundvariablen statistisch kontrolliert) eine negative Korrelation ergibt. SCHEERENS/BOSKER (1997, S. 66) schließen daraus: „What is needed, however, to give some empirical basis to the recursive models, is longitudinal research at school level: following school changes and their potential causes over time."

Die Autoren konnten 1997 aber keine einzige entsprechende Studie benennen und fordern dementsprechend im Schlusskapitel: „The often-heard plea for more longitudinal research in school effectiveness can only be repeated here. Not only effects should be measured at more than one point in time, but also input and process variables" (SCHEERENS/BOSKER 1997, S. 315).

Weil die quantitative Schulforschung (Schuleffektivitätsforschung) nicht in der Lage war, tatsächliche Veränderungsprozesse auf Schulebene abzubilden oder gar zu erklären, hat die international und auch im deutschsprachigen Raum breit vorhandene Literatur zum Thema Schulentwicklung eine sehr schwache empirische Basis. Diese „school improvement" Literatur stützt sich im Wesentlichen auf Fallstudien und die wissenschaftliche Begleitung von Reformprojekten (vgl. TEDDLIE/STRINGFIELD 1993). Die Ergebnisse solcher qualitativer Empirie, kombiniert mit organisationssoziologischen und managementtheoretischen Konzepten (vgl. hierzu RÖBKEN 2006) bilden die Basis sowohl der internationalen Schulentwicklungsliteratur (vgl. etwa FULLAN 1992; HOPKINS 2005; LEE/WILLIAMS 2006; DALIN 1998) als auch der entsprechenden deutschsprachigen Literatur (vgl. etwa HOLTAPPELS 2003; KEMPFERT/ROLFF 1999, RAHM 2005). Auch die Evaluierung von ganzheitlichen Schulreformansätzen hat über lange Zeit mit wenig aussagefähigen Designs gearbeitet (vgl. etwa BERENDS/BODILLY/KERBY 2002; für Europa vgl. exemplarisch BLOSSING/EKHOLM 2005; sowie BONSEN u.a. 2002). Entgegen den Versprechungen mancher Publikationen lassen sich so „Veränderungen" auf Schulebene und deren Wirkungen nicht erfassen.

Erst in den vergangenen Jahren ist in Ansätzen eine Verbindung des Schulentwicklungsdiskurses und quantitativ-empirischer Schuleffektivitätsforschung erkennbar. Möglich wird dies zum einen durch komplexe Evaluationsdesigns, zum anderen durch die Verfügbarkeit von flächendeckenden Schuldaten, die im Rahmen des Bildungsmonitoring von staatlichen Stellen erhoben, dokumentiert und für wissenschaftliche Auswertungen zur Verfügung gestellt werden.

Beispiele für die erste Variante bilden in Deutschland die laufenden Untersuchungen zu selbstständigen Schulen in Nordrhein-Westfalen (HOLTAPPELS u.a. 2006), zu Schulen mit gymnasialer Oberstufe in Baden-Württemberg (TOSCA, KÖLLER u.a. 2004) sowie zur Entwicklung von Ganztagsschulen (StEG, HOLTAPPELS/KLIEME/RAUSCHENBACH/STECHER 2007). Dies sind unseres Wissens die einzigen derzeit in Deutschland laufenden Erhebungen mit aussagefähigen Stichproben auf Schulebene, in denen längsschnittlich sowohl auf der individuellen Ebene (Bildungsverläufe von Schülern) als auch auf Schulebene (Veränderung von Schulen über vier oder mehr Jahre hinweg) untersucht wird. Resultate hierzu liegen erst in Ansätzen vor. Es bleibt abzuwarten, welche systematisch neuen Erkenntnisse diese Studien über Schulentwicklung in Deutschland bringen. Alle drei Studien sind hinsichtlich ihrer Verallgemeinerbarkeit in Bezug auf Schulentwicklungsbedingungen dadurch stark eingegrenzt, dass sie nur spezielle Schultypen (selbstständige Schulen in NRW, (Fach-)Gymnasien in Baden-Württemberg bzw. Ganztagsschulen) betrachten. Es fehlt also in Deutschland – auch in der ansonsten vielfach untersuchten Sekundarstufe I – an Studien zur Entwicklung von schulischen Organisationseinheiten über einen mittleren bis längeren Zeitraum.

Auch in den USA liegen inzwischen Daten vor, die eine Analyse von Bedingungen erfolgreicher Schulentwicklung auf der Basis von Evaluationen ermöglichen. Sie stammen durchweg aus der Evaluierung der „Comprehensive School Reform", die seit Ende der 1980er Jahre systematisch in den USA eingeführt worden ist. Evaluationsergebnisse zu einigen dieser Reformmodelle fasst BORMAN (2003) metaanalytisch zusammen. Im Ergebnis zeigt sich, dass einige dieser Schulentwicklungsmaßnahmen, vor allem das von SLAVIN (SLAVIN/MADDEN 2001) entwickelte Modell „Success for All", signifikante Lernzuwächse erzeugen. Vermutlich liegt dies im Kern daran, dass systematische Curricula und Unterrichtsmaterialien entwickelt und unter kontrollierten Bedingungen schulweit eingesetzt werden, begleitet von fundierter Elternarbeit und anderen Komponenten der Schulentwicklung. Da es sich hier um experimentelle oder quasi-experimentelle Evaluationsdesigns handelt, bleiben sie überwiegend bei Globalaussagen zu den Effekten stehen. Auch diese US-amerikanischen Evaluationen sagen so gut wie nichts darüber aus, welche Prozessmerkmale im Einzelnen, insbesondere welche Komponenten der komplexen Interventionsprogramme für Veränderungen verantwortlich sind und welche Bedingungen dabei im Sinne von Mediatoren, Moderatoren, Kompositions- oder differentiellen Effekten wirken. Entsprechende Beobachtungs- und Prozessdaten werden in der amerikanischen Schulforschung kaum erhoben.

Die zuletzt genannte Einschränkung gilt auch für breit angelegte Monitoring-Programme, die ansonsten eine exzellente Basis für längsschnittliche Schuleffektivitätsforschung darstellen. Insbesondere durch das „no child left behind"-Gesetz wurden in nahezu allen Staaten Datenbanken mit standardisierten Testergebnissen von Schulen geschaffen. Auf diese Weise lassen sich beispielsweise Auswirkungen von staatlichen Reformen im Schulwesen auf Schülerleistungen untersuchen (vgl. als aktuelles Beispiel DOMINA 2007). Da Prozessdaten fehlen, beschränken sich die Informationen über relevante Faktoren der Schulebene auf Kompositionsvariablen wie den Anteil der Minoritäten oder den Anteil von Jugendlichen, die eine freie Schulmahlzeit erhalten (als proximaler SES-Indikator).

Bei diesem Stand der längsschnittlichen Schuleffektivitätsforschung wird deutlich, dass nicht nur im deutschsprachigen Raum, sondern auch in der internationalen Forschungslandschaft eine Untersuchung von Längsschnitten auf der Schulebene, die neben Outcome- und Input- bzw. Kontext-Variablen auch Prozessaspekte der Schule berücksichtigt und damit tatsächlich schulische Bedingungsfaktoren für erfolgreiche Entwicklungsprozesse identifizieren kann, nach wie vor ein Desiderat darstellt.

3 Explorative Analysen anhand von PISA-E-Daten

Um die Möglichkeiten derartiger Auswertungen zu belegen, sollen im Folgenden einige bislang unveröffentlichte Analysen anhand einer Verknüpfung von Daten aus PISA-E 2000 und PISA-E 2003 vorgestellt werden. Es war hierbei noch nicht möglich, mit komplexen längsschnittlichen Mehr-Ebenen-Modellen zu arbeiten. Die folgenden Analysen dienen daher einzig dem Zweck, das Potenzial von Schul-Panel-Daten zu illustrieren.

Ausgewertet wird ein Datensatz, der alle Schulen enthält, die in Deutschland im Jahr 2000 und erneut im Jahr 2003 an PISA bzw. PISA E teilgenommen hatten.[b] Es handelt sich um insgesamt 361 Schulen, d.h. um jeweils etwa ein Viertel der nationalen Schulstichprobe. Diese Zahl muss sehr hoch erscheinen, denn die Schulstichproben werden in jedem PISA-Zyklus neu nach Zufall gezogen. Erklärt wird diese hohe Zahl an Panel-Schulen durch deren Klumpung in einzelnen Ländern: Die fünf größten Länder haben zusammen einen Anteil von 6 Prozent an der Stichprobe, die fünf kleinsten Länder hingegen einen Anteil von 68 Prozent Die Wiederholungsuntersuchungen kommen vor allem dadurch zustande, dass auch in kleinen Ländern (z. B. Stadtstaaten) aussagefähige Stichproben (je ca. 20 Schulen) für alle Schularten benötigt werden, so dass im Extremfall faktisch mit jeder PISA-E-Untersuchung eine Vollerhebung stattfindet.[c]

Trotz dieser national nicht repräsentativen Auswahl der Panelschulen lohnt es sich, an diesem Datensatz die Stabilität von Schulmerkmalen, die Invarianz von Zusammenhängen und Ansätze zur Erklärung von Veränderungen in Einzelschulen zu explorieren. Aus PISA 2003 standen dafür zunächst nur aggregierte Schulvariablen (basierend auf den jeweils untersuchten Fünfzehnjährigen) zur Verfügung, so dass sich die folgenden Analysen ausschließlich auf Schulebene bewegen. Um die Leistungsinformationen möglichst vollständig auszuschöpfen und die Tatsache auszugleichen, dass zwischen 2000 und 2003 die Haupt-Testkomponente wechselte (Lesen bzw. Mathematik), wurde für jede Schule ein Gesamtleistungsindex gebildet aus den Mittelwerten für Lesen, mathematische und naturwissenschaftliche Grundbildung. Mehr-Ebenen-Analysen, bei denen die Leistungskriterien getrennt behandelt werden, sind für weiterführende Publikationen geplant. Die im Folgenden dargestellten Analysen wurden – mit den 361 Schulen als Fällen – mittels Regressions- und Korrelationsprozeduren im Statistikprogramm SPSS ausgeführt; alle berichteten Regressions- bzw. Pfadkoeffizienten sind standardisiert.

Das schulische Leistungsniveau ist mit Korrelationskoeffizienten in Höhe von .90 (Mathematik) bis .93 (Gesamtindex) sehr stabil. Allerdings resultiert dieser extrem hohe Wert nicht zuletzt aus der Stabilität von Schul*art*unterschieden. Betrachtet man nur Schulen, die auch den Hauptschul-Bildungsgang anbieten (n = 191), sinkt die Stabilität des Gesamtwertes auf .84, bei den Gymnasien (n=91) beträgt sie .57, bei Realschulen (n=75) .74. Dieser Befund bestätigt die in den 70er Jahren (damals auf der Basis von Varianzzerlegungen in Querschnittstudien) von Fend formulierte Erkenntnis, dass Einzelschulen innerhalb einer Schulart sich substanziell unterschiedlich entwickeln können. Es lohnt sich also, nach Bedingungsfaktoren unterschiedlicher Schulentwicklung zu fragen, wenn man innerhalb von Schularten bleibt. Hierfür greifen wir auf Skalen der Schüler- und Schulleiterbefragung zurück, die im Einzelnen bei Kunter et al. (2003) und Ramm et al. (2006) dokumentiert sind.

In querschnittlichen Untersuchungen der Schulforschung spielt der Zusammenhang zwischen Schulklima und Leistungsniveau eine wichtige Rolle, ebenso die Bedeutung der sozialen Komposition für den Leistungsstand. Diese beiden Themen sollen nun in längsschnittlichen Designs aufgegriffen werden. Als Operationalisierung des Leistungsniveaus verwenden wir den oben definierten Gesamtleistungsindex. Das Schulklima wird durch die Schülerangaben zu „Disziplin im Unterricht" erfasst. Die Skala erfasst mit fünf Items, inwieweit der Unterricht als störungsfrei wahrgenommen wird und die Zeit effektiv für das Lernen genutzt werden kann (α=.84). Die so-

Abbildung 1. Cross-Lagged-Panel-Analysen des Zusammenhangs zwischen Leistungsniveau und Schulklima (Disziplin) als Indikatoren für Schulentwicklung zwischen 2000 und 2003 auf der Basis von wiederholt untersuchten Schulen in PISA, nach Schularten getrennt (nur signifikante Korrelationen bzw. Pfade sind dargestellt)

Zusammenhang zwischen Leistungsniveau und Schulklima (Disziplin)

in Gymnasien (n=91)   in Schulen mit Hauptschul-Bildungsgang (n=190)

Leistung00 —.57→ Leistung03   Leistung00 —.82→ Leistung03
    .28   .35   .52   .56
Disziplin00   Disziplin03   Disziplin00   Disziplin03

Abbildung 2. Cross-Lagged-Panel-Analysen des Zusammenhangs zwischen Leistungsniveau und Sozialer Komposition (SES) als Indikatoren für Schulentwicklung zwischen 2000 und 2003 auf der Basis von wiederholt untersuchten Schulen in PISA, nach Schularten getrennt (nur signifikante Korrelationen bzw. Pfade sind dargestellt)

Zusammenhang zwischen Leistungsniveau und Sozialer Komposition

in Gymnasien (n=91)   in Schulen mit Hauptschul-Bildungsgang (n=190)

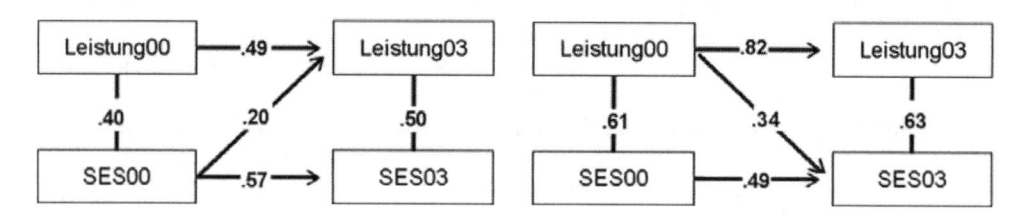

Leistung00 —.49→ Leistung03   Leistung00 —.82→ Leistung03
   .40   .20   .50   .61   .34   .63
SES00 —.57→ SES03   SES00 —.49→ SES03

ziale Komposition wird durch den mittleren Wert des höchsten sozioökonomischen Status der Familie nach dem Highest International Socioeconomic Index (HISEI) erfasst. Methodisch arbeiten wir zunächst mit Cross-Lagged-Panel-Analysen auf Schulebene (vgl. Abb.1 und Abb.2), um dann die drei Variablen zu integrieren (vgl. Abb. 3).

Über alle 361 Schulen hinweg zeigt sich eine geringe Stabilität der Disziplin im Unterricht, die hier als Indikator für das Schulklima verwendet wird (r=.31). Dieser Indikator korreliert mit dem Leistungsniveau zu r=.34 (2000) bzw. r=.58 (2003). Die Differenz der beiden Kennwerte darf nicht als Zeichen mangelnder Invarianz des Zusammenhangs zwischen Schulklima und Leistung verstanden werden, weil sich die Disziplin-Skala 2000 auf den Deutschunterricht bezog, 2003 aber auf den Mathematikunterricht. Wichtig für die Schulentwicklungsforschung ist nun, dass sich im Längsschnitt ein starker Pfad von Leistung auf Disziplin zeigt, und zwar – wie Abbildung 1 zeigt – nur in Schularten, die einen Hauptschulabschluss anbieten. Diese Schulen zeigen zwischen 2000 und 2003 eine umso positivere Entwicklung ihres Schulklimas, je besser zum Ausgangszeitpunkt

(2000) ihre Leistungen waren. Umgekehrt wirkt sich ein gutes Schulklima längsschnittlich nicht auf die Schulleistung aus, wie es in der Schulforschung häufig angenommen wird.

Abbildung 2 stellt den längsschnittlichen Zusammenhang zwischen Leistungsniveau und sozialer Komposition der Schule hinsichtlich des sozio-ökonomischen Status dar. Gymnasien können, wie Abbildung 2 zeigt, im Verlauf von drei Jahren gewissermaßen einen höheren mittleren sozio-ökonomischen Status (SES) in eine höhere Leistung auf Schulebene umsetzen, während Schulen mit Hauptschulbildungsgang umgekehrt bei hoher Leistung eine vorteilhafte soziale Komposition ihrer Schülerschaft erreichen. An dieser Stelle sei nochmals auf den explorativen Charakter dieser Berechnungen hingewiesen. Es ist nicht auszuschließen, dass die hier prononciert formulierten „Wirkungen" nur unter den Konkurrenzbedingungen von Schulen in Stadtstaaten zustande kommen.

Sollen nun die Zusammenhänge zwischen allen drei Variablen modelliert werden, lassen sich Mediationseffekte annehmen. Beispielsweise kann ein Teil der Leistungsveränderungen bei Einzelschulen dadurch erklärt werden, dass Schulen mit hohen Ausgangsleistungen eine Schülerschaft mit höherem sozio-ökonomischen Status anziehen und ihre Disziplin verbessern, was wiederum zum nächsten Testzeitpunkt in höheren Testergebnissen resultiert (vgl. Abb. 3). Bei dem angeführten Beispiel handelt es sich nur um ein sehr einfaches Modell, das mehrebenenanalytisch erweitert und nach Möglichkeit mit drei Messzeitpunkten (etwa unter Einschluss neuerlicher Wiederholungsuntersuchungen in 2006) dargestellt werden muss.

Was lässt sich mit aller gebotenen Vorsicht über den Erfolg von schulischen Praktiken und Maßnahmen sagen, wie sie in PISA und anderen Studien beim Schulleiter erfragt werden? In der bisherigen PISA-Diskussion wurde – zumindest in Deutschland – ungeachtet einiger interessanter Befunde (z.B. SENKBEIL 2005) häufig vermutet, dass Angaben von Schulleitungen subjektiv und vom eigentlichen Lerngeschehen entfernt seien. Diese skeptische Sicht zeigt sich in der Tat, wenn wir auf Schulebene Partialkorrelationen berechnen, um im Querschnitt (2000) das schulische Leistungsni-

Abbildung 3. Soziale Komposition (SES) und Schulklima (Disziplin) als Mediatoren für die Veränderung des Leistungsniveaus (über alle Schularten hinweg, n=361) (R^2=.88 für das Leistungsniveau 2003)

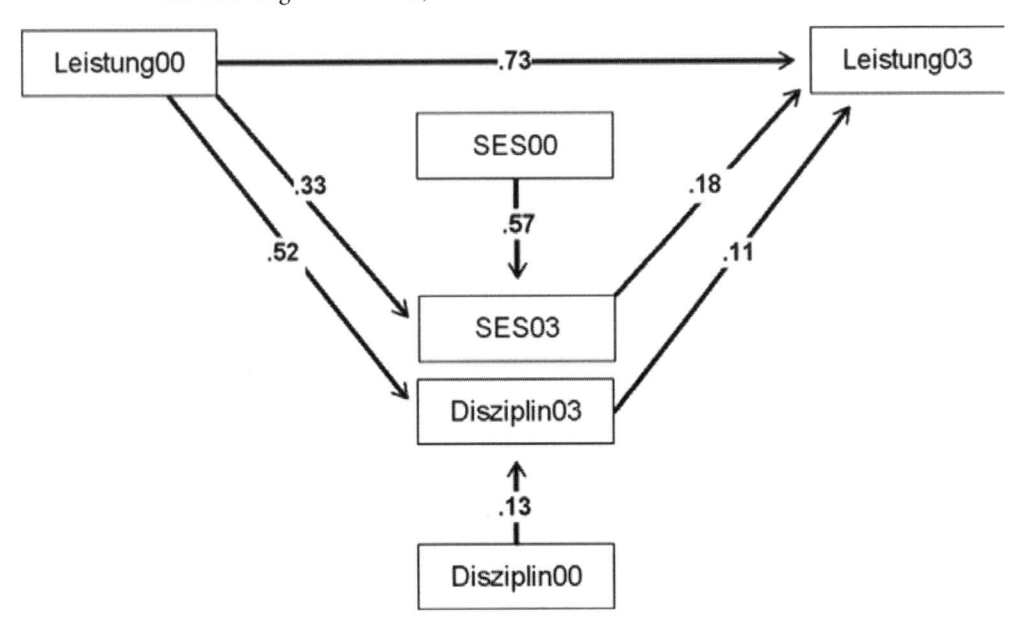

Tabelle 1. Prognostische Bedeutung von Merkmalen der Prozessqualität für die Leistungsentwicklung an Einzelschulen (aggregierte Daten auf Schulebene aus PISA-E 2000 und PISA-E 2003; n = 361)

Prozessmerkmal (Skala der Schulleiterbefragung)	Erklärung der Gesamtleistung 2000 unter Kontrolle von SES 2000 und kognitiven Grundfähigkeiten 2000 (Partialkorrelationen)	Erklärung der Gesamtleistung 2003 unter Kontrolle von Leistung, SES und kognitiven Grundfähigkeiten 2000 (Partialkorrelationen)		
		alle	Gymnasien	Mit HS-Bildungsgang
Arbeitsmoral im Kollegium	.13	.22**	.32*	.31**
Konsens im Kollegium	.09	.16*	.01	.34**
Schulisches Aktivitätsniveau	–.12	–.01	.29*	.07
Vernachlässigung des Schullebens	–.10	.00	–.10	–.23*
Konzentration auf Kernfächer	.06	–.07	–.08	–.17
Überforderung	–.30***	–.01	.00	–.06

* p < .05, ** p < .01, *** p < .001

veau zu erklären (vgl. linke Spalte in Tabelle 1). Unter Kontrolle der sozialen Komposition (mittlerer SES) und des Mittelwertes für kognitive Grundfähigkeiten ergibt sich einzig ein negativer Effekt für die von den Schulleitungen eingeschätzte „Überforderung": Je mehr eine Schulleitung ihre Schülerinnen und Schüler – bei gleichen intellektuellen und sozialen Ausgangsbedingungen – für überfordert hält, desto niedriger sind tatsächlich ihre Testleistungen. Dies besagt zunächst nur, dass Schulleitungen den Leistungsstand ihrer Schülerschaft realistisch einschätzen.

Im Längsschnitt, d.h. mit der Gesamtleistung 2003 als abhängiger Variable und unter zusätzlicher Kontrolle der Leistung 2000, zeigt sich ein anderes Bild (vgl. rechte Spalte von Tab. 1): Nun sind die von den Schulleitungen eingeschätzte Arbeitsmoral, operationalisiert über die aus vier Items bestehende Skala zur Arbeitseinstellung und Engagement der Lehrkräfte (α=.73) und der Konsens im Kollegium, gemessen mit der vier Items umfassenden Skala zum Konsens innerhalb der Lehrerschaft über Ziele und pädagogische Arbeit (α=.83), für die Leistungen 2003 bedeutsam. Innerhalb der Schularten ist der Zusammenhang zwischen Arbeitsmoral und Leistung noch deutlicher. Diese Zusammenhänge bleiben erhalten, wenn man zusätzlich in Bezug auf die soziale Komposition im Jahr 2003 adjustiert.

Die voranstehenden explorativen Analysen können zwar keine Allgemeingültigkeit beanspruchen, sie machen aber zumindest plausibel, dass Merkmale der Prozessqualität, wie sie etwa von Schulleitungen in Befragungen beschrieben und eingeschätzt werden, doch für die Schulentwicklung relevant sein könnten.

4 Ziele weiterführender Forschung

Der Stand der Forschung zur Schulentwicklung (Abschnitte 1 und 2) macht deutlich, dass in Deutschland dringend Studien benötigt werden, die Entwicklungen und Verläufe auf Schulebene über mehrere Jahre hinweg im Längsschnitt abbilden. Diese Untersuchungen sollten dabei sowohl Input- als auch Prozess- und Ergebnisvariablen berücksichtigen, eine ausreichende Breite von schulischen Kontexten und Entwicklungen abdecken und so umfangreiche Stichproben haben, dass Mehr-Ebenen-Analysen durchgeführt werden können. An einem solchen Datensatz könnten methodische Probleme der Schulforschung und Schulevaluation untersucht und mögliche Bedingungsfaktoren erfolgreicher Schulentwicklung identifiziert werden. Damit würden die Schulforschung und die Praktiken der Qualitätsentwicklung und -sicherung in Deutschland Anschluss an den Stand der Forschung und Entwicklung in anderen Staaten finden, und empirische Befunde zur spezifischen Situation in Deutschland bereitstellen können.

Die Autoren beabsichtigen, den hier (in Abschnitt 3) erstmals vorgestellten Ansatz einer Re-Analyse von PISA-Daten für die Zyklen 2000 bis 2006 in enger Kooperation mit den jeweils zuständigen Konsortien unter Nutzung komplexerer statistischer Modelle weiter zu verfolgen. Unter anderem ist damit zu rechnen, dass sich bundesweit mehr als 100 Schulen identifizieren lassen, die zu allen drei Zeitpunkten an PISA teilgenommen haben, womit sich auch nicht-lineare Entwicklungen modellieren lassen. Diese Sekundäranalysen allein können aber die relevanten Forschungsfragen nicht beantworten. Eine längsschnittliche Schulentwicklungsforschung braucht auch Primärerhebungen in Deutschland ebenso wie auf internationaler Ebene. Systematische Interventionsstudien könnten sich anschließen. Beim gegenwärtigen Erkenntnisstand, d.h. ohne systematisches Wissen über die Messung und Erklärung von Veränderungen auf Schulebene, sind diese allerdings noch nicht sinnvoll.

Anmerkungen

a Pam Sammons, Persönliche Mitteilung, August 2007:
b Wir bedanken uns beim IPN (Kiel) für die Bereitstellung ausgewählter Schuldaten für PISA-E 2003, beim Max Planck Institut für Bildungsforschung (Berlin) für das Einverständnis zur Nutzung von PISA-E 2000-Daten sowie beim Data Processing Center (Hamburg) für die Identifizierung der Schulen und die (für die Wissenschaftler anonyme) Zusammenführung der Daten.
c Auf eine Dokumentation der Aufteilung der Stichprobe auf Länder wird hier bewusst verzichtet, da es in unserem Kontext nicht darum gehen kann, für einzelnen Länder gültige Aussagen zu machen, sondern um den prinzipiellen Nachweis, dass Schulentwicklung im Längsschnitt anhand von PISA-Daten darstellbar ist.

Literaturverzeichnis

ARGYRIS, C. /SCHÖN, D. (1978): Organizational Learning. – Reading, MA.
BALFANZ, R./LEGTERS, N./WEST, T. C./WEBER, L. M. (2007): Are NCLB's Measures, Incentives, and Improvement Strategies the Right Ones for the Nation's Low-Performing High Schools? In: American Educational Research Journal, Vol. 44, No. 3, pp. 559-593.
BAUMERT, J. (2002): Deutschland im internationalen Bildungsvergleich. In: KILLIUS, N./KLUGE, J./REISCH, L. (Hrsg.): Die Zukunft der Bildung. – Frankfurt a.M., S. 100-150.
BAUMERT, J./STANAT P./WATERMANN R. (2006): Schulstruktur und die Entstehung differenzieller Lern- und Entwicklungsmilieus. In: BAUMERT, J./STANAT, P./WATERMANN, R. (Hrsg.): Herkunftsbedingte Disparitäten im Bildungswesen. Vertiefende Analysen im Rahmen von PISA 2000. – Wiesbaden, S. 95-188.
BAUMERT, J./STANAT, P./WATERMANN, R. (Hrsg.) (2006): Herkunftsbedingte Disparitäten im Bildungswesen: Differenzielle Bildungsprozesse und Probleme der Verteilungsgerechtigkeit. – Wiesbaden.
BAUMERT, J./ROEDER, P. M./GRUEHN, S./HEYN, S./KÖLLER, O./RIMMELE R./SCHNABEL, K./SEIPP, B. (1996): Bildungsverläufe und psychosoziale Entwicklung im Jugendalter (BIJU). In: TREUMANN, K.-P./NEUBAUER G./MÖLLER, R./ABEL, J. (Hrsg.): Methoden und Anwendungen empirischer pädagogischer Forschung. – Münster, S. 170-180.
BERENDS, M. /BODILLY, S. J./KERBY, S. N. (2002): Facing the challenges of whole-school reform. New American schools after a decade. – Santa Monica.

BLOSSING, U./EKHOLM, M. (2005): Wirkungsanalyse der Schulentwicklung – eine Langzeitstudie aus Schweden. In: Journal für Schulentwicklung, Bd. 9, H. 4, S. 43-52.
BONSEN, M./GARTHEN, J./IGELHAUT, C./PFEIFFER, H. (2002): Die Wirksamkeit von Schulleitung. Empirische Annäherungen an ein Gesamtmodell schulischen Leitungshandelns. – Weinheim.
BORMAN, G. D./HEWES, G. M./OVERMAN, L. T./BROWN, S. (2003): Comprehensive school reform and achievement: A meta-analysis. In: Review of Educational Research, Vol. 73, pp. 125-230.
CHOI, K./GOLDSCHMIDT, P./YAMASHIRO, K. (2006): Exploring models of school performance: from theory to practice. CSE Report 673. Los Angeles, CA: Center for the study of evaluation, University of California. – Los Angeles.
CHOI, K./SELTZER, M./HERMAN, J. (2004): Children left behind in AYP and non-AYP schools: Using student progress and the distribution of student gains to validate AYP. CRESST Report 637. Los Angeles, CA: Center for research on evaluation, standards, and student testing, University of California. – Los Angeles.
CHRISPEELS, J. H./HARRIS, A. (2006): Conclusion: Future Directions for the Field. In: HARRIS, A./CHRISPEELS, J. H. (Eds.): Improving Schools and Educational Systems. – London, pp. 295-307.
CLAUSEN, M. (2002): Unterrichtsqualität: Eine Frage der Perspektive? – Münster.
DALIN, P. (1999): Theorie und Praxis der Schulentwicklung. – Neuwied, Kriftel.
DESI-KONSORTIUM (Hrsg.) (2008): Unterricht und Kompetenzerwerb in Deutsch und Englisch. – Weinheim.
DITTON, H./KRECKER, L. (1995): Qualität von Schule und Unterricht. Empirische Befunde zu Fragestellungen und Aufgaben der Forschung. In: Zeitschrift für Pädagogik, Bd. 41, H. 4, S. 507-529.
DOMINA, T. (2007): Higher education policy as secondary school reform: Texas public high schools after Hopwood. In: Educational Evaluation and Policy Analysis, Vol. 29, No. 3, pp. 200-217.
EDMONDS, R. (1979): Effective Schools for the Urban Poor. In: Educational Leadership, Vol. 37, pp. 15-24.
FEND, H. (1982): Gesamtschule im Vergleich. Bilanz der Ergebnisse des Gesamtschulversuchs. – Weinheim.
FEND, H. (1986): „Guten Schulen – schlechte Schulen". Die einzelne Schule als pädagogische Handlungseinheit. In: Die Deutsche Schule, Bd. 78, S. 275-293.
FEND, H. (1998): Qualität im Bildungswesen. Schulforschung zu Systembedingungen, Schulprofilen und Lehrerleistung. – 1. Aufl. – Weinheim.
FEND, H. (2001): Qualität im Bildungswesen. Schulforschung zu Systembedingungen, Schulprofilen und Lehrerleistung. – 2. Aufl. – Weinheim.
FEND, H. (2006): Neue Theorie der Schule. Einführung in das Verstehen von Bildungssystemen. – Wiesbaden.
FEND, H. (2008): Schule gestalten. Systemsteuerung, Schulentwicklung und Unterrichtsqualität. – Wiesbaden.
FUHRMAN, S. H./ELMORE, R. F. (Hrsg.) (2004): Redesigning accountability systems for education. – New York, London.
FULLAN, M. (1992): Successful school improvement. – Buckingham, Philadelphia.
GOLDSCHMIDT, P./CHOI, K./MARTINEZ, F. (2004): Using hierarchical growth models to monitor school performance over time: Comparing NCE to scale score results. CES Report 618. Los Angeles, CA: Center for the study of evaluation, University of California. – Los Angeles.
GRAY, J./GOLDSTEIN, H./JESSON, D. (1996): Changes and improvements in schools' effectiveness: trends over five years. In: Research Papers in Education, Vol. 11, No. 1, pp. 35-51.
HARRIS, A./CHRISPEELS, J. H. (Eds.) (2006): Improving Schools and Educational Systems. – London.
HOLTAPPELS, H. G. (2003): Schulqualität durch Schulentwicklung und Evaluation. Konzepte, Forschungsbefunde, Instrumente. – München.
HOLTAPPELS, H.-G./KLIEME, E./RAUSCHENBACH, T./STECHER, L. (Hrsg.) (2007): Ganztagsschule in Deutschland. Ergebnisse der Ausgangserhebung der „Studie zur Entwicklung von Ganztagsschulen" (StEG). – Weinheim.
HOLTAPPELS, H. G../ROLFF, H. G. ./KLEMM, K./PFEIFFER, H./ BERKEMEYER, N./FELDHOFF, T./KANDERS, M./MEETZ, F./VOSS, A./RÖHRICH, T. (2006): Entwicklung ist messbar. Zwischenbericht der wissenschaftlichen Begleitforschung zum Projekt „Selbstständige Schule". – Troisdorf.

HOPKINS, D. (Ed.) (2005): The practice and theory of school improvement. International handbook of educational change. – Dordrecht.

KELLY, S./MONCZUNSKI, L. (2007): Overcoming the volatility in school-level gain scores: A new approach to identifying value added with cross-sectional data. In: Educational Researcher, Vol. 36, No. 5, pp. 279-287.

KEMPFERT, G./ROLFF, H. G. (1999): Pädagogische Qualitätsentwicklung. Ein Arbeitsbuch für Schule und Unterricht. – Weinheim.

KLIEME, E./RAKOCZY, K. (2003): Unterrichtsqualität aus Schülerperspektive: Kulturspezifische Profile, regionale Unterschiede und Zusammenhänge mit Effekten von Unterricht. In: BAUMERT, J./ARTELT, C./ KLIEME, E./NEUBRAND, M./PRENZEL, M./SCHIEFELE, U./SCHNEIDER, W./ TILLMANN, K.-J. (Hrsg.): PISA 2000. Ein differenzierter Blick auf die Länder der Bundesrepublik Deutschland. – Opladen, S. 334-359.

KLIEME, E./BAUMERT, J./SCHWIPPERT, K. (2000): Schulbezogene Evaluation und Schulleistungsvergleiche – Eine Studie im Anschluss an TIMSS. In: ROLFF, H. G./BOS, W./KLEMM, K./PFEIFFER, H./SCHULZ-ZANDER, R. (Hrsg.): Jahrbuch der Schulentwicklung. Bd. 11. Daten, Beispiele und Perspektiven. – Weinheim, S. 387-419.

KÖLLER, O./TRAUTWEIN, U. (2003): Schulqualität und Schülerleistung. Evaluationsstudie über innovative Schulentwicklung an fünf hessischen Gesamtschulen. – Weinheim.

KÖLLER, O./WATERMANN, R./TRAUTWEIN, U./LÜDTKE, O. (Hrsg.) (2004): Wege zur Hochschulreife in Baden-Württemberg. TOSCA - Eine Untersuchung an allgemein bildenden und beruflichen Gymnasien. – Opladen.

KUNTER, M./SCHÜMER, G./ARTELT, C./BAUMERT, J./KLIEME, E./NEUBRAND, M./PRENZEL, M./SCHIEFELE, U./SCHNEIDER, W./STANAT, P./TILLMANN, K.-J./WEISS, M. (2003). PISA 2000 – Dokumentation der Erhebungsinstrumente. Berlin: MPI für Bildungsforschung.

LEE, J. C./WILLIAMS, M. (Hrsg.) (2006): School improvement. International perspectives. – New York.

LEHMANN, R. H. (2001): Systembeobachtung: Lernausgangslage und Lernentwicklung in der Sekundarstufe I. In: TILLMANN, K. J./VOLLSTÄDT, W. (Hrsg.): Politikberatung durch Bildungsforschung. Das Beispiel: Hamburg. – Opladen, S. 61-74.

LEHMANN, R. H./HUNGER, S./IVANOV, S./GÄNSFUSS, R./HOFFMANN, E. (2004): Aspekte der Lernausgangslage und der Lernentwicklung – Klassenstufe 11. Ergebnisse einer Längsschnittuntersuchung in Hamburg. – Hamburg.

LISSITZ, R. (Ed.) (2007): Assessing and Modeling Cognitive Development in School. – Maple Grove, Minnesota.

LOUIS, S. K./LEITHWOOD, K. (1998): From organizational learning to professional learning communities. In: LEITHWOOD, K./ LOUIS S. K. (Eds.): Organizational learning in schools. – Lisse, pp. 275-285.

LÜDTKE, O./ROBITZSCH, A./KÖLLER, O. (2002): Statistische Artefakte bei Kontexteffekten in der pädagogisch psychologischen Forschung. In: Zeitschrift für Pädagogische Psychologie, Bd. 16, S. 217-231.

LUYTEN, J. W. (1994): School effects: Stability and malleability. – Enschede.

MARZANO, R. J. (2003): What works in school. Translating research into action. - Alexandria, VA.

PRENZEL, M./CARSTENSEN, C. H./SENKBEIL,M./OSTERMEIER, C./SEIDEL, T. (2005): Wie Schneiden SINUS-Schulen bei PISA ab? Ergebnisse der Evaluation eines Modellversuchsprogramms: In: Zeitschrift für Erziehungswissenschaft, Bd. 8, H. 4, S. 541-562.

PRENZEL, M./BAUMERT, J./BLUM, W./LEHMANN, R./LEUTNER, D./NEUBRAND, M./PEKRUN, R./ROST, J./ SCHIEFELE, U. (2006): PISA 2003. Untersuchungen zur Kompetenzentwicklung im Verlauf eines Schuljahres. – Münster, New York, München, Berlin.

RAHM, S. (2005): Einführung in die Theorie der Schulentwicklung. – Weinheim.

RAMM, G./PRENZEL, M./BAUMERT, J./BLUM, W./LEHMANN, R./LEUTNER, D./NEUBRAND, M./PEKRUN, R./ ROLFF, H.-G./ROST, J./SCHIEFELE, U. (Hrsg.) (2006): PISA 2003. Dokumentation der Erhebungsinstrumente. Münster: Waxmann.

REYNOLDS, D./STRINGFIELD, S./SCHAFFER, E. C. (2006): The High Reliability Schools Project: Some Peliminary Results and Analyses. In: HARRIS, A./CHRISPEELS, J. H. (Eds.): Improving Schools and Educational Systems. – London, pp. 56-76.

RÖBKEN, H. (2006): Managementkonzepte in der Schulentwicklung. Eine Modeerscheinung? In: Zeitschrift für Erziehungswissenschaft, H. 2, S. 255-271.

SAMMONS, P./THOMAS, S./MORTIMORE, P. (1997): Forging links: Effective schools and effective departments. – London.

SAMMONS, P./NUTTALL, D./ CUTTANCE, P./THOMAS, S. (1995): Continuity of school effects: A longitudinal analysis of primary and secondary school effects on GCSE. School effectiveness and school improvement, Vol. 6, No. 4, pp. 285-307.

SCHEERENS, J. (2007): Education as a loosely coupled hierarchical system. Unveröff. Manuskript. University of Twente.

SCHEERENS, J./BOSKER, R. J. (1997): The foundations of educational effectiveness. – Oxford.

SEIDEL, T./SHAVELSON, R. J. (2007): Teaching effectiveness research in the last decade: The role of theory and research design in disentangling meta-analysis results. In: Review of Educational Research, Vol. 77, pp. 454-499.

SENKBEIL, M. (2006): Die Bedeutung schulischer Faktoren für die Kompetenzentwicklung in Mathematik und in den Naturwissenschaften. In: PISA-Konsortium Deutschland (Hrsg.): PISA 2003. Untersuchungen zur Kompetenzentwicklung im Verlauf eines Schuljahres. – Münster, S. 277-308.

SLAVIN, R. E./MADDEN, N. A. (2001): Success for all. Research and reform in elementary education. – Mahwah.

STANAT, P. (2006): Schulleistungen von Jugendlichen mit Migrationshintergrund: Die Rolle der Zusammensetzung der Schülerschaft. In: BAUMERT, J./STANAT, P./WATERMANN, R. (Hrsg.): Herkunftsbedingte Disparitäten im Bildungswesen. Vertiefende Analysen im Rahmen von PISA 2000. – Wiesbaden, S. 189-219.

STANAT, P,/WATERMANN, R./TRAUTWEIN, U./BRUNNER, M./KRAUSS, S. (2003): Multiple Zielerreichung in Schulen: Das Beispiel der Bielefelder Laborschule. Eine Evaluation mit Instrumenten aus Schulleistungsuntersuchungen. In: Die Deutsche Schule, Bd. 95, S. 394-419.

STEINERT, B./HARTIG, J./KLIEME, E. (2008): Institutionelle Bedingungen sprachlicher Kompetenzen. In: DESI-Konsortium. (Hrsg.): Unterricht und Kompetenzerwerb in Deutsch und Englisch. – Weinheim.

STEINERT, B./KLIEME, E./MAAG MERKI, K./DÖBRICH, P./HALBHEER, U./KUNZ, Á. (2006): Lehrerkooperation in der Schule: Konzeption, Erfassung, Ergebnisse. In: Zeitschrift für Pädagogik, Bd. 52, H. 2, S. 185-204.

STIEFEL, L./SCHWARTZ A. E./RUBENSTEIN R./ZABEL J. (Hrsg.) (2005): Measuring school performance and efficiency: Implications for practice and research. 2005 Yearbook of the American Education Finance Association. – Larchmont, NY.

TEDDLIE, C./STRINGFIELD, S. (1993): Schools make a difference. – New York.

TEDDLIE, C. B./STRINGFIELD, S. (2006): A Brief History of School Improvement Research in the USA. In: HARRIS, A./CHRISPEELS, J. H. (Eds.): Improving Schools and Educational Systems. – London, pp. 23-38.

THOMAS, S./SAMMONS, P./MORTIMORE, P./SMEES, R. (1997): Stability and consistency in secondary schools' effects on students' GCSE outcomes over three years. In: School effectiveness and school improvement, Vol. 8, No. 2, pp. 169-197.

WEICK, K. E. (1976): Educational Organizations as loosely coupled systems. In: Administrative Science Quarterly, Vol. 21, pp. 1-9.

WILLMS, J. D./RAUDENBUSH, S. W. (1989): A longitudinal hierarchical linear model for estimating school effects and their stability. In: Journal of educational measurement, Vol. 26, No. 3, pp. 209-232.

Seit 2007 auch digital:
ZfE – Zeitschrift für Erziehungswissenschaft

Die Erziehungswissenschaft des 21. Jahrhunderts steht vor einer neuen Herausforderung. Stichworte wie Globalisierung, Ökonomisierung, Neuer Rationalismus, Konstruktivismus, empirische Wende markieren Ereignisse in Gesellschaft und Wissenschaft, denen sich auch eine modernisierte Erziehungswissenschaft stellen muss.

Für die Ergebnisse der daraus hervorgehenden Forschungen ein Forum zu schaffen, ist die Absicht der **Zeitschrift für Erziehungswissenschaft**.

Die **Zeitschrift für Erziehungswissenschaft** erscheint seit Ausgabe 1/2007 auch digital unter **www.zfe-digital.de**.

Vorteile für Abonnenten:
- ✓ Volltexte jetzt digital im persönlichen Account
- ✓ Ein Archiv bereits erschienener Ausgaben und damit völlig neue Recherchemöglichkeiten
- ✓ Nachrichten aus Ihrem Fachgebiet

12. Jahrgang 2009 – 4 Hefte jährlich

Jahresabonnement privat
print + online EUR 98,00

Jahresabonnement privat
nur online EUR 59,00

Studentenabonnement
print + online EUR 35,00

Ein kostenloses Probeheft erhalten Sie beim Verlag.
Änderungen vorbehalten. Stand: Oktober 2008

Abonnieren Sie gleich!
vs@abo-service.info
Tel: 0611. 7878151 · Fax: 0611. 7878423

VS-JOURNALS.DE

VS Verlag für Sozialwissenschaften
Zeitschrift für Erziehungswissenschaft
Abraham-Lincoln-Straße 46
65189 Wiesbaden

www.zfe-digital.de